"十三五"国家重点出版物出版规划项目

经济科学译丛

经济思想史

伦敦经济学院讲演录

莱昂内尔·罗宾斯（Lionel Robbins） 著

杨玉生 译

A History of Economic Thought

The LSE Lectures

中国人民大学出版社

·北京·

《经济科学译丛》总序

中国是一个文明古国，有着几千年的辉煌历史。近百年来，中国由盛而衰，一度成为世界上最贫穷、落后的国家之一。1949 年中国共产党领导的革命，把中国从饥饿、贫困、被欺侮、被奴役的境地中解放出来。1978 年以来的改革开放，使中国真正走上了通向繁荣富强的道路。

中国改革开放的目标是建立一个有效的社会主义市场经济体制，加速发展经济，提高人民生活水平。但是，要完成这一历史使命绝非易事，我们不仅需要从自己的实践中总结教训，也要从别人的实践中获取经验，还要用理论来指导我们的改革。市场经济虽然对我们这个共和国来说是全新的，但市场经济的运行在发达国家已有几百年的历史，市场经济的理论亦在不断发展完善，并形成了一个现代经济学理论体系。虽然许多经济学名著出自西方学者之手，研究的是西方国家的经济问题，但他们归纳出来的许多经济学理论反映的是人类社会的普遍行为，这些理论是全人类的共同财富。要想迅速稳定地改革和发展我国的经济，我们必须学习和借鉴世界各国包括西方国家在内的先进经济学的理论与知识。

本着这一目的，我们组织翻译了这套经济学教科书系列。这套译丛的特点是：第一，全面系统。除了经济学、宏观经济学、微观经济学等基本原理之外，这套译丛还包括了产业组织理论、国际经济学、发展经济学、货币金融学、公共财政、劳动经济学、计量经济学等重要领域。第二，简明通俗。与经济学的经典名著不同，这套丛书都是国外大学通用的经济学教科书，大部分都已发行了几版或十几版。作者尽可能地用简明通俗的语言来阐述深奥的经济学原理，并附有案例与习题，对于初学者来说，更容易理解与掌握。

经济学是一门社会科学，许多基本原理的应用受各种不同的社会、政治或经济体制的影响，许多经济学理论是建立在一定的假设条件上的，假设条件不同，结论也就不一定成立。因此，正确理解掌握经济分析的方法而不是生搬硬套某些不同条件下产生的结论，才是我们学习当代经济学的正确方法。

本套译丛于 1995 年春由中国人民大学出版社发起筹备并成立了由许多经济学专家学者组织的编辑委员会。中国留美经济学会的许多学者参与了原著的推荐工作。中国人民大学出版社向所有原著的出版社购买了翻译版权。北京大学、中国人民大学、复旦大学以及中国社会科学院的许多专家教授参与了翻译工作。前任策划编辑梁晶女士为本套译丛的出版做出了重要贡献，在此表示衷心的感谢。在中国经济体制转轨的历史时期，我们把这套译丛献给读者，希望为中国经济的深入改革与发展做出贡献。

《经济科学译丛》编辑委员会

译者前言

本书是英国著名经济学家莱昂内尔·罗宾斯教授《经济思想史：伦敦经济学院讲演录》的中文译著。原文是罗宾斯教授在伦敦经济学院所做的关于经济思想史的系列讲演。编者根据罗宾斯教授的讲演录音整理文稿而予以编辑出版。正如本书英文编者所指出的，该书的语言风格和逻辑结构不同于罗宾斯教授写作的语言风格和逻辑结构，带有一定程度的随意发挥和触景生情的特点，但不失严密。即使是随意发挥和触景生情的东西也言之有据，经得起推敲，并且表现了罗宾斯作为经济学大师的博学、思维严谨和论述风格的魅力。正如曾经做过罗宾斯教授的学生的纽约大学教授威廉·鲍莫尔所说的："我跟在我之前和之后的许多人一样，很少听过这个著名的经济学家、我的老师、现在成为我的密友所做的这些精彩的讲演。任何读过这些讲演稿的人，想必都会仰慕其风格，为这些讲稿所涵盖的内容、它们所表现出来的学者的聪慧以及它们所提供的激励所倾倒。"

本书英文编者指出：经济思想史并不是由它自身写出来的，而是由具有不同观点的经济思想史学家写出来的。经济思想史学家在他们所写的经济思想史中，必然反映他们自己的理论观点，或者以他们自己的观点对经济思想史上的各种理论进行评说。罗宾斯教授作为一个博学的学者，自然也要以自己的理论观点对经济思想史上的各种理论进行评说，同时，他也力求使自己的理论评说达到公平、公正，或者以实事求是的态度对待他所面临的各种理论。

从结构上说，本书由五个部分构成：预见、体系的形成、19 世纪的古典主义、19 世纪中期的其他思想、现代分析的开端。预见部分论述亚当·斯密以前的经济思想，即从古希腊到重商主义的经济思想。体系的形成部分论述坎蒂隆、重农学派、洛克、休谟、配第和斯密的经济思想，重点论述亚当·斯密《国民财富的性质和原因的研究》（以下简称《国富论》）的基本理论和政策。所谓体系的形成，是一个过程。可以把坎蒂隆、重农学派、洛克、休谟等的经济思想看做是不断走近成熟经济理论体系的经济思想的演进，而斯密《国富论》的问世则表明完整经济理论体系的最终形成。19世纪的古典主义部分论述包括李嘉图、马尔萨斯、约翰·斯图亚特·穆勒等人的理论，重点论述价值和分配理论。这一部分可以看做是对亚当·斯密《国富论》的引申和发展。19世纪中期的其他思想论述圣·西门空想社会主义、马克思经济学和德国历史学派的经济理论，这一部分属于西方经济学家所说的异端。现代分析的开端论述19世纪70年代发生的边际革命，包括变革的前驱，如古诺、杜能和雷的思想，重点论述作为边际革命代表人物的杰文斯、门格尔、瓦尔拉斯、马歇尔等的经济理论。这一部分是现代西方经济学的主要来源。这个结构和一般西方经济思想史教程的结构没有什么根本的不同。

这里试阐述一下罗宾斯教授经济思想史讲演的几个特点。

第一，不拘泥于经济思想史上一般被认定的已有理论观点，即使是权威们的观点，如果他认为是错误的，他也要本着科学的态度予以纠正。例如，他对斯密关于重商主义的批判就很不以为然。他指出，亚当·斯密探讨了重商主义的概念并作为《国富论》最长的一编即第4编的主题。亚当·斯密赋予重商主义观念以一种独一无二的含义，即趋向于有利的贸易平衡的某种政策体系，或者，趋向于有利的国际收支平衡的某种政策体系——刺激出口，不鼓励进口，对殖民贸易施加管制等等。他称此为“重商主义体系”（斯密，1776，I：396），并把它置于他的严肃的谴责之下，这种观点至少在100年里影响了关于这些方面的政策论述。在整个19世纪古典主义时期，人们追随亚当·斯密的实践。某些古典经济学家，尤其是西尼尔和麦克库洛赫，采用了把重商主义的本质看做财富是由贵金属构成的信条的看法。罗宾斯说，他特别不相信这是大多数被描述为重商主义者的学者们的追求。罗宾斯指出，因为早在古希腊时期，学者们就已经认识到财富并非由金银构成的，“假定财富仅仅由金银构成的谬误已经被除了亚里士多德以外的不止一人揭露了”。

罗宾斯强调要全面理解重商主义。为此，他列举了重商主义著作，特别是托马斯·孟的著作《英国得自对外贸易的财富》的理论要点。他说：“我倾向于说，在其对重商主义的批评中，亚当·斯密自己并没讲全托马斯·孟书中所阐述的要点。”并说：“我认为，斯密和古典经济学家的批评并不是有的放矢，但在其对所建议的措施——某些高度保护主义，对其他地区的殖民主义开发等等——的批评上可能一般是正确的，但很难说在狭义上更清楚地解释了重商主义。如果你们对此有所怀疑，我建议你们阅读托马斯·孟的书。”

应该说，这种对待理论问题的态度是实事求是的，是科学的。在经济思想史上，经济学家们，包括像亚当·斯密这样的权威经济学家，对某一学派理论观点的评价可能失于偏颇或不恰当。对待这种评价的正确态度应该是客观地、实事求是地重新加以认识，而不能盲目崇拜偶像，维护权威们的观点。

第二，实事求是地评价不同经济学家的理论贡献。这一点和上面相联系，但不完全是一回事，这里说的是对同一时代的不同经济学家理论贡献认定的问题。例如，杰文斯和马歇尔都是边际革命时期或新古典时期的著名经济学家，人们对他们各自的理论贡献的认识不同。例如，凯恩斯在《马歇尔传记》中便做了赞扬马歇尔而贬低杰文斯的评价。罗宾斯引证了凯恩斯的话："杰文斯看到水壶在沸腾时，兴奋得像一个孩子那样大喊大叫，而马歇尔则坐到一旁，开始制造一台发动机。"凯恩斯说，粗略地说，同效用相联系的价值理论是马歇尔和杰文斯同时想出的，而杰文斯抢先提出了这些观点。罗宾斯指出，凯恩斯的这种说法是错误的。杰文斯是在 1862 年英国经济学学会上阐述他的观点的，并在 1866 年的《皇家统计学会杂志》中再次阐述了这些观点。1871 年他出版了《政治经济学理论》，并在 1879 年出版了重要的第二版，这一版中包含一篇很长的表明戈森和其他人的贡献的序言，并提供了第一个数理经济学文献。这可以看做是罗宾斯实事求是地对待经济学家理论贡献的一个典型例证。

还可以举出一个典型例证。一般认为马歇尔是局部均衡分析的代表，在马歇尔的理论中缺乏一般均衡分析，而把一般均衡分析归功于瓦尔拉斯。罗宾斯认为这种看法是错误的。他指出，在马歇尔的理论中也不乏一般均衡分析的例证。如果人们阅读马歇尔《经济学原理》有关的数学附录，所谓马歇尔没有一般均衡分析的说法便不攻自破了。

第三，不忽略小人物对于经济理论或经济思想的贡献。在威廉·鲍莫尔写的本书"序言"中曾经提到在他和罗宾斯一起进餐时讨论经济思想史上名不见经传的小人物的情形。在罗宾斯的系列讲演中，随处可以看到他对于这些不出名的小人物对于有关理论贡献的提示。举一个例子，在经济思想史上，人们显然不知道马歇尔曾和夫人（玛丽·马歇尔）合作写了《产业经济学》一书。罗宾斯对该书评价甚高，认为该书是其时代的大多数先进经济思想最好的代表。但马歇尔为此感到羞耻。罗宾斯认为这是马歇尔不够豁达的方面。无疑，马歇尔是一位伟大的经济学家，但在对待别人，包括对待他的妻子的理论贡献的态度上，却不像罗宾斯那样可取。

第四，循循善诱和诲人不倦的教学态度。正如本书英文编者指出的，对于经济思想史课程的教学感兴趣的人，以及对于罗宾斯如何处理大量有待解释的问题感兴趣的人来说，这些讲稿将具有巨大的价值。罗宾斯关于经济思想史的系列讲演是经济思想史教学的典范。前文引证的纽约大学经济学教授威廉·鲍莫尔在本书"序言"中所讲的话就是罗宾斯的学生对他的教学所做的中肯的评价。此外，威廉·鲍莫尔还对他的老师罗宾斯教授的讲演做了这样的评价："人们还很快发现，在他身上没有盛气凌人的特点。他的幽默的情调给人以深刻的印象，他的掌故使人神往。他是一个专注思考和慈爱的长者，特别是对于青年人来说是如此，尤其是当少数人观察他的行动的时候更是如此。但更为突出的是他对语言的运用、他思想的清晰以及他借助于超凡记忆力的博学。"在罗宾斯的讲演系列中，他总是采取和同学们共同探讨问题的态度，根据学生们已有的知识和现实生活经验，来启发学生对于理论的认识。他也不是"一刀切"地要求学生们掌握他所讲授的知识，例如，他说，对于毕业后从事一般经济职业的人来说，无须看很多经济学著作，而对于从事经济思想史教学或有志于成为经济学家的人来说，则必须阅读一切必读的经济学著作。他给学生开列了阅读书目，但他并不要求学生按照这个书目进行阅读，而是为了向学生提供某种阅读选择的便利。甚至，学生进入教室之前所需花费的时间，他也考虑到了，在上课6分钟之内，一般不开始正式演讲。凡此种种，都值得从事经济学和经济思想史教学的人效法。

罗宾斯在其经济思想史讲演系列中也涉及了马克思和马克思主义经济学。他说，马克思可能是他的时代最好的经济思想史学家，马克思有一双远比古典经济思想史学家更好的眼睛。马克思发现了配第的长处，发现了魁奈的发明，认识到了斯密和李嘉图的重要贡献。但罗宾斯作为一个正统的新古典主义经济学家，对马克思和马克思主义经济学也表现出某种否定的倾向。他像一切资产阶级经济学家一样，强调《资本论》第1卷的价值分析和第3卷的分析不能协调。当然，非马克思主义经济学家对马克思经济理论表现出某种否定的倾向是毫不奇怪的，让他们完全承认马克思主义理论的科学性是不现实的。但是，罗宾斯毕竟不同于对马克思抱有极端敌视态度的经济学家，他肯定马克思做出了许多重要的理论贡献。

需要指出，罗宾斯十分强调研究经济思想史的重要意义。他提出这样的问题：我们为什么应当注意社会科学研究的历史？他回答说，当代的制度和当代的思想充满过去的传统，知道各种思想是如何发源的，它们的兴衰情况如何，它们是如何转变的，它们在日常会话中的含义——这些是必须面对的课题，即使你们不成为专家。他引证维多利亚时代英国著名历史学家马克·帕惕森的话说："一个不知道那些在他面前走过的人在想什么的人，他当然是根据他自己的思想来确定一种不合适的价值。"经济思想史作为一门重要的学科，研究经济思想或经济理论发展和演变的历程，也预见经济思想或经济理论未来的发展趋势，是从事理论经济学研究的人必须掌握的一门大学问。一个堪称经济学家的人无论如何也不会对经济思想史茫然无知。在这个方面，我们也可以从罗宾斯的论述中得到一点儿启迪。

本书是由我翻译的。罗宾斯作为世界著名经济学大师，其语言运用达到了极为高超的程度，并且知识广博，讲演中旁征博引，要把他的书准确而优雅地翻译出来绝非易事。因本人水平有限，书中错误在所难免，诚望读者批评指正。

辽宁大学亚奥商学院杨春同志帮助校正了译文的一些不准确之处，周琳、冯丽君、顾晓波、张林通读了全书并提出了宝贵意见，特致谢忱。

杨玉生
辽宁大学

序　言

xiii 这些讲演就其本身而言是雄辩的，编者们所做的工作也很认真且富有学识。那么，在这样一篇序言中我还能说些什么呢？这尚待推敲。我跟在我之前和之后的许多人一样，很少听过这个著名的经济学家、我的老师、现在成为我的密友所做的这些精彩的讲演。任何读过这些讲演稿的人，想必都会仰慕其风格，为这些讲稿所涵盖的范围、它们所表现出来的学者的聪慧以及它们所提供的激励所倾倒。我能够做的，就是竭尽所能传递那些令人难以忘怀的经历的感受，尽管这是远远不够的。

最具魅力的还是莱昂内尔本人。他身材魁梧、声音洪亮，并有一头浓密的头发。由于父母的卓越遗传基因，他非常聪颖，他的所有学生都惊叹他为奇才。人们把他描述为非常有个性的人，那是低估了他。他的学生将发现他们自己无意识地在模仿他的风格、做人的态度以及讲演的方式，这让他们回想起先前机械化程度较低的时代。人们还很快发现，在他身上没有盛气凌人的特点。他的幽默的情调给人以深刻的印象，他的掌故使人神往。他是一个专注思考和慈爱的长者，特别是对于青年人来说是如此，尤其是当少数人观察他的行动的时候更是如此。但更为突出的是他对语言的运用、清晰的思路以及借助于超凡记忆力的博学。

这里仅指出两点，虽然我还可以讲更多的事情。像时有发生的，我和莱昂内尔一起进餐，当时还有哈罗德·拉斯奇（Harold Laski）。那时我是一个助理讲师，地位要低于美国的助理讲师。很快，谈话变成一种对 18 世纪某些名不见经传的学者的热烈讨论，甚至讨论 19 世纪某些我以前闻所未闻的默默无闻的批评家。我默默地听着这种谈话，一言不发，也没受到责备。过了一段时间，在他表述了某些见解之后，莱昂内尔转过头来问我："您不同意吗，亲爱的威廉?"并停顿下来，他的停顿恰到好处，如果我想做出评价，时间足够；如果我不想评价，又不至于使我感到窘迫。

除了经济学，他对于观赏艺术（绘画、雕塑等）、戏剧、文学、历史也无不通晓。但是，他所掌握的关于经济学知识的数量实际是无与伦比的，其中有许多
xiv 出现于讲演稿中。这些知识是在一个被称作"旧剧院"的教室里获得的。这是一个黑暗的小屋，不透阳光而且阴冷。第二次世界大战结束不久，从 1946 年到 1949 年，我留学于伦敦经济学院。伦敦还残留着不久前野蛮轰炸过的丑陋痕迹，燃料和食品短缺，并严格配给。学生们穿着耐久的、陈旧的外套（从紧巴巴的衣服配给中攒下来的），从上流社会的观点来看，显得非常邋遢。然而，当研究生加入本科生聆听他的讲演时，这一切都会被我们忘记，莱昂内尔洪亮的声音不仅为我们重新创造了思想，而且为我们重构了经济学先辈的真正的思维结构。

在后来参观伦敦时，他一般要带上他可爱的妻子（凭其自身的素质，她是一个具有很强魅力的人）、我的家属和我，在星期六早晨去国家美术馆，当时国家美术馆尚未对公众开放，但因为他是管委会的成员，我们得以进入。在最后一次参观伦敦时，他向我抱怨他的记忆力没有过去那么好了。当时，我们徜徉在美术馆中，每当我表现出对某一幅油画有特殊兴趣的时候，他便滔滔不绝地讲述它是如何被美术馆获得的，它的第一个所有者是否为人所知，他是谁，油画的处理，如何向油画照射 X 射线以防褪色。

在从伦敦经济学院获得学位以后，我到普林斯顿大学讲授经济思想史课程达 20 年之久。当我第一次从罗宾斯家里（罗宾斯及其家人始终是我亲密的朋友）获得这个讲稿的时候，我的惊异之情难以言表。举一个例子，我偶然翻到论述孟德维尔的一章，发现了莱昂内尔对这个从另一个国家（荷兰）和另一个学科（医学）转移过来的人的风格和智慧的赞扬。这促使我重印了孟德维尔一章，在以后几周里我沉浸于一个伟大的头脑对另外的人的考察之中。

在过去一些年里，我和莱昂内尔之间的书信，以及莱昂内尔和他妻子艾莉斯（Iris）之间的书信，是以"爱"为标志的。我相信这篇序言表达了这个感情的某些方面。

威廉·鲍莫尔

纽约大学

目录

导论

xv 这是首次出版的莱昂内尔·罗宾斯于 1979—1980 年和 1980—1981 年在伦敦经济学院所做的讲演的讲稿。

莱昂内尔·罗宾斯是 20 世纪英国大学教育，特别是英国经济学大学教育的大师之一。作为政府经济顾问、艺术管理者、杂志编辑和高等教育改革家，他具有独特的公共生活的经历。[1] 虽然他的经济理论和方法论著作［著名的有《论经济科学的性质和意义》（伦敦：麦克米兰，1932）］以及经济政策理论著作最为著名，但罗宾斯在他的教学期间是英国领衔的经济思想史学家。他写了大量的经济思想史著作，包括《英国古典政治经济学中的经济政策理论》［*The Theory of Economic Policy in English Classical Political Economy*（伦敦：麦克米兰，1952）］，《罗伯特·托伦斯和古典经济学的演变》［*Robert Torrens and the Evolution of Classical Economics*（伦敦：麦克米兰，1958）］，《经济思想史中的经济发展理论》［*The Theory of Economic Development in the History of Economic Thought*（伦敦：麦克米兰，1968）］，《现代经济理论的变革》［*The Evolution of Modern Economic Theory*（芝加哥：奥尔汀，1970）］。

有几部权威的并受到适当赞扬的经济思想史教程，其中，由维斯里·C. 米契尔（Wesley C. Mitchell）在哥伦比亚大学、雅各布·维纳（Jacob Viner）在芝加哥大学和普林斯顿大学、约瑟夫·熊彼特（Joseph Schumpeter）在哈佛大学和埃德温·R. A. 塞里格曼（Edwin R. A. Seligman）在哥伦比亚大学所提供的那些经济思想史教程最为著名，也最受欢迎。在英国，由莱昂内尔·罗宾斯在伦敦经济学院讲授的经济思想史教程也包含在这些权威之列。通过该教程和他所出版的全部著作，罗宾斯大大影响了英国和其他国家下一代许多主要经济思想史学家，即使不是全部。

这里转录的讲稿是罗宾斯在其80岁高龄时讲授的，是真正具有权威性的。罗宾斯博学强记，又有很强的修辞学的能力，善于引导并富有爱心，有趣并卓有成效地讲述他的经济思想史课程。就其不同的专业层次而言，本讲稿是简洁、清晰和显露智慧的绝妙例证。但是，它们仅仅是讲稿，服从于现时模式限制、时间约束和语言风格，并排除某些相关的内容和细节。讲稿的文本并不是罗宾斯可能写的著作的文本。然而本讲稿表达了罗宾斯关于所涵盖的课题的主要理论观点。

人们可以从这些讲稿中得到关于经济思想史的启迪，虽然对于某些刚刚涉足这个领域的初学者来说，它们并不是最适合的，但读者在学习它们的时候不会误入歧途。对于那些对罗宾斯本人感兴趣，或者对于经济思想史课程的教学感兴趣，以及对于罗宾斯如何处理大量有待解释的问题感兴趣的人来说，这些讲稿将具有巨大的价值。

xvi 经济学的历史并不是由它自己写出来的。经济、经济思想的发展和作为一个专业学科的经济学的发展，以及对这个发展的历史考虑，都是人为的现象，它们都是由社会构建的。因此，读者将对罗宾斯构建的经济思想史感兴趣。

在第1讲中，罗宾斯证明了他的主题的合理性，并阐明了他的陈述方式。通过解释，罗宾斯把经济思想史看做是应用某种经济思想理解当代世界如何运行和关于经济课题知识的争论的历史。虽然自然科学的历史对于理解当代物理学和生物学并不是必需的，但对经济学来说并非如此。“当代的制度和思想充满了过去的传统，要了解各种思想是如何发源的，主题的内在发展及对关于社会的一般思想的外部影响的兴衰情况如何，它们是如何变动的，以及它们在日常谈话中的含义”——如果人们抱着深邃的观点而不是无知来看待正在发生的一切的话，所有这些都是非常重要的。在这个方面，他很好地应用了马克·帕惕森（Mark Pattison）和约翰·梅纳德·凯恩斯的引文。“没有它们演进道路的相关知识，便难以理解它们在当代的发展。”罗宾斯的一个例子是“自由放任”（laissez faire），在前面所说的他的几本出版物中，尤其是在《英国古典政治经济学中的经济政策理论》中，他为我们理解政府的基本经济作用做出了贡献。如果当代经济学家按照罗宾斯证明的思路来论述这个问题的话，那么，这个论述实际就将远比现在论述的情况更富有哲理，而较少服从意识形态的控制。读者应该理解，这种哲理并不包含先前关于在政府政策中应该代表谁的利益的假设；它应当确定基本的内容和较为清晰的政策变化的性质。

接下来，罗宾斯思考了如何表达这个课题，他认为最好运用普遍性的方法，这种方法可以避免两种极端：一是把经济思想仅仅当作当代社会经济环境的副产品；二是把经济思想仅仅当作纯思维的例子。他根据大卫·李嘉图的著作适当地说明了这个主张。李嘉图的思想受到了他所在时代的大量问题的启发，并按照抽象推理的条件（与当代的条件有区别，不是现代数理统计经济学家的条件）加以引导。他还接受一种普遍的或折中的方法，以表明他将如何确定他的论题范围：“我将走我自己的轻松的道路”，他说，并将“有时谈论学说，有时谈论人，有时

xvii 谈论时代”。而且这种处理问题的方法接受了“一种局部问题的观点，以至有希望涉及某人的利益和某人的生活”。罗宾斯采纳了冈纳尔·缪尔达尔（Gunnar Myrdal）“显露某种偏好，人们便认识这种偏好”的命题。

这些演讲的设计和内容反映了罗宾斯的经济学和经济是关于什么的概念。像大多数主流经济学家一样，罗宾斯关注交换、定价（价值）和资源配置，从而关注价格机制和作为纯粹概念的市场的运作。对经济体制的组织和控制、理论和社会政策之间的关系以及秩序问题（对自由和控制、持续性和变化以及等级和平等的思考）等更广义的思考仅仅是偶尔关注，思考的核心是像奈特（Knight）和斯潘格勒（Spengler）这样的主流经济学家的著作。罗宾斯关注统治者—监护人的共产主义和奴隶制度——虽然也思考了分工的基本含义——而对于天主教会，罗宾斯表达了传统观点：这没有重要的经济理论化过程。公正问题（他所了解的）和系统组织与控制问题在雅典和罗马是蔓延的，在两个希腊人的著作中却因其对待像政策基础这样的知识的不同的态度（主观主义和现实主义）而闻名。

这样，处理经济思想史便依赖于讲演者的经济学范畴的概念。当罗宾斯把现代以前的经济思想史看做是经济思想的一个“预见”（anticipations）问题，或者看做是道德哲学历史文献中的经济学问题，而不是按其本身的线索和在较大的关系内思考早先的思想的时候，他显然打算证明经济思想同现代主流思想的一致性，即使18世纪以后的经济学也是多种多样的，是由正统的和反正统的学派和个人思想家的不同思想构成的。这样，这个“预见”的论题便是经济思想的一个牢固的自由主义的历史。[2]过去思想的含义被看做是基本上仅同现代经济学相关，例如，同交换、利息、价格——以及或多或少它们的某一变种——相关。较早时期的经济学所涉及的问题基本不涵盖新古典经济理论家所说的准经济学——虽然它们构成了马克思主义经济学、奥地利经济学和制度主义经济学家理论的主要课题，甚至也构成了罗宾斯自己的某些著作的课题［《英国古典政治经济学中的经济政策理论》(1952)；《罗伯特·托伦斯和古典经济学的演变》(1958)；《政治学和经济学：政治经济学论文》(伦敦：麦克米兰，1963)；《经济思想史中的经济发展理论》(1968)；《现代经济理论的变革》(1970)；《政治经济学：过去和现在》(1976)］。虽然有这种思考，但罗宾斯承认，“经济学和我所说的政治经济学却走了不同的道路”，而且他对论述约翰·斯图亚特·穆勒（John Stuart Mill）的《政治经济学原理》所奠定基础的问题产生了较大的兴趣［不同于萨缪尔森的
xviii 教科书《经济学》(1948)］，虽然他也指出了穆勒的政治经济学所没有处理的某些问题，但他认为就政治经济学这个词的严格意义和狭义来说是经济学。

罗宾斯对这些问题的看法是通过他对休谟的财产理论到货币理论的论述体现出来的。在详尽地论述了洛克的财产理论，甚至更为详细地（部分地通过扩展的引文）讨论了休谟的财产理论后，他说：“你们将发现休谟的贡献，不是对我现在要讨论的政治经济学背景的贡献，而是对分析经济学的贡献。”一个更为强有力的表述出现得更早，在讨论洛克之前，罗宾斯说道，他将“首先论述休谟对财产的考虑，然后……论及［休谟］论述经济学论文的较多分析的部分”。反复和强有力表述这样一点并不是偶然的。某些人说，财产理论，从而组织和经济控制以及推断市场结果决定的理论基础，实际上是经济学的一部分，甚至是分析经济

学的一部分，在很大程度上不仅是经济学的“背景”。无论如何，所有这一切都借助于对罗宾斯经济学概念（像他所涉及的以及他在讲演中所说的概念）的理解。罗宾斯也试图在这些问题中展示某些严密的情况。

你如何看待下面这个问题：“不犯错误，虽然杰文斯在经济分析史上的地位颇高，但他作为社会科学的一个全才地位更高吗?”答案是根据此后不久出现的一个区分而提供的：“他的重要著作，从你们的观点上看——不是从这些讲演的观点上看……”人们推测，罗宾斯难以追求一个使他的教程包含可管理的战略；由此，难以进行分析经济学（有时似乎等同于经济学）和政治经济学、应用经济学、社会科学等之间的区分；人们不应当过多地限于从一种学科的观点上进行狭义的陈述。至于说到使教程成为可管理的，人们发现罗宾斯在某一处（也意味着在许多其他地方）说道，“我将忽略一切无关紧要的东西，可以说，我把自己限制在我提出演讲的论题的界限内”。当然，解决可管理性问题必然影响某些设计的原理，从而影响某些论题的问题。在讨论维塞尔（Wieser）的归属理论时，罗宾斯认为，“社会逻辑和道德影响——无聊的课题……是至关重要的”。它们“构成因果概念的一部分”。在他关于边际生产力理论的讲演中还指出了类似的一点：

> 设想一个非常有知识但赚取非常低的工资的人，该命题表明，“你们的工资
> xix 决定于边际生产力，因而是公平的。”而这个非常有知识但工资很低的人则可能这样回答：“我同意我是按照我的产品对雇主的边际价值得到报酬的，但是，你们并没有顾及我的边际生产力何以如此之低的原因——我的父母没有成功地获得提高我的边际生产力的资本，没有提及妨碍我的流动性更大从而有较宽广的选择范围，并进入以较高的边际生产力决定工资地方的制度障碍。”我认为这结束了J.B.克拉克（J. B. Clark）的简单命题。[3]

读者感到要谨慎地基于演讲所做的论述来对待所划出的困难的和严谨的区别，这些演讲可能已经确立了某些次要点。例如，在讨论斯密关注由于火药的发明和防务的较大的专业化而增加防务成本的时候，罗宾斯得出下面的结论：“这不包含经济分析，而且我是赞成的。”——这种说法是奇怪的，出自一位出版了《战争的经济原因》（伦敦：乔纳森·凯普，1939）和《和平与战争的经济问题》（伦敦：麦克米兰，1947）的作者。在另一个场合，在讨论马尔萨斯的人口理论及其反响时，他说：“那是政治经济学历史，而不是经济学历史”，就后者而言，他显然是指理论经济学；因而，他简要强调人口理论“同亚当·斯密一起，把基本的知识提供给了”19世纪的古典经济学。人们拿不定是否把某种分析的东西或历史的东西结论性地理解为这样一段话。无论如何，该教程是关于经济思想史的，而不是关于理论的。

另一个值得指出的——由于其对美国古典经济学的佩服及其关于政治经济学的含义（而不是经济学，尽管他偶尔在有限范围内把二者等同）——是罗宾斯关于《联邦主义》的论述，“根据我的判断，《联邦主义》是关于政治科学及其广泛的实践方面的最好的著作，它是在总结过去一千年的经验的情况下写成的”。他继续说道，亚历山大·汉密尔顿（Alexander Hamilton）“也许没有像他应当进入那样进入经济思想史教科书”。

另外应指出——人们应当超越狭隘的论述——罗宾斯的忠告，“你们不应当仅仅是经济学家，你们还应当接受一种更为广泛的社会学研究的观点。因此，任何严格接受社会科学的人，即使你们非常不同意它，也应当获得马克斯·韦伯（Max Weber）的知识。”[4]

有趣的是，在第3讲开头，罗宾斯似乎暗示，如我们所知，经济学的发展必须有待于以商业和工业为特征的基本货币经济的发展；就此而论，重要的是对按照孤立的和有组织的社会交换条件而确定的公平价格的某些方面进行论述。

人们对罗宾斯的礼貌态度和其启发思想的讲演印象深刻。这表现在几个场
xx 合，罗宾斯表明他自己或由别人所做的补充或陈述是“有倾向性的”。他的致谢表明了他的直率，在他关于中世纪经济思想的演讲中，他很大程度上依靠间接的权威著作。否则，他便按照他自己的著作讲授；即使在这里他也毫不犹豫地提供解释和判断，虽然他并不确定地阐述它们。他还指出，他从给一本书写的前言中获得了一小笔版税，然而他并不推荐学生购买此书。

经济思想史课程的作用在于拓宽了学生的思维。[5]罗宾斯试图极好地完成这一任务。在研究思想史的方法上，他的宽容而不是教条主义者的排外主义已经深入人心。他要求他的学生注意词汇，从而注意概念，“自然而然”地进入经济学。这样，便为学生重新认识其问题提供了一个基础，而不是想当然把一些贡献归因于他们自己。他区分了狭义的重商主义和广义的重商主义。他强调一个作家所说的可能在历史上是重要的，“不管你同意还是不同意”。他区分了参考当代的环境而提出的论点和教条主义的或绝对主义的论点。他强调功利主义的定量的和定性的两个版本，强调对自然法则的简单的解释和富有哲理的解释。在谈到洛克的货币契约理论时，他告诫说，“它没有为我带来特别有说服力的含义，但它确实是关于18世纪政治讨论争吵中的一个辩解，你们应当知道它。”他批评了模型化：“按照把我们封闭起来的自命不凡的方式所制定的模型，按照这个说法……是真正经常的、纯粹的陈词滥调。”他关注比较不同作者有差别定义的重要性。他维护J.B.萨伊（J.B.Say）说：“但在那里是：给狗起一个坏名字，它将同他待在一起。这样，我假定它将继续被称作萨伊定律，即使经济思想史表明萨伊并没像其他人那样内疚。”他还维护自然禀赋与环境和教育的联系，他说：“在这么长一段时期我不是经院经济学家，如果我并不认为教育对于你们中的某些人有时是好事。”他痛惜某些解释，他说：“你们必须回到原文，以获得真理。”他指出，经济思想史上的连续性和非连续性是人们如何形成基本概念的函数。他还指出，对于争论而言，一个特殊的麻烦是公开的。如果他们定义了他们的条件，通情达理的人们有权利要求他［约翰·斯图亚特·穆勒］从一方面或另一方面给出条件。

在许多辉煌的语言学建筑物中，下面一段话可能会被引用：奥雷斯姆（Oresme）关于货币的谈话：“它并没沾染一点小册子作者的邪恶的色彩，而是沾染了小册子作者的道德的色彩。”关于马林斯（Malynes），他说道，“在经济思想史和甚至经济失误的历史之间有某种连续性。”关于配第（Petty）的定性预
xxi 测，他说道，“众所周知，经济学中的预言是没有依据的。如果有人告诉你们按照数量条件下一年将发生什么情况，他是简化或者是在瞎说。”由于讨论人力资本投资并假设“这些演讲并没有猝死于生产活动”，他指出：“在我近60年的生

活中做过一次演讲，我并不完全如此自信。”在讨论报酬递增时，他指出：“汽车工业的历史，这个旅行方式的开拓者，很快在星期日征服了我们，但它也妨碍了现在一周的进步。”

罗宾斯也陈述了少数奇特的形象。按照人们的看法，罗宾斯维护了亚当·斯密而反对哈奇森（Terence Hutchison）对斯密的批评。他认为哈奇森断言斯密不了解詹姆斯·斯图亚特（James Steuart）的著作是拙劣的，他说：“对斯密来说，避开‘他的对手’是完全合法的。当时哈奇森回到苏格兰，并在很大程度上把自己混淆为同斯密是同一圈子的人——一个宣扬自由的人。”

罗宾斯还指明，经济思想史著作的作用在于纠正过去著作固执错误的归因和解释。对于这一点而言，没有其他任何地方比古典经济学家的例子更重要：

> 随着时间的推移，我日益被［当代争论根源的］当代许多概念的生硬的和执迷不悟所扰乱，特别是关于著名的古典体系。在很早的阶段，我记得坎南（Cannan）使我注意到贝列尔学院的马斯特（Master）所做的古典经济学家维护生存工资的断言——就像很容易设想的没有学识的和误导的命题；而且，像当代政策理论所处理的争论。我越来越感到一般古典体系错误地代表了几乎完全过时的信条，而任何企图冒充开明的作家或演说家都把它作为一个便利的遮羞布用来反对黑人的反抗。我感到这是完全可悲的。我远不认为古典的见解是永远正确的，在其处理它所涉及的问题上也很少包含某种程度的权威性。但是，似乎对我来说，现存的概念由此不仅篡改了历史，而且，就这个不准确和表面性的程度而言，也降低了本应是严肃而重要的论断的质量——使得它变得更加乏味。（罗宾斯，1971，p. 226；参见 n. 1）。

这直接导致了《英国古典政治经济学中的经济政策理论》的出版。

如果这些演讲的某一个论题是以学生和学者们应当正确地而不是歪曲地理解作者们必须说的东西为目标，那么，另一个论题便是特殊的经济理论——例如利息理论、价值理论、货币数量理论——必须对变动加以说明，而且经济思想史教程的一个作用是警告学生，使之获得超越其当代教学形成的丰富的理论。另外，

xxii 对价值、资本、货币和利息的处理也提出这样的建议，即每个论题的特殊理论仅包含某一个方面，而且对该论题的充分理解要求多种理论的存在和对这些理论的全面理解。经济的国家主义是而且仅仅是一个课题，应用这种理论要考虑他的忠告，“在这种情况下，一切简单的一般化都是一种误导的偏向”。

关于经济学的数学化的课题，罗宾斯做了大量有趣的论述。在谈到杰文斯的《政治经济学理论》时，他说：“数学在杰文斯的《政治经济学理论》中无足轻重，而且我同意马歇尔的观点：在把数学排除在经济学之外这一点上，杰文斯做得很好。”在讨论费雪的时候，罗宾斯指出，“当然，他并没把自己限于几何表示，他继续使用简洁的数学。（众所周知，伟大的数理经济学家总是使用相当复杂的数学。只有当经济条件能够进入结论时，他们才结束推理。）”对于无差异曲线图，他指出，“上帝知道你们所观察的东西必然是为了寻求无差异曲线的某种大的系列。”这句话出自一个理论家之口可能让人感到奇怪。

在他的《自传》中，罗宾斯讲到他准备和交付讲稿的程序，至少是早些年的

情况："我写出了完整的讲稿，并花费大量时间精读它们。但我必须马上说，当它们必须交付的时候，我还从来没有读它们。我仅仅把漫无边际描述的简要总结作为一个提示来应用"（罗宾斯，1971，p. 104）。罗宾斯不仅熟悉他的材料，而且对这些材料做了最有成就的处理。他显然预先仔细地、有计划地处理了他的讲稿。在这些讲稿中，罗宾斯指出，"遵循我对我谈论事情的记忆让人耳目一新的一贯规则，我在半个小时内阅读了它［洛克论政府的第二篇论文］。"这也由于他带给著作的他所讨论的经典课题得到了证实，这些课题必须有帮助著作获得生命力的效果。

罗宾斯教课的对象包括研究生（博士和硕士）和本科生、外国学生和英国学生，罗宾斯期望提高他的部分学生的兴趣，包括某些显著的（但不平衡）背景工作，特别是部分研究生。他显然还准备在他的受众中间区分"严肃的"和"不严肃的"人。

罗宾斯不适当地使许多以前的学生对他心生敬畏，同时，典型地说，也得到其他人的高度尊敬。但他没有诉诸这一切，虽然过错可能完全是其他人的而不是他的。后来，赫伯特·西蒙（Herbert Simons）曾经记载过他于1974年在希腊纳弗颇林（Nafplion）同罗宾斯第一次见面时的情景："罗宾斯勋爵再次提醒我，经济学的傲慢及其脱离实际是他最不喜欢的。受他的自负的刺激，我以一种独特的方式回答了他的一个讨论性的评论。为此，后来我受到约翰·希克斯（John Hicks）的责骂（私下的）。"[6]另一方面，马克·颇尔曼（Mark Perlman）对罗宾斯有较多的正面印象，喜欢其"特殊的派头"[7]，詹姆斯·米德（James Meade）
xxiii "同他有良好的交往关系，他以自己不可思议的奇怪的观念和作为一名仁慈的健谈家的弱点的天赋影响了他周围所有的人"[8]。用威廉·鲍莫尔（William Baumol）的话说："罗宾斯勋爵是文明行为和学者的一切美德的体现"[9]。

这些讲演显示了罗宾斯的什么风格呢？它们清楚地显示了严肃、自信和权威的风格。罗宾斯显然还是一个谦虚的和严谨的人。他要求人们注意其他的可靠根据，注意解释不能得出结论的问题，注意其知识的局限性，并注意必要删节的知识，即使是"粗陋"的（这是罗宾斯的话，"按其字面理解，似乎是讨厌的意思"）。对这些思想的概括是由于时间的压力而不得不做的。他极为精通这个领域的资料，特别是那些被认为是重要的资料，而且他的经验使得他能够得心应手。如常言所说，虽然存在争论，但他的解释性评价通常是明智的。像所有经济思想史教程一样，他的教程也不仅仅是为专家而写的。它却是这样一部思想史教程，一个专家可以在一个显然充满奇遇和富有意味的领域开始其职业生涯，这在很大程度上要感谢他的有权威的处理。

在其他方面，他也是一个给人以深刻印象的和才华出众的人，像大多数其他人一样，他并非对每个人都有吸引力。也许，他对外行人和普通人要比大多数经院经济学家更有吸引力。对我们来说，该讲演——除了其他特点，还散发着迷人的魅力和以免冒犯任何学生的敏感——是为它们自己而讲的。这些讲演不仅显示了他的论题在理论上的成熟，而且也显示了一种大智慧、远见和敏锐，这是由于其方式而体现出来的，从而避免了学说式的陈述。该教程或多或少具有传统的范围，它丰富而深刻，充满复杂的注释。至于他的学生，尽管他偶尔由于他们读的东西太少、太狭窄而责骂他们（在某一处，他说："我知道你们不喜欢我，因为我建议你们阅读全部书目"[10]），但他们显然对他怀有最大的崇敬之情，因此，学生们送给他生日贺卡，这在学术界当然是罕见的事情。威廉·鲍莫尔写道，"［罗宾斯］在我们学生身上打上了深刻的烙印"，特别是通过"他的令人难以置信的博学，他的深刻而真诚的谦虚，以及他作为教师的能力"[11]。毫无疑问，在这一代学生中间谈起这些讲演同样是印象深刻的，因为他们是读者。

在几个主题中，贯穿整个讲演的是罗宾斯所做的他的学生对建立个人专业图书馆感兴趣的假设。实际上，罗宾斯的个人藏书，现在很多在意大利中央银行收藏，包括约3 000卷，涵盖从古希腊到20世纪晚期的经济思想。关于这一点，有趣的是注意他在写给托伦斯关于重印《商业政策》的信中所谈的他所起的作用："其原版是一本极为罕见的书，而且我已经劝说伦敦经济学院重印该书，这部分
xxiv 地是因为我从来没有发现我自己的一个版本，除了在博物馆。"[12]我们在这里同情罗宾斯：处理重新发行古典经济学的图书系列（我们现在称为再版）的背后的动机是相同的。

读者已经接受了罗宾斯具有魅力地对他应用引文的捍卫："亚当·斯密在谈及牛津大学的教授们（这些教授在放弃'教学的托词'之前已经从教多年）时说过，他们有时通过大声读无聊的书而自我陶醉。现在，我希望我不大声向你们读无聊的书。我向你们大声读，毋宁说，仅仅取决于我自己的即兴作品，因为我认为引文要比我为它们所做的任何事情都更生动。"任何做过讲演的人，也许特别是做过经济思想史讲演的人，都可能欣赏他的情操。

有两个评论特别显示了罗宾斯的庄重和魅力。一个是他对约翰·斯图亚特·穆勒针对威廉·桑顿关于劳动的评论所做的评论。"热诚而友好地，像对一个老朋友所写的东西做适当的评论（而且对大多数敌对的人的作品也应如此）那样。"另一个是对马克思所做的评论："应当说，不管你同意与否，马克思都可能是他的时代最好的经济思想史学家。虽然我个人认为——而且这是一个价值判断的问题——马克思对他所批判的某些人是非常不公平的。"

魅力和教育也是罗宾斯说明在给定不同比较成本的情况下替换的可能性的例子。虽然美国普通教育的例子是雇员（可能在类型上好于他的秘书），而罗宾斯的例子则是"学术先生，他们高于他的先生人格的先生"。正如杰弗·彼德尔(Jeff Biddle）所说，按照这里所表明的，两个例子不仅反映比较成本，而且也反映层级（而且在美国的例子中，反映对工人的性别划分）：人们可以把木工和钳工作为例子来应用，差别是前一个例子赢得了想象力。

解释经济思想史中一时流行风尚的起源的性质，是罗宾斯在其论述约翰·斯图亚特·穆勒的声望时提出的："在我还是一个青年人的时候，这个学校——显然是由坎南创立的——便有一种仰仗约翰·斯图亚特·穆勒的传统，而且我毫不怀疑，当约翰·斯图亚特·穆勒还是一个年轻人的时候，当他在牛津大学崭露头角（因为他或多或少说明了过去世界的起因）的时候，这就在坎南的心目中成形了。"并非不适当，罗宾斯总结了乔治·斯蒂格勒所做的穆勒对理论的重要贡献的清单：很久以前罗宾斯在伦敦经济学院就坎南的教程写道，它是"一个反对沉溺于任何特殊学派学说的保障，也是一个反对忽略已经发现的学说的保障"[13]。

这些讲稿是由罗宾斯的孙子菲利普·罗宾斯（Philip Robins）用录音带录下来的，当时菲利普·罗宾斯是伦敦经济学院的学生。[14]对录音带的最初整理是由
xxv 苏里的罗斯马里·派德尔（Rosemary Pedder）完成的。罗宾斯的女婿拉迪·罗宾斯完成了这个录音整理稿，克里斯托弗·约翰逊（Christopher Johnson）出版了手写稿，在伦敦经济学院档案馆被合订成册，于1989年由罗宾斯的家人存入图书馆。当史蒂文·G. 麦德马（Steven G. Medema）于1995年夏在伦敦经济学院档案馆做某项研究发现这个手稿的时候，他立即意识到这是特别的东西，而且应该扩大发行量。当我们就这些讲稿出版可能性问题征求罗宾斯家人意见的时候，我们获得了原始录音带可靠的信息。于是从这些录音带着手，我们便开始了出版这些讲稿的漫长过程。

原始录音带草稿包含不可胜数的错误和遗漏，其中的大多数可以理解，这是打字员不熟悉经济思想史的缘故。原始打印稿经影印被扫描到计算机，并由麦德马对照录音带加以编排，然后我们两个人（Steven G. Medema 和 Warren J. Samuls）编辑了讲稿的正文。这些讲稿被修改得仿佛浑然天成，仅做风格和其他次要的纠正，并不试图纠正推断性的“错误”。除了引文中的方括号插入句，所有的注释（括号内）都是由编者做的，所有的注释也都是编者加的。

罗宾斯阅读书目表的复制，像附录A中所重印的，包含讲稿的一个轮廓。但是，由于在这些讲稿中有些并不是给定的，在那些给定的讲稿中有两篇讲稿没有被录音，我们决定按照顺序将讲稿排列，而没有按照罗宾斯的书目表排列。由于在一篇讲稿中所处理的材料有时被挪用到下一篇讲稿，我们还为某些讲稿重新命名了标题（而不是罗宾斯在概述中给出的标题），以使这些标题更适当地反映讲稿的内容。但是，在这样做的时候，我们试图尽可能同罗宾斯自己的标题保持“一致”。

克里斯托弗·约翰逊提供了大量的为罗宾斯在原始打印稿复印件中所参考的和引用的引文，我们也在这里完善了引文的程序，包括提供引文的页码和一个完整的参考书目表。只要有可能（而且，只要进行例外的处理），这些给定的引文便来自罗宾斯自己的藏书或同罗宾斯自己拥有的那些藏书一致的版本——确切地说，是同罗宾斯在讲演期间所引用著作一致的版本。

为出版而准备这些讲稿的过程，使我们感到要对许多帮助我们出版本书的组织和个人表示感激。美国哲学学会提供了慷慨的资金支持，在麦德马最初发现罗
xxvi 宾斯讲稿录音带初稿和随后去罗马对照罗宾斯自己的藏书（现在则被意大利的班卡所占有）检验这些讲稿期间，该学会提供了出访伦敦经济学院的资金。我们特别感谢美国哲学学会研究委员会主席艾黎诺·罗奇（Eleanor Roach）和密尔德莱德·克恩（Mildred Cohn），因为他们为提供这笔资金而付出了辛劳。此外，科罗拉多大学则应提出这些计划的丹佛政府部门的要求提供了另外一笔资金。

我们也非常感谢安杰拉·拉斯平博士（Dr. Angela Raspin）和伦敦经济学院档案馆的职员——苏·杜奈里（Sue Donnelly）和布林达·里斯（Brenda Lees）——他们在麦德马访问伦敦经济学院期间给予了宝贵的援助。

我们还要感谢意大利的班卡和辅助研究机构，以及出版社笔迹鉴定部门的职员们，在麦德马访问期间他们为便利核查引文而竭尽全力。玛丽拉·泰莱萨·潘

多尔菲（Maria Teresa Pandolfi）、海德·里伯拉里安（Head Librarian）、帕特里基亚·帕戈里亚诺（Patrizia Pagliano）、安东尼奥·卢比亚（Antonio Rubiu）、皮耶里诺·德阿米（Pierino D'Armi）、罗伯托·皮萨尼（Roberto Pisani）、罗马诺·马悉尼里（Romano Mancinelli）、罗伯托·马基诺托（Roberto Marzinotto）以及伦佐·德·弗朗西斯克（Renzo De Francesco）全力以赴帮助我们追踪所有样式的材料。他们充满热情并富有成效地做了这一切，从而大大帮助我们克服了访问的时间紧迫和麦德马几乎完全听不懂意大利语的困难。特别感谢帕特里基亚和安东尼奥，在这两周的时间里，他们像老朋友一样和我们朝夕相处。

丹佛科罗拉多大学奥莱亚图书馆（Auraria Library）的职员们，特别是馆际贷款办公室的职员们，为追踪各种引证著作和参考资料提供了持久的帮助。

在整个过程中许多人以不同的方式帮助了我们。凯特·邓宁（Kate Denning）审视处理的手稿，并把审视过的手稿案卷加以整理和誊清，完善引文表，追踪参考资料，整理罗宾斯思想史著作的索引，并把索引作为本卷的附录包含进去。所有这一切都是她以一贯的效率和热情做到的。数据主要由惕莫希·珀特（Timothy Potter）提供，莱恩·佛古森（Lynn Ferguson）也提供了她通常有效率的秘密支持。德布拉·麦德马（Debra Medema）在我们访问意大利的班卡期间在追索引文方面提供了极为有价值的帮助，承担了他自己并不太感兴趣的卖力地一本接一本读书的任务，以研究像一组词语那样短的摘录的含义，而且他一直这样卖力地工作。

威廉·巴伯尔（William Barbor）是一个和蔼的人，他倾其全力帮助我们确定罗宾斯在第 30 讲中所参考的欧文·费雪（Irving Fisher）的典故，唐纳德·摩哥里奇（Donald Moggridge）帮助我们追索关于凯恩斯的资料，唐纳德·瓦尔克（Donald Walker）帮助我们追索关于瓦尔拉斯的资料。安德里·撒兰提（Andrea Salanti）把巴罗内（Barone）的贸易理论图解和分析从意大利文翻译成了英文。苏珊·霍森（Susan Howson）是罗宾斯的正式传记作者，帮助我们准备了罗宾斯在写作经济思想史方面的传记，像邓尼斯·奥伯林（Denis O'Brien）指出的，他提供的罗宾斯传在这个方面是最有帮助的。我们要特别感谢威廉·鲍莫尔和马克·颇尔曼（Mark Perlman）对这个课题的支持和他们提出关于出版本书稿的建议。

xxvii 彼得·道格赫（Peter Dougherty）以及其在普林斯顿大学出版社就职的同事令人难以置信地支持了将这个讲稿纳入出版的全过程。我们非常感谢他们为出版本讲稿所做的工作，感谢他们出版这些讲稿的心愿，感谢他们为看到这项计划的完全成功而提供的帮助。

最后，而且最重要的是，我们要感谢罗宾斯的家人，是他的家人允许我们实行这个计划，向我们提供讲稿的录音带，并以他们特有的方式给予我们一切帮助。克里斯托弗和安妮·约翰逊（Anne Johnson）提供了大量贯穿于本过程的信息，并为我们开了许多方便之门。

与本书出版相联系的许多亮点之一是，罗宾斯夫人（Lady Robins）获悉这些讲稿即将出版而非常激动！1997 年 1 月，在 100 岁的时候，罗宾斯夫人去世了。在罗宾斯看来，她是“一个敏锐的、精力充沛的和有才智的伴侣”[15]。这也是本书所表达的对她的纪念。

斯蒂文·G. 麦德马
瓦伦·J. 萨缪尔斯

注 释

[1] Lionel Robbins, *Autobiography of an Economist* (London: Macmillan, 1971), and biographical and other materials in D. P. O'Brien, *Lionel Robbins* (New York: St. Martin's Press, 1988); "Lionel Charles Robbins, 1878—1984," *Economic Journal* 98 (March 1988): 104 - 25; Mark Blaug, *Great Economists since Keynes* (Totowa, N. J.: Barnes & Noble Books, 1985); T. W. Hutchison, "Robbins, Lionel," in D. L. Sills, ed., *International Encyclopedia of the Social Sciences*, vol. 18 (New York: Free Press, 1979); M. Peston, "Lionel Robbins: Methodology, Policy and Modern Theory," in J. R. Shackleton and G. Locksley, eds., *Twelve Contemporary Economists* (London: Macmillan, 1981); B. A. Corry, "Robbins, Lionel Charles," in J. Eatwell, M. Milgate, and P. Newman, *The New Palgrave: A Dictionary of Economics*, vol. 4 (London: Macmillan, 1987).

[2]"辉格党"的方法按照从错误到正确的进步的概念分析经济思想史，该学科的历史的重要性仅仅是或基本是根据现今的思想来测度的，而不是按照其自身的条件或思想借以发展的线索来测度的。

[3] 这个表述类似于在《现代经济理论的演变》中所给出的表述（1970, pp. 19 - 20），在该书中，罗宾斯写道，"按照这种联系，我将愿意离开我的方法，在这里和现在，拒绝曾经用于这种分析的某些应用。有时，人们争辩说——也许J. B.克拉克是主要的嫌疑人——在竞争条件下，一项生产力的代表者按照其边际物质产品支付报酬的证明表明这样一种制度是公平的。这当然是一个不完全的结
xxviii 果，而且是一个有倾向性应用的诱惑。在我可以按照这个线索开始讨论分配的公平之前，我们必须考察这种安排——财产的分配，适当培训的可能性，获得信息的有效性，等等——造成一个人的边际产品为多少，以及否则情况将如何，它引起许多对我所讨论的那种分析范围之外的考虑。但是，必须指出这个思想的主要成分，除了冯·杜能（von Thünen），并没提出这样的要求。如果我们把马歇尔看做是提供这种审慎应用古典线索的人，那么我们发现他有限制地离开了他的方法，而否认这种方法提供一种完全的分配理论，而且，甚至在狭义上，把它完全置于适当的地方，作为对派生需求和替代思想的基本组成部分的局部解释。"罗宾斯反复地指出对西尼尔应用"节欲"来解释利息的批评的重要性，认为这种批评是一种关于富人忍受苦行朴素的批评。要进一步了解这种局部的理论，请参考以下内容。

[4] 关于经济学史——对经济思想史和理论的对比——罗宾斯有趣地指出，

“经济学，像它在 19 世纪发展起来的那样，并不是一个受良好教育的人必读的学科”。

[5] 也许这解释了罗宾斯所说的，“我曾被告知，美国经济学会的一些会议……按照这些会议，美国人培训的负担进入美国各州首府城市的摩天大楼，而且，在那里你们从报纸上已了解到，在那里还有一种为资历较浅的经济学家投标家畜市场，而且由于年长的经济学家而改善他们自己的体系。你们知道，它运行得不坏。让我们审视一下这个制度，有两种方式观察它，但是并没有呈现出有关美国在 20 世纪经济学家的生产的极其不良的情况。”当然，他对学术劳动市场的描述是不完全的。

[6] Herbert A. Simon, *Models of My Life* (New York: Basic Books, 1991), p. 321.

[7] Mark Perlman, "What Makes My Mind Tick," *American Economist* 39, no. 2 (Fall 1995): 12.

[8] 米德对罗宾斯逝世的致词，*Economica* 52 (February 1985): 3-5 at 5。

[9] 鲍莫尔对罗宾斯逝世的致词，*Economica* 52 (February 1985): 5-7 at 5。

[10] 他自己已经指出，阅读所有的读物是不可能的，谈到庞巴维克的迂回生产方法时，他说，它是我中年时代写了如此多的文章的著名的基础，因此我不能不考虑读这些书。

[11] 鲍莫尔对罗宾斯逝世的致词，*Economica* 52 (February 1985): 5-7 at 5。

[12] 谈到约翰·雷（John Rae）的《政治经济学新原理》的等同，罗宾斯承认，“在俱乐部常常看到我通常把它归于我的名下的一个版本，并且我感到奇怪地倾向于盗版。自该书出版以来没有人读过它，但是却大量地流行了，于是我忍下了”。

[13] Lionel Robbins, "A Student's Recollections of Edwin Cannan," *Economic Journal* 45 (June 1935): 396.

[14] 这些讲稿大部分是在 1979—1980 年录下的，但其中有些缺漏是在 1980—1981 年填补的。

[15] Lionel Robbins, *Autobiography of an Economist* (London: Macmillan, 1971), p. 97.

罗宾斯讲演稿

第1部分

预 见

第 1 讲　导言——柏拉图

5 一般来说，在时长为 1 小时的演讲的最初 6 分钟，我不打算开始演讲，这部分地是因为从一个教室到另一个教室（这是你们中的一些人必须这样做的）费去一些时间，同时也考虑到你们一次用去 55 分钟来听经济思想史，也许是你们在时间上的最大支出了。所以，如果我稍微提前一点儿时间开始演讲，你们大家合起来就会遭受很大的损失。而且我还想利用这几分钟的时间讲一些预备性的意见。

首先，谈谈我反复讲的这些东西（参见附录 A）。你们不要把它们特别放在心上。如果你们读了第一节，你们就会认识到，它们不是，尤其不是美国意义上的阅读书目，即一个期望你们阅读某些东西的书目。相反，我不期望你们阅读这里所圈定的书籍和文章的 1/20 甚或更少。之所以要使用这个书目，简单地说，是因为要省去一些麻烦。在我青年时期，当时这个课题的文献非常有限，伦敦经济学院首席经济学教授——著名的爱德温·坎南（Edwin Cannan）——常常完全拒绝给出关于阅读的任何指令。他的格言是："让学生们一头扎进图书馆的最深处，自己学会游泳。"毫无疑问，在那些日子里，这的确是非常好的建议。因为图书馆里公开上架的经济学书籍是由两类图书构成的，一类可能是前几年某人作为职业经济学家的著作的积累。把这些图书分类以方便学生们查阅，并决定哪一种图书作为当时教程的一部分值得阅读，是有利而有启发性的。但现在这个课题的文献成倍地增加了。在经济学家书店里我曾听说，世界上每三分钟就出版一本经济学书籍，它实际上是防止虐待年轻人（如果你们没有任何指南的话）的社会问题。所以，这个书目（每年我都根据我对有价值的文献的陈述和对过去 12 个月出现的文献的陈述进行修订）是简单地复制用于图书馆流行的搜集图书的条件。它是一个涵盖这个课题的书目，对于这个课题，你们将要出席 35 次——如果你们决心听下去的话。该书目也是一个不浪费你们时间的、你们可能阅读的书目。

但是，我幻想看到在我面前出现一个有高度文化修养的研究生和同样有高度
6 文化修养的 3 年级本科生的结合体。阅读的要求当然必须是不同的。作为本科生，你们已经负担太重了，就是说，要求你们阅读所有的书目是残酷的，但要阅读最著名的著作，而且，甚至在这种情况下也有一些无须阅读的著作。我可以说，这也是我走过的道路。当然，谈到研究生，如果你们有志于以某种方式（按照这种方式，经济思想史可能对你们有用）成为一名经济学家——我将用一点儿时间谈一下这个问题——那么，在下一个 10 年里，你们就应阅读我所推荐的大多数书籍。但是取得硕士学位只需一两年时间，也不必期望你们阅读几乎这里所列举的全部读物。好了，我想对于这方面该说的话我都说完了。

现在，我首先用这一讲来阐述关于这个课题的一般考察，然后，除非我在 8 月没有时间，我将从第一个伟大的名字（这是你们必须了解的）——柏拉图——开始。但是，首先做某种一般的考察。

在你们的脑海中可能会出现这样的问题，为什么一些研究经济学的通情达理的人非常看重经济学历史呢？是的，经济学历史对于从事职业生活的你们不一定是很重要的，除非你们有志于教这门课程。在这个方面所见不差。但是，谈到对于在当代世界继续流行的东西的理解，谈到对有关我们课题继续进行的知识争论的理解，答案却是不同的。我认为，答案是，这个课题是某种应用性的课题。它是这样一个课题，它似乎是奇怪的，具有所描述的性质——应用时髦的词——在你们周围的世界中对于你们的利益是至关重要的。

好，现在首先让我陈述一个事例，在一切肤浅的著作中，在一切肤浅观察的过程中，你们将发现都针对这个事例。我们为什么应当注意社会科学研究的历史？在社会科学中，我们为什么关注社会科学史的研究而没有关注自然科学史？如果你们听过哲学系和科学方法系的讲座的话，自然科学史是一个绝对有趣的学科。但是在我将要以我们的事例来论述的意义上，在以“自然科学”团体的著名成员的事例来论述的意义上，它并非必然有趣。像理解大约 500 年或1 000 年以前的天文体系可能是有趣的一样，但为了成为一流的天文学家，你们应当知道一切关于托勒密，或者实际上一切关于哥白尼的事情，然而它们却不一定是必需的。关于哥白尼体系的内容将在其他的演讲中介绍。同样，有关生物学等的体系也是如此。但是当你们接近那些指定用来解释社会生活的课题的时候，我认为例子是不同的。

当代的制度和当代的思想充满过去的传统，知道各种思想是如何发源的，它
7 们的兴衰情况如何，本质上在这个课题的发展中，而对社会一般思想的影响则是非本质的，它们是如何转变的，它们在日常会话中的含义——即使你们不成为专家，这些也是必须面对的课题。我想，那些有志于以这种或那种方式称自己为经济学家的人应当同它们有点头之交。实际上，我要说，除非你们有某些这样的知

识，你们实际缺乏理解这个广泛课题的维度。让我给你们引证一位杰出的维多利亚时代的历史学家马克·帕锡森（Mark Pattison）。（你们中读过帕惕森著作的人请举手。我在这些讲演的较早阶段相当频繁地提出这个问题，为的是使我了解所提到的事情，并反复重申它们。）马克·帕惕森是一个非常著名的历史学家。他写了 19 世纪最好的 3 本或 4 本传记文献中的一本。他说过："一个不知道那些先辈曾经思考什么的人，肯定把自己的思想定位在一种不合适的价值上"（帕惕森，1885，p. 78），这并不是妄自尊大。

你们向前走近我们自己的课题和我们自己时代的大师凯恩斯（或者近乎我们的时代，现在他已经逝世 20 多年了），这个伟大的知识革命者，聆听他，"对思想观点进行一次历史考察是思想解放的必要前提。我不知道哪种情况会使人变得更加保守"——他是在一种略带轻蔑的意义上应用保守这个词的——"是仅仅知道现在而对其他全然不晓，还是仅仅知道过去，除此之外一无所知"（凯恩斯，1926，p. 277）。或者，再引证一下，无论如何，你们大家都看过凯恩斯的《就业、利息和货币通论》；该书以关于"在空中听取灵感的当权的狂人"的一段著名的话（他是在希特勒时代写作的）做出结论："在空中听取灵感的当权的狂人，他们的狂乱想法不过是从若干年前学术界的拙劣作家的作品中提炼出来的"*（同上，p. 383）。他继续说道，他确信，在长期（在短期这样说是愚蠢的），不论好坏，危险的东西不是既得利益，而是思想。

但是现在更为特殊的是，除了人们所知晓的有关配第、洛克、重农学派、亚当·斯密、李嘉图等的某些情况以外，我认为过窄意义上的经济分析史，在不了解它们发展途径的情况下，难以理解当代的发展。例如，举纯粹价值理论的例子。我标出不少我们时代的文章——我是如此心烦意乱地结束了它，我将不读你们的论文；我应当简单地提出一系列问题——我读过多少论述准租金理论的文章，这些文章对所有事情的解释都是错误的，简单地说是因为它们没有研究马歇
8 尔所引进的技术条件演变的历史。如果你们拓宽一点儿视野，不仅考虑分析史，而且还像熊彼特（1954）所要求的那样考虑经济思想史——世界发生什么与什么是适宜的政策等问题的某人评价和分析之间联系的历史——如果你们不知道过去发生了什么，你们怎么开始理解有关这些问题（自由放任、集体主义）的当代思想和当代语言呢？

最后——稍后我将完成这些初步的评论——按照不同社会线索发展的理论的研究，将给予你们对于思想试验的新的维度。你们知道，在经济学中，我们的困难之一是我们不能经常进行实验室的试验，因此，我们被迫依靠从一种思想到另一种思想的思想试验，而进行不犯错误的思想试验要比实验室试验困难得多。本课题的历史已经向你们提供了具体的关于人们已经通过历史途径了解大量思想试验的事例。例如——不要长久地停留在这个课题上——在货币理论方面，如果你们研究了拿破仑时代英法战争时期的金块主义的争论，你们就可能有机会改变关于解释发生于那个时代的通货膨胀和紧接着发生的通货紧缩的思想试验。如果你们再向前走一步，进入 19 世纪中叶并研究所谓银行学派和货币学派之间的争论

* 引自凯恩斯．就业、利息和货币通论．重译本．北京：商务印书馆，2005：396－397。——译者注

（我没有触及这里所包含的个人的性质），你们就会感到你们自己置身于争论之中，这场争论甚至在今天都没有得到解决。你们也会感到你们自己处于这些争论的源头，这些争论使你们弄清了其所包含的基本问题。

好了，主题正当性的证明就是这些。那么，我建议如何说明它呢？应当避免两种极端态度。第一个错误是人们把自己限制在这个课题的纯粹思想史上，而不解释就来龙去脉而论的其他任何情况。那种历史是非常容易产生误导的。例如，如果你们不研究这种思想演变的连续的各个阶段，你们就会获得一种非常错误的观念，认为神学思想演变的历史孕育着中世纪经济学。第二个错误——你们非常可能陷进去的错误，因为你们将听到如你们流传的这方面的日常生活的各种消息——是讨论理论的演变，把它仅仅作为临时的，或者当时是临时的社会条件的副产品。而这种所谓的社会条件只是当时环境的一种现象。那是过分夸大一种好的思想的古典经济学家的情况。毫无疑问，正如你们在较早阶段看到的，历史上的经济思想无疑受到了当时社会经济条件的影响。对此是完全没有疑问的。无疑我也将有意省去对如我所说的那种情形的思考。但是，如果你们要完全清晰和十分仔细地研究这个课题，你们就将认识到，在这个社会学的过程中常常出现暂时的社会条件变成次要的和纯粹的思想——逻辑的和检验的——阶段。

9 让我给你们举一个例子，这是一个在许多方面都最令人瞩目的例子：李嘉图《经济学原理》（以下简称《原理》）（1817）中的一个案例，你们应当阅读其中的某些章节——你们大家都应当读一下该书的某些困难的章节——以某种比现代任何数理经济学家都更纯粹、更细微的方式从当代的条件阐述的思想。但同样毫无疑问的是，李嘉图的思想也受到了他的时代的货币无序波动的刺激（金块主义争论的通货膨胀阶段以后的通货膨胀），并受到关于《谷物法》在拿破仑战争结束后是否恢复的争论的刺激。毫无疑问，李嘉图受到了这样一些社会经济条件的影响。同样毫无疑问的是，他曾经在他的朋友的迫使之下开始写作《经济学原理》，逻辑思想使得他远离了当地的这些环境。不管正确与否，他所得出的结论是他通过应用逻辑和对他周围的全部事物的时时的逻辑检验而得出的。我之所以选择李嘉图，是因为他的《原理》的思想在第一版和第三版（1821）（这个第三版甚至受到马克思的赞扬[1]）之间有变化——就是说，在第一版中他认为，机器的引入有利于赚取工资者。而在第三版中，由于进一步考虑这个课题，他阐发了一个非常复杂的讨论，以表明在某些环境下——无论如何在中期——它是可能的。并且，他写下了它，即使那些他的比较喜欢简洁的《原理》第一版的朋友们感到恐惧。但他是始终如一的；他看到他所相信的东西是真理。所以，这就是他的全部道德风范，你们应当接受这种普遍适用的经济思想史的方法，避免单纯的分析或单纯的社会学解释。

最后的问题是：人们能够对与人们的利益和人们的日常生活如此密切联系的关系采取公正的看法吗？答案也许是不能，但那也不是说，无论如何人们不想试一试。但是，说这显示了有些人的某种偏向的论点（在这些讲演中，我将对这种论点予以考察）是令人怀疑的。这样，你们会确定何种偏向是错误的，何种偏向加重了这个论点。但是，无论如何，你们要穷究底蕴，在这个课题上，像在一切社会研究上一样，你们自己要公开面对批评和争论。如果存在某种大学应该教会你们的东西，那就是对你们自己的思想的开诚布公和持续的批评。并不是所有的大学在过去和现在都教这个东西。

好了，这样，我可以公平地列举人们可能实际处理本主题的三种方式。首先，你们可以讨论个别的理论及其历史。维纳（Viner）的《国际贸易研究》（*Studies in the Theory of International Trade*，1937）是其中的经典例证。坎南的《生产和分配》（*Production and Distribution*，1924）是另一个良好的例证。
10 其次，你们可以研究个别人的思想演变。例如，像你们将在这个学校以前的学生、现在多伦多大学的教授萨缪尔·霍兰德（Samuel Hollander）的著作中所看到的（我将做出相当卓越的评价）。霍兰德论亚当·斯密的书（1973）是对被亚当·斯密的《国富论》弄得手足无措的人的回答，其即将问世的论李嘉图的书（1979），可以说是对祈祷者的回答，对于祈祷李嘉图的书是一本好书的人而言，该书几乎使之达到了目的。或者，例如，另一本论古典经济学的书，德汉姆大学的奥伯林（O'Brien）教授论麦克库洛赫（McCulloch）等的书（1970），也是非常好的书。最后，你们可以研究特殊时期的思想。例如，你们可以研究中世纪的思想。我将在下一讲谈一下中世纪的思想，但也仅此一次。或者，你们可以研究被称作重商主义时期的某些人的思想。人们之所以把该时期含糊地称作重商主义时期，是因为重商主义具有多种含义，例如，像在阿斯莱（Ashley）的著作（1901）和赫克歇尔（Heckscher）的著作（1935）中所表明的一样。

好，我不应沉溺于这些方法中的任何一种方法，我应走我自己的轻便的路，就是说，某些时候谈论学说，某些时候谈论人，某些时候谈论时期。我的计划划分为四个或五个部分。我将在最初的六讲或者七讲论述经济文献中的预见，然后，我较为详细地论述 19 世纪经济学的形成，同时——另一个线索——从一开始就论述现代分析的预见，最后，用五讲或者六讲追溯从开始到 1914 年的分析。你们也要从其他讲演的超越个人的视角来详细研究这些分析。

现在来谈谈预见问题。在过去，对经济思想的预见主要来自两个不同的方面：一方面，你们按照来自希腊的道德哲学，经由经院学派，通过早期现代律师和哲学家的道德哲学进行预见。另一方面，你们根据特别的小册子——由政府官员、商人、神学家写的小册子或传记或者有时是冗长的书籍，忧虑地论述某种特殊的事例，某种特殊的弊端——来预测例如一种通货贬值，或者对某些产业团体的保护，或者在更广的意义上，对国际收支平衡的保护。有大量的文献可查；在二三讲中我可能做的一切仅是沧海一粟，并产生代表性的样本。这个思路并不是绝对的。例如，在中世纪你们发现神学家们是在道德哲学向外转向讨论特殊问题时的一般经济学预见的主要作者。这样，从现在起的一两次讲座我将讨论著名的尼古拉斯·奥雷斯姆（Nicholas Oresme）的货币论（1360/1956）。奥雷斯姆是货币协会的负责人，也写过关于道德哲学的文章。事情是混在一起的，但我认为这种划分是有用的，因此，我就首先来做这件事。

11 最初的、被划分为第一阶段的是由古希腊的两位著名哲学家占据着的：柏拉图和亚里士多德。以后，你们将发现经院学者和其他哲学家都受到了亚里士多德的影响。但在今天和下一次讲演中，我要把注意力集中在柏拉图和亚里士多德身上，几乎不注意其他希腊学者。

现在，柏拉图和亚里士多德作为一般哲学家、道德哲学家，而且作为关注形而上学（玄学）、世界的性质和认识论的哲学家，都是较为著名的。他们对经济学的预见——对于亚里士多德而言，这是极其重要的；对于柏拉图而言，是突出的但没有如此的影响——他们作为道德哲学家对经济性质的关注，基本上是由于他们对于理想国的关注而起的。什么是理想国？这是柏拉图在其著名的《理想国》（1953b）一书中极力主张的急务，后来在他的著名的《法律篇》（1953a）（我没有向你们特别推荐阅读此书，一会儿我将从该书中摘引一节）中也极力主张这个急务。是从理想国中什么是公平的问题走进理想国吗？在某种意义上，它们导致思考流行于现实国家中的经济关系，并把它们同他们希望发现的在理想国中流行的经济关系加以比较。

现在，你们不必对柏拉图和亚里士多德期望过多。从某种意义上说，这不是失礼，因为他们的看法是落后的。在他们写作的时候，雅典是一个并非不著名的帝国的中心，而且是繁荣的商业和贸易的中心。如果你们看一下门罗（Monroe）的书（在我的关于早期经济思想的阅读书目中，我曾推荐过此书。我要非常抱歉地说，该书现在很难找到）的短小摘要，如果你们看一下色诺芬（Xenophon，1948）对雅典条件的讨论，你们就将获得一个同亚里士多德同时代的甚或略早于亚里士多德时代的人的观点的例证。但是，柏拉图和亚里士多德的看法是落后的。柏拉图积极地仇恨民主性。波普尔（Popper）教授，在其了不起的著作《开放社会及其敌人》（1952）（在我的书目中没有此书，但我想这个学院的所有的学生不管是研究什么课题的都应该读一读该书）中，非难了柏拉图，说他是一个不喜欢变化的积习很深的人。他对斯巴达而不是对雅典的羡慕便说明了这一点。亚里士多德并非如此极端，但你们可以发现他对这种方式的某种倾向，像我在下一讲中所表明的。亚里士多德的《政治学》（1948）是一部非常不错的著作。你们有人读过亚里士多德的《政治学》吗？你们之中读过亚里士多德《政治学》的人会记得，虽然亚里士多德是亚历山大大帝的老师（tutor），但在亚里士多德的《政治学》中并没提出世界将变化的建议，亚历山大的征服却创造了一个新世界。这个新世界的中心不再是女王。虽然我要说在某种意义上，可以认为稍微贬毁了柏拉图和某种程度上也贬毁了亚里士多德，但我并不让你们相信我对这两个人的
12 一般估计是贬毁的。柏拉图和亚里士多德都是永远存在于地球上的最卓越的思想家，他们对后来思想的影响是极为重要的。

现在，让我们从柏拉图开始。附带地说，柏拉图生活于公元前 428 年到公元前 348 年。我们可以集中考察他的《理想国》的非常狭窄的部分。柏拉图的《理想国》是他作为一个年轻人对其理想国的描述，以苏格拉底和他的学生之间对话的形式阐述。就某种方式而言，可以把柏拉图的《理想国》称作对他首次写出的某种共产主义的意味深长的主张。该书也表达了柏拉图的法则，当时他区分了人，并试图按照各种政治学的建议来处理问题，但总的来说是不成功的，作为一本书来说，它没有吸引力。而且，如果柏拉图的《理想国》可以叫做共产主义的话，那么，柏拉图的法则就可以称作法西斯主义；稍后将对此做更多的说明。

从我们的观点来看，重要的是，柏拉图是确切阐述分工原理的第一人或第一位著名的作家（如果这位教授读过所有的可能写出来的书的话）。在这个过程中

他获得了对分工的认识，绝对便利于他在《理想国》第一卷中关于公平的讨论。他们以一种真正自命不凡和严肃的方式讨论了公平问题。当时，一位哲学家打断了争论，这位哲学家说，粗略地说，所有关于公平的谈话在某种主观的意义上都是糊涂观念。之后，在该书的第二卷，苏格拉底提出，或许他们都是同实际联系较为紧密的——不是很紧密，而是较为紧密——如果他在《理想国》中讨论公平的话，便导致他在其《理想国》中提出国家的基础和公平的基础的暗示。让我在这里给你们读一下关键的段落——你们将发现，在柏拉图的对话中许多是纯粹的诗，但是，苏格拉底，或引导的对话者，通常是对话的最好的一方。在这种情况下，我朗读的回答毋宁说是平庸的：

一个国家，我说过，

——那是苏格拉底说的——

像我设想过的，是由于人类的需要而出现的；没有人是自给自足的，我们大家都有多种欲望。能够设想国家的任何其他的起源吗？

回答：

是的，他说道，没有别的起源。

这样，像我们有许多欲望一样，许多人需要向他们提供必要的东西。一个人为了某种目的接受帮助者，而另外的人则为了另外的目的接受帮助者……

现在，我们走进了经济学。

非常正确。

人们认为，对于自己拥有物品的人来说，在交换中他把物品让给别人，或者从别人那里获得物品。

13 这样，我说过，让我们从一开始便在理论上构建一个国家，而且，也需要一个真正的创建者。

——他是我们的创造之母。

当然，他答道。

现在，首要的物品是食品，食品是生存的条件。

当然，住房是第二个生存的条件，衣服是第三个生存的条件，等等。

现在，让我们看一下能够供给这些需要的城市必须有多大：我们可以假设，一个人是农民，另一个人是建筑师，还有一个人是裁缝——我们应该在他们中再加上一个鞋匠，或许再增加某个另外的伙食管理员，以满足我们身体的需要吗？

完全应该。

最简单的可能的国家必须包括四个或五个人。

显然如此。

那么，他们将如何做呢？他们每个人都把其劳动成果带入共同的仓库吗？——例如，为四个人生产的单个农民，在其为他人和为自己提供食品的时候要劳动四倍于他所需要的那么长和那么多的劳动；或者，他不为其他人做什么，也不为其他人制造麻烦，但仅仅在第四段时间里为他自己提供第四个食品，在其余四分之三的时间里他要盖房子、制作外衣或做鞋子，避免同其他人合作的烦恼。但是，他自己能够满足他的全部欲望吗？

阿迪曼塔斯，

——他的一个学生——

认为，他应该仅仅生产食品，而不应生产一切东西。

我回答说，可能那是较好的方式；而在我听到你这样说的时候，我自己也在重新思考，我们并不完全相同。我们具有千差万别的特质，而这些不同的特质是和不同的职业相适应的。

非常对。

那么，你们认为是每个人都试图从事许多职业的时候好呢，还是每个人都仅仅从事一种职业的时候好呢？

仅仅从事一种职业的时候好。

进一步地说，不做恰当其时的工作无疑是对工作的糟蹋吗？

毫无疑问。

对于一项没有处理的生意来说，在等待实干家来处理生意之前的一段时间，是无所事事的；但是，实干家必须遵循他的机会，并把这项生意作为他的第一个目标。

他必须如此。

14 如果是这样的话，我们必须推论，在一个人制作一种东西（对他来说是很自然的）并且是恰当其时的时候（不做其他的东西），生产一切东西将更多、更容易，并且质量更好。（柏拉图，1953b，pp. 211 - 212）

就读这些。这里是分工原理的要点，它们或多或少正确地阐述了分工。

此后，他继续解释，事实上，这是一个非常小的例子，并有制作其他东西的人，但是他所提到的东西的数量是如此之少，以致格洛坎（Glaucon）——他的另一个弟子——实际冒险反驳老师，他说，粗略地说（而且这是一个著名的概念），“你们在生产一个蠢人的城市，人们都以一种极其原始的方式生活。”而苏格拉底则说：“很好，如果你们想要在高度发烧的状态下生产一个社会，我暂时保留我的论点。但我自己认为，以较为原始的方式生活，对于一个已经组成的社会来说，是一种较为有益的方式。”然后，他继续从道德上加以论述。

现在，你们要注意，这里的分工原理和亚当·斯密《国富论》（1776）的著名的第1章的分工原理之间有很大的差别。亚当·斯密的《国富论》完全或者近乎完全强调教育。他说，哲学家和挑夫之间最初的差别是微不足道的，他们之间的差别完全是由于分工而后天发生的。另外，柏拉图在这里没有谈教育（他在后来谈到了对武士的教育），他谈论自然的差别。现在，我们知道断言自然的差别，无论如何从我的观点上看，常常是出于不道德的和原始的意图。像我们将在下一讲中看到的，亚里士多德根据自然的差别证明了奴隶制的合理性。但是，虽然几乎每个人都谈论自然的差别，包括职业的自然科学家，但他们都在说谎，而且这种谎言很容易变成非道德的活动，这对于认识苏格拉底曾经打击的一些事情是相当重要的。如果所有的最好的教师都关注大多数的人（我不是侮辱任何人），他们不能培养一个爱因斯坦（Einstein），他们也不能培养一个莫扎特（Mozart）。自然差别是存在的，虽然我们暂时尚不知道它们究竟有多大的差别。

好，这导致苏格拉底继续谈论每个人所拥有的道德性，每个人都按照其本性在社会中占有一个适当的地位。正如你们将发现的，如果你们读了全部的《理想国》，武士——实际上真正的超人——是发现自然差别是什么的人，而且是适合其在理想的共和国的位置的合适的人。你们中的某些人可能认为这种理想国并不是如此理想的。在明天我的讲演开始的时候，我将简略谈论法律的性质。我将花费大多数时间讨论亚里士多德。亚里士多德对技术的分析比柏拉图对分工的论述更为中肯。

注　释

[1] Marx，“David Ricardo,” in Marx（1952，pp. 199 - 427）.

第 2 讲　柏拉图和亚里士多德

16　无论如何，我无须花费时间提醒你们我昨天讲过的东西。本讲的前半部分，我用来阐述一般工具和对本主题的某些辩解。本讲的后半部分，粗略地说，我用来阐述关于希腊道德哲学中的经济思想预见的开端。我已经从柏拉图开始了讲演，在柏拉图的《理想国》中你们发现了分工在任何社会结构中起作用的轮廓。柏拉图事实上以考察理想社会的观点勾画了他的理想社会，并发现什么构成理想社会的公平。但是为了勾画这个社会的轮廓，他颇费神思，因为无论如何这是迄今为止在著名的生产率优势文献中首次涉及分工。但他没有继续深入。他得出关于把每个人安排到适当的位置，并且这种适当的位置由武士决定的结论，即道德的和政治的结论，而我们是不关心这些结论的。

在这里，我不想继续讨论柏拉图了。但是，我要给你们读一段《法律篇》中的话，像我昨天讲过的，《法律篇》一书是对其可以实现的最好社会的概念的较为现实的估计。他们的生活条件应该是什么样的，这是一个法西斯主义的概念，而不是如同《理想国》所说的共产主义的概念。现在，简单地说，这段话是偶然的，但它是一个真正的指标。他在谈论交换的媒介和有关的法则。他说：

法告诫，私人不允许拥有金银，但允许拥有日常应用的铸币……

——日常应用的铸币，按照他的概念，可能最好是由皮革构成的——

所以，我们的市民，像我们说过的，应当拥有铸币作为在他们自己中间通行的通货，但是不为其余的人类所接受；但是，从对其他土地的远征和旅行的观点上看，——在使节［等等］看来，国家也必须拥有共同的希腊的通货。如果某个私人不得已而出国，让他得到君主的同意并出发；如果当他返回的时候，他仍然剩有某种外币，就让他把剩余的外币交给国库，并获得相应数额的当地通货。如果发现他藏匿不交，

——他私自保存——

17 就要没收这笔外币，持有外币且明知故犯的人将会受到惩罚并且丢脸。（柏拉图，1953a，pp. 310－311）

听起来是不是有点儿熟悉？好，在我们论及亚里士多德的时候，在头脑中会加深印象。我打算把这一讲的较大部分用于论述亚里士多德。

亚里士多德在其青年时代实际上是柏拉图的学生，他生活于公元前384—前322年，像许多学生一样，他并不总是同意老师的看法，他的各种著作是对柏拉图提出的各种主张和政策的质疑。

对亚里士多德在经济思想史上的重要性怎么估计都不过分，像我希望在这次讲演结束时能够说服你们相信的。但我不能向你们承诺，你们读了柏拉图的著作会享受到同样的快乐，不管你们是否同意他，柏拉图都是他生活的时代最了不起的著作家之一。在某些情况下，他偶然地也是诗人，而且像我说过的，不管你们是否同意他，阅读柏拉图的著作是一件快乐的事情。然而，我们不拥有亚里士多德的原始文献；我们仅有他学生的笔记，而学生的笔记并不总是像老师讲过的那样是一种真实的思考，阅读它们并不必然是如此地享受。但是由于所有这些原因，是亚里士多德而不是柏拉图是你们寻求对后来思想产生重大影响的希腊学者中间的绝无仅有的人。中世纪的神学家通常偏爱亚里士多德，简单地说是因为他是哲学家。在文艺复兴之前，柏拉图不为人们所知，虽然他作为哲学家从托马斯·阿奎纳（Thomas Aquinas）以来被论述道德哲学的大多数学者所推崇。甚至在当代，在向你们讲授的分析中，你们发现最初由亚里士多德提出的命题的遗迹，主要是在其《政治学》和其他论述伦理的著作中提出的命题。

也有亚里士多德的反对者。直到16世纪和进入17世纪，亚里士多德一直支配着哲学思想、道德哲学等等。之后便出现了反对他的人。诗人德莱登（Dryden）在非常值得纪念的时期掀起了这种反对的浪潮。在我向你们读诗人德莱登的四行诗之前，应当介绍一下亚里士多德出生于一个被称作斯塔吉拉（Stagira）的地方，人们都喜欢把他叫做“斯塔吉莱特”（Stagirite）。德莱登说道：

一直得势的最长久的暴政，
那是我们的祖先所以要唾弃的，
他们生而自由地对待斯塔吉莱特，
并让他传递他们普遍的光。（德莱登，1663/1961，p. 43）

好了，他的传递算不上是传递，特别是处于那个历史时刻——虽然为你们着想，但我要迅速考虑我是否将按照他所说的全部的话来跟踪亚里士多德。

他传递了柏拉图在《理想国》中所提到的各种关系，但是对于这些关系，我

18 不打算在这一讲中详细论述。柏拉图曾经提出，无论如何，在武士（他们是最高

超的人，并且统治理想的社会）中间应当共有妻子和孩子。没有人知道他的孩子是谁，孩子们并不必然是谁生的，或认为是谁生的。亚里士多德并不认为那是一个非常好的计划。亚里士多德认为，它可能——无意中地——导致了乱伦。亚里士多德显然认为这种乱伦是一种极为可恨的犯罪。他认为无论如何人们将受到诱导以推测谁是他们的孩子，因而更青睐他们。整个说来，亚里士多德赞成更为有道德的家庭安排，赞成以家庭生育并确认孩子的身份。

关于物质财产，柏拉图在其《理想国》中主张武士不拥有物质财产。亚里士多德则对此提出质疑，如果你们阅读了亚里士多德的《政治学》的有关部分（我不打算对它详细地阐述），你们将发现那些建议把私有财产制度作为同法律和社会安排的效用相适应的制度的哲学家和经济学家的预测。亚里士多德认为，如果人们拥有财产，这种财产就可能得到更好的照顾，而且从中所得到的利益要好于把它们作为公共财产处理的时候。他说，

> 这种法规（当然，这在现代也是一个有倾向性的评论）可能有一个特殊的仁爱的表现，人们已经听到了它，并容易使人们相信，以某种奇妙的方式，每个人将成为每个人的朋友，特别是在人们听到宣布存在于国家中的邪恶、关于合同的适宜性、对伪证的确认、对富人的恭维等等的时候，人们都把它们说成是由于私人财产占有而出现的。但是，这些邪恶是由于非常不同的原因——人性的贪婪——而引起的。实际上，我们已经看到，在那些共同拥有全部东西的人们中间是存在较多争吵的，虽然在同大量拥有私有财产的成员比较的时候，这种争论并不多。（亚里士多德，1948，p.25）

好了，那是对一种事例的表述，这种事例通过历史发生显著的影响，但我不打算进一步讨论它。

从我们的观点上看，亚里士多德的重要影响在那个经济思想的氛围内并没有如此被看重，应用熊彼特（1954，pp.38－40）的把关于经济安排的一般思想同经济分析区分开来的段落：在经济分析中，亚里士多德的影响是持续了如此长的时期；但你们必须注意，亚里士多德并没把他对这个课题的论述称作我们概念意义上的政治经济学或经济学。对于亚里士多德来说，无论如何，经济的概念是同家庭管理相联系的，而且它处于其家庭管理讨论的教程中，并同其重点论述的社会其余部分发生联系。

但是，在我进行重要的评论之前，我不能继续忽视这样的事实，即在其家庭
19 管理的讨论中，他试图证明奴隶制为正当，认为奴隶制之所以被证明为正当是因为它是值得的，而我认为那是高度误导的，即某些人生而为奴隶——被支配——另一些人生而为统治者。他对此的讨论是详细的。显然，这个问题是在雅典开始讨论的。有知识开化的人——我带有一定倾向性地应用“开化”一词——他们开始对奴隶制度提出质疑。而亚里士多德无论如何认为，作为一名道德哲学家，他必须证明奴隶制为正当。恐怕我认为那是完全站不住脚的，而且是空洞无物的。尤其是有时他偶然地表明大多数希腊学者，其中的可疑人物是亚里士多德自己，都认为他们中的大多数是生而治人的人，而把其余的人称为野蛮的人。就这些人的性质而言，他们更适合于接受命令，而不是下达命令。

但是，在亚里士多德的讨论中有一个极为聪明的评论：他详细地讨论了人不仅拥有物质占有的必要性，而且人还有必要占有作为贯彻他们意志的工具而活动的人。而按照现代的观念，这并不是完全有说服力的。但是在当时他所阐述的思想是，假定物质手段变得十分复杂，以至下贱的和平庸的工作可以指定由奴隶来做；假定机械实际变得像他引证的（我没有参考该书）三脚架（显然是某种仪式的用具）那么聪明（这种三脚架自己进入上帝的殿堂），如果机械像这种三脚架那样聪明，并能自己移动，那就不需要奴隶了——奴隶制是他辉煌的评论之一。

但是我们的要务真正同其对价值和货币的论述有关，而这就进入了他对家庭管理的讨论，因为他设想，虽然处于原始条件下的真正低贱的家庭可能同物物交换相联系进行管理，没有货币，但可能的是，一旦事情变得完全复杂起来，物物交换就将引起间接的交换——为货币而交换商品，货币又用于交换其他的商品，最初的买者想要的其他商品则比他拥有的商品更多。亚里士多德还设想——这是他的专题论文的起因；他是作为道德哲学家讲话的，但人们又感谢他走进我们所说的经济学——直接交换不仅服务于家庭管理，获得鞋子、肉、衣服等等，而且可能使商业、贸易以及复杂的制度安排出现。总的来说，对这种复杂的制度安排，像我们将要看到的，他是反对的。

但是他感到必然走进这种复杂的制度安排，而且他说（他在讨论家庭获得的艺术）：

这样，便存在一种自然的

——你们要注意“自然的”一词在非常早的阶段便进入了经济学——

20 和作为家庭管理一部分的获得的艺术。我们必须假定业已存在生活必需品，或者假定家庭管理的艺术提供一个生活必需品的贮藏，以便为家庭或国家共同使用。它们是真正的财富的元素。

——一个价值判断也进入了经济学——

因为一个为良好的生活所必需的财产的数量并非无限的，尽管梭伦（Solon）在他的一首诗中说：

“对于一个人来说富裕的界限并非固定不变的。”（亚里士多德，1948，p.15）

但他继续说，

还有另一种不同的获得的艺术，

——非自然的——

人们一般地和正确地称之为赚钱的艺术，而且，事实上人们已经提出财富和财产无限的概念。

——参考梭伦——

同上述相联系，自然的艺术常常由于赚钱的艺术而得到证明。虽然它们并非有很大的区别，但也不是相同的。这种业已描述的概念是由自然给出的。

——那就是，家庭管理的获得艺术——

另一种是通过经验和艺术获得的。（亚里士多德，1948，p.16）

好，然后他说，

让我们开始讨论下面考虑的问题：

——我希望给你们读一点儿——

我们所拥有的每件东西都有两种用途：它们都属于这种物品，但以不同的方式存在，对一个人来说是适当的，对另一个人来说就不是适当的了，或者应用它是次要的。例如，一双鞋既用来穿，也用于交换。这就是对鞋的两种应用。一个人在交换中为了钱或者食品把鞋转让给了需要鞋的人，实际上他并没有把鞋作为鞋来应用，但这不是其适当的或者最初的意图，因为一双鞋并不是为了一种物物交换的目的而制作的。对于一切所拥有的东西都可以这样说，因为交换的艺术扩展到了它们全体。交换首先以一种自然的方式出现于某些东西过少而另一些东西过多的情况下。所以，我们可以推论，零售贸易不是赚钱艺术的一个自然部分，它一直如此。当人们拥有了足够的东西的时候，便将引起他们进行交换。而且，在最初的社会中，即在家庭的场合，这种艺术显然没有应用，但当社会增大的时候，这种艺术便开始有用了。因为家庭成员最初共同拥有全部东西；在一个较多被划
21 分的社会状态下，他们仍然分享许多东西，但是他们拥有不同的东西使得他们为了想要的东西而进行交换，即进行一种在野蛮的民族中仍然实行的物物交换，人们相互交换生活必需品，仅此而已。例如，在交换中由于谷物等等而让出或获得酒。这种物物交换不是赚钱艺术的一部分，也不是相反的自然艺术的一部分，但它是为了满足人的自然需要所必需的。另一种或者更为复杂的交换形式也较为简单地增长了。当一个国家的居民变得更为依赖于另一个国家的居民的时候，他们就进口他们所需要的东西，出口剩余，这必然应用货币。由于各种生活必需品不是很容易到处携带的，所以，人们便同意在他们的相互处理中应用内在有用的并易于应用于生活意图的东西，例如，铁、银等。这些物品的价值首先按照大小和数量来测量，但是，随着时间的推移，他们也在它的身上打上印记标明价值，以省却测量的麻烦。（同上，pp.16－17）

这是第一次出现于文献中的迄今为止我所知道的关于货币起源的基本命题。这是你们仍然要学习的。

亚里士多德继续说，

一旦发现应用铸币，便从生活必需品的物物交换中产生了另一种赚钱的艺术，即零售贸易；零售贸易最初可能是一种简单的关系，但是，一旦人们从某种经验中学习，并且通过交换可能获得最大的利润，问题就变得较为复杂了。由于最初应用铸币，一般把赚钱的艺术看做主要是同硬币相联系的，看做是实际……生产财富和货币的艺术。

——沿着他的思路，他继续说——

许多人所假定的财富仅仅是硬币的一个数量，因为赚钱的艺术和零售贸易都涉及铸币。另一些人则坚持认为，硬币是一种虚拟物品，一种并非自然的东西，

但仅仅是一种惯例，如果使用者以另一种商品取代它，它就没有价值，或者仅应用于任何日常生活意图。（亚里士多德，1948，p. 17）

显然这是参考了柏拉图内在的无价值物质，像硬币这样的被应用的物质。

亚里士多德继续说，那完全是错误的。“有很多硬币的人常常需要必需的食品”（同上，p. 17）。在这里你们可能碰到经济学史上一些最著名的例子：“但是，一个拥有许多财富的人仍然被饿死，像童话中的米达斯（Midas）那样，他贪得无厌地恳求把他面前的一切东西都变成黄金，你能说这是富有吗?”（同上，pp. 17 - 18）你们都知道米达斯的童话，对他来说，上帝允诺满足他所提出的任
22 何要求，而且，他提出他应当拥有把一切东西都变成金的馈赠，并设想这种馈赠把他饿死。他继续说，“人在追求较好的财富的概念，追求并非仅仅获得硬币的赚钱艺术的概念，他们是正确的。因为自然财富和赚钱的自然艺术是一种不同的情形”（同上，p. 18）。如果你们应用货币是为了购买你们在家庭管理中所需要的东西，也是正确的。但是，如果你们走进零售贸易（亚里士多德显然对零售贸易有某种藐视），并寻求从中获取利润，那么你们就超出了自然的或道德的界限，你们就在纵情于内在不值得的活动，像这样的家庭管理艺术：

导致一些人认为，赚钱是家庭管理的目标。他们生活的整个观念是，他们应当无限地增加其货币，或者，无论如何不损失货币。人们这种处置的根源在于，他们打算仅仅生活，而不是打算很好地生活；而且，正如他们的愿望是无限的一样，他们也希望赠与他们的手段应该是无限的。（同上，p. 18）

但这种享用，他继续说，可能是“过分了”：

他们寻求一种产生过分享用的艺术。而且，如果通过赚钱的艺术他们不能获得快乐，他们就试图应用其他的艺术，以一种同自然相反的方式用于改变每个实际。例如，激励的性质不是打算赚钱，而是激发热诚。这二者既不是将军的目标，也不是医生的目标。然而，一些人却把每种技能或艺术转变成赚钱的手段；他们把这设想为目的，而为了促进达到这种目的，必须贡献所有的东西。（同上，p. 19）

他详细地论述了这个问题，然后他以一段话做了总结，这段话在我继续论述的课题，即中世纪的经济思想史中非常重要。他说：

在两种赚钱艺术中，像我刚刚说过的，一种是家庭管理的一个组成部分，另一种则是零售贸易：前者是必需的和光荣的，后者是一种受到正当谴责的交易；因为它是不自然的，是人们借以从别人手里获取收益的方式。最令人憎恨的一种，而且是最有理由令人憎恨的，是高利贷，它是由于货币本身而获取收益，而不是从货币的自然应用中获取收益。因为［最初］打算把货币用于交换，而不是用来增加利息。这个高利贷概念……意思是指由货币生出货币，被应用于货币的繁殖，因为子女酷似父母。这是为什么在所有的赚钱方式中高利贷是最不自然的方式的原因。（同上，p. 20）

但是，现在，如果我们走进中世纪的经济思想史，领悟了其他方面，你们就
23 将发现，亚里士多德的这个名言和各种各样的论题——并非全部——来自《圣

经》，被用来证明反对任何借贷资本利息的法律。关于这一点，后面将做进一步的论述。

亚里士多德在《政治学》中所讲的主要就是这些。但是，在《伦理学》中，他继续定义了货币的职能，或者说一种赚钱的艺术，虽然在《政治学》中他还没有提出这个非常严格的关于限制赚钱的警告。在《伦理学》中有一段话，在门罗的著作中曾引用过［你们将在由维尔顿（Welldon）翻译的《伦理学》（亚里士多德，1892）译本中发现，在书店里缺少门罗的译本，你们发现它更便于探讨］，在那里你们将发现一个真正深刻的关于货币的经济学分析。在《伦理学》中，亚里士多德谈论了交换——相互的交换——中的公平和不公平。他说道，为了交换可能是公平的，所交换的价值必须相等。为了使所交换的价值相等，必须有共同的价值尺度。

这是发明货币的原因。

——这里，我从维尔顿的译本中引证一段话——

货币是一种媒介或者工具；它测量每种东西，因而它测量过剩的东西和短缺的东西。例如，等于一栋房子或一顿大餐的鞋子的数量。当一个建筑师走进鞋店的时候，必须有如此多的鞋与一栋房子或一顿大餐相适应，否则便不能进行交换或结合。但这将是不可能的，除非鞋与房子或大餐在某种意义上是等同化的。所以，就出现了制定唯一的普遍测量标准的必要性，像以前说过的。这个标准实际上是互惠服务的需要。这种互惠服务把社会结合在一起。（亚里士多德，1948，p. 27）

在我还是学生的时候，通常在这个学院应用的介绍性教科书——坎南的《财富论》（1919）——的主要章节被冠以“控制的需求力”，亚里士多德继续说，“货币是对这种需求的再认识的代表，这种需求把社会结合在一起”（亚里士多德，1948，p. 27）。这个值得注意的学者接着说，货币不仅可以服务于当代的交换，而且“从一种观点上看，它也可以服务于”——我引证——

未来的交换；它是一种我们拥有的保障，如果我们不想现在买东西，当我们想买的时候，我们就能够用它去买；因为，如果一个人持有货币，那就必然在他手上握有购买力……

因此，货币可能是一个使各种东西相等的尺度，通过应用它们而可能使各种东西得到共同的测量。没有交换便不能有结合，而没有等同性便不能交换，而没有共同的可测量性，等同性也是不可能的。（同上，p. 28）

现在，这一切已经影响了全部经济学史。在直到18世纪末，配第或者亚
24 当·斯密，或者休谟之前，人们所谈论的一切事情都没有更为简洁地论及货币的职能。因此，我认为，你们必须高度注意亚里士多德在这些第一次直言判断上的思考——这在你们看来是极平常的。

他在某种程度上也被看做是象征——出现于他的被称为《论题篇》（*Topics*，1960）的不太引人注目的一卷，该书在奥地利学派兴起以后被一个名叫克劳斯（Kraus，1905）的德国学者引用过——具有某种边际效用递减的原理的观点。但

是我认为那仅仅是一个脚注。他显然有某种本身可以同后来的学者交流的闪光的东西，虽然是以一种朦胧的方式。它们并不是我要评判的，你们必须注意他的最重要的功绩，像你们区分使用价值和交换价值那样，他对贸易的评论，他对高利贷的抨击，不管它们是对还是错，对后来都有极其重要的影响。

现在，我认为无须在这种教程中走得更远，进入朦胧地参考希腊人中间的经济关系问题。而且在罗马人的世界也很少探讨经济问题。一个令人奇怪的事情是，不同于失去其比较小的帝国的雅典，罗马在其衰落和崩溃之前成了支配西方文明的帝国，它统治了许多种族、许多语言地区；他们全部以某种或他种形式变成罗马的公民或罗马人的奴隶。人们纵情于这个国家的扩张的运作、修筑道路、桥梁等等，而且显著地应用货币信用，但在罗马人中间没有进一步的经济投机。从罗马我们看到的是对财产制度非常深刻而有影响的重要讨论，而且这些特别是从罗马的律师而不是从阐述关于社会经济关系的人们中推论出来的。

那么，如何认识基督教的作用呢？早期的基督教没有对经济关系问题提供进一步的说明，一个极为简单的原因是，《新约全书》中的早期基督教——它们来自基督教的创立者的说教——认为世界末日即将来临，没有时间考虑明天的事情，也不能特别考虑社会的经济安排。在《使徒行传》(*Act of the Apostles*) 的前几章描述了苦行主义，在这里，一些基督教徒把他们的财产投入蓄水池。大家都知道亚纳尼亚斯（Ananias）和莎孚拉（Sapphira）的真实的故事，他们假装向蓄水池投入他们的全部财产，但把其中一些财产隐藏起来，而上帝令他们猝死以惩罚他们的不忠实。但整个说来，在早期基督教中没有关于经济的论述。

在以后的数个世纪中，商业几乎销声匿迹了，随着货币经济的发展，罗马帝国被来自亚洲的人所推翻，而实际上却是被北非人推翻的，穆罕默德的军队封闭了地中海的海上贸易。逐渐地，在数个世纪的社会停滞之后，在黑暗的时代之
25 后，到了 10、11、12、13 世纪，你们便看到了一个商业和贸易的活跃和复杂的经济专业化。但是这些时代的基督教哲学家开始接受来自希腊哲学家的不同的观点。希腊哲学家曾经探讨了最好的国家——柏拉图对理想国的探讨，亚里士多德对可能实现的最好国家的探讨。但是，苏格拉底学派的哲学家涉及更多——在那些时代国家仅仅开始以其现代的形式形成——具有个人的责任，什么是一个基督教徒应该负和不应该负的责任。如果你们看一下圣·托马斯·阿奎纳（Saint Thomas Aquinas）的巨著《神学大全》(*Summa Theologica*)，该书仍然被许多天主教徒看做是一览无遗地包含了神学的智慧。你们可以部分地把它用于分析经济问题，但它采用的方法对我们来说是非常新颖的。第一句是："我接下去要考虑使我们进行自愿交换的罪恶……"（阿奎纳，1948，p. 53）。

好，在下星期三的讲演中我要考虑使我们进行自愿交换的罪恶。

第3讲　阿奎纳和经院学者

26 在上星期二我的讲演结束时，由于讨论了罗马帝国世俗文学所极为缺乏的经济投机，省却了在关于财产和契约的法律讨论中可能发生的经济投机问题，也省却了中世纪之前数百年在早期基督教传教士和神学家中间争论不休的平等的贫困问题，我一下子跳到了中世纪已经走到尽头的时期。此时，货币经济已经出现，繁盛的商业和小工业已经有所发展，特别在意大利更是如此。我要继续进行我的讲演，把大家的注意力吸引到该时期的道德哲学家的目标变化上来。虽然希腊人已经注意讨论了一个好的国家的经济特征，但基督教哲学家则注意个人的义务：一个基督教徒应该做什么？我想，我要以引证圣·托马斯·阿奎纳的《神学大全》的部分言论作为我的讲演的结论，在那里他说，他提议讨论与变化相联系的过失。

现在，我要用这一小时简要描述一下这些对价值和分配的偶然评论的广阔图景，它们是在13世纪至宗教改革时期的基督教神学家们的著作中发现的。而且我认为我应该告诫你们，在所有35讲中，唯独这一讲，我在很大程度上依靠的是二手资料。比较而言，我从中世纪天主教神学家的五花八门的著作中所得到的直接收获是很有限的。这是一个有争论的课题，你必须在脑海中记住。该说的已经说过了，下面让我立即投身于争论，至少投身于部分争论。

在较早的时代，当经济思想首次成为严肃关注的主题时，中世纪的相关神学著作的论述似乎是非常粗略的，如果按照最近的认识，在某种程度上是误导的。在我青年时期，我是一个热情的吉尔德社会主义者（guild socialist）（吉尔德社会主义是在第一次世界大战期间和稍前兴盛起来的运动)。我记得我曾读过一本由一位被称为潘惕先生(Mr A. J. Pentey)的令人钦佩的人写的书(1917),他在该书中讨论了中世纪的吉尔德制度,并探求他从这个讨论中抽出的道德对于他所描述的变化着的现代社会的适用性。按照这种观点,中世纪神学关于价值和交换
27 讨论的中心是公平价格。现在那已经不是一个有争论的表述了,有争论的是对公平价格的解释。按照过去大师们的看法,公平价格是同在社会中的等级地位有直接联系的。人们认为公平价格或多或少在客观上是不能确定的。粗略地说,它依赖于生产成本,特别是生产中的劳动成本,而且是同社会等级的某种思想相联系的。考虑到劳动量等,公平价格是能使你维持你在等级体系中的地位的价格。而且,与此相连——这使我回到了潘惕先生那里——假定产业组织依赖于吉尔德及生产者协会,其活动受到引导,以保证确定公平价格。

现在,你们不必低估支撑对中世纪道德哲学家观点进行解释的学者。当然,按照我的判断,在某一阶段,人们所惊讶的不仅是马克斯·韦伯(德国20世纪最伟大的社会学家)。你们将发现,还包括——仍然是完全值得阅读的——阿斯莱(Ashley)的《经济史》(*Economic History*,1901)中关于中世纪的章节;汤尼(Tawney)的《宗教和资本主义的兴起》(*Religion and the Rise of Capitalism*,1926),该书在我的生活中一直受到极端的尊崇,而且仍然支配大的方面,即使仅仅因为其优美的散文风格;以及有权威的意大利政治家凡帆尼(Fanfani,1961)。这些作家都对这个观点表示认同。然而迄今为止,我还能判断——让我抑制这个方面的款条主义——它基本上是假象。如果你们阅读熊彼特(1954)的书,该书是这个时期非常优秀的著述(记住,我不是向初学者推荐阅读这本上千页的书,但你们可以阅读论述经院学者的一章,而不管其余的章节),你们将发现他坚持相反的观点——我将简要地阐述一下这个命题。

可能比熊彼特更有价值的(而且我至少怀疑熊彼特的某些判断),是一本专著的作者。按照我的判断,该书是对我所知的这个课题的最好的介绍,是由一位晚年也孜孜不倦的经济史学家写成的——我想,他开始于伦敦经济学院——他名叫拉曼德·德·卢佛(Raymond de Roover),该书名为《西耶那的圣·伯纳迪诺和佛罗伦萨的圣·安东尼奥:中世纪两位伟大的经济思想家》(*San Bernardino of Siena and Sant' Antonino of Florence: The Two Great Economic Thinkers of the Middle Ages*,1967)。该书是由哈佛大学克雷斯图书馆出版的。我认为这是卢佛关于这个主题的最好的著作,但是,在你们当中那些感到难以得到其副本的人(应当说是在图书馆)将发现一篇论公平价格的早期论文及其由卢佛所做的鉴定(1958),该文重印于一本论文集中,在你们大家都有的文献目录的最后一页上列有这本论文集。

现在,德·卢佛(1958,pp. 24-26)在论公平价格论文(偶然也在这篇文章中论述圣·伯纳迪诺和其他人)中的主要内容是:伟大的权威们(我一直让你们注意他们所宣布的东西)几乎全都依赖于某个生活于1327—1397年的名叫亨
28 利奇·冯·兰根斯坦(Heinrich von Langenstein)的人的言论。而且兰根斯坦似乎也对这个结果做过论述,即使当局没有确定公平价格,当时的生产者也不应确定超过维持其地位的价格。兰根斯坦所说的这些话,首先被伟大的德国经济学家

和经济史学家罗雪尔在其名为《德国经济学说史》（1874）的著作中予以引证，之后，所有其他人都群起效仿。按照卢佛的说法，这是始于罗雪尔的。但是按照卢佛和熊彼特的说法，兰根斯坦是个名不见经传的小人物，并没有在中世纪道德哲学文献中做过多大贡献。另外，按照卢佛的说法，经院学者的主要大权威学者对于公平价格是有不同看法的。

现在，为了从圣·托马斯（Saint Thomas）着手论述，要从门罗的《早期经济思想》这部有价值的著作中抽取部分有关的内容。圣·托马斯关于出现交换过程的论述是僵化的，略微有点学究气，而且很难对他在不同时期的罪恶的研究做出准确的解释。从一个时期到另一个时期，如果你们读过《神学大全》的摘要，他似乎在谈论孤立的交换，而且，这个观点在神学家中间被阿斯莱接受了，卢佛也有这个看法。当然，孤立的交换由于不同于更有组织的社会交换而产生了道德问题。

圣·托马斯不止引证圣·奥古斯丁一个人，奥古斯丁赞扬过一个人的行为，该人可在别处以低价获得一本书，但他拒绝支付这个低价而支付了较高的价格。好了，不要认为我不同意在那个特殊情况下奥古斯丁的看法。如果你们中的任何人，或在任何情况下你们中的大多数人——也许在你们中间有非常了解经济思想史文献的人——到我这儿来，例如，向我提供我将要谈论的坎蒂隆（Richard Cantillon）的《商业性质概论》（*Essai sur la nature du commerce*）的印制本，并说："你愿意为此书而付给我 5 先令吗?" 如果我说我愿意为该书付给你 5 先令，我就将是一个十足的爱占便宜的人，因为人们知道，事实上，在熟悉其的书商中间，坎蒂隆的《商业性质概论》（1755）第一版印刷品——关于该书我将在以后用整个一讲来论述——将价值 100 先令或其以法郎计算的平价。但这并没把你们带到很遥远的对个人关系的讨论。让我们打个比方，如果我走进位于马里莱波恩大街上的伦敦一家最好的古籍书店——弗朗西斯·爱德沃兹书店，该书店按 5 先令价格出售坎蒂隆的《商业性质概论》，我就要立刻去购买它。了解其行情应该是弗朗西斯·爱德沃兹的职责，而如果我比弗朗西斯·爱德沃兹更了解行情，即使我因此而占了一个便宜，我也不会感到一点儿羞耻。许多经济思想史的讲课者已经建立起了令人敬佩的专业图书馆，他们对图书价格的了解比古董书的出售者更多。

但是，卢佛（1965，p. 28）认为，在圣·托马斯不讨论孤立的交换的时候，圣·托马斯认为，在一个或多或少的竞争性市场上，公平价格是按公众评
29 定的价格来计算的。而且，卢佛强调这一点，并以圣·托马斯的言论作为证明。圣·托马斯说，如果某个商人首先来到某个短缺的市场，而且他也知道在他之后一个星期，其他商人也将来到这一市场并且使价格降低，这时，如果他以高于短缺市场的价格出售商品，这并不是在犯一种极大的罪。尽管圣·托马斯补充说，如果他告诉人们一周后这里有更多家伙出卖短缺商品，他可能在道德上更加高尚。

总之，圣·托马斯的思想必须根据其只言片语予以重构。实际上，在偶然的场合他似乎预见了效用价值论，因为他坚持认为，否则，一只老鼠（它也有其遵循的生活原理）将比一颗珍珠（它是一个死的东西）还要珍贵——这似乎表明他

已经有了现代经济学家在讨论效用和价格之间联系时候的某种思想。[1]但是，整个说来，我认为他是有很大错误的，特别是因为圣·托马斯想尽一切办法地跟着哲学家亚里士多德走下去了。关于亚里士多德，在上一周我已经跟你们讲过了。他指责零售超越了家庭收入的自然限制。我认为，最好把这种说法归入晚期经院学者，特别是西耶那的圣·伯纳迪诺（San Bernardino），该人生活于1380—1444年，他的训诫被翻译成其他文字，题名为《永久的福音》（1484）。该书有65条训诫，其中14条训诫涉及契约、交换和价格等问题。

如果你们留意一下卢佛对圣·伯纳迪诺的著作（不容易得到）所给予的充分考虑，你们会立刻注意到同圣·托马斯截然不同的某些说法。圣·托马斯，像我刚刚讲过的，当他把零售贸易作为一种职业而加以指责——说它在超越家庭管理自然获得的手段的时候，他在追随亚里士多德。圣·伯纳迪诺则认为贸易和制造业是有用的，他赞扬贸易和制造业。他有时也出人意料地指责欺诈（不正直的商人所诉诸的谋略）。他对旅行商人的不公正的行为做了非常严格的评论。非常有趣的是，他打击旅行商人。亚当·斯密在《国富论》（1776）中也在某种程度上注意商人的道德，他认为在你们犯有大量错误的地方，人们发现个别商人可能诉诸的计谋，并趋向于避免受骗，以至于从低调的观点上看，在商业广泛传播的地方，忠诚——按照斯密和圣·伯纳迪诺的看法——是最好的政策。在这个方面，我认为亚当·斯密和伯纳迪诺的政策观点没有多大差别。但是，圣·伯纳迪诺严格反对诈骗，反对不公平的竞争。这样，他便重提这样的事实，即好的企业关系、好的管理能力是稀少的，不反对奖赏它们。

在圣·伯纳迪诺反对宣扬卫士中间的共产主义的柏拉图时，他也追随亚里士多德。他追随亚里士多德认为，财产可能在被有直接使用兴趣的人光顾且为获利
30 而应用的时候要比拥有它更好。有趣的是——这是有倾向性的观点——发现这些的人，全都是中世纪的神学家——支持共产主义寺院制度，同时追随亚里士多德指责寺院之外的共同财产。

但是，圣·伯纳迪诺对价值和价格理论最感兴趣。圣·伯纳迪诺，像我已经向你们提到的，有相反的关于老鼠和珍珠的价值的论述，而卢佛（1967, p.17）曾经指出，虽然汤尼想尽一切办法把卡尔·马克思描述为把价格基于劳动成本之上的学派的最后一个人，但是按照卢佛的说法，他宣称他已经研究了文献，但在圣·托马斯那里并没有那种事情的踪迹。好了，显然圣·伯纳迪诺阐述了相反的方法。而且圣·伯纳迪诺认为，价值是由三种成分决定的：首先，物的内在的有用性——所谓内在的，是说它提供对于消费者是好的东西；其次，物的稀缺性——这是随时间逐渐变化的；最后，其合意性。卢佛（同上，p.18）认为，有用性和合意性之间的区分有某种重要性，它可能有道德哲学的意义；而当我们谈论现代价值理论中的效用的时候，它当然又不重要了。在这一点上，我认为，我同卢佛关于现代发展的论断仅有微小的分歧。卢佛认为，如果保留圣·伯纳迪诺的区分的话，可能是一件好事。

那么，什么是圣·伯纳迪诺在这个方面的根源呢？卢佛在其以前的文章中认为，圣·伯纳迪诺的解释不仅在苏格拉底学派的哲学家中间是最有力量的，而且也是大多数哲学家的思想根源。但是，他现在发现，并在他的书里（同上，

pp. 19 - 20）详细阐述了它，说圣·伯纳迪诺在一个世纪以前（1248—1298 年）关于人的著作（书名为《皮耶尔·奥利韦》）中的价值和效用的讨论是有线索的——不仅仅有线索。而奇怪的是圣·伯纳迪诺本人，他显然是一个极为有道德和谨慎的人，总是引证——或近乎总是引证——他的引文，而不引证奥利韦，而奥利韦在这个特殊点上却预见了他。这在圣·伯纳迪诺那里是一个关键的标志吗？不，卢佛说，因为它是如此发生的，以致在奥利韦死后他被指控为异端——或道德的异端——而且他的尸骨被掘，任凭风吹雨打。实际上，圣·伯纳迪诺，由于他在意大利天主教中的权威，将不引证作为他的受到指控为异端一个人的作者，他的尸骨也没被掘和任凭风吹雨打。

好，继续谈论圣·伯纳迪诺，作为决定因素的有用性或合意性不是绝对的。“否则”，他说，“一个水杯几乎是没有价格的，而且它是大量的”（卢佛，1967，p. 20）。实际上，他并没有解决像你们在亚当·斯密和某些古典经济学家的著作中
31 所看到的所谓价值悖论，但是他获得了接近于它的雅致。鲍利博士（Dr. Bowley，1973）在一篇相当有趣的论文《论效用，价值悖论和所有的悖论及古典经济学》（收集于一本论文集中）中发现了在亚当·斯密以前很久其他人的著作，并在亚当·斯密自己的著作中予以讨论，这些著作表明，也许价值悖论并不像李嘉图和其他人所表述的那样是一个如此尖锐的悖论。

按照圣·伯纳迪诺的看法，价格是由集体估计决定的——那就是市场价值。卖者可能必须按照低于他的要价出售东西，也可能卖得高于他的要价。价格依赖于暂时的市场估计。圣·伯纳迪诺承认有例外。他可能设想了各种情况——也许是极端困境的情况——在这种情况下，价格可能必须由当局来确定。据我所知，迄今为止他并没有涉及这样的问题，如果价格是由当局确定的，我不知道当局如何消除这种极端困境的情况。你们也必须做一些推理，否则，稀缺性就将变得更为敏感。那是一个现代的看法。

圣·伯纳迪诺继续以其全部特有的方式对市场垄断勾结做了判决。他认为垄断的实践是如此的邪恶，以至于他同情这个世界的永久的犯罪，也同情地狱对欺诈的永久惩罚。对普通商品价格也是如此。

关于工资，圣·伯纳迪诺只是说，适用于商品价格的规则也适用于劳务的价格。事情的这个方面在中世纪其他大经济学家那里有更好的阐述——按照卢佛的看法（1967，pp. 24 - 27）——佛罗伦萨的圣·安东尼奥（Sant'Antonino），该人生活于 1389—1459 年，在其被称为《神学大全》的著作中采用了圣·伯纳迪诺的价值理论，而且他极力反对不称职的雇主，极力反对不是用现金支付工资的雇主，或者极力反对不是以足金价值货币而是以削减价值的货币支付工资的雇主，像他那个时代在佛罗伦萨某些雇主常做的那样。他反对损坏材料的工人。虽然，整个说来，按照卢佛的看法，在苏格拉底道德哲学家中间对于行会极少讨论，但是圣·安东尼奥论及过织布业行会，而且他还谴责该行会以实物或以贬值的货币支付工资的情况。我也可能谴责这种情况。

但是，现在我们接触到了一个在分析上更为有趣的课题。不管晚期经院学者的意见如何——也不管晚期经院学者是否确实追随圣·伯纳迪诺和圣·安东尼奥，而且包括兰根斯坦和其他坚持其观点的什么人——他们所有的人首先都坚持

亚里士多德对高利贷的判决。在这个方面，你们还应当同意（如果你们能够接触到它的话）圣·托马斯的讨论，因为圣·托马斯在这方面是非常积极和非常坦率的，而且许多道德哲学家都在这方面追随他。

在《神学大全》中，第78个问题是，“以现金承诺的高利贷的罪恶是什么?”现在你们应当认识到，高利贷是对贷款支付的利息，像中世纪哲学家所讨论的那
32 样。他们并不反对合伙企业的利润。他们一开始就反对以贷款方式预付货币支付利息——像亚里士多德所反对的。

圣·托马斯是从引证文献开始其论述的。我有限制地说，他引证的文献来自《旧约全书》和《新约全书》，而《旧约全书》和《新约全书》都没有确认他所采取的态度。他是从阐述对他有利的论点开始的：“似乎并没有获得货币贷款的高利贷的充分信号。因为没有遵循基督教徒例子的信号。上帝对他自己说（Luke xix，23）”——你们大家现在都知道《圣经》吗？我不是作为一个虔诚的信徒来讲话的，但是，如果你们没有读过这段美妙的文学遗产，你们就会发觉失去了很多。在这个对不公平的处理（我不应侮辱你们中的那些通过重复而了解这个处理的人）的比喻中，基督教徒实际已经落入了不公平处理谴责的雇主之口（不公平处理已经掩蔽了使他赢得信用的货币）——“在我到来的时候，我可能确认它是带有高利贷的”（阿奎纳，1948，p. 65）。而且，这样，圣·托马斯便引证（《圣经》）《申命记》的一段，该段对摩西的追随者说：“‘你们不应把货币，而不是谷物或任何其他的东西，借给你们的兄弟以获取高利贷，而应借给陌生人’”（同上，p. 65），等等。

“但反对这里所说的”——而且，按照圣·托马斯的看法，还严重地依赖于下面的这种说法——“就是《出埃及记》所说的：‘如你们把货币借给我的任何贫困的人民，他们是有三口之家或四口之家的人，你们不应该作为敲诈者而强迫他们，也不应该用高利贷压迫他们’”（同上，p. 66）。你们看到，这可能把高利贷解释为——圣·托马斯没有继续对它加以解释——拥有多余现金的人和发生现金短缺的人之间孤立的借款事例，解释为孤立的交换事例，这里可能很容易存在关于什么是正确而适当的两种意见。说富人把钱借给需要钱和有困难的穷人，并且不要利息，当代经济学家当然不认为这是荒谬的事情。

但是，圣·托马斯——这是我之所以搬出圣·托马斯的原因——继续提出一个分析性的论断。现在，仔细听一下，我要给你们读一下这个分析性的论断，因为它包含着我准备把它说成是谬误的东西：“在对此的证明中”，他说，

> 应当注意，有某些东西，应用这些东西是对它们本身的消费，例如，我们消费葡萄酒就是喝它，消费小麦就是用它制作食品。所以，在这种情况下，不应该把应用看做是脱离东西本身；但是，当应用被准予为一个人所应用的时候，事情就由于这个事实而被确认下来；因此，在这种情况下，贷款的事实便包含所有权（支配权）的转移。因此，如果一个人希望卖葡萄酒，并且葡萄酒可以分开来用，他就可以卖同样的葡萄酒两次，或者，没有葡萄酒可卖；所以，不公平的符号是
> 33 虚构的。由于类似的原因，一个借出酒或小麦期望获得两倍补偿的人承认不公平。（同上，p. 66）

按照他的货币分类——他把货币看做是一个可消耗的东西——对贷款确定货币收费是最充分的象征。

然后，在下一段说明结果是什么的时候，他又排除了这个说法——我认为这将是人们的共识——拒绝他的论点。

> 但是，有某些东西，应用它们并不是对它们自身的消费；这样，使用一匹活生生的马并不是毁坏它。所以，在这种情况下，必须分开来处理，因为在这种情况下，一个人把马的所有权转移给另一个人，使之获得一个时期对马的使用权；或者相反，当一个人同意某人使用马的时候，还保留对马的所有权。因此，一个人有充分的法律根据获得使用马的价格，而且，还期望收回借出去的马。（阿奎纳，1948，p. 67）

好了，令人惊讶的是，像圣・托马斯这样一个成熟的哲学家，应当拒绝他自己在上面一段话中的逻辑，因为，如果你们喝酒就要为此而付钱，不必支付利息。你们所支付的仅仅是酒的价格。但是，如果你们在喝酒之后的一年之内没付钱，那么你们的情形就跟一个接受了一匹马的贷款而在一年内没偿还的人的情形是一样的了。另外，圣・托马斯和与他并列的中世纪经院学者都允许地租的销售。现在地租的销售——就是把地租的资本价值延伸到未来——隐含着一个利率；否则，永久地租的资本价值就将是无限的。所以，在允许地租销售的同时，他们也含蓄地允许一个隐形的利率。

那么没有例外吗？有一个被称作“惩罚形成”（damnum emergens）的例外。如果一个人预计在偿还资本的时候实际遭受损失，那么，他就确定了一笔损失的费用，但那不是任何实际的损失。所发生的实际问题是，如果他为谋利而应用货币的话，他是否能够确定（除了他的贷款收益）他自己可能获得的费用？用拉丁语说，那就是所谓的 lucrum cessans。而且，圣・托马斯还禁止它。但到圣・安东尼奥出来写作的时候，佛罗伦萨已经发展了相当繁荣的银行业务，贷款——现金贷款成为佛罗伦萨商业的一个组成部分，而且，逐渐地，圣・安东尼奥开始容许这种银行业务。

从那时起，某些思想家开始怀疑这个课题。这些思想家在理论上属于不同的学派。于是，我们靠近了宗教改革。路德（Martin Luther）继圣・托马斯之后断
34 然反对利息。人们看到加尔文教不反对确定合理的利息，而且，实际上加尔文教是杜缪林（Dumoulin）（1546）命名的天主教神学，杜缪林的著作在亚瑟・艾黎・门罗（Monroe）的《早期经济思想》[2]中被重印了。实际上门罗趁机反对确定任何利息。往后，虽然在伊丽莎白（Elizabethan）时代，你们仍然可以发现人们，在这里——某些人是神学家——一般是禁止利息的，但它已经走到了尽头。此后关于利息的论点——仍然是有趣的论点——则是对利息是否应当给予管制，合法的利率是否应当比某些商业部门定得低，等等。

但我讲演的时间快到了。我建议你们阅读杜缪林的著作，按照我的判断，他是一个很少带倾向性的人。我还向你们推荐我的图书馆里的一本书，该书是由一个名叫法泽尔・戴文（Father Divine，1959）的人写的——他不是两次世界大战之间通常做广播工作的性情急躁的人，而是战争期间在伦敦经济学院攻读博士学

位的人。他的博士学位论文是关于利息的，我也把这篇博士论文推荐给你们。恐怕你们会认为，作为一个非天主教徒，我适度掌握了这次演讲的分寸，我向你们推荐法泽尔·戴文的论述利息历史的著作。

注　释

[1] 参见 De Roover (1967, p. 17)。

[2] 查尔斯·杜缪林，拉丁文的名字是卡罗拉斯·莫里诺斯 (Carolus Molinaeus)，其著作 *Tractus Contractuum Et Usurarum Redituumque Pecunia Constitutorum* (1546) 重印于门罗的著作中 (1948, p. 103-120)。

第 4 讲　小册子的作者——货币（奥雷斯姆、博丁、“W. S.”）

35 我已经迫不及待地做了我想要在这一讲中从道德哲学预见经济学的提示。在前一讲的结尾处我已经宣布，对涉及高利贷思想的法国革命极感兴趣。我们应当回到对于该阶段关于利率的分析的阐发上，而且这种分析还可能同我在该阶段所省略的部分联系起来。我也不必躲躲闪闪，我认为我所给出的提示足以指明该主题广泛的含义。

现在，我要回到非事先计划的小册子领域的预见。小册子领域的预见所包含的东西简单地说是大量的，在一堆文献或更多的文献——货币、贸易管制、济贫、就业、移民、学习等的文献中，是不可能包含其内容的。但是，正如我已经说过的，从海洋中提一桶水，然后仔细地直接观察它所包含的成分是有可能的。

但是，首先让我仅说一句关于所有这一切背景的话。在这个方面，我们已经超越了中世纪。这个小册子作者所提供的文献的很大一部分的背景（当然，持续到今天，但那是另外的问题）在很大程度上，是随着民族国家的出现而出现的。由于或好或坏的原因，随着中世纪的终结，随着秩序、商业和贸易恢复的比率在西方世界不同地区发展起来，以至民族性（民族感情）由于或好或坏的原因，或者两个方面的原因而开始发展起来。在你们当中那些已经看过萧伯纳（Bernard Shaw）的戏剧《圣女贞德》的人将会获得非常清晰地从不同渠道产生民族感情的观念。普通人开始感到他们的语言才是自己的语言，而不是拉丁语（在这种语言中有较多的字母是同其他语言相交织的），这同国界是无关的。另外，黑火药作为一种重要物质，促进了封建制度的形成。在封建制度中，任何无足轻重的男爵都可能或多或少拥有一块对自己至关重要的领地。按照时间和地点，他可能（或不能）效忠于某一地位高于他的人，而最终所有的封建男爵都效忠于最高的封建男爵，即国王。

而在另一方面，你们将把或多或少统一的基督教教义加以分解。基督教是由于宗教改革而发生的，并在16世纪和17世纪兴盛起来，蔓延到各地。当然，随
36 后，克里斯托弗·哥伦布（Christopher Columbus）出现了，他发现了新大陆。新大陆的发现增加了稀有的物质资料的供给。这些物质资料在随后的两个世纪中是构成平均年利率为2%的仅有的因素，并使货币购买力大幅度下降。

所有这一切都导致了新的行政管理问题。在该时期的早期，国王作为最高的封建男爵，正如人们所说的，按其所拥有的财富生活。他拥有大量的财产，拥有大量的农奴和奴隶，在其家庭管理中，税收所起的作用相对来说是次要的。但是由于民族性的形成，由于国王最高权力在这个国家的形成，税收变得较为重要了。而且如何使国家获得大量的收入，成了部分雄心勃勃的文官所关心的紧迫的目标。此外，还有一些事情是国王自身的责任所不能驾驭的，其中的许多不失时机的事情则与权力所赋予的责任无关——有一些事情是同货币和交换相联系的。

好了，这个为文官所提供的小册子文献的思想可以说是空洞无物的。德国人称之为宫廷主义（kameralism），kamer 在德文里是宫廷的意思。你们可能还记得这样的童谣：

国王在他的宫廷里数钱，

王后独处或者在吃面包和蜂蜜。[1]

就绝大部分而言，这个早期阶段的税收文献是由专家们写的。这里有一些出类拔萃的学者。门罗从18世纪一个叫贾斯廷（Justin）的——值得考察——德国人那里获得了这种思想。在英国则把它同亚当·斯密所说的政治算术联系起来。政治算术是统计学的开端。最初，亚当·斯密宣称他不太相信政治算术（1776，2：36）。

其次，针对这个背景，你们会看到关于不同集团的行为在形成民族国家中的作用的有争论的文献。怀有私心的重商主义者要求补助，保护最迫切的关税——可能的一般的利益——等等，整个文献有时被称作重商主义（mercantilism）。但是人们并没有太严肃地对待它，因为重商主义是一个模糊的概念。因此，在我的讲演中，我将详细评述这种模糊性。

好，现在我要按照两大类概念概括地阐述一下小册子的思想。我要在这一讲中讲一下货币分析的发展，在下一讲中，我要讲一下狭义的重商主义——向你们提示，重商主义不是指这个词的广义。

现在，讲一下货币。今天上午我想讨论两个问题。我想讨论关于降低货币价值的文献，我还想讨论关于货币数量变化的影响的早期文献。从我的观点上看，这是非常方便的，因为我想讨论的第一部著作并不是由政府官员写成的，也不是
37 由具有填充其个人及其团体腰包的有私心的商人写成的，它是由一个不图私利的僧侣写成的。所以说，这是一部同我已经讨论过的文献——道德哲学文献——相联系的著作。而且，我希望你们注意的这部著作的某些章节，在门罗那里也重印

了，而且，这部著作还有拉丁文译本和英文译本。按照拉丁文，这部著作叫做《货币论》(*De Moneta*，1360；1956)，是由这个内尔逊版的作者翻译的，我设想该版仍然在印刷。我不相信它会像化妆品那样流失。它的书名叫《铸币》(*The Mint*)。

《货币论》的作者是一个名叫尼古拉斯·奥雷斯姆（Nicholas Oresme）的法国人，其思维的一般框架是我们已经谈论过的经院哲学的真正代表。但是，该书，即《货币论》，并非事先计划写成经院学派的著作。它并没受到小册子作者邪恶的影响，而是受到小册子作者美德的影响。现在来看，奥雷斯姆是一个有魅力的人物，而且在很长时期受到人们的赞扬。他生活于1320—1382年，你们谁都不要认为我是根据数据来谈论这种巨大的重要性的，我之所以拿出数据是要给你们某种一般的观点。按照我的概念，对普遍性的预期并不是说你们应当记住这种无多大价值的细节——虽然如此，如果涉及数据的话，当然，你们应当获得正确的数据——但是，在这一阶段，你们应当有较为广泛的观点。奥雷斯姆是一个法国牧师。他写出了神学著作，写出了数学著作，他翻译了哲学家亚里士多德的著作，他成了法国南部纳瓦里学院的教师；之后，在1377年他成了里赛克斯(Lisieux）的助理主教。我们尚不确知他是什么时候写出《货币论》的，大约是在1360年吧。现在，该书是以专题论文的形式出现的，而且它实际也有一个专题论文的副标题。它是一本专题论文——我在下面的篇幅中做了引证；我不给你们读拉丁文的原著了——作者尼古拉斯·奥雷斯姆［他是一位STP（Sacre Theologie Professorem)，意指“神圣的神学教授”］做了关于货币的起源、性质、法则和选择的论述。

虽然它在形式上是一本专题论文，但是同时它也是一本有争论的著作，如果你们阅读前言的话，你们可以理解这一点。我给你们读一下前言，该前言很短：

> 某些人坚持认为，任何拥有权力的国王或王子，都能凭借权力或特权自由地改变其王国的货币通货，按其意志管制货币通货，并获得某种收益，或可能赚取某种利润；但另一些人则持相反的看法。因此，我决定在这篇专题论文中写下在我看来似乎是从一种哲学的和亚里士多德的从货币起源出发的观点而得来的认识。这样说基本是适当的。我没有做武断的论断，而是把每件事情都归之于我成熟的判断。也许我的话将最终唤醒他们，以正确处理这种关系。

——多么美妙的谦逊态度——凯恩斯！——

> 这就是说，专家可能是某种思想的专家，并得出可能有利于王子和目标的结论，实际上是有利于整个国家的结论。

38 这大概是在1360年写的，我们尚未确认我们所讨论课题的思路。

好，现在可以说这是一本有趣的读物，研究生们确实应当留意这本书。我并不是说它是研究生的必读书，但是你们可以通过浏览目录了解该书的真正思想。让我读给你们听，或者读它的某些部分：

> 1. 发明货币的原因

2. 货币材料

3. 货币材料的变动和货币的贬值

4. 货币的形式或形成

5. [从获得最近的点开始] 谁对铸造货币负有责任?

6. 谁拥有货币?

7. 谁承担铸造货币的花费?

随后，在第 8 章中，你们将立即看到他的虚构的亚里士多德专论存在的理由：

8. 铸造货币的一般选择

现在，暂停一下，我想说，如果你们没有认识到，如果你们不是专家——我也不是专家——在中世纪的经济历史中，铸币的贬值是国家首脑们经常求助的问题。例如，如果他们能够使其铸币中的贵金属量最少，并仍可以用同样的名称称呼它——银币这个称呼诞生于很久很久以前，但是它现在并不代表相同的购买力——如果你们能够确定金属货币的购买力，或者通过改变其重量，或者通过改变合金结构并保持其名称，那么，国王便能够暂时获得利润。只有那些认识到发生了什么情况的人——货币更换了，他们很快认识到，他们受货币更换迷惑了——逃脱个人所得税，这些个人所得税是按照贬值的货币的实际名义征收的。

所以，第 8 章论及铸币的一般改变，下一章（第 9 章）则论及“形式的变化”“费用的变化”“名称的变化”“重量的变化”“金属的变化”“构成的变化”。[2]之后，在第 15 章，提请人们注意他的任务，尼古拉斯说：“国王因改变铸币而获得利润是不公平的”。

16. 这种利润是不自然的

17. 从改变货币而获得的利润比高利贷还低

现在，你们记得，那些相信禁止高利贷的人认为高利贷是在这个世界流放的商人的应得之罪，而地狱之火还在后面。

18. 这种改变货币的做法基本上是不允许的

而随后作者便是机灵的人了

39 19. 由于改变铸币而给国王造成了一些损失

20. 给整个社会造成了其他一些损失

21. 给社会的一部分造成了一些损失

之后——我给你们读出全部目录——

22. 社会能否做这种选择

23. 一个认为王子可以改变铸币的论点

24. 对前一章的回答和主要结论

随后

25. 一个不能持续的专制君主

和

26. 从改变铸币获取利润损害整个王室系列

好了，这些对于尼古拉斯·奥雷斯姆已经够了。他论述的要点是，货币贬值是不道德的。虽然他涉嫌一些混淆等，但他论述的要点是，货币贬值是不道德的、不公平的，比高利贷还坏。所以，从我们课题的一种观念（无声的语言）看——这是一个价值判断——我个人给尼古拉斯以很高的评价。

现在，如果你们看到了在我的图书书目中所推荐的法文论文集——莱·伯兰查（Le Branchu）的论文集（1934），我并不感到奇怪。如果你们有这本书的话，你们将发现我在大约 20 年前阅读伯兰查之前我所不了解的一些事情——第二次世界大战以后我才买到它。他实际上印制了一篇关于货币贬值和改变货币购买力的长篇论文——由谁改变？知识的测验。是谁改变了我们关于宇宙自然的整个思想？[学生们说出伽利略的名字] 接近了，他有一个杰出的先驱，我们不必浪费时间，告诉你们吧，是哥白尼（Copernicus）。

现在，人们不会说哥白尼对思想有广泛的影响，因为他的长篇论文是草稿。有理由推测，他的文稿大约写于 1538 年，掌管于他所生活的北欧地区的行政官员之手。直到 1810 年尚未印刷出版。所以，人们无须在它上面逗留，你们也基本没有读过它。他所强调的是比尼古拉斯·奥雷斯姆早两个多世纪对货币贬值的经济影响，但是他详述货币贬值，并强烈地反对货币贬值。他认为分配的改变不但是不公平的，而且在经济上是拮据的。实际上他——在莱·伯兰查重印的他的草稿的第 9 页上——形成了一个格雷欣定律（Gresham's law）——即劣币驱逐良币定律——的基本变种。

40 好，现在我们不必再逗留于货币贬值上了，虽然货币贬值继续发生。亨利八世曾使通货贬值，并引起了我将在最后 5 分钟（如果我讲到这时的话）要谈论的各种混乱。

但是现在我们正处于关键点上，这时，世界正享有哥伦布发现北美和加勒比的经济影响，贵金属开始输入西班牙。在由密斯·格莱斯-哈钦森（Miss Grice-Hutchinson）编写的《西班牙的早期经济思想》（*Early Economic Thought in Spain*，1978）一书中提到过一个身份不明的人—— 这个身份不明的人叫阿兹皮尔库塔·德·纳瓦罗（Azpilcueta de Navarro）。他或多或少是第一个阐明货币数量论的人。他说——让我读给你们听：

> 其他情况不变，在有巨大货币稀缺性的国家，一切其他可销售的物品，甚至人们的手和劳动，都是在货币少而非货币多的情况下给出的。这样，我们由经验看到，货币在法国比在西班牙更为稀缺，面包、酒、布和劳动都所值更少。（格莱斯-哈钦森，1978，p. 104）

好，从某种方式上看，这一章是一个珍品。虽然在密斯·格莱斯-哈钦森关于萨拉曼卡学派的著作中论及了，而且这本我所了解的书尚在印制，因为它仅仅在去年才脱稿，所以它没有出现于假定你们已经读过的教科书中。所以我要你们注意它，注意密斯·格莱斯-哈钦森，并去考虑思想史上重要得多的事情，如著名的《关于货币价值过程的悖论》（*Paradox on the Course of the Value of Money*），该书的第一版出版于 1566 年。

关于马莱斯科特（Malestroict）我所知不多。在你们中对他了解更多的人会发现他的著作。他的《关于货币价值过程的悖论》，在他所处时代的法国是遭到禁毁的，在我们的时代，意大利的首任总统——路易奇·爱因诺蒂（Luigi Einaudi）出版了此书，其他人也出版了此书。你们知道，爱因诺蒂在成为总统之前是一个非常有成就的人，一个著名的经济学家，在墨索里尼时代不得不隐藏起来，现在他已经去世了。

如果你们想要探讨马莱斯科特的话，爱因诺蒂可以告诉你们关于他的一切。对马莱斯科特我知之不多，他是一个所谓 Cour des Monnaies 的官员，似乎曾主持过价格上涨原因的调查。他写了一篇奇特的论文，从某种意义上说，这是一篇非常奇特的论文——并非不富于创造性。他首先争辩说，如果你们获得金银的真实价值，当同已经贬值的硬币的价值区分开来的时候，金银和其他商品之间的真实交换价值不变。正是货币贬值引起了价格上涨，而金银的真实价值不变。然后
41 他继续说，所发生的情况是货币贬值。他的书表达了该时代的官方思想。但是，人们不厌其烦地提到马莱斯科特，甚至把他作为该时代杰出的经典作家，在很大程度上是由于他的悖论的主旨，即使不是唯一的原因。需要指出的是，他曾经对于一个人对他做出的反驳性的回应而感到恼恨，这个做出回应的人是你们应该听说过的，就是非常著名的法学家简·博丁（Jean Bodin）。

在门罗编辑的论文集（1948）中重印了博丁的回应。门罗是很困难地得到这个回应的，我看到了博丁回应的英译本——博丁论《共和国》（1576）巨著的英译本。该书是在第二次世界大战刚刚结束一年以后出版的。我应当对你们之中不了解博丁的人说——我多方考察方才知道，博丁这个名字给你们中的一些人留下了深刻的印象——他是著名的国家主权学说的作者。自 16 世纪以来，学者们写出了大量的关于国家主权的著作。博丁是巨著《共和国》的作者，该书阐明了国家主权学说，我们中的许多人认为这个学说使世界受到很大的损害，但是那不是它的声誉。它的声誉是，它提供了从那个时代到 19 世纪初对它质疑的时期的宪法背景，虽然在此之前并非没有对立的意见。

另外，他还写了一本小册子，被重印于由门罗编辑出版的《西班牙早期经济思想》(1948) 中，叫做——好，让我翻译一下——《简·博丁对马莱斯科特的货币悖论（触及日益增长的昂贵和治理的处方）的回应》。该书出版于 1568 年。这是一本相当重要的著作，你们将在门罗那里看到它，届时你们将得到一个印制本。他是从质疑马莱斯科特关于一般商品和以重量测量的金银之间的关系不变、它们将包含按贬值测量的金银的论断开始其分析的。博丁并不否认马莱斯科特存在通货贬值的判断——那是广为人知的——但是，他否认某些商品和某些土地的相对价格有变化，它们是不能仅仅用含金量贬值和法国通货的贬值来解释的。

然后，他继续给出货币贬值以外的价格上涨的原因。他还给出了所有各种使价格上涨的原因，其中有些无疑是有效的——垄断及由此而来的恶劣影响，人们的浪费，对特殊商品或特殊土地的肆意挥霍，等等。但是，他说到了“主要原因”，这在门罗书的第 127 页上可以找到，你们翻到这一页可以看到：

> 一切东西价格上涨的主要原因，无论在何处，都是支配评价各种东西的因素的丰裕程度。普拉塔克和普林尼证明，在征服马其顿王国之后，在波西亚国王的

统治下，保拉斯·埃米陆斯船长给罗马带来如此多的金银，以致人们免于税收支付，罗马土地的价格一下子提高了2/3。

42 我不相信它们一下子提高了2/3，但土地价格提高是相当快的。

再听听苏托尼亚斯（Suetonius）的说法。

——他集中了他的巨大火力——

苏托尼亚斯说，奥古斯都大帝从埃及带来如此多的财富，以致高利贷下降，土地价格大大高于从前。现在，土地并不稀缺，它既不能增加，也不能减少。或者垄断，在这种情况下，它不能存在：但金银是丰裕的，丰裕的金银引起它们贬值，并引起各种东西价格上涨……正如所发生过的那样。

——回到历史——

在坎妲斯女王出现的时候，《圣经》把她称为赛芭女王，

——你们大家当然听说过赛芭女王——

进入耶路撒冷城，

——当时她拜会了所罗门王，我想，你们也听说过所罗门王——

她是否带来了许多宝石，以致人们将这些宝石踩在脚下。

——我不相信有这种情形——

而当时

——现在他出来指出——

当斯潘尼亚德（Spaniard）自己熟悉了新的世界的时候，不只为了换取珍珠和宝石而出售斧头和刀，因为这里有木刀和石刀，还有许多珍珠。因此，丰裕的东西引起贬值。在那里，台比留大帝犯了许多错误。当时，他砍了一个人的头，这个人制造了软玻璃和塑料。正如普林尼所说，如果消息不灵通，黄金就不再流行；由于玻璃是丰裕的，几乎所有的石头和几种作物都可以用来制造玻璃，无论如何将引起贬值。这样，一切东西都是如此。

因此，有必要证明，在300年以前，这个王国并没有这么多的金银。马莱斯科特所说的时代，正如现在所认识到的：是不足信的。（博丁，1568/1948，pp. 127 - 128）

等等。

43 现在我请你们注意某些可接近的事情——至少我希望是这样；你们从来不会说哪些书从图书馆丢失了——而且这些书是极为可读的。我不说今天上午我提请你们注意的那些书的这些章节可读性极强，虽然严肃思考的人将掌握它们。但我现在手里拿着的这本书是英国文献中最著名的著作。它叫——我不认为你们中的许多人听说过它，除非你们是经济史学家，你们中有些人是经济史学家——《论英格兰王国共同福利》（*A Discourse of the Common Weal of this Realm of England*，1581）。该书由一个在大学出版社工作的非常博学的名叫拉曼德（Lamond）的女士重印了，最初是在1893年重印的，但在1929年再次重印。大约在任何著名的图

书馆的经济史部分都应藏有该书的印制本。

该书是在 1581 年首次印刷的，是由一个自称为“W. S.”的人编辑的。现在，在你们的头脑中出现了什么？好，我看到你们已经接受了这个要点。这是由 18 世纪中叶的一个出版者所强调的要点，他把重印的这本书的作者误认为威廉·莎士比亚（William Shakespeare）。但是，在写作该书的时候，莎士比亚尚是十几岁的孩子——他只有 17 岁。完全没有理由认为莎士比亚写了《论英格兰王国共同福利》。

现在，我强调这一点，是因为拉曼德女士写了一篇非常有价值的导论，她是在阿契迪康·坎宁汉（Archdeacon Cunningham）的指导下写作这篇导论的。阿契迪康·坎宁汉是（或不是）19 世纪 90 年代和该世纪较早年代的著名的经济史学家。拉曼德把这篇导论归因于一个名叫约翰·霍尔斯（John Hales）的公众人物，而她则是被许多历史学家追随的人物。但是，莱·布兰查（他设法将该书译成法文，并详细考察了拉曼德女士的资料来源）对归因于霍尔斯提出了异议，他说，把该书归因于著名的——这里，在你们中间有政治学家吗？——托马斯·史密斯（Thomas Smith）先生更为可行。史密斯先生的主要著作是论英格兰宪法的书。在《经济史评论》中——这是你们作为经济学家和想做比经济学家更多事情的人值得一读的一本杂志——在 1966 年 8 月份的《经济史评论》中，有一篇由玛丽·戴沃（Mary Dewar）女士写的论文。戴沃女士在那些日子里生活在得克萨斯，按我的判断，她充分确认了托马斯·史密斯先生的情况。而“W. S.”则可能是他的并不让人讨厌的有教养的侄子威廉·史密斯（William Smith）。在托马斯·史密斯于 70 岁逝世以后，威廉·史密斯发现了本书和在他叔父论文中间隐藏的其他论文，并把它们公布于世。

好了，我已经评论了《论英格兰王国共同福利》。这不仅是因为该书包含了对货币数量论的首次论述——在注释中，可能由托马斯·史密斯加上了这个“首次”（该书是在 1581 年出版的），它还是一个令人激动的，按照柏拉图对话的形式，对市民团体之间关系的讨论：神学教授，农夫——那就是，农场主——工匠、制帽人、守夜人。他们相互碰面，并开始对东西的日益昂贵鸣不平。一些人
44 谴责圈占公地，一些人谴责垄断，一些人谴责神学——实际把他们引导到这步田地的是体现于书籍中的神学。在进行了大量关于货币性质的论述之后，对于货币性质的充分讨论超越了较早的对话部分的亚里士多德——一些人谴责货币贬值。好了，所有这一切都是极好的读物——极好的床头读物。

托马斯·史密斯先生，或任何写该书的人，知道如何以一种极为迷人的方式论述关于当代的问题，你们也将变得对守夜人、制帽人、农夫的个人的性质感兴趣，而较多的神学教授仍然为宇宙的存在做神学的解释，认为神对任何与之相联系的人都抱有热心。但有一本可能是由托马斯·史密斯先生亲自写的笔记，因为戴沃女士认为，“W. S.”并不是他写上去的，我可以把这个笔记读给你们听。它出现于从拉曼德女士的正文中删掉（但在她的附录中却保留下来了）的对话的一个部分。这位博士发现货币贬值是使东西昂贵的主要原因。

博士确认了在这三个令人激动的对话过程中所有的其他各种邪恶，然后，在最后的对话中，他为一项评价做了辩护：让当时的政府去做最诚实的事情，并改

变亨利八世所做的骗人的事情。但在这个插曲的结尾部分他说，

在这个问题上我所设想的主要原因，是国库的巨大储备和充裕，这流行于世界各地，在我们时代这些尤为突出，超出过去时代我们所有祖先的想象。谁不理解从印度和其他国家搜集的金银总量是无限的，从而每年都向这些国家输出呢？因为这在其他方面也是最确实的，并明显地出现于生活在这个时代的人的报告中。

——80 岁以上的人——

那是他们的始终如一的报告，在过去的时代，以及在人们的记忆中，他一直被看做是一个富人和拥有财富的人，在其邻居中间非常有能力拥有房子，那些（所履行的一切事情）显然都是值得做的［30 英镑、50 英镑或 60 英镑］。但是，在我们的时代，所确认的这个人却远不是一个好的房屋拥有者，或拥有财富的人。他一般被看做是乞丐的下一个邻居。因此，第二个理由，似乎在我看来是包含于其中的引起这个一般价格连续上涨的充分可能性。（W. S.，1581，p. 187）

这便结束了我所了解的以英文对货币数量论的首次论述。

可以认为，我在试图告诉你们一个货币主义的原始变种，或货币主义的原始45 情形。我不是一个真正的货币主义者，但是，我认为货币数量同国民生产总值有关系——不管货币是金属货币还是纸币——都是具有货币购买力的东西，这一点有时却被一些在其他方面受到公众高度尊敬的人忘记了。

注　释

［1］王后在花园里吃面包和蜂蜜。

［2］这个的上一章——第 14 章——的实际标题是“货币构成的变化”。

第5讲　小册子的作者——重商主义（马林斯、米赛尔登、孟）

46 我不浪费你们的时间重述我在上一周讲的前一讲的课题。这样说一下便够了：我已经结束了对一般道德哲学的演讲，这种一般道德哲学包含某种粗略谈及的交换和利息的主要经济关系，而这种经济关系为多才多艺的小册子作者预见系统的经济思想做出了贡献。我向你们解释了这种文献是如何不可胜数的，并宣布我的意图简单地说是在两个方面涉足这片海洋。我选择那一讲是为了讨论对货币理论、货币贬值和货币数量论的揭示的早期贡献。现在，我要就这个词*——对于这个词我应立刻详细地阐述一下——的狭义来讨论货币主义文献。

现在，让我直接提请你们注意，这是一个高度复杂且有争议的课题。我不认为我在上星期二所说的关于尼古拉斯·奥雷斯姆、哥白尼、博丁或《关于共同福利的谈话》（*Discourse on the Common Weal*）的作者的一切情况需要那样一种提示。但是，“重商主义”一词的真正含义仍然是所了解的争论的主题，虽然自1776年以来这种争论渐渐消失了，当时除了斯密以外，不止一人探讨了重商主义。

这样，也许我应当首先提出重商主义的含义是什么——重商主义政策体系的含义是什么——的问题。重商主义这个词，据我所知，首先是由一个美男子——魁奈的主要追随者——米拉波（Mirabeau）应用的。关于魁奈这个重农学派的领导者，我将用一周或两周的时间向你们讲述。米拉波是著名的法国国务活动家之父，

* 指货币主义。——译者注

他出版了一本使人经常提起他的书，书名是《人类之友》(*L'ami des hommes*，1883)。他是人们的朋友，一个有时爱说笑话的人，涉及他家庭内部的情况，人们还加上"他的妻子和家庭的敌人"！好了，米拉波在同重农学派领导者魁奈合作写的一本书《哲学规则》(*Philosophie rurale*，1764) 中偶然地提到了重商主义制度。但我不认为你们必然为此而深感不安。亚当·斯密探讨了重商主义概念并作为《国富论》最长的一编，即第4编的主题。我怀疑，亚当·斯密和米拉波——当然，仅仅亚当·斯密——赋予重商主义观念以一种独一无二的含义，即趋向于有利的贸易平衡的某种政策体系，或者，如果你喜欢这样说的话，毋宁说趋向于有利的国际收支平衡的某种政策体系——刺激出口，不鼓励进口，对殖民贸易施加管制等等。他称此为"重商主义体系"(斯密，1776，I：396)，并把它置于他的严厉的谴责之下，这种观点至少在100年里影响了关于这些方面的
47 政策论述。

现在，以这种方式提出问题。在整个19世纪古典主义时期，人们追随了亚当·斯密的实践。某些古典经济学家，尤其是西尼尔（Senior）和麦克库洛赫（McCulloch），采用了把重商主义的本质看做财富是由贵金属构成的信条的看法。但我特别不相信，他们在内心会认为这是大多数被描述为重商主义者的学者们的追求。毕竟，所谓米达斯谬误（Midas fallacy）——假定财富仅仅由金银构成的谬误——已经被除了亚里士多德以外的不止一人揭露了。难以置信，小册子的作者竟然把这些全都忘记了。本质上，人们可能假定继斯密之后的古典经济学家认为，重商主义是关心国际收支平衡的思想体系或政策建议体系。当然，这是完全正确的。但我认为，对一切所涉及的学者，这样做是不公平的，但确实这样做了。事实上，我并不特别看重对财富是由贵金属构成的谴责。

这里，随着19世纪下半叶著名的德国历史学派的发展出现了复杂的情形。历史学派在这方面的领导者是著名的（或不著名的）冯·施穆勒（von Schmoller）。现在，如果不是在权威方面，施穆勒已经销声匿迹了。有人曾经说，在包含经济学的大学系里你不能获得职位，除非你得到了冯·施穆勒的赞许。施穆勒的大本营是柏林大学，是支配普鲁士（Prussia）的中心。当然，施穆勒像世界这一地区的许多他的同代人一样，是能言善辩的——深刻的解释——在其对非常有影响的货币主义的讨论中，他探讨了远比提出关于管制国际收支差额的建议更为重要的东西。

他的论文《重商主义体系及其历史意义》(*The Mercantile System and Its Historical Significance*) 最初发表于1884年，而且很容易进入了哈佛大学重印著作系列中——现在，我怀疑没有重印，但完全不紧缺，当然应当在图书馆里存有该文。从这篇文章中听听冯·施穆勒说的吧：

> 该体系的本质不在于某种货币学说或贸易平衡；

——一个平缓的反驳，你们看——

> 不在于关税壁垒，受保护的关税，或航海法；而很大程度上在于这样一些情形：即社会及其组织的总的转变，国家及其制度的总的转变，地方的经济政策被国家的经济政策所取代。(施穆勒，1902，p. 51)

好，这当然拓展了重商主义，而且有影响的经济史学家阿契迪康·坎宁汉追随了这一实践。坎宁汉是19世纪90年代和20世纪头10年的制度经济史的领导
48 者。此外，一个其著作更值得一读的人——阿斯莱（Ashley）也追随了这一实践。阿斯莱曾是伯明翰大学商业学教授，他的《经济史导论》（1901）仍然是值得一读的。

而且，比施穆勒、坎宁汉和阿斯莱或他们的某些追随者更伟大的人物也追随这一实践——这就是最近刚刚去世的斯堪的纳维亚经济学家埃里·赫克歇尔（Eli Heckscher），他写了两卷本的巨著，已被译成英文，在大多数图书馆里都容易找到，书名是《重商主义》（1935）。由于在概念、广度和观点上都追随施穆勒，他把重商主义概念看做是涉及民族国家建立——中世纪制度转变成为民族国家制度——的思想体系。

现在，我想，你们也许按我谈论施穆勒的说法加以判断，认为我并不赞成施穆勒。我把他同赫克歇尔加以比较对他也许有点不公平。赫克歇尔是一个最有趣的人，按照我的判断，他是一个伟大的经济思想史学家，是作为一代非常杰出的斯堪的纳维亚经济学家的重要成员，这一代斯堪的纳维亚经济学家为把温和与光明带入20世纪我们课题的实践做了许多重要事情。

然而，在使这个实践变得令人尊敬的时候，我还要感谢赫克歇尔做的某些离经叛道的事情。我们并不清楚，民族国家在其形成时候的各种活动是否必然相似，是否必然在某种程度上受系统的思想的影响。这实际是比赫克歇尔更近的学者讲的话。在这些学者中间，著名的是科尔曼（Coleman）教授，他是这个团体的后起之秀，现在在剑桥大学任经济学教授。他的书——他的论文集——《重商主义的修正》(*Revisions in Mercantilism*，1969)，你们都应当浏览一下。科尔曼的疑问是，是否存在这样一种制度，是否我们没有简单地回到开端，所以说——经济史的开端——在什么程度上在所有这些不同的方向上思想的发现者影响不同时代的民族国家的政策。当然，这个较为宽广的过程是不便于同斯密-米拉波概念的简单性加以比较的。斯密-米拉波的概念基本是同商业和货币的管制相联系的。如果你们把重商主义概念加以扩展，使之包含工业管制，包含作为用来直接影响国际收支差额的政策建议副产品的储蓄——它们能否成功则是另外的问题。谈论工业重商主义，甚或农业重商主义，我认为并没有弄清其思想。

无论如何，为进行今天上午我要做的考察，我的意图是回到斯密的狭窄的定义，并试图使这个定义稍微清楚一些。这个定义并不完全清楚，它涉及斯密对重商主义的分析和狭义重商主义思想的意见仍然是有争论的，我提请你们注意。

49 但是，这个课题的文献确实传播很广。你们在门罗重印的一个最著名的国际小册子（1948，pp. 143 - 167）——安东尼奥·塞拉的小册子——中看到这种为保证有利的国际收支差额而运营的概念。安东尼奥·塞拉是一个那不勒斯人，在他于1613年在监狱的时候写了一本题为《简论在没有矿藏的王国能使金银丰裕的原因》的小册子。我已经给你们读了这个很长的标题；我不再重述塞拉的这本小册子，如果你们可以找到门罗重印的小册子，那么可以从中读到它。我阅读它是因为它没有确切地反映在应用重商主义术语时斯密的概念。你们将在门罗那里（pp. 221 - 243）发现，在由一个名叫冯·霍尼克（von Hornick）的人写的一本题

为《奥地利总监》（1684）的小册子中有一个极不精细的，极没有知识的，较多揭露、辱骂和庸俗的大陆重商主义的例子。所以说，只有她有胆量这么做。这是一个为同民族国家相冲突的专制所提供的极端的例子，甚至不惜一些暂时的牺牲。

好，我打算继续讲一下典型的英国代表。特别而言，我想和你们谈谈杰拉德·马林斯（Gerrard Malynes）、米赛尔登（Misselden）和托马斯·孟（Thomas Mun）。你们还将在麦克库洛赫编辑的论文集（1859）中发现其他一些人，你们将在我开列的书目中发现该论文集。

我们不知道马林斯的生卒年月，可以径直把他放入中世纪的人物中。他是一个英格兰人，也许出生于比利时。1586 年在低地国家（Low Countries）贸易委员会任职。但他在 17 世纪初回到了英国，并在 1601 年出版了一本名为《论英格兰公共财富的祸患》的颇为著名的著作。你们将在由汤尼（Tawney）和鲍威尔（Power）编辑出版的三卷本《图多经济文档》（1951，pp. 386 - 404）中发现该书的重印本。他还出版了许多其他读物：《重商主义词典》，该书是一本国际商业法的高级读本，还有一本名为《坚持自由贸易》（1622）的有争议的论著，我想，该书在相当近的时期由克莱（Kelley）重印了。

这样，马林斯便是第一个和最著名的主张交换控制的人，而且有些人认为，如果恢复国王的交易公署（在较早时期流行）的话，人们认为这可能是他适宜的职位。虽然马林斯在经济思想史上作为外汇控制——禁止外汇投机的情形，这种外汇投机引起外汇背离固定的正常值——的主要倡导者而引人注目，但在他的著作《英格兰公共财富的祸患》中，他广泛宣传纯净合宜的思想，他认识到“货币的丰裕一般使东西昂贵，货币稀缺则一般使东西便宜。”“然而”，他继续说道，“东西本身的丰裕或稀缺，或对它们的应用，也使东西特别昂贵或便宜。”（马林斯，1601，p. 387）。

50 而且，他在某种程度上认识到——他对前一讲提到的博丁做了一些评论——贵金属的丰裕或稀缺的影响，但他认为，国家关于贵金属存量的情况基本依赖于外汇投机所造成的情况。他认为，这个思想是说，贵金属（货币）的某些流入将使交换稍许有利，这些流入——他没有使用这个词——将改善贸易条件，并增加工业收入和就业。

毫无疑问，在马林斯写作的时代以及更早的时代，在西方较为先进的国家中有一种对缺乏货币的担心。所以，在我谈论关于活跃的学者之前的时期，有非常严格的金银流动的管制。在英国法律禁止人们把金银输出国外，法律关注同其他特殊国家进行贸易的情况，如果国际收支差额不利于那些国家，那么就有管制地同那些国家进行不自由的贸易。

马林斯的主要论点是，（货币）流入的不充足是由于银行家的操纵，他们通过控制外汇市场而获利（任何人都听说过“苏黎世的金融巨子”的短语吧？你们知道，这些事情是每个时代都会出现的，甚至在经济思想史和经济失误史之间存在某种连续性）。他谴责银行家的操纵，他说，他们仅仅把货币投放到他们认为可以获利的地方而不管国家的利益。所以，他为国王“交易人”（exchanger）的复活辩护，以维持一种稳当的途径，并通过外国人为我们的出口支付硬币而加强应用强制的国际收支的地位。

好了，不用说，马林斯的这种态度，不管它是正确的还是错误的，都表达了对重商主义的真正的反感。在17世纪的最初十几年有各种涉及人们所假定的同劳动贸易的困难相关的探讨，在1621年设立了交易委员会，该委员会包括某些批评马林斯的著名的人物——即米赛尔登和孟。他们都是同东印度公司有联系的重商主义者，该公司的人物基本上以一种或另外的方式讨论关于今后200年的商业政策。

现在，东印度公司运到印度和东方的金银远多于它凭借以金银支付其向印度出口的方式而拿回的金银。因此，有一个争辩这种贸易行为的思想流派，因为东印度公司是一个严密的垄断——一个单独的问题——东印度公司的运营应该受到限制，因为它把流入这个国家的货币稀缺性扩大了。米赛尔登（1622；1623）写了反对马林斯的文章，我认为你们无须过多地注意它。对这段关于重商主义的争
51 论，在海温斯（Hewins）于1892年写的一书的导言中有相当好的思考。海温斯是伦敦经济学院的第一个博士，并离开伦敦经济学院做了约瑟夫·张伯伦（Joseph Chamberlain）的政治顾问，张伯伦则在这个世纪最初几年传播帝国偏好的学说。但是，政治的从属关系不应当妨碍你们去观察海温斯的经济史，特别是这个导言，该导言涉及了我所论述的这个问题。

米赛尔登强调增加货币供给，他是一个通货膨胀主义者。他为从一个时期到另一个时期的货币贬值进行辩护，认为货币贬值刺激出口。他同意货币贬值使东西昂贵，但他接下去说，

> 那将大量地被填补到丰裕的货币中，并加快每个人手里的贸易……这大大改善了王国的状况，由于货币丰裕而使东西昂贵，从而人们可能依靠多种职业生活：这样，为了省钱而买便宜的东西，现在每个人都在抱怨。（米赛尔登，1622，pp. 106－107）

我想，你们不必关注米赛尔登——研究生可以看看他的书——你们大家应当关注一下托马斯·孟。我现在手头有托马斯·孟的书，而且可以找到各种重印的版本。我手里的这本书是由布拉克维尔斯出版社按照经济史学会提供的版本（孟，1664）出版的。

托马斯·孟的书是非常重要的，部分地是因为该书的知识质量，部分地是因为被亚当·斯密作为重商主义的权威著作而被唯一挑选出来的事实。亚当·斯密在坎南版的《国富论》中说，“孟的书的书名《英国得自对外贸易的财富》(*England's Treasure by Foreign Trade*)，成了政治经济学的一个基本准则，不仅仅英国如此，而且所有其他商业国家也莫不如此”（斯密，1776，1：401）。现在，这可能是一个夸大的说法，却是亚当·斯密关于这个课题的观点。我认为，如果你们看一下托马斯·孟的书，你们可能同意也可能不同意斯密的看法，但是你们将同意其论述的质量的确高于许多同时代论述这个课题的学者。实际上，我倾向于认为，在其对重商主义的批评中，亚当·斯密自己并没有讲全托马斯·孟书中所阐述的要点。

你们需要了解一点儿托马斯·孟的背景，我给你们简明扼要地讲一下。他生

于1571年，于1641年去世。他曾经供职于东印度公司，并成为该公司的主任。1621年，当时正值谈论任命这个职务的时候，他写了一本后来也被经济史学会重印的小册子——《从英格兰走进东印度贸易的谈话》。在这里，他的宗旨确定无疑的是英国从东印度公司的运营中获得了收益，尽管事实上该公司向印度支付的金银在数量上大大超过了印度向东印度公司的支付。在这个基础上——我们看
52 到在他的书中阐发了这个基础——东印度公司从印度带回金银和印度的硬币与各种布匹，他们可以把这些东西以巨额利润在欧洲大陆和地中海地区销售，所以货币流动的差额使这个国家变得更强了。

现在，《英国得自对外贸易的财富》大约写于17世纪20年代末或17世纪30年代，但直到托马斯·孟逝世多年后才出版。他的儿子也关心当代对这些问题的讨论，认为出版"这本由伦敦商人托马斯·孟撰写的、现在为了公众的利益而出版的《英国得自对外贸易的财富》或《我们的对外贸易差额是我们的财富法则》，是一个义不容辞的责任"。

现在，让我对该书的内容做一极简明的评论。我应当说，该书在学术上要比早期的论著更加令人敬佩，我还没有对该书予以概括，虽然我已经给你们讲了它的要义。显然，这是一本老人的书，是在闲暇时写的，无疑是从他的经验和他对东印度公司的忠诚衍生出来的，而且探求了他以前有理有据提出的各种观点的持续性。第一章论述了一个从事对外贸易的完全的商人必需的［知识和］素质（孟，1664，p.3）。我猜测，如果你们读了这一章——我不给你们读了——你们中的大多数人将感到痛苦，因为你们会认为，如果你们自己想走进对外商业，你们将缺乏托马斯·孟所列举的许多素质。这只是顺便说说而已。

他论述的重头戏开始于第二章，该章的标题是"使这个王国致富的手段，和增加我们的财富"。他说，

> 虽然一个王国可能通过获得赠与而致富，或者通过从某些其他国家的购买而致富，但是这些事情是不确定的，而且这些事情发生的概率也很小。因此，增加我们财富的普通手段是进行对外贸易。无论如何，我们必须时刻看到这个法则：每年卖给外地人的东西在价值上要略高于它们的消耗。（同上，p.5）

他详细阐发了这个原理。他把一国的情况同私人的情况加以比较：一个私人由于不花掉其全部所得而使自己致富，这也应当是一个大国的基本准则。

然后，第三章包含政策"途径和手段"（同上，p.7），在这一章他建议开发自然资源，以至我们不必进口如此多的资源，建议发展民族工业，以及其他等等——你们中任何熟悉该时代经济史的人对这一切都是了如指掌的，而且不说自明，也都熟悉托马斯·孟的基本观点。

但是，随后他便热心于第四章的课题，他说："在商业贸易中输出我们的货
53 币，是增加我们财富的手段"（同上，p.14）。他举东印度公司贸易的例子并论述，像他在早期的论文中论述的那样，虽然东印度公司在印度花了较多的金银，但它带回的东西可以在其他地方销售获得利润，从而流入的——增加的——财富将增加。并以非常有分量的类似的话结束这一章：

> 这样，我们便清楚地看到，当这个举足轻重的商业被人们适当考虑的时

> 候，……像我们人类所有活动都应被适当权衡一样，就将发现它同大多数人的看法相反，因为他们并没做比本书开始时更进一步的探讨。
>
> ——那就是，由东印度公司出口金银——
>
> 这使他们的判断失察，并导致他们犯错误：如果我们仅仅看到在播种时期农夫的活动，当时他把许多优良的谷子撒进地里，我们就仅仅把他看成是疯子而不是一个农夫；但是，当我们看到他在收获——他的活动的目的——时的劳动的时候，我们就发现他的活动值得，因为它增加了财富。（孟，1664，p. 19）

在该书的其余部分，他论述了包括对外支出管制的政策，或者是特殊国家的特殊国际收支差额，或者是一般国际收支差额。

他继续基于几乎预见了货币数量论思想的基础反对在国内持有货币。此刻，你们可以问一下自己：为什么托马斯·孟没有预见到自动扶正的纯硬币通货的货币主义呢，像17世纪下半叶由大卫·休谟（David Hume）所阐发的那样？他没有走得那么远，但他在该书的较后部分（同上，第16～18章，pp. 62－70）论述道，当然国王可以通过引入货币而增加财富。如果这个货币流入是自由的，他可能把某一数量搁置在一边，但他必须小心从事，不搁置得太多，否则便将有通货紧缩——他没有应用这个词——影响对贸易的评价。他认为不必花费太多，否则相反的情况就将接踵而至。

之后，你们便接触到一系列诸如反对禁止向例如西班牙输出金银（同上，第6章，pp. 22－24），反对货币贬值（同上，第8章，pp. 28－31）的辩论性章节，还有很长的一章——异常尖刻评论的一章——反对马林斯关于“遭人反对的令人钦佩的业绩是由银行做出的”论断（同上，第14章，pp. 45－57）。[1]他认为那全是糊涂观念——马林斯没有觉察到的糊涂观念。

到现在为止，正如你们所获悉的，托马斯·孟在许多方面是一个出类拔萃的人。本书所做的一切有什么价值呢？重商主义就这个词的狭义而言，并不是狭窄地认为金银仅仅是财富的形式——我不认为是这样——虽然你们在文献中偶然发现通过某些认为保护主义措施可能是可信的学者来传播这种思想的建议——而且我们从理论上知道它们可能是可信的——转向对这个国家有利的“贸易阶乘条
54 件”（factorial terms of trade）。他们实际上强调一种积累战争款项的重要性。民族国家，像现在这样，不仅由于大量的考虑——工业和就业以及其他等——而以其政策被驱动了，而且还由于，比方说，包括它们自己反对攻击或反对可能追逐的侵略战争的必要性而被驱动了。实际上，直到1914年，在德意志帝国便有一笔专用基金——战争款项。战争款项的思想难以更改。但首要的是，我想，如果你们把重商主义合理化——如果你们不在这个狭义上把它看做是完全一团混乱——它是由于担心贵金属外流引起就业压力而被驱动的。

这正确还是错误呢？这是另外的问题，在我讨论18世纪自我扶正机制理论的时候，我将回到这个问题上来。人们不合情理地认为，当有一笔货币流入，有一有利的国际收支差额的时候，便存在比货币外流时更大的繁荣。托马斯·孟非常谨慎地对待这个问题，但是，你们将在不只由约翰·劳（John Law）——17世纪和18世纪的一个学者，我将在以后谈到他——一人写的著作中发现一种担

心，认为贸易的增加快于货币的增加，结果，货币将基于并非贵金属的其他东西上——来自英格兰银行的贵金属实际导致密西西比的巨大繁荣和 18 世纪法国的崩溃。

我认为，斯密和古典经济学家的批评并不是有的放矢，在其对所建议的措施——某些高度保护主义，对其他地区的殖民主义开发等——的批评上可能是正确的，但很难说在狭义上更清楚地解释了重商主义。如果你们对此有所怀疑，我建议你们阅读托马斯·孟的书。不要认为我有时同意托马斯·孟，甚至遵循他的思路，但我要公正地对待在结束时我引用稍微失当的某些事情。

明天，我将谈论更为科学的思想对经济学发展的影响，我将把几乎整个一讲都集中于非常显赫的人物——威廉·配第的著作上。

注 释

[1] 这一章的实际标题是“所假定的令人钦佩的业绩是由银行和商业交易所做出的”(孟，1664，p. 45)。

第 6 讲　威廉·配第勋爵

55 虽然我个人感到这一讲比迄今为止我所谈论的任何事情都更有趣，但它是承前启后的一讲。它仍然落在“预见”的大标题之下，但它不同于我以前给更高年级的同学讲的任何东西。直到现在，道德哲学家和小册子的作者，从某种意义上说一直试图在肤浅的个性之下探讨其他的时代。在某些方面，他们的思想类似于我们的思想，但他们的方式不同。

现在看来，17 世纪是人类伟大的世纪之一。人们不仅看到了在 30 年战争时期最可怕的屠杀——30 年战争使中欧倒退了 50 年或 100 年，而且它还是自然科学最令人惊异地发展的世纪。当然，它也具有我们所关心的那种影响。在 17 世纪下半叶，到查理二世（Charles Ⅱ）时代，自然科学已经变成了一种方式。它是受国王亲自支持的，而且其可尊敬性由于皇家学会的成立而显示出来。但是，自然科学的形成不仅具有我们现在理解的意义，即它赋予 17 世纪以一些特征，而且它也是对哲学家的一个突破。法国的笛卡儿（Descartes）、英国的霍布斯（Hobbes）发动了对亚里士多德支配的哲学的重新评价运动，当我们循此前进的时候，我们将看到以各种方式进行的这种运动。

但是，同我今天将要讲的内容联系更为密切的是时尚的变化。我并不确切地知道 16 世纪和 17 世纪的人如何谈话。在文献中仍然对莎士比亚是否说伦敦东区方言有争论，在说伦敦东区方言的情况下，《第十二夜》（“Twelfth Night”）剧终时小丑的美妙歌曲是作为叠句演唱的，“雨是天天下个不停”（The rine it rineth every die），或者，他是否讲南肯塔基语言——一种在许多方面更好听的语言，也许他还讲另外的语言。简单地说我们并不知道。我们可以从诗的韵律重构某些已经发生的变化。例如，在诗人波普（Pope）的诗中，便出现了向王后安娜致意的诗句：

你，伟大的安娜，三个国家齐向你低首。

有时，你和君臣商谈大政，有时，也在茶桌旁激励朋友。

（波普，1792/1967，诗章3，p.158）

56 好，它是写作风格的变化——这是我想向你们讲的在英国发生的变化——它们大约同时发生于法国和英国。在法国你们看到帕斯卡尔（Pascal）的不朽著作，这些著作确定了直到今天还在流行的优美的法国风格的形象，而在英国你们则看到德莱登（Dryden）为戏剧写的杰出的序言——灿烂的、明晰的和较为简短的句子。粗略地说，他用我们的语言谈论了——虽然他说的和写的更好一些——艾迪生（Addison）、斯梯尔（Steel）、斯威夫特（Swift）等。

好了，这本身也在该阶段的某些经济著作中显示出来了。这在威廉·配第勋爵和在哲学家洛克（Locke）那里是引人注目的。配第是今天评论的对象。配第的引人注目之处在于他同科学的联系，像我们一会儿将看到的。洛克的特别之处在于他关于认识论和政治哲学的著作。关于这一切的变动——没有风格的变化，却有我将谈论的思想的变动——你们可能更看好列特文（Letwin）教授的《科学经济学的起源》（*Origins of Scientific Economics*，1963），该书是一部一流学者的著作，在接下来的两讲中出现的各种人身上做足了文章。

现在，我想讲讲配第——威廉·配第先生——他生活于1623—1687年。既然他是一个非常杰出的人，便值得你们了解他的不同寻常的生平。他是英格兰南部地区的一个贫困裁缝的儿子，在他年纪很小的时候便出海了，在英吉利海峡他的一条腿受伤了，轮船把他送上卡恩（Caen）海岸，你们知道那个地方，恰好在你们出生之前，那里进行过第二次世界大战中的著名的战斗。那时那里存在过一个耶稣学院。它们使他增加了知识——他显然是一个非常聪明的孩子——他在卡恩居住了几年，后来参加了逃离1643年荷兰国内战争的流亡学者队伍，并阅读了大哲学家托马斯·霍布斯（Thomas Hobbes）的著作。之后，他于17世纪40年代晚期回到英格兰，并在他的头脑中具有了加倍写作的想法。记住，在那个时代没有复写本，也没有打字机，所有的草稿都必须人工抄写。配第发明了一种机器，依靠这种机器他可以同时写出两行字。

这个发明及他同霍布斯的合作，加上他的聪慧，使他走进那个时代的知识社会。我们发现，在1648年他被批准获得牛津大学医学专业的一个教职。在1650年——我必须让你们稍微轻松一下——现在我给你们读一读菲兹莫里斯（Fitzmaurice）的《威廉·配第先生的生平》（*Life of Sir William Petty*，1895）——你们中有传记偏好的人会愿意浏览一下该书。

菲兹莫里斯说：

在1650年发生了一件事，使他的名字在全国家喻户晓，并打开了一条通向更广阔生涯的道路。一个名叫安妮·格林的女人因凶杀其私生子而受到审判，被判处绞刑，并于1651年12月14日执行。她的绞刑的执行似乎具有时间的不合

57 适和严酷的特征。目击者们看到，“她似乎接受了一个残酷的死亡时间，所以，她的朋友赶来帮助她离开这个世界，其中一些人猛击她的胸部，另一些人把其全部重物拴在她的腿上，有时把她提起来，然后又猛地把她放下。”终于，司法官满意了，这个不幸的女人被验证死亡。于是，把尸体放下，装进棺材，送到解剖室。

在那些具有同情心的人看来，这个结局是不错的。

但是，当打开棺材的时候，人们看到她还在呼吸，并“发出嘎嘎的响声”，“一个站在旁边的健壮的小伙子见此情景，想要做一件使她脱离痛苦的仁爱之事，他便使尽全身力气连续按压她的胸部和腹部。”但是，恰在此时，配第博士和维尔金斯（Wilkins）博士出现了。他们看到了生命的特殊征象，决定试图救活这个被认为是已死的人。他们撬开了安妮·格林的牙齿，把药物灌进她的喉咙，并说服一个女人上床暖她的身子。很快，生命的征象开始显现了，医生给她输血，

——我没想到那会使她好转——

令她喝药草饮料，留她过夜。在两个小时之内她便开始说话了。死神终于离去了。虽然在法律上她已经死了，但人们说她一直活着，后来结婚了，还做了妈妈。尽管司法官和执行绞刑的刽子手感到困惑。（菲兹莫里斯，1895，p.19）

所以，你们看，某些经济学家的生平是丰富多彩的。

这样，由于他作为医生的能力，配第被任命为驻扎在爱尔兰的克伦威尔军队的医生。克伦威尔招募了一支人数众多的军队，他曾向其军人许诺，如果他们打了胜仗就给他们一些土地。而当打了一些胜仗的时候，人们发现没有被征服的爱尔兰土地的适当勘测图。这样，配第，作为一个多才多艺的人，提供了指导性的勘测图。他吸收了他认为有能力的各种人参加培训，给他们以指导，然后把他们派出去。从此，配第便成了分配他手下人业已勘测好的土地的长官，这使他陷入贯穿他一生的关于公平分配的争论。在1660年，在参加了不只由克里斯托佛·伦（Christopher Wren）先生所做的一次演讲之后，配第成了著名的皇家学会的奠基者之一。该学会，像你们许多人所知道的，一直持续到今天，是英国知识史的荣誉。

配第逝世后留下价值15 000英镑的财产，这在那个时代是相当多的钱。他的儿子成了谢尔伯恩斯（Shelburnes）勋爵，实际上，谢尔伯恩斯改名为兰斯当恩斯（Lansdownes），一直持续到今天。所以，配第是著名的兰斯当恩斯家族的奠基者。

58 他的关于我们课题的著作——方便地以《威廉·配第先生的经济著作》为书名予以重印了——是由一个名叫赫尔（Hull）的博学的美国人编辑的，并由剑桥大学出版社于1899年出版。在该书由一个日本出版商（得到或没得到剑桥大学出版社允许）再次重印之前，在二手市场上达到了相当高的价格。我猜测它是配第的论文集，如果你们感兴趣，可以在他的各种著作中找到。

配第作为分析经济学家的名气在他生前并不是很大，但他作为系统的统计学——在他的时代被称作政治算术——的奠基者之一却名气甚大。他同一个名叫

格兰特（Graunt）的人合作，格兰特同配第在一次对伦敦死亡率的测量中合作过，而且他可能起了主要作用。按照配第自己的想法，他要进行英国和爱尔兰各种经济条件的勘测。不管你们认为他的统计学方法如何，但它们是重要的，因为这些大致表明了当时的经济史。在这个方面，我还认为，列特文教授关于配第的论述有点儿令人难以接受，毕竟他是一个开拓者，他的统计学方法并不是特别的可靠。他也没有感动亚当·斯密。斯密说过，在政治算术中他并非始终一贯（斯密，1776，2：36）。但我不给你们讲这方面的情况了。

配第显然非常看重数量测量。配第描述了培根哲学（Baconian philosophy）——或者人们认为他描述了培根哲学——培根哲学明确地说，如果你们搜集了足够的事实，它们就会向你们提出一系列建议，从而提出系统的科学——我们知道的自休厄尔（Whewell）和波普尔（Popper）以及其他著名学者的时代以来的科学一直坚持其主要的科学方法。你们虚构科学假说，你们检验它们的逻辑，然后，你们再检验它们——你们试图以所搜集的相关事实否定它们，或者试图证明它们——这就是培根哲学上述的话的意思。

但是，从我的观点上看，重要的是他偶然的经济洞察力，这些经济洞察力完全不同于其政治算术的关于现代性和分析方法的水准。非常幸运，从你们的观点上看，他在这方面的主要成就是一本他并不感到极为满意的书。因为，我想，在某种程度上它被忽略了，书名是《赋税论》（*A Treatise of Taxes and Contributions*），出版于1662年。我想用这一讲使你们完全认识我所提出的一些观点。

他开始从第1章论述，像你们从一本现代教科书，从论述支出课题的章节所预期的那样。他提到了国防的支出、司法的支出，然后提到“第三种公共费用支出”——那就是，“人们灵魂的指导和他们良心的指引”（配第，1662，p.19）。很难说，他是否以大不敬的语言写了这一点。总的来说，我倾向于他没有这样
59 做，因为他生前的著作恰恰表明他是一个信徒。他说：

> 如果我们考虑到人如何容易地逃避法律，如何容易认定无法验证的犯罪，贿赂和改变证词……接踵而来的便是关于确定一种公共费用的必要性，以便以神的法则教育人，使他们注意邪恶的思想和目标，以及更多隐秘的事情，并在另一个世界遭到永久的惩罚，对此，人能够但只是轻微地斥责。（同上，p.19）

在这个方面他具有非常广阔的视野，他还提出确定学校和大学的费用、维持孤儿和穷人生活的费用：“如果我们认为限制穷人的工资是正当的”——显然他已经认识到了这一点——“在其无力工作和不想工作的情况下我们可能什么也积攒不下”（同上，p.20）。所以，自然法则迫使国家不让穷人挨饿。接着，他又提到了确定公路、可通航的河流、水渠、桥梁、避风港等的费用。

然后，在第2章，他讨论了“增加和缩减各种公共费用的原因”（同上，p.21）。“人民不愿意支付公共费用的意愿”，并不限于20世纪，正如你们所看到的，这种意愿“出于这样一种认识，即认为在拖延、放松它们的情况下，人们就完全避免纳税……加重税收的另一个原因是某个时期以货币支付它们的力量”，等等。

作为原因，“增加军费的原因同那些增加战争或担心战争——不管是国内战

争还是对外战争——的原因是相同的”（配第，1662，p. 21）。他区分了进攻性的战争和防御性的战争。他显然非常贬低进攻性战争，而认为防御性战争则是他所看到的世界的本质并将之强加给人们。他别出心裁地说道，“欧洲之所以发生内战”——这时正处于可怕的 30 年战争时期——“在很大程度上是由于宗教而发动的”，即以合法化的方式对异教徒的惩罚（同上，p. 22）——等等。

而且他认为有太多的人信奉基督教，所以他提出应当制定对这些人进行教育的国民计划，以向它们传授神的法则。按照这种方式，可以将各种助理牧师合并成一体，并可能节省某些公共支出。然后，在该章的结尾处他建议为失业者提供就业，他认为最好是就业，“即使为了在萨利斯布里平原（salisbury plain）上建筑一个无用的金字塔，把巨石阵（stonebenge）的石头运到托维尔高地（Tower Hill）等而增加就业；因为最坏这也能使就业者知道遵守纪律，而且使他们的身体具有更适合于劳动的忍耐力，在必要的时候就将需要这种忍耐力”（同上，p. 31）。

之后，在第 3 章，他提出各种减少税收支付忧虑的途径，包括政治算术。如
60 果人们真正理解了产品等的价值量，那么，他们就可能不会勉强地支付其税收。好了，我们无须逗留于这一章，简单地说，他已经指出财富的货币部分——金属货币——是如何的小。在配第的头脑中没有“米达斯谬误”。

但是，现在我们进入第 4 章，该章按照所有的标准衡量都是极为重要的。配第不但受到新古典经济学家的赞扬，而且卡尔·马克思也由于他自觉感知事物的能力而格外称赞他。[1]第 4 章叫做“税收的各种途径”，配第首先讨论了——这是我们无须讨论的——一个置于公众应用的整个版图范围之外的问题（同上，p. 38）。按照某种现代观念，他关于这个问题的观点是非常开通的。但是这时他处理税收的必要性问题，为不动产确定税收标准——并按这个思路——为土地确定税收标准。另外，他还按照这个思路提出了他的关于经济分析的令人惊讶的建议，这些建议使他关于经济分析的预见达到一个完全不同于我在前一讲中初步引导你们认识的水平。

他开始了对房屋出租的某些观察，他说房屋出租要比土地出租具有更多的不确定性。他有时还认为应对房屋征非比例税，以便打消人们在新的地基上建房的念头。这样，便出现了一个处理经济学的最反常的前提条件。你们知道，这是经济学并不依赖的前提条件。如果有人告诉你们在数量上下一年将发生什么情况，表明他或者是简单的，或者没做什么判断。但是，配第的前提条件并非这里的数量：他谈论了伦敦及其未来的变动。而且，请记住，就伦敦而言，他在谈论城市。在那个时代，威斯敏斯特（Westminster）和伦敦是分开的，虽然开始发生了某种联系：

> 现在，如果一些大城市在自然上倾向于改变它们的所在地，我要问以何种方式改变？我说，就伦敦的情况而言，它必然向西扩展，因为一年近 3/4 的风是从西边刮来的。西部的居民越来越多，以至他们更多地摆脱了整个东部培尔（Pyle）地区的烟雾、水蒸气、臭味。（同上，p. 41）

在那个时代人们开始谈到煤了。

现在，如果由此继进，最大人物的宅邸便移向西部，接着，那些依附于他们的其他居民便自然地尾随其后移向西部。我们在伦敦看到了这种情形。在那里，贵族的古代房屋已经变成了公司的大厅，或者变成了网球场，所有的宅邸都迁到了西部；发展到如此程度，我并不怀疑；而且，从现在起500年后，国王的宫殿将接近于伽尔塞（Chelsay），而白厅的旧建筑也为了使用的意图而改建，多半是因为它们的质量。（配第，1662，pp. 41 - 42）

61 他稍后做了进一步的论述，然后他说：

我承认这个离题冲撞了税收的重要事情，而且，它本身几乎是不必要的；由于我们忧虑从现在起500年后我们自身的情况将如何，不知道可能走到哪一步；由于不大可能知晓，在我们可能从现在起全部移居到美洲时期以前，这些国家残忍的人横行，并造成浪费，正如这个时代著名的东部帝王（Eastern Empires）宫殿遗址那样。（同上，p. 42）

现在我们开始经济分析：

在我们详细谈论租金之前，我们应当尽力解释一下它们的神秘性质。也参考一下货币，在提到土地和房屋的租金之前，我们把货币的租金叫做高利贷。（同上，p. 42）

该经济著作的第1卷第43页，这是你们都应当读一下的。首先，他把租金作为剩余来讨论。我给你们读一下：

假定一个人能用他自己的双手以谷物播种一块土地，也就是能够翻地或犁地、耙地、锄草、收割、搬运、脱粒以及筛选，即这块土地需要农民做的一切事情；此外，还要有播种所必需的种子。我要说，当这个人在其收获之后留下他的种子，再留下自己食用和给予他人以换取布匹及其他自然必需品的谷物的时候，剩余的谷物便是该年土地的自然的和真实的租金；七年的环境，或者说是构成周期的许多年，在该周期内饥荒和丰产形成它们的循环，并给出土地的普通谷物地租。

好，在这里你们接近李嘉图的思想了，不是吗？而后他继续说，

一个……附带的问题可能是，这些谷物或地租值多少英国货币？我回答，

——请注意听——

是另外的单独的个人能够节省的那么多货币。如果他完全雇用自己去生产和获得这些谷物，在同样时间内超出和高于他花费的货币，也就是地租的英国货币价值。让另一个人到产白银的国家去，在那里他开采白银、冶炼，并把白银带到另一个人种植其谷物的同一地方；同一个既生产货币又生产谷物的人，在为获取白银而全力以赴工作的同时，也积累他的生活所必需的食品，并努力使自己获得住所。我要说，某个人的白银，必须由于等于另一个人的谷物的价值而受到尊重：一个也许是20盎司，另一个也许是20蒲式耳。由此可知，1蒲式耳谷物的价格等于1盎司白银。（同上，p. 43）

62 这是劳动价值论的一个预示吗？无怪乎卡尔·马克思认为配第领悟了劳动价值论。

好，我们继续谈论采掘和冶炼白银的风险，以及

白银和黄金之间的比例，这种比例是多次确定的，并且犯有通常的错误，有时比例较大，有时比例较小，在世界上扩散；这种比例的错误（顺便说说）是由于我们更为垂青黄金——因此，到现在还想要黄金——而引起的。（配第，1662，p. 44）

他继续说——在这里你们还不能到达这有生命力的两页的结尾：

世界用黄金和白银来衡量各种东西，但主要是用后者。

——你们看，在那个时代，作为价值尺度，白银比黄金更重要——

结果，在众多的东西中最好的必然是绝无仅有的；那就是，按照一定重量的纯银来衡量：但是现在难以测量白银的重量和纯度。

他继续阐述如何正确地评价白银，并继续说：

我将按照下面的关系谈谈对白银的评价。

——当我们来到18世纪的时候，这是极为重要的——

这种关系是，所有的东西都应当由两个自然种属来评价，它们是土地和劳动。

那就是，

我们应当说，一艘船或一件衣服值土地的某一测量，也值劳动的另外的测量；因为船和衣服都是土地和人的劳动的创造物：这是真正的原因。

他说——一种真正科学的精神，

我们应当为找出劳动和土地之间的一个自然平价而高兴，这样，我们便可以仅仅用它们中的一种来表述价值。

——由于说它价值如此多的劳动单位，或价值如此多的土地单位，所以便发现了土地和劳动之间的平价。

所以，我们由于找到土地费用的自然价值而高兴。尽管如此，我们所做到的并不比上面提到的结果更好。（同上，pp. 44－45）

但现在，你们看，他在导向土地的资本价值和土地费用的价值。下一段开始论述：

我们已经发现了地租或每年（土地）有用产物的价值，问题是，购买多少年（像我们通常说的）是费用的自然价值？（同上，p. 45）

63 你们看，他已经离开了商品的交换价值——像瓦尔拉斯所做的那样，试图发现土地服务和劳动的自然价值，发现它们之间的自然路径。现在，他又移向资本化——无限伸展到未来的地租价值——问题。在这里，他突然领悟到了这个问

题，这是你们想要问我的关于其他时代的问题。他实际上偶然发现了这样的事实，如果没有对未来地租的贴现——而且，人们假定土地持续地保持其通常的肥沃程度——那么，如果没有贴现，他说，如果有一个无限数量的地租，

那么，一公顷土地在价值上等于同样的 1 000 公顷土地；这是荒谬的，因为几单位的无限性等于几千单位的无限性。所以，

——他说——

我们必须按照某个有限的数量确定标准，而且我理解

——我感到这是配第在这里最令人惊讶的发现——

这个有限的数量就是年的数量，我设想的年数是，一个人 50 岁，另一个人是 28 岁，另一个人是 7 岁，把所有这些活生生的人放到一起，便可以考虑生活；那就是，由祖父、父亲和孩子构成的生活；……因为即使一个人是一个伟大的祖父，他本身也接近于其生命的尽头，所以在世系的连续系统中通常是三代人一起共存的；另外，有些人成为祖父是 40 岁的时候，还有许多人直到 60 岁以后才当上祖父。

——等等。

所以我确定购买年数标准，任何土地自然都有所值，是这样的三代人生活的普通长度。(配第，1662，p. 45)

现在，如果你们中有人看过这种杰出的书的话，那就是卡赛尔（Cassel）的《利息的性质和必要性》(*Nature and Necessity of Interest*，1903)，你们将发现，在论及真实利息下限的时候，卡赛尔把它确定在 2%左右。[2] 为什么？因为如果它大幅度地下降到那个数字以下，人们不是把收入转变为资本，而是相反把资本转变为收入并且依靠某个人的资本生活。这表明人们要考虑三代。在我看来，没有理由认为卡赛尔是从配第那里得到这个认识的；也没有理由认为配第是从比他晚 200 年出生的卡赛尔那里得到这个认识的。

配第继续论述，然后接触到了高利贷问题。他没有回避高利贷问题——在通常把它看做罪孽的意义上的利息问题，即反对在《出埃及记》(《旧约全书》第 2 章）中规定的那些事情的过错，或者，反对被圣·托马斯·阿奎纳证明为例证的那些事情的过错。他说：

例如，对于高利贷来说，可能是最少的，是贷出的货币将购买的那些土地的
64 地租，在这里安全是无疑的；但在安全是原因的地方，一种担保便因简单的自然利息而走进网络，预付给高利贷者的自然利息可能是非常自觉的，因为无论自然利息多么高，它本身都低于本金。(同上，p. 48)

最后，在这个出色的分析章节中，他实际上最终归结于靠近城市的土地的价格：

与此并行的，是我们遗漏的涉及土地价格的某些事情；因为对货币的大量需要加剧了交换。

——他知道关于对货币的需求——

> 所以，对谷物的大量需要提高了同类产品的价格，结果，便提高了生长谷物的土地的地租，最后，地租本身又提高了土地的价格；例如，如果供养伦敦居民或军队的谷物，是从距离那里 40 英里的地方运来的，那么，在距离伦敦 1 英里，或距离军队 1/4 英里之内，便将增加其自然价格，所改变的数量相当于把谷物从距离 39 英里运来的价格。（配第，1662，p. 48）

——等等——

好了，我希望我所讲的足以使你们同意，配第是一个非同寻常的人。在该书的其余部分，他继续论述各种税收。总的来说，他反对进口税储蓄，即使地方的困难是由于非常不利的进口引起的（第 6 章）。之后，他构想了投票货币（第 7 章）——平均每个人的直接税：

> 我应该说，投票货币较为突出。首先是不加区分的全体人民平均每人简单的投票货币；为那些获得救济金的人支付的巴黎人的投票货币，为其未成年的孩子支付的父母的投票货币，以及为其学徒和其他没有工资收入的人支付的师父的投票货币。（同上，p. 62）。

他运用自己的方式，不陷入虚假的不同人收入混合的边际效用递减原理，公正地说：

> 这种方式的邪恶在于，它是非常不平等的；不同能力的人全都支付相同数量的货币，而且，那些需要最大数额抚养孩子费用的人支付最多；那就是说，他们越是贫困就越多地支付货币，他们越是艰难便越要纳税。（同上，p. 62）

他接着（第 15 章）在某种程度上评论了许多在他以后的一些经济学家——著名的有约翰·斯图亚特·穆勒、阿尔弗雷德·马歇尔（Alfred Marshall）以及包括卡尔多（Lord Kaldor，1955）在内的其他经济学家——的一种幻想。配第写了一本，照我看来，是关于这个课题的好书。他建议实行一种消费税，在他的案例中按照消费情况征税，而在卡尔多和米德（Meade）教授的案例中则以更为复杂的方式征税。

好，我希望我所说的足以说服你们去浏览一下《赋税论》。现在，请你们不要
65 合上书，稍等一会儿；我将用一个小时来谈谈这本书——该书是非常透彻的，但仍然没有体系。这是我为什么把配第归入预见者，而没把他归入为 18 世纪体系的形成做出贡献的那些人中的原因。我在这里仅限于谈《赋税论》，虽然该书的思想也散见于他的《政治算术》（*Political Arithmetick*，1676）和他的《献给英明人士》（*Verbum Sapienti*，1664），以及他的奇怪地被称为《货币略论》（*Quantulumcunque*，1682）的著作，但他进一步做了考察——这里也是货币理论和政治算术的结合——他估计了为维持贸易的进行所必需的货币数量。他生活于指数时代之前，但是，据推测人们能够解读他的为维持贸易进行而必需的货币数量估计，这种估计则充分应用了不变价格。

你们在《货币略论》（载于《配第著作》第 2 卷）中将发现一系列简短的问题，这些问题，正如你们在结业考试中可能碰到的，伴有配第给出的简短答案。

整个篇幅不足10页，但却非常透彻地说明了我在今天上午试图向你们传授的东西——配第确实具有非常高超的经济洞察力。

注　释

［1］Marx，“Sir William Petty，” in Marx（1952，pp. 15－23）.

［2］Cassel（1903，p. 94；chap. 4，pp. 149－151，156）.

第7讲　契尔德和洛克（利息）

66　今天我要把论述系统经济学形成的“预见”这一部分做一总结，首先是道德哲学家的著作，尔后是一些论文和小册子——其中，配第关于税收的论述当然是一个极为优秀的例子。在这个标题下面出现的数百个小册子和论文不能同配第或多或少系统地对公共金融的讨论相比较。

但是现在，我想，我必须回到与配第不相同的知识层面的事情上来，并涉及我将要提请你们注意的方面，也许解释是更为困难的。我主要想谈一下哲学家洛克的著作，但在我谈论他的著作之前，让我先谈一下洛克所论及的两个主要课题之一，即贷款利息。对于这个课题，我必须说，在做关于亚里士多德和中世纪神学家的讲演时，我曾经谈论过它。

在那种情况下，我曾指出亚里士多德对用货币进行贸易的极端非难，在各种贸易中，用货币进行的贸易“最不自然”（亚里士多德，1948，p.20），在中世纪早期神学家中间也坚持这个观点。特别地，我分析了圣·托马斯·阿奎纳关于这个课题的看法，他对《圣经》的引用，他有分析地证明他的关于贷款利息的尝试都是不自然的。然后，我继续表明，像当时表明的，商业制度的发展——特别是在意大利——为当时的商业实践而制定的各种特许权，关于涉及贷款的某些实践，并没完全被看做是罪孽。所以，到宗教改革时期至少有一种传统的思想——一种天主教传统——这种传统当然是准备支持由于以零利息贷出货币（当应用货币本身可能保证获得利润的时候）而招致的损失。这样，我在那次讲演结束时指出，虽然它是一个天主教神学观点，但玛丽诺斯（Molinaeus）——对这个观点的变化做了真正最系统的表述——指出，在教徒中间是有分歧的：加尔文可能没有看到为贷款确定正当费用的危害；路德（Luther）则作为中世纪早期神学家强烈反对这种费用。而且这种争论是飘忽不定的。在这个国家，主要的反对者、后裔和分支是托马斯·维尔森（Thomas Wilson，1572），他关于高利贷的论述编辑得非常好，并配有由汤尼写的导论，正如我在该次演讲结束时所说的，到 17 世纪极少有人保留这种总量思考框架，关于利息的争论则涉及什么是所允许的法定
67 利率，它是否应当减少。

现在，我们要在这一讲仅仅简要评论一下这个争论。在 17 世纪前 20 年，这个国家的法定利率是 6%，而 17 世纪的争论则是，是否应当从这个利率下降。库尔派珀先生（Culpepper）提出了最有影响和最著名的减少法定利率的早期请求，他于 1621 年写了一篇反对高利贷的短文，该文难以找到，但作为一部较为著名的著作的附录被重印了，关于这本书我将要谈一下。争论时起时落，到 17 世纪 60 年代晚期这种争论已经变得非常尖锐了，当时请求应降低合法的利息率的主要人物是乔西亚·契尔德勋爵（Sir Josiah Child）。契尔德于 1668 年出版了一本书名为《关于贸易和货币利息的简要考察》（*Brief Observation Concerning Trade and Interest of Money*）的小册子，他还重印了库尔派珀的雄辩的小册子。

许多人认为，鉴于当时的政治，这个建议遭受了挫折。而且事实上，由于我们需要探讨的原因被王室压下了，争论也随之销声匿迹。但是在 17 世纪 90 年代初期，这个建议以更大的强度复活了，当时乔西亚·契尔德——偶尔在政府机关任职，并成了东印度公司的总裁——再版了他的关于贸易的旧作，并在《关于贸易的新谈话》（*A New Discourse of Trade*，1693）的标题下做了增补，增加了一些新论点和新的资料。

该书曾几次重印，成为热门读物。这是你们研究生应该读的著作。从我的观点上看，该书之所以重要，是因为其改善经济条件的主要论点，是一种主张降低法定利率的辩护。而且《关于贸易的新谈话》成了建议和观察的纲要。契尔德阐发了济贫和有关公司的法律；他讨论了航海条例；讨论了商业债务；而且他还——由于从我们的观点上看我不认为他的书是一本非常好的书——以一种非常浅显的思维框架——按我的看法是一种价值判断——讨论了互惠实现的问题，并建议应该更自由地实现互惠。你们之中对这个社会学问题感兴趣的人应该很好地读一读他的著作，用他的话说，这个著作是极富启发性的。我愿意宽恕他的不好的经济理论，因为他对法律抱有一种自由主义的态度——当时，在这个国家的学者中间很少有人抱有这种态度。他还谈论过国际贸易收支平衡，谈论过羊毛贸易。他甚至还谈论了种植园——即在北美东部沿海地区发展起来的殖民地。所以，该书成了一本稀有的著作，不仅在经济学领域，而且在美国经济史领域都可以这么说。

68 但是，现在毫无疑问，虽然他做了所有这些偶然的观察——其中有些是很完整的观察——但他出版这本书和再版他的《关于贸易的新谈话》和库尔派珀著作等的主要目的是想要看到法定利率的下降。论点是贫乏的。他指出荷兰的繁荣，而在荷兰实际上利率是较低的。他还认为，如果我们模仿荷兰，迫使利率下降，我们就将实现荷兰的繁荣。他追溯了历史，认为在这个国家无论何时利率下降，

都会使它繁荣。

好了，契尔德的书之所以重要，除了我提到的几个原因，还由于该书引起了哲学家洛克的回应。现在，我不想由于沉醉于作为哲学家的洛克的重要性而伤害这里的高年级学生。洛克为认识论和政治哲学做出了重要贡献。关于政府的第一篇论文是一篇他同一个名叫费尔默（Filmer）的名不见经传的人争论的文章。你们无须读这篇文章，但是你们会由于没读他的第二篇关于政府的文章而感到惭愧。该文可能在他写出 50 年以后对英国有更大的影响，甚或比他的任何其他著作都更有影响。如果你们想要了解洛克的生平细节，有一部由格兰斯顿（Granston）教授（在政府制度方面的一个教授）写的著作可读。

我个人认为，洛克在某种程度上作为经济学家被低估了。这并不是因为我在各种问题上对他有了全面的了解，而是因为我认为他的阐述在质量上是他的时代的绝无仅有的两个人中更胜一筹的，另一个人则是配第。配第所讨论的问题在很大程度上还没有达到洛克讨论所达到的程度。总之，我认为洛克应在经济学教科书中占有更高地位。现在，他的贡献涉及硬币、利率和财富。我现在不想论述他对财富理论的贡献，因为我感到在我论述大卫·休谟的时候再来论述它更为便利。不用说，休谟以完全不同的更为幽雅的理论的方式把这个理论向前推进了。但是，我不想在这一讲说太多以致把你们的注意力引向他对其他课题的贡献。

洛克关于硬币的论述在历史上是极为重要的，不管你们是否同意他的观点，都是如此。到 17 世纪 80 年代和 90 年代，英国的硬币——主要是由白银构成的——处于一种颇为不利的条件下，它被磨损了，不代表按尺度衡量的价值，所以说，不代表印在硬币面上的预先标明的白银的价值。它被磨损了，贬值了。铸造硬币的技巧一般说来不是在硬币的早期历史上发明的，铸造硬币的过程可能使人们在某一时刻有理由产生缩减价值的想法，不管硬币是否贬值。这样便出现了
69 如何对待硬币贬值的争论。有两个思想流派：一个思想流派认为应该重铸白银通货，以便使它代表足额的白银；另一个思想流派则认为，虽然不应当改变白银的金属成分，但也有人们所说的之所以把这些硬币称为“提高的货币价值”的某种因素存在。这种提高的货币价值对我们来说是一个混淆的称号，因为对我们来说它意味着某种完全不同的东西。它们意味着贬值——那就是说，既然它本身被称作 1 先令，就等于说，它不同于 1 便士。我简单地应用这种说法，因为洛克在其著作（洛克，1695，p. 177）中喜欢这种说法。

洛克是主张必须按旧的价值重新铸造硬币的流派的极有影响的领军人物。他对这个课题的评论部分地包含于他关于这个课题的主要著作，《对降低利率和提高货币价值的后果的思考》（*Some Considerations of the Consequences of the Lowering of Interest, and Raising the Value of Money*），该书出版于 1691 年。稍后我将给你们引证一下他的论述。这本内容广泛的小册子的主要部分论述了利息，一会儿，我们就谈到利息问题。但是，他基本论述了货币价值提高的问题——那就是说，贬值（debasement），如果你们愿意的话，也可以使用降低价值（devalue）一词。

争论是极为有趣的，并且同现代问题有某种关系。在这场争论中，洛克的主要对手是一个名叫朗迪斯（Lowndes）的人，该人是财政部第一任秘书，对建立

英格兰银行和谨慎地引导当时的金融起了很大作用。朗迪斯写了《论白银硬币的改进》(*An Essay for the Amendment of the Silver Coins*，1695)，于17世纪90年代中期出版，洛克针对这本书写了一篇很长的回应文章，标题是《关于提高货币价值的进一步思考》(Further Considerations Concerning Raising the Value of Money，1695)。这是一次完全心平气和的争论，这在我们简要评论的当时的大多数争论中是绝无仅有的。洛克的《关于提高货币价值的进一步思考》有一个前言，在该前言中他感谢朗迪斯雅致的阐述，他的伟大的公共精神并向洛克表明他的思想（在他发表这些思想之前）的友好态度。总的说来，这场争论为20世纪一切有志于以良好的方式成为经济学家的人树立了榜样。

洛克的命题是非常简单的，我可以简短地描述一下他的命题。洛克是一个纯粹的金属论者。他认为货币的价值应当是它所包含的金属的价值——那就是说，归根到底，货币的价值必须按照金属的重量来判定，而不是按照包含该重量的印记或表面价值来判定。所以，他说，像朗迪斯提议的交换标签是没有意义的。朗迪斯曾提出显著比例的货币贬值——20%左右——但是，洛克说这相当于建议“确定一英尺长度的另一种建议，他要把一英尺划分为15等分，而不是12等分(称之为英寸)”(洛克，1695，p. 145)。

70 事情就是如此。但是按照朗迪斯的观点还有另一种情形。因为按照朗迪斯的观点，粗略地说，硬币磨损是既成事实，磨损的或贬值的硬币使将要购买的东西减少了——那就是说，市场价格提高了。以现代的眼光判断，显然，朗迪斯所担心的是，重铸硬币将包含一个通货紧缩，这意味着有各种困难和社会摩擦。所以，像人们解读今天的争论一样，人们也对朗迪斯所表述的有说服力的论点暗自同情。

霍特里（Hawtrey）在其《通货和信用》(*Currency and Credit*，1919）一书中讨论了这场争论。你们应当读一读这本书，因为它可以同罗伯逊（Robertson）的某些著作相媲美，并同凯恩斯一起，为我们理解20世纪的货币现象开拓了新的视野。我不是说以前你们没有发现这种货币现象的线索，但是，霍特里的《通货和信用》是一本绝对开创性的著作。约翰·希克斯先生最近写了一篇文章颂扬霍特里在不同方面的贡献，提请人们注意不要忽视他的这本著名著作。该书论及了各种历史情节，包括白银的重铸硬币。他在该书中表明了对朗迪斯的明显同情，但指出洛克也许是正确的，因为在政府管理下的可兑换纸币的情况下还在通行着这种经验。而且，霍特里说（1950，pp. 238－244)，如果存在朗迪斯的货币贬值，人们会说：“它将在何处停止呢？毕竟，由于英格兰银行才开始进入流通的纸币的可兑换性，我们仅有一种保证”，朗迪斯提出的其他劝导性的建议使人心生疑惑。

这是一个十分表面化的描述，但由于它有趣，让它占去了我五分钟时间。你们应当读一读由霍斯菲尔德（Horsefield）写的一部关于货币经验的卓越著作(1960)，我想，在我的书目中有这本书。在论1650—1710年英国的货币争论的章节中，他给你们讲述了全部细节，不仅有洛克和朗迪斯争论的细节，而且还有一切值得思考的其他小册子的细节，他还提供了一个非常好的不值得思考的小册子的书目。

好，现在我们来谈一下利息问题。洛克论利息的著作也是很成功的。当契尔德在17世纪60年代末首次出版他的书的时候，洛克已经同查理二世统治时期的各种政治人物友好相处了，其中有人请他写一篇评论契尔德关于辩护降低法定利率的论文。实际上，列特文重印了这篇论文——作为他的卓越著作《科学经济学的起源》[1]的附录。当这场争论在17世纪90年代被重新煽动起来的时候，洛克
71 于1691年出版了他的著名著作，或长篇小册子，书名叫《对降低利率和提高货币价值的后果的思考》。这本书是反契尔德的。该书认为通过降低法定利率来降低利率是错误的。但该书没有论及其他问题，我想，我直接提请你们注意出现于其反映利率教程的六个重要问题。

首先，他明确地反对降低法定利率。他的书一开头——我搜集的洛克著作版本（出版于1794年，第9版）的第5页和第6页——列举了他反对降低法定利率的意见：

1. 降低法定利率将难以大量地借款和贷款，因而贸易……将受到阻碍……

2. 降低法定利率没有伤害别的什么人，但却使那些最需要救助和帮助的人受到伤害；我是指寡妇和未成年人，以及其他没有受到技艺教育和管理教育的人，他们的生活状况取决于货币，他们，尤其是未成年人，确信他们货币的利润不比法律所允许的利息多。（洛克，1691，p.5）

第3点，他认为，降低法定利率却"提高了银行家和公务员的优势"，因为他们知道如何从中获取巨额利益（同上，p.5）。第4点，他说，降低法定利率的一个可能的后果，是它将增加犯罪（同上，p.6）。在这种情况下，从犯罪上考虑，他意味深长地做出错误的关于贷款利率的断言。

随后，他提出了论点——我可以在此粗略地说一说——没有特殊的理由认为，法定利率伤害了他所说的自然利率。他在第9版的第68页上嘲笑了契尔德关于荷兰较大繁荣的全部论点。他不否认荷兰是繁荣的，但他提出了相反的因果联系。荷兰的利率之所以低，是因为货币存量丰富，是因为荷兰的繁荣；荷兰之所以不繁荣，是因为利率被迫下降了。这样，他就转向了这个命题：如果你们试图按照法律迫使利率下降，同时隐含的供给和需求条件并没有按照法律做如此被迫下降的调整，那么各种事情都将弄糟。贸易将以各种方式受到阻碍，财富远不是增加，而是减少。

但是，现在，什么是自然利率呢？在这里，我只好向你们承认，我不甚了了，而且作者也不甚了了。他实际是说，自然利率以两种方式提高——当货币相对于债务是很少的时候；当货币相对于贸易是很少的时候。在这种情况下，他认为，试图有效地降低利率是徒劳无功的。

72 但是，现在出现的问题是：什么是他所指认的货币？有两个现代货币论者，我将在这个问题上予以引证。第一个是澳大利亚的图克（Tucker），他写了一本名为《1650—1850年英国经济思想史的进步和益处》（*Progress and Profits in British Economic Thought , 1650—1850*）（1960）的书，该书是我所知道的关于这方面思想史的最好的著作。图克（1960，pp. 27，35）认为，货币——在这里洛克是指"有效的和可贷的资金"——摇响罗伯特索尼亚的铃（Robertsonian

bell），确实适合于解释洛克所说的许多情况。但是，维克斯（Vickers）教授，我想他现在仍然在宾夕法尼亚大学执教，写了一本名为《货币理论研究》（*Studies in the Theory of Money*，1960）的书，这是一本审慎的经济思想史著作，试图从凯恩斯的各种先驱追溯凯恩斯主义成分。维克斯（1960，第4章，pp. 43－73）认为，洛克是凯恩斯的一个预见者。洛克，像你们已经知道的，以一种原始的说法说过，利率依赖于流动偏好和货币数量。

问题是如何决断。我承认我感到图克比维克斯更为执着，但是可以很容易地设想，如果维克斯在这里——似乎他在某个时期曾在这里写他的博士论文，该书就是他的博士论文的扩展——他可能会引证似乎表明洛克思考货币总量而不是即将出现的可贷资金的句子。我自己的感觉是，在这里洛克自己可能有点儿混乱。你们可以认为他担负着有利于解释可贷资金的论点，但我自己的感觉（在今年，1979年，我这样认为；在下一年，我预告我可能会改变观点）是，他感到处在一种朦胧的境况中，货币丰裕了，就总量的意义而言，使更多的可贷资金出现。

实际上，直到休谟写出关于利率的著作（我将用两周的时间讲述它）以前，洛克对货币的解释——不管休谟是否打算解释货币——货币利息理论，一直是正确的。不仅休谟——没提到洛克的名字，但他也坚持反对纯粹的利息货币理论——而且还有一个名叫马赛（Massie，1750）的人，在约翰·霍金斯（John Hokings）的《经济思想轨迹重印》（Reprints of Economic Tracts）的卓越系列中，写了一本小册子。当讲述休谟的时候，我将说上一两句关于马赛的话。

在这里就洛克关于利率反思的最重要的部分而言，我们还有某些疑惑。我认为，如果我在这里同时强调两方面作者的思想，那对我来说就是不忠实。

这样，他就是第三个货币论者——而且我认为在我停下讲述之前应该谈到这一点——在其小册子的第36页上他提供了对利息的一个判断，重提了早期关于作为整体的利息的判断的争论。他说："因此，货币，在买卖中，完全处于同其他商品相同的条件下，服从完全相同的价值法则。接下来，让我们看一下，它如何具有了同土地相同的性质，原因在于获得了一定年份的收入，即我们要求使用的收入，或利息"（洛克，1691，p. 36）。像在他之前的许多人一样，他继续论述
73 道，如果你们把地租看做是正当的，那么，为什么你们把使人们有可能购买地租的贷款看做是邪恶的或不正当的呢？等等。

好了，我已经尽力了，在下一讲的头五分钟我必须提到洛克用来掩盖其论点的其他要点。

注 释

［1］Letwin（1963），pp. 5，pp. 273－300.

第2部分

体系的形成

第 8 讲 坎蒂隆

77 昨天我没有掌握好我的讲演时间，在关于洛克的演讲中，我没有讨论我觉得必须提请你们注意的三个要点。我尽可能地简短一些，因为我和你们留下听讲的人都热切地期待本教程真正有趣的部分，仅用 10 分钟讲完这些。

我说过，洛克关于利息的评论是有价值的，应该指出六个值得注意的问题：第一，他谴责契尔德的理论，谴责直接降低利率的建议。第二，他模糊了对于自然利率证明的讨论，因此，关于自然利率，我个人坦言我不能做出解释。第三，他通过把利息同地租进行比较来评判利息。其余的三个问题和人们的一般观察如下。第四，在其阐发这些零散的对一般利息问题评论的过程中，他阐发了货币数量论和价格水平决定理论——在这里我应用了现代术语——在某些方面，它比你们在较早的文献［除了配第在其《货币略论》(1682) 中所做的言简意赅的评论］中将发现的另外的某种评论更为典型。实际上，在洛克著作第 9 版适当的一卷（第 4 卷）的第 22 页上，有一个货币流通速度分析，这种分析实际超越了以前写下的任何东西——无论如何，超越了我所知道的以前写下的任何东西。

第五，在《对降低利率和提高货币价值的后果的思考》第 9 版第 48 页上，你们发现有一个对影响价值决定因素的讨论——对供给和需求影响价格的一般讨论，和对设想关于价格的静态条件的困难的一般反思。他唯一关注市场价格，像我在后面将要谈论的人一样，在那里他做了某种非常敏锐的评论。第六，在刚才所说著作的第 55 页上，他在某种程度上讨论了税收的偶然性，并使他自己与那些认为他的时代、也可能更早时代的大多数税收实际上最终按照土地所有权处理的人为伍。

现在，由于仅浅显地考虑了洛克的这方面问题，我将结束对他的讨论，除了再提一下列特文教授在《科学经济学的起源》一书（该书我向你们推荐过）中赞扬的品质。列特文（1963，pp. 160－162，167－171）之所以赞扬洛克探讨这些问题的一般方法，归根到底是因为，在其对自然利率及对价格的中性影响以及价值
78 理论等的讨论中，他具有某种广泛理解力的视野。所以，他较为贴近我愿意用3分钟讨论的这个课题。

现在，在以法律手段降低利率的问题上，关于在特殊的货币贬值意义上提高货币价值的问题，都德利·诺思（Dudley North）先生以其《关于贸易的讲演》（*Upon Trade*，1691）轻而易举地胜过了洛克。在几篇短文中，诺思谴责了这些课题，并扼要地继承了先前隐含提出的关于利率和货币贬值的论点。对此，列特文（1963，pp. 189－204）在其书中给予高度评价，他说，人们必须特别关注诺思的《关于贸易的讲演》。你们可以在经济史学会再版的《商业早期轨迹》（*Early Tracts on Commerce*）中找到这本书。我之所以对该书不太留意，是因为它是一本容易读的读物，甚至你们中阅读速度最慢的人在50分钟内也会很容易地读完它。该书是一本非常简练的著作，包含一篇可能是由他的弟弟罗戈尔·诺思（Roger North）写的序言。罗戈尔·诺思是诺思家族著名传记的作者。你们不仅可以在约翰·霍普金斯重印系列中找到《关于贸易的讲演》这本书，还可以在经济史学会重印的《商业早期轨迹》中（最初是由麦克库洛赫编辑的）找到这本书。

虽然我愿意用整个一讲来谈诺思，但我不希望把我关于下一部分讲演的讨论，即关于18世纪系统经济学形成的讨论，推迟的时间太长。不论是配第还是洛克，抑或是诺思，虽然按照或多或少我们所熟悉的术语——说我们所说的语言——论述自己的观点，但都没有从整体上论述经济体系。在诺思的小册子中有一些暗示，但是，正如列特文（1963，pp. 189－204）指出的，对于一般经济关系进行明确的、系统的论述必须等到18世纪。这种系统经济学的形成主要是在后来被称为“重农学派”的法国经济学家著作中和在苏格兰哲学家——主要是，我们所有哲学家中最伟大的哲学家，大卫·休谟和亚当·斯密的著作中发现的。

但是还有第三个人，我们对他相对说来知道得很少，他就是坎蒂隆。他写了一部作为科学论述的著作，该书超过重农学派所出版的任何著作，而且，实际上，在许多方面可以同《国富论》相媲美。这就是理查德·坎蒂隆的《商业性质概论》（1755）。你们大家应该知道坎蒂隆的某些情况，这些情况来源并不是很容易找到，所以在我向你们阐述本书所展示的体系之前，我用一点儿时间讲讲他的历史和他的出版物。

理查德·坎蒂隆——当然，法国人把他叫“Canteon”——是爱尔兰人血统，早年作为银行家在巴黎定居。他似乎是一个极为精明而十分风趣的银行家。约翰·劳（John Law）——关于他我将联系重农学派和你们讲，启动他的注定带来厄运的“密西西比计划”（该计划是法国的可以与18世纪20年代英国“南海泡沫计划”相提并论的计划）的时候，坎蒂隆通篇看了这个计划，可能是由于轻率
79 的争论引起了他的怀疑，约翰·劳——当时已经获得了王室的尊宠和在巴黎的崇

高威望，便把坎蒂隆解雇了。劳对他说：“你知道我可以在24小时内把你从这个首都城市赶走吗?”坎蒂隆似乎说：“但是你不会，我会使你的计划成功。”[1]所以说，在这一时期他是作为一个“密西西比”债券的兜售者活动的，但不久他就离开了，并获得一笔巨大的财富。后来，1734年，在克旺特花园（Covent Garden）角落的一处住房，他的贴身男仆把他杀死在他的床上，并放火烧毁了他的房子，大量有价值的论文也被焚毁。

我们知道一定数量的关于他论述委托人的细节和许多他所参与的诉讼。我们还知道他作为经济学家习惯的某些事情。他常常带着会计乘坐马车四处旅游，以使他能够考察他所目击的经济现象。他不时跳下马车，按照米拉波（Mirabeau）的说法，检验土壤，了解肥沃状况和化学成分构成，然后告诉会计注意这种情况。随着时间的流逝，显然——由于在18世纪或者可能19世纪还没有人看到——他积累了大量有价值的经济信息和统计资料，他把这些经济信息和统计资料作为《商业性质概论》一书的“补充材料”。这些“补充材料”的来源向来没有人弄清。在我们的课题中仍然是非常特殊的发现。关于魁奈（Quesnay）的著名经济表来源的真实性——重农学派的理论体系基于其上的经济表——仅仅在过去20年内才搞清楚，所以关于坎蒂隆“补充材料”的来源也有希望搞清楚。

实际上，我们除了这本书以外还无从知道坎蒂隆其人。我们没有他的传记，人们熟悉的希格斯（Higgs）出版了法文最初出版物，认为英文原文基本上同法文出版物相反——所以该书并不像你们可能认为的那样是“令人敬畏的”，像我手里拿的这本书这样——人们所熟悉的希格斯，希望提供他可能提供的全部信息已经包含在这本书中了——他说服了皇家经济学会（该学会在当时有大量的资金）出版坎蒂隆的资料——理查德·坎蒂隆先生的画像和他女儿（同一个贵族结婚）的画像，也许从原则上说，在把女儿身上妻子的特质去掉的过程中形成了父亲的某种思想！

然而，关于令人费解的出版物，这是在坎蒂隆被刺21年以后出版的——由霍尔本的一个名叫吉尔斯（Gyles）的人于1755年出版，当时是以法文出版，并标有“由英文翻译”的字样。米拉波，你们以后会听到很多关于他的事情——著名的革命政治家之父——曾得到了坎蒂隆的一些草稿，并复制它们，把一些很长的段落收进他自己未出版的关于人口的实录。米拉波说，在一个朋友的建议下，
80 他把它翻译成了法文。另一些法国同代人，当把它公布为“由英文翻译”时，坚持说“不是这样的”。但奇怪的是，在一个论述工业的学者的著作中发现，在坎南（Cannan）和希格斯之间有一些很长的英文段落。这位学者也是一部两卷集对开本商业辞典的作者，名叫波斯特莱斯维特（Postlethwayt）。波斯特莱斯维特（1757a，b）特别在该辞典（1757b）中引证了《商业性质概论》的基本部分，而希格斯则把这段话编造成为译自法文（印在该书对面页上）的译文。好，我可以继续论述它。亚美（Yamey）教授仅在上周寄给我一本新版的坎蒂隆《商业性质概论》，附有一个扩展的参考书目，是由一位人们熟悉的名叫津田（Tsuda）的日本教授发现的。对于这个新版坎蒂隆著作，我只能说，它使我抛开较为重要的工作，在上周用了两个晚上来准备这些演讲。但是我们必须往下进行。

在该书出版的时候，凭借米拉波的著作，它已经有了非常显著的声望。在我

于下周讲述重农学派的时候，我将进一步谈谈它对重农学派的影响。人们提到过该时期的各类著作。而它的声望后来却完全被湮没了，除了在卡尔·马克思那里有一处不显眼的参考之外[2]，在100多年里，没有人引证和讨论过它。后来，斯坦利·杰文斯（Stanley Jevons）发现了一个印制本，认识到它是一个最值得注意的人的著作，并在1881年发表了一篇文章——该文在希格斯的书（该书以非常低的价格由皇家经济学会再版，我想你们能够得到这本书）中被重印了，该文的标题是《理查德·坎蒂隆和政治经济学的国民性》。后来，希格斯钦佩杰文斯的发现，他自己也致力于发现更多的关于《商业性质概论》及其作者的事实，并在《经济杂志》（*Economic Journal*）上发表了作为首篇的文章，1892年再次在《经济学季刊》上发表文章。

现在，已经有了由索维（Sauvy）编辑的该书的卓越法文版（坎蒂隆，1952），在我们的时代很容易找到这本书。现在人们一般都把这本书看做是我们课题中最不寻常的著作之一。我在谨慎地选择我的话来表达。你们可能认为我言过其实，但我并不收回我的话——这是我们课题中最不寻常的著作之一。发现这本书是前所未有的事情。它是一本论述经济制度运行的著作，是一本系统的、抽象论述的著作，同时，又因为与写该书时期的商业、金融和贸易细节的紧密联系而获得信息。十分可惜的是，我们还没把他的书的许多命题作为基础的“补充材料”搞清楚。

这个论述不可能是继续提出政策建议的重农学派的论述，也不可能是既论述又抨击的《国富论》的论述。亚当·斯密写作《国富论》部分地是为了增加知识，部分地是为了抨击重商主义制度（他所理解的重商主义制度，像我在以前给你们讲过的那样）的原理。但是坎蒂隆没有任何个人的打算，除了最后的
81 一节，在那里他间接地涉及了约翰·劳经营和信用的粗制滥造的危险。但是对于其余部分，像你们可能设想的，却是不偏不倚的。在第一部分教程中，他在某种程度上论及了人口问题。他完全预见到了马尔萨斯关于直到生存限制为止的人口乘数发展趋势。他说出这样令人难忘的句子：提供了生存资料，“人像老鼠那样成倍增长。”（坎蒂隆，1755，p. 83）。尔后，他以这样的说法结束这一章：有一个拥有较少的人口按照良好的标准生活的经济好呢，还是有一个拥有较多的人口按照或多或少的生存水平生活的经济好呢？这不是我探讨的事情（同上，p. 85）——这在那种情况下是令人兴奋的，即使你们是20世纪感到疲劳的经济学家，在情况业已表现得相当明显的时候，也要指出包含在价值判断中的各种事情。

《商业性质概论》分为三个部分。第一部分是对经济运行的一般分析；第二部分是对货币理论和利息理论的较为详细的讨论；第三部分是对商业和银行运营的间接的有充分根据的讨论。所以，我心安理得地引导你们弄通它。我想，你们都会以某种或他种方式得到希格斯版的《商业性质概论》，迄今为止这是你们最容易阅读的版本，因为该版本可能是在每页右边都印有英文最初的版本。

坎蒂隆从一个题为“财富”的短章开始，而且第一句话是：“土地是由以生产全部财富的根源或物质。人的劳动生产财富的形式：财富本身不是别的，而是

维持、便利和提高生活的东西。”（坎蒂隆，1755，p. 3）。随后，第 2～6 章，可以说是用于阐述经济社会学的。第 2 章讨论一般“人类社会”，在这个教程中，他讨论了他所设想的任何复杂的人类社会财产的作用。之后，他便走进论述“村庄”的第 3 章，他坚持认为，“不管投入了何种土地”（同上，p. 9），无论如何，它都是为了某些靠近其农业劳动源泉的人一起生活的便利。接下来，在第 4 章他讨论了“集镇”（market towns），他指出，一个村庄不够大，不能为人们所需要的一切东西提供市场，甚至在一个较为原始的农业社会也如此。于是，便顺理成章地应该在集镇建立销售中心。

于是，这就把他引导到论述“城市”的第 5 章。在那里，他根据事实把城市同集镇区别开来，那就是，城市中的某些土地所有者将改善他们的习惯，结果成为比农民或农业耕种者更富裕的富人，他们的需要更为复杂，因而城市的商业本身具有某些更为复杂的性质。然后，在第 6 章，他论述了“都市”（capital cities），并根据政府所在地——王子或国王的居住地——来辨别都市，并引导他做出非常
82 有趣的关于导致定都的地理特征的评论。在更早的文献中完全没有这方面的内容。坎蒂隆必是以惊人的原创性匠心独运地设计了这样一本书。

好了，在第 7 章，他投入了经济关系，该章的标题是“农夫的劳动的价值小于工匠的劳动”。他解释了为什么一个农业“劳动者的儿子在 7 岁或 12 岁时便开始帮助他父亲，或者照看畜群、翻地，或者做其他一些不需要技术或技能的农活”（同上，p. 19）的原因。但是，现在：“如果他的父亲让他去经商”，——我引证坎蒂隆的话——“他在他学徒期间就会失去他的帮助，并且在几年里供给他必需的衣物，支付学徒的费用”（同上，p. 19）。因此，为获得一学徒流量，经济力量势必造成对工匠（已经学成满徒的人）的金钱报酬高于对农业劳动的金钱报酬。

在第 8 章，他继续讨论这些论题。顺便说一句，他的书是非常容易读的，因为大多数章是相当短的。该章的标题再次向你们传达了这样的意思：“按照不同的等级或环境，某些工匠赚取的收入较多，另一些工匠赚取的收入较少。”他注意到不同工匠的训练的时间长度和所包含的风险：“根据这些例子和从普通的经验中抽出的另外 100 个例子，很容易理解，对每日工作支付的不同的价格基于自然的和明显的原因”（同上，pp. 21-23）。然后，他兴奋地进行分析，并在第 9 章提出“在一个国家工作的劳动者、工匠和其他人的数量自然同对他们的需求成比例”。如果在一个村庄这种需求下降了，那么，就将由于迁移和人口减少而出现减员；如果这种需求增大了，那么，就将有迁入这个中心的移民。这样，你们便有了一种抛弃所需要的不同种类劳动者数量的均衡关系的概念。

由于走到了这一步，当然，他面临价格问题，而且，在第 10 章他直接插入他所谓的“一种东西的内在价值”——市场价格环绕之波动的价格：“一种东西（一般地说）的价格或内在价值是对进入生产的土地和劳动的测量”（同上，p. 29）。好，这就是本章的基本内容。

这个不同寻常的人读了配第的著作——或者，无论如何，他读了配第的《赋

税论》(1662)。在第11章，他处理了土地和劳动之间的平价问题：在决定这种或他种物品的价值或价格的时候，你们如何使土地的数量和劳动的数量一致起来呢？他谈到了配第，并提出了一个相当复杂的论点，即如果你们按照土地的区域
83 决定：何处的土地对于生产所谈论的商品是不必要的，你们就可以解决这个问题——那是不言自明的——另外，如果你们按照土地的区域决定，何处的土地对于生产特殊的商品所必需的劳动者的生存资料是必要的，你们也可以解决这个问题。当然，他认识到生存资料在不同的环境下是不同的，这并不是一个完全准确的方法。但是，这是他可能做的最好的了，解决配第的土地和劳动之间的平价是最好的尝试。这种方法不会非常有效地帮助你们决定先进社会中的价格的正常值，但是，无论如何，它对于解决配第在《赋税论》和在其《爱尔兰的政治解剖》(*Political Anatomy of Ireland*，1672）中尝试讨论的问题，是一个有效的尝试。坎蒂隆也参考了配第的这两本书。

然后，在第12章，他说，"一个国家的所有阶级和个人都是以牺牲土地财产为代价生存或者致富的"（坎蒂隆，1755，p.43)。在那里，他变得有点儿重农主义气味了。但是，这是由于参考了他所处时代的环境提出来的。在这个意义上，它不是脱离实际的空谈，没有像重农学派把农业劳动和采掘劳动看做唯一的生产劳动，而把其余的劳动都看做非生产劳动。在坎蒂隆的这部分有许多对重农主义学说的预见。但无论如何，就我们的思维方式而言，它没有像重农学派那样接近这样的学说。

之后，在非同寻常的第13章，他说，那么货品是如何周转的呢？生产是如何组织的呢？答案是——该章的标题也给你们指出了这一章的基本内容，虽然这一章是非常值得阅读的——"货品和商品的流通及其在欧洲由企业家（法文是entrepreneurs）冒险进行的生产"，企业家一词原文是法文，据我所知，这里是第一次在技术意义上应用这个词。后来坎蒂隆参考当时的环境把企业家的作用在农业、制造业和商业中扩展了。他当时把社会划分为两个团体：按照事先确定的价格（即合同酬金）被雇用的人，未被雇用的人，以及在某种和他种意义上，对他们为之生产的市场的未来进行投机的人。社会各种团体在这个方面还没有取得较为有用的民主。坎蒂隆的阐述很有生命力，在20世纪人们还发现这种阐述是如此动人和如此卓越。他继续进行这种阐述（第14章），转到需求方面，他说："国王，特别土地所有者的想象力和生活样式或方式，决定一国应用何种土地，并引起一切商品市场价格的变动。"

在第15章，他继续进行人口问题的讨论，对于人口问题我已经谈过了。这
84 一章的标题是"一国人口数量的增加和减少主要依赖于土地业主的嗜好，生活样式和方式"。他参考了"补充材料"，其中：

人们可以找到根据对一个人生活方式的不同假定得出的对维系其生活的土地数量的估计。人们还将看到，一个人依靠面包、大蒜和萝卜生活，而且只穿麻绳衣服、粗布、木鞋，只喝水，像法国南部的许多农民那样，可能依靠1.5英亩中等肥沃的土地——在3年内获得6倍的收成和休耕——过活。

他以这种风格讨论了这个问题。并按照业主和有特色的女士的心情，

> 如果巴黎的女士们喜欢穿布鲁塞尔的滚花边衣服，如果法国人用香槟酒为这种滚花边衣服支付，一英亩亚麻产品必须用16 000英亩土地的葡萄产品来支付。这将在另一处给以更充分的解释，这些数字是在补充材料中给出的。（坎蒂隆，1755，p.77）

接下来，他引证了著名科学家哈雷（Halley）对西里西亚的布列斯劳（Breslau）的观察：

> 人们发现所有女人都有生育能力，从16岁到45岁，虽然每年并非6个女人中有一个实际生了孩子，但是，M.哈雷说，每年至少应有4个或6个女人怀孕，这不包括那些无生育能力的和尚在哺乳的女人。（同上，p.79）

随后他考察了其中的原因。最后，他说：

> 威廉·配第先生，以及在他之后的达文南特（Davenant）先生（英格兰海关的一个检察官），当他们试图估计从亚当（第一个父亲）以来历代种族繁衍的时候，似乎脱离了自然。他们的计算似乎是纯粹想当然的，是试探性地拟就的。基于他们在一些地区看到的实际出生率，他们如何能够解释无数的人从前在亚洲、埃及等等地区甚至在欧洲发现的那些出生率的下降呢？

这样，便出现了一个著名的论断：

> 如果拥有无限的生存资料，人就会像粮仓里的老鼠那样成倍增加；殖民地的英国人，按照三代的比例，变得比他们在英格兰30年里将有的数量多。因为在殖民地他们发现了新的耕地，由此，他们便纵情［生活］。[3]（同上，p.85）

在第16章，他提出了这样的观点："一个国家的劳动越多，便更为自然地把它估计为富国。"在第一部分的最后一章"论金属和货币，特别是黄金和白银"，他或多或少以更为生动的概念复制了对货币（特别是黄金和白银）的起源和应用的解释，它是从对亚里士多德到基督教宗教作家和现代律师等等的观点的引申。第一部分结束。

但是，由于要讲下一讲，我必须到此结束，因为第二部分关于经济分析将比我向你们描述的这部分更令人惊奇。第二部分不仅包含市场价格理论，而且包含对货币数量论的一个最新的精确化，然后他讨论了货币数量论为什么不足以解释动态条件下货币价值的变化。在你们可能对该问题进行任何可比较的分析之前，他向你们提供了你们必须等待多年的东西，他把动态条件下货币价值变化这种细节纳入了分析。下次演讲中我将对此做更详细的阐述。我不会在这个问题上花费较长的时间，因为第三部分，关于银行和贸易，详细论述了银行和贸易问题，而且这毕竟是他自己的职业，是一个很有价值的文献。我将讲述银行业务、货币与贸易，在20世纪以前它显然是最好的书，除了19世纪初期的桑顿（Thrornton）的《纸币的信用》（*Paper Credit*，1802）。我不详细谈论这个问题，我料想你们
85 之中对此兴趣浓厚的人会自己阅读它。

注 释

［1］这段话是从法文翻译过来的，出现于《商业性质概论》第 336 页上，载于重印的杰文斯关于坎蒂隆的论文：W. S. Jevons（1881），“Richard Cantillon and the Nationality of Political Economy”。

［2］参见 Marx，“Adam Smith and the Theory of Productive Labor，” in Marx（1952，pp. 105 - 197，at 111），在这里，马克思引证了斯密引证的坎蒂隆的话。

［3］坎蒂隆使用的词是 savages（野性），罗宾斯应用的词是 inhabitants（生活），反映他希望避免在这个较为文明的时代让人反感的东西。另见第 13 讲以及引文。

第 9 讲　坎蒂隆（续）——重农论

86 在没有不适当重复的情况下，让我着手讲述关于坎蒂隆（1755）的尚未论述的其余部分内容。我希望从第 1 部分抽出来给你们读的内容将足以使你们感到坎蒂隆是最重要的一讲。第 1 部分，像你们将要推断的，是用于对经济组织——对需求的控制力——做一般描述的。他把经济组织的性质称作内在价值及其同市场价格和收入的关系，牵涉到对通常的关于货币事务的描述。我不想为了描述货币事务而干扰你们的兴趣，因为已经到下课的时候了。虽然风格具有特点，但我不认为它包含着与他所谈论的课题有权威性联系的相同的观念；我也不认为坎蒂隆论述货币的最后一章把任何非常重要的事情都弄得一清二楚了。

现在，在论及价格、货币和利息的第 2 部分，我想，虽然对我来说，简要地将这一章的内容概述一下是很容易的，但这远不是重要的——也许重要的不是第 2 部分的形式和范围，而是分析和命题的根源。这一部分是从关于物物交换的一章着手的，而且我不想过多地谈论这个问题。他为物物交换确定了基础，并做了对洛克关于市场价格和引入货币的某种暗示。

但是，第 2 章是重要的。该章论述了市场价格的形成。由于在第 1 章指责洛克仅仅看到了市场价格，所以他在第 2 章的处理为市场价格理论做出了最原始的贡献。我说它是原始的，是因为它是迄今为止你们所涉及的绝对早期的贡献。据我所知，该章在经济学文献中首次讨论了借以改变需求构成和供给构成并实际产生市场价格的机制。他谈论了物物交换，他说某些人

在增加其货品上是较为聪明的，而另一些人在减少其货品上是较为聪明的。

> 虽然这个确定市场价格的方法没有精确的或者几何学的基础，因为它常常依赖于少数买者或卖者的渴望或容易表露的性情，但似乎并不是它以某种较为方便的方式来确定市场价格的。（坎蒂隆，1755，p. 119）

随后，他给出了同早期奥地利市场价格模型相同的模型。让我给你们读一下：

> 几个巴黎老客，在他们刚到来的时候，便被告知购买青豌豆。一个老客下令
> 87 以 60 利弗尔购买 10 夸脱青豌豆，另一个老客下令以 50 利弗尔购买 10 夸脱青豌豆，第三个老客下令以 40 利弗尔购买 10 夸脱青豌豆，第四个老客下令以 30 利弗尔购买 10 夸脱青豌豆。如果执行这些命令的话，市场上必须有 40 夸脱青豌豆。假设仅有 20 夸脱青豌豆，卖主因为看到有许多买者，便提高其价格，而买者将如此接受向他们的要价：出 60 利弗尔购买 10 夸脱青豌豆的人将首先得到满足。卖者由于看到以后再没有人愿意出高于 50 利弗尔的价钱，便把另外 10 夸脱青豌豆定在这个价格上。那些下令不超过 40 利弗尔和 30 利弗尔的买主便将空手而归。
>
> 如果不是仅有 40 夸脱青豌豆，而是有 400 夸脱青豌豆，不仅巴黎老客以大大低于其对青豌豆支付的总额而获得新的青豌豆，而且面对少数买者，卖者为使其自身更受欢迎而把新豌豆的价格几乎降低到其内在价值以下。在这种情况下，许多以前没有下购买命令的巴黎老客也将购买一些青豌豆。（同上，pp. 119 - 121）

之后，坎蒂隆以不稳定的市场总是对你们所考虑的市场的价格有某种影响的说法结束了这一章，他认为市场价格是变动不定的，如果一个特殊市场上的价格特别低，那么某些卖者就将考虑到别的地方去销售（同上，p. 121）。如此等等。

在第 3 章，他转向货币流通，并公开地说：

> 在英格兰，一般认为，一个农民必须支付三种地租。第一，他向财产所有者支付主要的或真实的地租，假定在价值上等于其农场 1/3 的生产；第二，维持他自己生存和维持他用来耕种农场土地的人和马的生存而支付的地租；第三，为他进行有利的生产而应该保留的地租。（同上，p. 121）

在某种程度上，他深入进行了这种研究，而且我认为他处理得非常谨慎，粗略地说，这只是一个初步的近似。但他的这个部分并非令人费解的，而且导致了在第 4 章关于货币流通的一个进一步的讨论。

坎蒂隆走近了各种阶级，研究了它们关于货币应用的频率。他思考了土地所有者改变的习惯，思考了农村中向土地所有者购买农产品的人们改变的习惯，思考了城市中制造产品的人们如何花费其货币，等等。他注意到了银行和金器商的存在，而金器商在另一个时期使自己变成了银行。他认为，银行的存在可以说是对货币需求的充分利用，从而加速了货币流通。

然后（在第 5 章）他讨论了硬币中心的地理定位，这导致他离题去谈论区位理论。他认为，一般地说，价格在远离集镇和首都城市的地区可能较低，由于这
88 个原因，他认为，把某些特殊的制造品在这些偏僻地区制造比在靠近城市的地方

制造更为有利可图，因为它们不包含大量的运输成本，租金和所有其他各种成本也低于靠近城市的地区。

这之后，在第6章，他论述了“一国硬币数量的增加和减少”。在这个方面，他参考了洛克。洛克，你们记得他揭示了某种货币数量论，已经阐发了货币需求变动的原因，但没有坎蒂隆论述得那样鲜明而具体。但在第6章，坎蒂隆再次参考了洛克的论述。我引证下面一段话：

> M.洛克把下面的情形确定为一个基本原理，即以同货币数量成比例的产量和商品规制市场价格。我在前几章尝试阐述他的思想：他已经清楚地看到，货币丰富使东西昂贵，但他没有考虑到货币是如何使东西昂贵的。这个问题的巨大困难在于了解货币的增加以什么途径和以什么比例提高价格。（坎蒂隆，1755，p. 161）

在以后的近20页，或多或少细致地考察了货币数量在一个社会的流通中借以增加的各种途径：来自开采地贵金属的流动，有利的国际收支差额，等等。

然后，他继续考察了货币本身赖以在整个社会扩散的途径。而且涉及其较早对货币需求变动的论断，按照他的看法，影响价格的方式取决于货币首先落入谁人之手。如果货币落入对其需求少的人的手里，他们就会很快把它花掉，价格便开始提高。如果货币落入趋向于窖藏的人的手里，那么由于这种窖藏的原因，价格水平不会立刻受到影响，虽然或早或晚，这些窖藏的货币会被花费掉，并因而对价格水平将有某种或早或晚的影响。依照这种激动人心的原创分析——在经济学文献中尚没有这样的分析，我敢说，在大卫·休谟或亚当·斯密那里也没有类似的分析；在你们发现在这个动态层次的分析之前，你们必须读一下桑顿的《纸币的信用》(1802)——在第177页上他做出结论：“由这一切我得出结论，一个国家货币数量增加一倍，产品和商品的价格并不总是提高一倍。一条冲刷和漫卷河床的河流，在水量增加一倍的时候，并不以加倍的流速流动”（同上，p. 177）。如此等等。

在该部分的结尾（第9、10章），坎蒂隆论述了利息问题。关于这个问题，我不需要花费太长的时间讲解。他相当确定地攻击了那种认为利息是货币数量的看法，那样的话［罗宾斯在这里打了一个响指］，货币数量便影响利率。他说人
89 们可能认为，货币数量的增加将使利息率下降，但他援引了货币数量增加时利息率提高的例子。接着，他给出一个或多或少可贷资金的货币市场核算，并考虑了其可怕的复杂性——对于不同的买者和卖者是正常的不同的利率。他提到了消费贷款，并从他的方式上说，这些并不构成在这个方面对贷款的主要需求，对贷款的主要需求来自工业制造业和类似产业中从业者获取利润的要求。好，对这一切都做了非常清晰而鲜明的表述，但我想无须重述了。

接下来，你们便进入第3部分，在这一部分他论述了贸易、外汇和银行业务。在这里，我不想做简要的重述。这一部分是在比你们在任何后来的文献中所发现的对贸易和外汇更为熟悉的情况下写出的——记得坎蒂隆由于从事银行业务和处理外汇等而使他获得财富。任何希望重新讨论这个课题的人，在较早阶段都将被建议去阅读坎蒂隆对这些问题的思考。

迄今为止涉及了银行业务，他强调银行业务、银行信用以及所有其他各种事务的存在，充分利用了对硬币的需求。这样，坎蒂隆就以他在《商业性质概论》中一段具有倾向性的话结束了其论述。他认为：

这样，人们并不怀疑，当谨慎采取这些步骤的时候，一个同财政大臣串通的银行是能够按照该大臣的意愿提高和支持公众股票的价格，降低该国的利率，并因此而偿清该国的债务。但是，这些为获得巨大财富而打开大门的绝妙伎俩，却仅仅为了国家的唯一的利益而被实施了。那些参与这些决策的人一般都腐败了。在这种情况下印制和发行的过剩银行券不会扰乱流通，因为把它们用于购买和销售股票，不服务于家庭支出，也不变成白银。但是

——最后一句话——

如果某种令人惊慌的或未预见的危机驱使人们需求银行的白银，炸弹就将爆炸，人们就将看到这些是危险的手段。（坎蒂隆，1755，p. 323）

对于约翰·劳和密西西比计划就是如此。

对于坎蒂隆来说还不止这些，我认为，他的著作是像《国富论》和休谟的论著的基本部分一样完全值得阅读的。关于《国富论》和休谟的论著，我将在下周的某个时间来论述。

现在，在这一讲的下半部分，我要开始跟你们谈谈在法国经济学家手上系统形成的经济分析，这些法国经济学家，后来在魁奈（Quesnay）的一本名为《重农主义》（1888）的书出版以后，便被称作重农学派。

90 现在我想介绍一点这方面的背景。你们想知道某些同 17 世纪晚期和 18 世纪初期法国的条件相联系的事情，这是一些肤浅的知识。特别地，你们首先要认识到大多数居民的极端而苦苦挣扎的贫困，以及太阳王、伟大的国王路易十四的目标。你们有人读过拉·布律埃尔（La Bruyère，1698）的《特征》（*The Characters*）吗？这是在文学方面法国叙事诗的最优美的例子之一。在一篇文章中有一段论及农村情况的最鲜明的话。他描写道，在农村你们可能看到衰弱的、经受风吹雨打的动物，显然不关心农村什么在增长，一个抬头张望——和注视的傀儡，它是一个人！我确实不知道对那个与拉·布律埃尔这个短文相当的时代的贫困的描述。战争使他们变成了赤贫，税收是不公正的，享有特权的人免于一切税收。太阳王以各种方式培育起来的东西，从文学的观点上看，是人类历史的一个亮点：绘画、文学、诗歌、戏剧，所有这些都是繁荣的——但人是贫困的。

你们应该知道的第二点是那个时代的商业政策，那时的商业政策是在一个名叫柯尔贝尔（Colbert）的人指导之下。现在，环顾四周，我确信在听众中还有人认为这种独特的做事方式——独特的柯尔贝尔——是非常适宜的。这种行事的模式是依照路易十四的伟大商业大臣命名的。在亚当·斯密的《国富论》（坎南版）第 161 页上有对柯尔贝尔的一个简短的描述，我认为当时的概括是对柯尔贝尔的比较好的解读：

柯尔贝尔是一位正直、勤勉和博学的人，他对公共账目的检查富有经验且十分精明，是一个有能力的人，总之，他在各方面均适于在公共收入的征集和支出

中引入方法和秩序。这位大臣不幸抱有重商主义体系的一切偏见，按其性质和本质来说，这是一种限制和管制的体系，因而为一个勤苦的事务家所喜爱，他习惯于管制政府机关的不同部门，建立必要的制衡办法，去使每个部门在各自的领域中运作。他企图对一个大国的工商业按对待政府各部门的同一模式去加以管制，不是让每一个人用他自己的方式在平等、自由和公正的没有约束的计划下去追求他的利益，而是赋予某些产业部门以特殊的权利，同时使其他的产业部门受到特殊的限制。（斯密，1776，2：161）

现在，你们将不忘记观察亚当·斯密所表达的倾向，但是它解释了重农学派所反对的事情，解释了作为亚当·斯密《国富论》的争论部分的主题的事情。

现在，在这个背景下——路易十四的统治——对社会状况的经济讨论并非有
91 利。名噪一时的马歇尔·沃邦（Marshal Vauban，1633—1707）似乎是一个仁慈而慷慨的人，也是一个非常伟大的战士，他对公开展示的贫困感到忧虑，心情沉重，写出了《王国什一税案》（*d'une Royal*，1710）——在该书中他提议将税收制度进行总量重组，并把它呈递给国王。这完全没有得到任何令人满意的回应。据说不久他便由于心脏病而亡。

比沃邦（他仅仅对于你们中间有硕士学位的专家是重要的）更为重要的人物是一个名叫布阿吉尔贝尔（Boisguildert，1646—1714）的人，他写了几本书，被搜集于最容易找到的书中——或者，至少我在很久以前买到了此书——该书的书名是《法兰西的详情》（*Détail de la France*，1707）。如果你们中间有人看见过此书，看在上帝的份儿上，在不对这些问题咨询某个专家的情况下不要动它；现在该书是相当值钱的。他是一个法官，同沃邦一样，他也认为法国这个国家正处在一个坏的状态。他的各种著作都证明了这一点，这使得这些著作对于法国的经济史具有非常重要的价值。但是他也抨击了柯尔贝尔主义——有利于制造业，而忽视作为绝大多数人的职业的农业。人们可能认为布阿吉尔贝尔并不是经济学文献中的大人物，他有某些对坎蒂隆命题的预见，例如，关于土地所有者的需求在经济中非常重要的命题的预见，因此某些预见是重农学派的。

之后，我们便接触到了约翰·劳和密西西比计划。约翰·劳是一个苏格兰人，他生于1671年。由于卷入一场争斗而被迫离开苏格兰。在他离开苏格兰之前，他以英文出版了一本名叫《货币和贸易的思考》（*Money and Trade Considered*，1705）的光辉著作。该书含有许多关于价值和稀缺性的非常尖锐的评论，几乎预见了马歇尔革命的某些方面。他本质上是一个通货膨胀论者（inflationist）。他要求按照土地的价值发行货币，而这几乎导致通货膨胀。虽然他最终没能实现其追求苏格兰大学教职的愿望，但他千方百计使自己潜入法国摄政王信任者的行列，并同他们一起开办了密西西比公司（Mississipi company）。他们推动了与开办该公司相联系的融资，该公司的瓦解在数量上是黯然失色的，并间接使大约同时在这个国家启动的南海泡沫计划（South Sea Bubble ）破产了。这样，虽然路易十四死了，但这个计划的破产埋下了对经济问题公共讨论的不信任。

还有一些次要的学者——梅隆（Melon，1739）、杜托特（Dutot，1738）——他们的书，我想不值得你们非常注意，除非你们要写关于他们的论文。孟德斯鸠

(Montesquieu) 在他的《论法的精神》(L'esprit des lois，1748) 的一编中偶然评论了经济问题。但总的来说，你们可以说，直到18世纪50年代中期和60年代，在法国值得你们注意的经济学著作是非常少的，坎蒂隆是个例外，只是在1775年出版了他的反思著作。

92 但是在18世纪50年代下半期和60年代有了对经济思考的惊人的成就，这是由于重农主义经济学家——魁奈和他的朋友们——活动的结果。现在，当你们以某种倾向看待重农学派的时候，请允许我向你们提出警告。我没有感到重农学派像同时期写作的苏格兰哲学家们那样紧迫。我曾尝试了解大卫·休谟，他在写给朋友的信中把重农学派经济学家描述为“所有人中最怪诞的人”[1]。但是，当然那是一种夸张的说法。重农学派也做出了一些重要的贡献。但是，我还要向你们提示，我没有怀着像我描述坎蒂隆的那样的热情，或怀着像我将要讨论休谟和亚当·斯密的贡献那样的热情，进入这个专题演讲。

好，那么有哪些重农学派经济学家呢？我要给你们读一下一篇演说的摘要。该演说发生于1774年12月20日，是在一个坐满了清晨赶来的人的房间里做的。在该房间的一端，一尊大理石半身雕像被安放在一个巨大雕像底座上，所有与会者都以一种巨大的悲痛和尊敬的心情转向这尊雕像。这时，房子的主人发表了如下演说：

> 先生们，我们已经失去了我们的大师，人类的真实善行只是通过纪念他的卓越功绩和记录他的不朽成就而属于这片土地。苏格拉底说过，要把道德从天上带到地上。我们的大师则使道德在地上孳生了。天国的道德只对少数被选择的灵魂是一种指南。纯产品学说则为人们的孩子带来生存资料，使他们享用安全而免于暴力和欺骗，并确定了其分配和再生产的原理。啊，雕像！啊，向我们表明我们共同的大师特征的庄严的雕像！它树立在你们面前，它是唤起我们良知的四海皆兄弟的誓言，并通过这个卓越的人的教导而昭告于世，雕像为我们描绘了他，使我们看到了他。啊，大师，从您的天国高空俯瞰人间，仍然惠及我们的语言和工作以及我们的眼泪。同时，我的颤抖的手在你的墓冢上放上了永不凋谢的桂冠。

这个半身雕像是重农学派领导人魁奈的雕像。讲话的人是马奎斯·米拉波(Marquis Mirabeau)，是著名的米拉波的父亲，魁奈的第一个传人和追随者，听众多是由他们成功形成的重农学派的成员。

好，现在略微谈一下魁奈。他显然是重农学派的知识领袖，除了他之外，你们还可以把杜尔阁包括进来。我将在另外的地方论述杜尔阁。魁奈于1694年生于一个谦逊的农民家庭。从职业上说，魁奈是一个外科医生，他后来之所以成为一个重农主义经济学家是因为眼睛出了问题。他在他的医生职业中获得了显著的威望，这反映在他的著作《论血液循环》(*On the Circulation of Blood*)[2]上——请注意这里的标题。但是他在职业上所获得的最大的威望，按照社会展示，还不是医学上的。到此时，他作为医生的威望已经保证他进入凡尔赛的名流社会圈子，
93 像你们大家都知道的，凡尔赛是法国君主政体的中心。魁奈在参加一次舞会时，宫廷的一个贵妇人突发癫痫病。于是魁奈被招进宫去，而且他认识到——这表明他是一个具有广博知识的人——这个贵妇人不愿意让她的同伴知道她的疾病

的性质。因此，他便把房间里的每个人都赶走，制止了痉挛。这种处理问题的方法以及他所给她的治疗使这位贵妇人对他如此推崇，以至她把他作为私人助手推荐给国王，正如德·蓬帕多尔（Madame de Pompadour）女士，国王自己的女管家一样。

这时魁奈55岁，从这时起直到逝世他一直生活在凡尔赛，步入最高层，并直接处于德·蓬帕多尔女士的强有力的保护之下。你们之中对名人和绘画感兴趣的人也许注意到，在过去两年里，国家美术馆已经找到了卓越的德·蓬帕多尔女士中年时期的画像，你们可以到国家美术馆展示这幅画像的房间去看一看。

好，柯尔贝尔主义的特征在于它牺牲农业而培育制造业。魁奈，由于他的祖上的原因，也由于他的幸运，获得了一定数量的土地，并因而变得对农业和农业政治学极感兴趣，且对技术进步也非常有兴趣。所以，或早或晚他转向广泛的农业改革问题就是很自然的事情了。他为狄德罗的《百科全书》[3]写了两篇关于农业和粮食的文章。这导致他进行一般的经济分析和他的著名的经济表——你们对这个经济表应该有所了解，我将在下一次演讲时讲述它（魁奈，1758）——没有论及这时的血液循环，而是论及了财富的循环，这并非偶然。

但是从他的全部聪明才智上看，魁奈很可能像坎蒂隆那样是一个孑然独立的人物，如果没有追随者的话。我必须告诉你们——而且我将由此得出结论——他何以会获得追随者的故事。米拉波对经济问题感兴趣，并握有坎蒂隆的著作，而且他在他追溯该书合法产权所有者之前便制作了副本，然后他写了一本要求公众讨论的书，该书的书名是《男人的朋友》（*L'ami des hommes*，1883），并加了一个饶舌的副标题《他的妻子和孩子的敌人》，因为坎蒂隆总是喜欢和家人吵架。

米拉波开始接近魁奈，并把他的书稿寄给魁奈。魁奈读了书稿并在书稿的页边上写了“孩子喝了坏牛奶。他坚强的性格确实很有希望，但他没有理解如何思考”[4]。这样，米拉波初次见魁奈并不是非常成功。魁奈公开地说，他（指米拉波）把事情弄颠倒了，又说，坎蒂隆是一个蠢人。[5]米拉波并没把这件事情弄颠
94 倒，因为他非常钦佩坎蒂隆，他没有感到他把事情弄颠倒了。这样，他就走开了。但是由于被他所看到的魁奈的气质所吸引，他当时又转回来了。他们又进行了第二次争论，通过这次争论，魁奈成功地改变了米拉波的态度。米拉波完全是魁奈所需要的那种把他的思想大众化的人。他在他的周围集中了一批人——梅西埃·德·拉·里维埃（Mercier de la Rivière）、沃邦等——向他们介绍魁奈的思想。他们形成了一个可敬的学派。他们还有自己的杂志——《国民大事记》，他们出版书籍，定期在米拉波的家里召开会议，他们成了极具吸引力的人。王室对他们很感兴趣。瑞典国王曾在巴黎会见过他们，一连串的大人物曾前来访问梅西埃·德·拉·里维埃——不是一次令人震惊的成功的访问。巴登的马尔格拉夫（Margrave）实际写了一本关于重农主义学说的书。人们这么说——实际上我并不认为这样——奥地利皇帝自己在莫拉维亚（Moravia）耕一天地，以表示他对他们制度的同情。我并不期望奥地利皇帝所做的仅仅是手握犁沿着垄沟耕地。但是，所有的各种人都变得像创建者那样热情。他们突然感到有一个新的知识分支，一个使每个人都获得幸福和公平的知识分支。

好了，我可以更为详细地阐述大量参考书目的细节。但是，明天的讲演我将

从讨论重农学派的学说开始，特别是魁奈的学说。

注 释

［1］Letter from Hume to Morellet，10 July 1769，reprinted in Hume（1955，pp. 214 - 216）.

［2］参见 The collection of Quesnay's works in Quesnay（1958）。

［3］参见 Quesnay（1958）以及 Meek（1962）中的关于魁奈著作翻译的选录。

［4］在这里，罗宾斯是根据魁奈的叙述重新阐述的，这是米拉波在一封致卢梭（Rosseau）的信中写下的话："给孩子喝坏牛奶；他的性格的力量常常使他得到迄今所关心的正确的结果，但是却不理解原理"（引自 Meek，1962，p. 17，italics deleted）。

［5］米拉波实际应用傻子（fool）一词，参见 Meek（1962，p. 17）。

第 10 讲　重农学派——杜尔阁

95　昨天的演讲是分两部分进行的：首先，对坎蒂隆的《商业性质概论》的第 2 部分进行某种详细考察，并简要说明第 3 部分的内容。这就是上半讲。下半讲对法国重农学派的出现提供某种背景，即路易十四统治下人民的贫困，柯尔贝尔主义和亚当·斯密关于政策的意见。然后，用三言两语讨论了沃邦和布阿吉尔贝尔，由此继进，论及了约翰·劳和他所参与的密西西比计划及其对敏感的经济讨论的影响。最后，痛快淋漓地讨论，不管是敏感的还是不敏感的，18 世纪 50 年代后半期和 60 年代重农主义下面的情形。我给你们讲了米拉波关于魁奈的葬礼的演说，使人联想起某种热情气氛的情形和在这些人中普遍洋溢的激情。从对由米拉波召集的魁奈的追随者的讨论中，我得出谁是我所描述的葬礼的演说者的结论。

可以这么说，到现在完全是背景材料。我不想把这一讲的大部分都用来进行非常广泛的迄今为止的重农主义的分析。我昨天向你们提示，我对重农学派的热情并不像某些可以联想的其他人那么大，如果你们想要阅读由某个发现其极端激情的著作的人写的纯学者的和知识完备的著作，你们就应阅读米克（Meek）的《重农主义经济学》(*Economics of Physiocracy*，1962)。它是相当基本的。米克教授在 12 个月以前逝世，这是我们研究课题历史的一个巨大损失。

现在要继续进行实质性的讨论。重农学派的一般态度是什么呢？首先——不是首要的，而是第一，我认为就根源而言，像我在向你们讲述魁奈时所注意到的——他们是支持农业的，反对培育制造业，反对柯尔贝尔。

其次，你们可以说，他们对待政府的一般态度可以在本质方面（即使不是全部）真正表述为自由放任主义。在那个方面，我认为你们应把重农学派的态度和苏格兰哲学家——休谟和亚当·斯密——的态度适当严格地区分开来。休谟和斯密的观点要复杂得多，正如我刚刚指出的。我将在下周和下下周论述休谟和斯密的观点。

最后，你们可以说重农学派的态度，就广义而言，并不是功利主义的。在这个方面，我想无论如何要把他们同休谟区分开来，而且按照我的判断，也要把他们同亚当·斯密区分开来，虽然按照某些学者的判断，他们和斯密没有多大区
96 别——休谟（我还考虑了斯密）的背景，粗略地说，可以描述为功利主义的——虽然并不具有像你们发现的由边沁（Bentham）和詹姆斯·穆勒所宣扬的功利主义（而且在某种程度上，这里仅仅是某种程度，约翰·斯图亚特·穆勒也宣扬功利主义）相同的数量意义。重农学派的态度确定地依赖于我将涉及的一个简单的自然法则概念。这里再次提醒，不要受我的偏向的影响。人们提到过发生于梅西埃·德·拉·里维埃和卡特琳之间的一场争论。卡特琳询问这个特殊的重农主义经济学家，为使国家繁荣和幸福，她应当做什么。他回答说，“你简单地遵从自然法则。”当她强迫他做进一步精确化的时候，争论变得极为模糊。那可能是不公平的。但是阅读重农学派的文献，我的感觉是，几乎所有的重农学派经济学家，实际上包括魁奈本人，都感到自然法则是可以写在两块石板上的东西。好了，无论你们的概念是什么，无论你们把自然法则看做是必须履行的法则，还是把它看做是一个“鬼火”，它都不是那样简单的。实际上，对自然法则做富有哲理的解释是非常复杂的问题。

那么，他们求助什么经济分析方法来支持这种一般态度呢？好，你们首先选择要做的事情是区分社会成员，这是基于只有农业（后来又加上了采掘业）才是生产部门的思想。所有其他种类的劳动都是不结果实的。他们并不否认其他种类的劳动在各种情况下是有用的，但他们把极端的重要性——分析的重要性——赋予了他们对生产劳动和非生产劳动（或不结果实的劳动）的划分。生产阶级一方面由劳动者、另一方面由土地所有者构成。土地所有者之所以有资格接受这个有效命名为生产的形容词，是因为他们最初的预付使土地具有肥力。结果劳动者获得在任何情况下都趋向于生存水平的工资，土地所有者，由于他们最初的预付投资而获得纯产品。但是在你们放弃这是魁奈和他赞成土地所有者的朋友感兴趣的一个简单的例证的思想之前，你们应当注意这样一个事实，即他们分析的结果是土地所有者应当承担全部税收，不管他们占有的土地是多少，而且应当废除所有其他的税收，即废除稀少的原地主（pro-landlord）交纳的税收。

97 好，在这种区分的基础之上，他们树立起了一个分配论。生产阶级的劳动获得一个年流量，并把这个年流量在生产阶级的进一步预付和从非生产阶级的购买之间进行划分，从而使社会维持在一种富裕的或非富裕的条件下。按照重农学派的看法，重要的是，非生产阶级所进行的支付并没有侵蚀耕作者的预付方式，因为他们用于支付的是提供给他们的生产阶级的纯产品。如果他们进行这种支付，纯产品将减少，社会将处于下降的状态。

现在，这个思想，这个年生产及其分配流量（不管是健全还是不健全）的一

般概念，已经通过一个著名的经济表阐发了（见图 10.1）。对于这个经济表，米拉波夸张地说道，经济表的发明可以比之于文字和货币的发明。现在，经济表是一个最神秘的事情。如果你们想要研究经济表，在由米克教授和库津斯基（Kuczynski）博士编辑出版的第四版魁奈著作（魁奈，1972）中重新制作了可靠的经济表变种，以及与经济表相关的各种历史发现。在米克的《重农主义经济学》（1962）中，你们将发现对经济表假设的一个非常复杂而执着的分析，所有不同的草稿都依赖于这种分析。

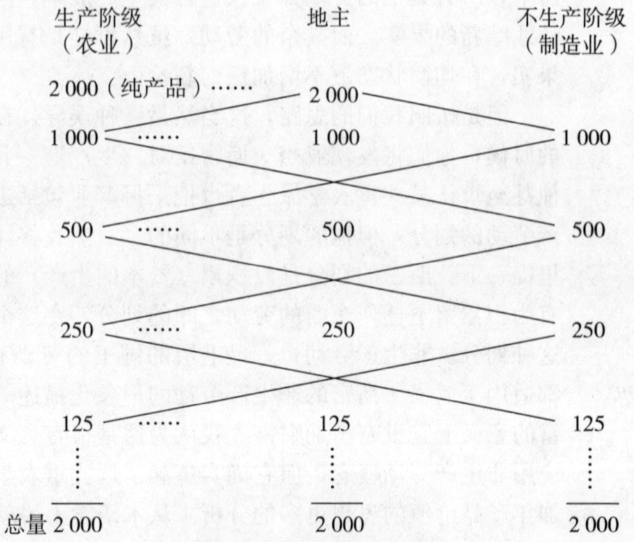

图 10.1　魁奈的经济表

但是，一般的图正如我在黑板上描绘的那样有三栏：生产的劳动者阶级、获得纯产品的土地所有者和不生产阶级。土地所有者阶级在循环的第一个过程在预付上花费这么多：把 1 000 纯产品支付给生产阶级，把 1 000 纯产品支付给不生产阶级。然后，不生产阶级把 500 花费在生产阶级的产品上，生产阶级又把预先
98 获得的某些纯产品花费在不生产阶级的产品上，如此等等。这是整个事情的简单象征，这不是就某种评判魁奈思想的复杂性意义而采取的。我如此简单地把它画出来，以使你们能够认识一般性质。

现在，最初的经济表及其主要草稿描述了事物的一种静态，在这种静态下面，纯产品是如此分配的，以便逐个时期地维持纯产品的年流量。在《农业哲学》（*Philosophie rurale*，1764）（魁奈和米拉波把这种农业哲学结合进生产）中，经济表是如此阐发的，以至它显示了社会的下降状态和社会的进步状态。从经济表可以看到，重农学派经济学家提出了所有的税收都将减少纯产品的意见。所有的调节税都应取消，这当然是过分简单的思想，或者在伏尔泰看来，这种思想表现得如此简单。你们有人读过伏尔泰的书名为《有四十个埃居的人》（*The Man with Forty Écus*，1768）[1]的论述重农学派的讽刺性小册子吗？在书中，那是一个拥有一小块土地的人，但这一小块土地仍然使他获得非常少的纯产品。他纳了税，环顾左右，并看到了一些在做别的事情而不事生产的生产者，他们不纳

税。他认为这是奇怪的事情。

好，那么这说明了什么呢？你们可能说，如果你们愿意的话，社会划分为生产阶级和不生产阶级，在产品上，一方面划分农产品和矿产品，另一方面又划分农产品和制造品——按照经济表划分的——仅仅是语义学上的划分。假定你们把“生产”看做是生产粮食和矿物——好，只有无所事事的人才愿意争论这些词。如果在你们的头脑中始终坚持这个看法，你们就将在这个意义上谈论这种划分。但事实是重农学派的意思不止于此。只有农产品和矿产品才产生剩余。在均衡状态下，所有其他的劳动都仅仅包含其生产成本。所以说，只有农业的和采矿的劳动才结新的果实。而其余的劳动，虽然可能是有用的，但仅仅是简单加工这个新果实，在均衡状态下不增加任何新价值。

但是按照我们的思路，这当然是一种误导。在我即将向你们讲述亚当·斯密的时候，你们将发现亚当·斯密反对“生产”一词的应用仅仅适用于农业劳动。他甚至承认某些重农学派学者也把采掘产业包括进去。他也坚持生产劳动和非生产劳动的划分，但他的划分是不同的。虽然我将详细谈论这个问题，但让我在这里提一下。斯密的划分是以积累（资本的生产）的方式留下某种东西的劳动和没有为积累留下任何东西的劳动之间的划分，在这个时代马克思主义经济学也坚持这种划分。非生产劳动——最上层的国王的劳动和最底层的芭蕾舞演员的劳动，
99 都适用于亚当·斯密的非生产劳动的形象化描述——是非常有用的，但在资本财富的意义上它没有增加财富。我认为这是很有意义的。我自己不赞成以这种方式应用非生产劳动概念，但它确实蕴涵了远比重农学派认为的仅仅农业和采掘业增加年产品价值的思想更多的分析。从术语学上说就是如此。

现在，重农学派有一良好的标志。他们研究了作为一个整体的制度。这是为什么把他们置于那些草创经济学（把对经济的研究作为一种对关系的体系的研究）的人们中间的原因。到17世纪末，甚至复杂的分析，像配第和洛克的分析，还只是片断的。重农学派设想了经济表，虽然其术语可能是误导的，但设想了制度的整体。当然，坎蒂隆也预见到了它们，但坎蒂隆的著作仅有一个有限的循环。当然坎蒂隆的著作是极为高雅的，但他没能扮演对经济学的发展发挥重大影响作用的角色，而重农学派则扮演了这种角色，直到它们在很大程度上被古典体系取代为止。他们领会到，作为整体制度的出发点，解释整体制度变动的各种假说，你们也严密检验这些假说。他们甚至尝试（魁奈偶然地）对其所说明的问题给出数量的维度。

重农学派还有一个良好的标志，其把作为整体的体系设想为不但是一个时点上的相互联系的体系，而且是通过时间变动的相互联系的体系，正如你们从经济表领悟到的。由于重农学派如此思考财富而改变了经济分析的重点，不管财富是由金银构成的（像某些人可能简单认为的），还是由资本财富构成的，从他们的观点上看，所关注的是财富的流动。这种观点，虽然并不是全新的观点，却是对经济分析的一个贡献。

那么，关于经济表我们说些什么呢？这是一个争论很大的课题。米拉波，像我已经说过的，将它比之于文字和货币的发明。亚当·斯密，他同魁奈非常友好，而且在一个时期想把《国富论》献给魁奈，认为经济表是建筑在一个错误的

基础之上的——这是一个实际的划分，不仅仅是一个语言上的划分，而是将社会划分为阶级和阶级的不同部分。而且在我们的时代，仍然存在对经济表的不同解释，经济表在过去的40年里获得的关注远比它在最初发表以后的1/4世纪，或许30年或者40年，获得的关注多。

好，现在让我尝试把我自己关于这个课题的思想总结一下。在我的头脑中一直认为这些是有争议的。如果你们读过该课题的文献，你们就将发现不同的观点。实际上，我并不认为由于在那里已经预见到了瓦尔拉斯及其相互联系的经济
100 关系体系，你们就可能给魁奈以信任。经济表确实不是一个稳定的体系。在经济表的分析中没有关于把它带入必然稳定性的运行力量的一般假设。人们确实认为，如果对不生产阶级的支付超出某一数字，那么经济就将陷入困难。但是，这里没有瓦尔拉斯相对价格和资源之间的联系，也没有瓦尔拉斯劳务的相对价格和资本之间的联系。

这种关系接近凯恩斯主义体系吗？如果愿意的话，你们可以说，经济表考虑了宏观经济问题——支出和收入问题。而且，偶然地，也提出关于窖藏的不利影响的提示，但在该体系中没有乘数。我认为，把它看做对凯恩斯的一个预见是非常怪异的。

那么，在你们在这里接受大专家教育的意义上，哪些是关于动态分析（这接近了后凯恩斯的思索）的呢？你们可能说，重农学派有变化的观念，在这个意义上按照重农学派的规则，显示下降社会的表和显示更繁荣社会的表有一个动态的方面。但它们并非适当的动态学。实际上，它们是一个比较静态学。在这里还是没有最终产品价格和要素服务价格之间的内在联系。

我认为可以处理经济表的最好的构想是美国一些学者所做的：你们可以把经济表重新写成里昂惕夫体系。实际上，如果你们忽略第一行的标题，你们就仅仅看到数字的关系，你们就可能制定出一种基本的里昂惕夫体系。这在很大程度上是由美国各种学者制定出来的。当然，20世纪的里昂惕夫体系并没有应用重农学派的生产劳动和非生产劳动的区分。因此，里昂惕夫的现代的表论述纯产品的分配，而这里的纯产品分配完全不同于魁奈和他的朋友们所谈论的那种分配。

正如有些学者提出的，重农学派是消费不足理论的预见者——不论在什么意义上——他们当然不反对维持纯产品，他们当然也不反对增加纯产品。他们当然也不反对在增加纯产品的农业中的投资。他们把巨大的重要性赋予农业，但是，偶然地，他们也提醒人们他们反对金融窖藏，他们反对在奢侈品上的支出（如果它侵害纯产品的话）——这把他们同马尔萨斯及其追随者区分开来。所以，实际上我不认为人们能够非常严肃地把他们处理成为马尔萨斯的消费不足论（实际指
101 的是投资过度）变种的先驱，或者以某种方式或者其他某种程序把他们处理成为更现代的消费不足论的变种，在一种真正的广义上，可以把它看做是罗伯森窖藏(Robertsonian hoarding)。

我要在下一刻钟向你们讲述一个同重农学派有联系的人，但是按照我的判断(而且，这是一个价值判断)，他产生了远比重农学派的设想更为接近现代观点的设想。所有的人都称颂魁奈和其热情的追随者，但如果你们读一下杜尔阁（Turgot）的《关于财富的形成和分配的考察》（*Reflections on the Formation and the*

Distribution of Wealth，1770）一书（该书当然是可以买到的，由米克译成英文，并附有一篇真正学者的导言），省却其落入重农学派窠臼的地方，你们会感到他比重农学派更多地应用我们的现代语言谈话，而且在我看来他的书是更容易阅读的。我感到魁奈的著作几乎是不堪忍受地难读。你们阅读魁奈的著作需要一条毛巾来擦头上的汗水，而且汗水还可能滴在魁奈的书上，而在阅读之后，它们并未使你们得到真正的充实。在某个时候或者其他时候，你们在为经济表而伤脑筋。

当然，杜尔阁同重农学派经济学家很友好，而且他的《关于财富的形成和分配的考察》也首次由杜蓬特（Dupont de Nermours）在重农学派杂志《国民大事记》（*Ephemerides du Citoyen*，1769—1770）上发表，其意图是指出同两个所熟悉的年轻的中国人（这两个年轻的中国人在那些年里有目的地访问了法国）对于经济体系的争论。

好了，让我迅速地浏览一下该书各章（我郑重地把此书推荐给你们阅读）。你们可以阅读该书，我想在大约 1 小时 15 分钟之内可以读完。该书的第一部分具有重农学派的各方面的色彩。该书谈论了土地及其不平等的分配，人的重要性。在米克译本的第 135 页上，你们进入该书的第 8 章，在这里向高和杨 * 提出揭示“划分为两个阶级的社会基本划分：第一，生产阶级，或者耕作者；第二，有薪水的阶级，或者工匠”。然后，他讨论了两个阶级间的不平等关系。他区分了耕作者和地主，并把产品在耕作者和地主之间分配。在这个阶段，他按照重农学派的概念论述纯产品。随后，在第 127 页上，他开始考察耕作者和工匠之间的相似性，然后他论述了他们之间的区别。

但是，该书的重要性是在稍后部分出现的，这时他使自己摆脱了重农学派的一些观点，出现于米克译本的第 134 页上，在这里，他论述了“一般资本和货币的收益”。“有另一种致富的方式”，他说，“不工作和不拥有我还没谈到的土地。有必要解释财富的根源和其同社会财富分配——我刚刚描述了轮廓的社会财富分配——的其余制度的关系”（杜尔阁，1770，pp. 134 - 135）。之后，由于要评判
102 资本问题，他便转入货币理论，并讨论“金银在商业中的应用”（同上，p. 135）。他讨论了“商业的诞生”和“评价……东西的原理”（同上，p. 135）。在第 137 页上，他论述了价值，从而便有了直到现在都令人感到惊异的段落，在这里，他说：“每种商品都可能作为一个尺度或者共同的尺度起作用，并根据这种尺度来比较所有其他商品的价值。”

他接下来讨论什么是一个主观的通货，并在第 138 页指出，“每一种商品并不代表一个同样便利的价值尺度。优先权以在实践上赋予那些不易于受质量的任何重大差别影响，因而具有同其数量成比例的价值的商品为限。”他用很长的篇幅对此做了详细的评述。然后，他回到了金银及其变动上。这一切在道理上是人所共知的。但是，在第 145 页，由于他还没有从他的体系上进行关于货币的沉思（这的确是原创性的阐述），他回到经济体系中的货币及其职能，货币“便利不同劳动者间的划分，就像便利社会的不同成员间的划分一样”。

此后，它继续论述“年生产的储备，为资本形成而进行的积累”（同上，

---

* 即两个年轻的中国人。——译者注

p. 145)。接下来，他讨论了“［作为］所有各种有偿工作必需的先决条件的可变动的财富”。这是在第 146 页上的讨论，为的是回答第 51 个问题。第 52 个问题讨论在实现纯产品之前在耕作中预付的“必要性”。他讨论了各种农业资本——牲畜、奴隶——然后，“根据收益同可变财富数量的比例来评价土地”——这个比例被称作土地年购买的数量（杜尔阁，1770，p. 149）。但是他接下去说——在第 150 页——“以货币形式存在的每种资本，或者某种东西的价值总量，是同生产一个等于这个总量特殊部分的收益的一块土地等价的。”

所以，对资本的第一个应用是对土地资产的购买。在第 151 页又说，对资本的另一个应用是在制造业或工业企业的必要预付。而且他详述了这些预付的性质：他派人工作，他自己要提供物质资料，并逐日地向工人支付工资。他在这个阶段进行了细分，是一件令人不快的事情，与最初在重农学派的影响下他所说的话有关。在第 153 页，他细分“工业领薪水阶级”——他没有把他们叫做不生产阶级，而把他们叫做领薪水阶级，作为不同于耕作者的区别——他把他们细分为“资本主义企业家和普通的工人”。他也如此处理了耕作者阶级的细分（同上，p. 155）。所有这一切有一个共同点，“就是为再卖而买，他们的事务依赖于必须具有利润回报的预付，以便重新投资于企业”（同上，p. 157）。

103 最后，他回到反对经院学派的贡献上——对高利贷的谴责——他抨击依赖流通中的货币数量对利息的解释。

我仅仅花 15 分钟来谈论杜尔阁是极为肤浅的，而且对于一个真正伟大的人物来说也是不公平的。你们可以自己阅读《关于财富的形成和分配的考察》一书，也可以阅读介绍杜尔阁的著作。按照计划，在下周我打算开始做关于大卫·休谟的讲演。关于他我不给你们详细的传记了，因为无论什么样的知识分子的传记你们都可能忽略，但你们中不会有人由于忽略大卫·休谟这个讲英语的最伟大的哲学头脑而不感到惭愧。

注 释

［1］法文原文标题是：*L'homme aux quarante écus*。

第 11 讲　洛克和休谟论财产——休谟论货币

104 现在，我要开始进行一系列比我迄今所能阐发的更为详细的演讲。从我上周所表达的观点上看，可以把这些演讲的内容叫做古典经济学。我已经用不多的话谈到了法国重农学派的系统经济学的发展，即使不满足我让你们注意杜尔阁的著作，照我的判断，杜尔阁在各方面都是出类拔萃的。我愿意继续评述重农学派，我甚至愿意继续详细评述重农学派。但我现在要来评述苏格兰哲学家。

我在上次讲演时说，我不给你们大卫·休谟的任何传记细节，我今天要来谈谈休谟这个人，因为我预期你们这些受过高度教育的人都知道他的生平。当我走出讲演室的时候，却由于一个非常精细的问题而使我受到了挑战：我们应当到哪里寻求这些事实呢？我说我对这个非常自然的问题不感到奇怪，并说，“当然，莫斯纳（Mossner）写出了最好的传记”（1954）。后来我仔细想想，毕竟莫斯纳写的传记是一本厚书，对于你们那些处于考试等阴影下的人来说，莫斯纳是一个要对付的高品级人物。因此我就想，究竟为什么我以前没有向他们推荐短小的自传呢？——该自传仅有 9 页，载于格林和格罗斯出版的休谟论文集——这是一篇由休谟自己写的关于他永久生活（即使他死了）的短小的自传，《我个人的生平》(*My Own Life*，1776)。他的第一句话是：“对于一个人来说，过长地谈他自己难免没有虚荣心，因此，我要简短地谈”（休谟，1776，p. 1）。他谈得很短，实际仅占 8 页。所以，对你们来说，完全没有由于忽略休谟而感到歉疚。

现在，为了论述休谟，我考虑适当的次序——因为休谟自己没有详尽地阐述一个体系，虽然在他的头脑中有一个体系。适当的次序首先论及他对财产的反思，然后处理那些论及经济学的论文的分析部分。在这里，由于要论述其关于财产的思想，我们必须回到洛克。洛克对于我让你们注意的课题的评论是引人注目的，但我说过要把对他的评论拖延到论及休谟之前。好，我再次应用1794年版的《洛克著作集》第四卷，但是，该卷是一个不同的部分。我让你们注意的这部分是他关于政府（civil government）的第二篇论文（1690）[1]，你们中那些注意
105 政治学的人应当熟悉这篇论文，这是政治哲学和政治科学伟大的开拓性著作之一，是对1688年伟大而光荣和不流血革命的原则的伟大辩护。

第一篇论文论及一个名叫费尔玛（Filmer）的讨厌人物，该人引证了所有各种反对辉格党观点的著作，而辉格党的观点是以洛克为代表的。该文不值得你们注意，除非你们的专业是政治科学。但是第二篇论述政府的论文是一篇重要的论文，但我不强迫你们完全读完这篇论文。我将简单地给你们一个他的关于财产观点的总结——一个简短的总结。第二篇论文的第五章是关于政府的。我如何才能压缩它呢？如果我翻开我的书，我将给你们太多的引证。遵循我回答问题的规则，即恢复对我所谈论事情的记忆，我自己阅读半个小时——不少于半个小时，因为我不能为了家庭琐事而在中途被打断。

他的论文实质似乎首先是按照劳动概念对财产制度的评判。上帝赋予所有人以土地，他在第一段说道（洛克，1794，p. 353）。那么，我们将如何评判有些人拥有很少的土地呢？当时他阐发了你们近乎感到最终走向财产劳动理论的概念。猎杀鹿的印第安人最有资格猎取鹿，而鹿在洛克时代的美国并不是人们的财产；鹿仅仅在共同的土地上游荡。采集地上果实的人——例如，采集橡子（他为什么采集橡子，我不确知。那是洛克的例子）——他便有资格保有它们。但是，无论是在鹿的例子中，还是在橡子的例子中，人们都不应当仅仅保有够吃的数量。如果存在一个过度供给，橡子的行情恶化——迄今为止我关心我想要吃的橡子的数量是非常少的——橡子行情的恶化从社会的角度看是不理想的；煮鹿肉也是不理想的。那么，关于土地还能说些什么呢？一开始，土地是如此之多，以至你们仅仅需要考虑商品中的劳动成分。但是他弄清谁保有土地——你们必须记住，这完全针对后来19世纪的背景，这时整个北美大陆都有土地的要求——就是弄清谁最有资格保有土地上的树木和各种东西（同上，p. 356）。

至此，你们便有了一个关于财产的劳动理论。他从他的思路上说，甚至在更先进的社会里大多数商品的9/10是由于花费在原料上的劳动。但是后来，像你们将认为的，如果你们不知道已经有了这篇论文，也像我每次阅读这篇论文时所考虑的，他异乎寻常地注意持有金银而不使金银的行情恶化的事实（同上，p. 365）。之后他继续论述道，由于按照共同的协议——他是一个社会契约理论家，是用英语论述社会契约的最伟大的著作家——他说根据共同的协议和契约，
106 人们同意使用货币（同上，pp. 365－367）。因此，不反对积累货币和应用货币购买土地。好了，这并没有使我感到特别信服，但它确实是一个辩护，这个辩护大约在18世纪的政治讨论中被传播，你们应当知道它。

现在谈谈休谟。休谟在他的论文集《道德原理研究》（*Concerning the Principles of Morals*，1751）中阐发了他的财产思想。休谟自己认为这是他写的最好的书。当然，他的最著名的书是《人性论》（*Treatise on Human Nature*，1739—

1740)；我上次的大胆的评论已对该书做了评判，他对讲英语的国家做了最好的哲学思想贡献。休谟本人则为《人性论》得到社会公认而绞尽脑汁。他写了较为通俗的论文《人类理解研究》(*Concerning Human Understanding*，1748)，后来又写了另一篇论文——一篇很长的论文——占了该书的大部分篇幅，即《道德原理研究》。

在《道德原理研究》第三部分，他论述了正义。现在看，他应用的正义的概念不一定同你们在这里应用的概念相混淆。在他谈论正义的时候，他没有谈论犯罪的正义。你们不必相信，因为他联系财产和契约以及所有其他方面来谈论正义，他忘记了适用于反对迫害和凶杀以及反对个人犯罪的正义方面。但是他论述了正义，而且他的初衷是，“这种正义对于社会是有用的，结果，其长处的方面……必然由这种考虑而出现”(休谟，1751，p. 179)。之后，他继续说道，

公共效用［在这个意义上］是正义的唯一的根源，那种对这个道德的有益结果的反映则是其长处的唯一基础；这个命题，是较为新颖而重要的，将更好地服务于我们的考察和探讨。(同上，p. 179)

你们有人读过《道德原理研究》吗？那么，我不说你们将从我这里学会一种处事的方法，但是迄今为止我给你们读过的一些段落将使你们得到一个有知识的处事方法。

他通过一系列模式阐发了他的论点。他并没有按照一种自命不凡的方式把它们叫做模型，我们则按照这种方式常常把一些纯粹的平庸之论也包含在这个行话之中。但是他的第一个模型是一个排除稀缺性的模型：

让我们假设，自然如此慷慨地赋予我们人类丰裕的全部外部便利，没有任何事件的不确定性，我们没有任何的忧虑或辛劳，每个人都感到他自己完全提供物品以满足他可能的最贪婪的欲望，或者奢侈性的设想或愿望。我们假定，他的自然美胜过一切后天的装饰。

——男人和女人——

季节释放永久的温暖，完全不用穿衣服和住房子，野生植物提供给他最爽口

107 的食物，清洁的泉水向他提供最丰富的饮料。不需要劳动，不耕作，不航行。音乐、诗和沉思是他唯一要做的事情，争论、欢笑和友谊是他唯一的乐趣。(同上，pp. 179 - 180)

他继续说，

似乎很明显，在这样一个幸福的国家，每一个其他的社会美德都将繁盛起来，并获得十倍的增长。但是，从来没有想象到谨慎的、提防的正义（与财产有关的）美德在每个人身上都充足而有余。物品分配的意图是什么？在不能有任何伤害的情况下，为什么增加财产数量？在我需要并伸手占有价值可能与我自己相等的时候，按照由别人所确定的规模，为什么把这叫做客观的我？在这种情况下，正义总的说来是无用的，将是一个闲散的礼仪上的概念。(同上，p. 180)

当然，他还认为，在福利设施（由于这种福利设施，人们生活于这个空间）

中间有一种没有物品的稀缺性的情形，并且这些物品是非常有用的。例如，空气和水，他引证——在撒哈拉沙漠和在许多地方却并非如此——“没有作为个人的财产而受到挑战；任何人也都不可能根据对这些天赐物品的挥霍和享用来说明不正义”（休谟，1751，p.180）。他继续提到水是例外的问题。这是模式1。

模式2。请见谅，我要继续朗读。亚当·斯密在放弃“教学职务”以前很久说到牛津大学的一些教授，他们有时通过盯着书大声朗读而挽救其自尊（同上，2：251）。现在，我希望我不盯着书给你们大声读，我只是大声给你们读，这可以说依赖于我自己的即兴，因为我认为这些段落比我可能做到的更生动。现在，

假定，虽然人类的必需品现在继续是相同的，

——那就是说，我们需要食品、衣服、住房和所有其他的东西——

但心胸如此开阔，如此充满友谊和慷慨大方，以至每个人都最大限度地对每个人慈爱，并不感到对自己利益的关心胜过对别人利益的关心。似乎很明显，正义（与财产相关）的应用，在这种情况下，将由于这样一个扩展的仁爱而被中止，也将不再有财产的划分和隔离，也从不考虑义务。当我知道别人已经被最强有力的倾向激发起来去寻求我和他自己的幸福的时候，将发挥最合意的作用；除非给我带来的伤害，从而他获得的伤害大于对我的益处，为什么我要按照契约与承诺和他结合起来做对我来说是某种好的事情呢？在这种情况下，从我固有的人性和友谊，他知道，我将首先反对我自己对他的轻率的慷慨。（同上，pp.180-181）

108 这真是美妙的、精湛的高论，不是吗？

当我的心里没有划分利益的时候，为什么在我的邻居的土地和我的土地之间会出现地界的标志呢？而且，他会以仿佛最初我自己拥有的同样的力量和快活分担全部快乐和悲伤吗？（同上，p.181）

他继续进行这方面的观察。

在描述人的胸怀意向时，也许难以发现这种扩大的影响的完全例子。（同上，p.181）

然后，他继续说——我在这里加以解释——家庭的例子接近它。显然，他自己已经有了一个幸福的家庭生活。他说：

在个人中间有较强的相互仁爱，近乎完全实现这种仁爱；仍然完全区分财产，在很大程度上，会丧失这种相互的仁爱，并在个人中间造成混乱。（同上，p.181）

另外，虽然他自己没有结婚，他说，以一种仁爱的观点看待人类生活在那种联系中的真正变动的界限：

在结婚的人们之间，按照法律，友谊是巩固的。

——你们看，他插入了一点儿资格——

所假定的关于废除对占有的全部划分的法律是如此之强：实际上，常常具有

归之于它的力量。(休谟，1751，p.181)

他没有给出对家庭或者婚姻的完全评论，但是他所说的毕竟是某种普通观察。在家庭中，除非极其异常的情况，有很大的生活空间，在那里东西是共享的。无论如何，在幸福的婚姻中没有关于占有的基本争论，虽然它是需要的——以免你们会认为我还没走到历史的这一天——不需要休谟的仁爱，但是需要《已婚妇女财产法》，该法也是一位经济学家，约翰·斯图亚特·穆勒调节的产物。该法使事情的那个状态已经较为流行了。模式2结束。

模式3是同上面的两种模式相反的："把每件事情进行到，"他说，"相反的极端，……什么是这些新情况的结果呢?"

假定一个变成所有人都要求共同的必需品的社会，最大限度的节俭和勤劳不能使多数人免于死亡，也不能使全体人民免于极端的苦难：我相信，在这样一种压力形成的情况下，人们已经准备容许中止严格的正义法律，并让位于较强的必要的和自我维持的动机……对于一个被饥饿包围的城市来说，我们可以想象，人们将看到他们面前的任何维持生命的手段，并将由于对处理这些维持生存的资料优柔寡断而丧失性命，在其他的情况下，丧失平等和正义的规则吗？（同上，p.182)

109 而且，我漏掉一小段话。

甚至在缺乏紧迫的必需品的情况下，没经财产所有者同意，公众打开粮仓。恰好相反，地方行政当局则可能，始终如一，扩展迄今为止的必需品匮乏。但是，集合任何数量的人，而没有法律或城市（政府）的权限吗？在饥荒时期平等地分切面包，虽然受到权力甚至暴力的影响，将被看成是犯罪或有害的吗？(同上，p.182)

模式3结束。

他继续说——我仅读少数段落：

这样，平等或正义的规则便完全依赖于特殊状况或条件，人们处在这些状况或条件下，并拥有他们最初的和现存的效用，而这些效用使公众形成其严格而有规律性的观察。反之，在任何显著的环境下，人们的条件是：生产极丰富或极必需的东西，把完全的谦逊和仁爱牢牢移植到人的胸膛，或者把完全的贪婪和怨恨移植到人的胸膛。所提出的正义总的说来是无用的，因此，你们总的说来要破坏其本质。(同上，p.183)

但是，这里是他论述的事例，

社会的普通情况是处于所有这些极端包围中的中间状态。我们自然偏向我们自己，偏向我们的朋友。但是，可以学习优点并造成一种更合理的传导。少数享用是公共和自由的自然土地给予我们的。但是，通过艺术、劳动和勤奋，我们可以大量地抽取它们。所以，财产观念成了所有文明社会之所必需。所以正义把其有用性导向公众。所以仅仅出现其法律意义和道德的责任。(同上，p.183)

之后，他继续详细地论述道（休谟，1751，pp. 188－189），在大多数情况下，如果财产所有者和个人或小团体对财产的保存有直接利益的话，财产将被更仔细地照看。那么，如果对于保存财产没有直接利益，即使可能没有违法，便可能有浪费地使用它们的趋势。

他继续说（同上，pp. 189ff.）——我把这一切推荐给你们进一步细读；我不必在这上面拖延时间——针对那些提出所谓财产的自然本能和与财产相关的法律（在这个意义上，他针对自然法的观念）的人，他继续论述道，“周详地考察社会，以不同的方式周详地考察不同的社会财产法。”你们将需要 100 个——我不知道他为什么使用这个特殊的词语——不同的本能以解释与财产相关的法律的 100 种变种。即使你们依赖那个方面的某种最初的自然本能，像那个时代的许多哲学家说过的，也是如此。他停在这样的事实上，即与财产相关的法律服从因变革而引起的变化，服从于公众效用概念变化的考虑。他是以优美的散文论述这一
110 切的，而且即使我占用这一讲的剩余 20 分钟来谈论这个问题，也不能如此详细论述。

现在，你们将发现休谟的贡献，不是对我们现在谈论的政治经济学背景的贡献，而是对他在中年写的论文中的分析经济学的贡献。《人性论》，像你们已经知道的，是他在早年写的。如果说曾经有过一个聪明伶俐的青年人的话，那就是休谟。我要再次从这个版本引证，我抱歉地说这个版本尚在印刷中——《道德、政治和文学论文集》，由格林和格罗斯编辑出版的（1907），如果查看页码的话，它将在第 1 卷。但是，我想，在印刷中的休谟经济论文集中，没有来自我迄今为止谈论的《道德原理研究》的东西，而是三篇关于货币、利息和国际收支差额的论文，以及其他关于古代国家的人口、公众信用和所有各种事情的论文。这是由一个名叫罗特维恩（Rotwein）的美国人编辑出版的版本（休谟，1955）。[2] 人们必须感谢他做了这些有益的事情。他还写了一篇很长的论休谟的哲学方法等的论文。在你们中只有那些有大量时间需要阅读它的人才可以读它。你们必须阅读的是论货币、论利息和论国际收支差额的论文，因为这些论文确定了格调，而且，就某些方面而言，优于亚当·斯密的大多数命题，也优于 19 世纪古典经济学家的大多数无常的评论，但总是被遗忘的桑顿除外，可以说，他的《纸币的信用》（1802）是适时诞生的。

现在，由于进入紧要的阶段，我必须向你们简明地解释这些事情，向你们介绍他的主要命题。他的论货币的论文一开头就说，“适当地说，货币不是商业的目标之一，而仅仅是人们一致同意的便利一种商品交换另一种商品的手段。它不是贸易的齿轮，而是使齿轮更顺利和更容易转动的**润滑剂**。”（休谟，1907，1：309，黑体强调是罗宾斯加的）。然后，他便提出了一个命题，我提醒你们这是一个静态的命题，“如果我们就其自身考虑一个王国，显然，货币的较大或较小的量不是最终结果的量，因为商品的价格总是同货币的量成比例的”（同上，1：309）。

不要认为由于他以那种方式提出论点，他就是一个生硬的货币主义者。我可以提供这样的事实，在论货币的论文接近开头的一段话里，他表述了一种对于银行信用变成人们的货币不同种职能的概念所引致的复杂性认识。这也出现在论国

际收支差额的论文中。

所以，我略去他在那里的一般历史考察，跟踪其处于均衡状态的货币数量的静态考察（我应用 20 世纪的术语——一个无差别的问题）。他说，

111 那是安查希斯（Ancharsis）的一个机灵的观察，赛西亚人，从来没有在他的国家看到货币。黄金和白银在他看来似乎对于希腊人没有用，但在数量和算术上对他们有所帮助。它实际证明

——休谟说——

货币不是别的什么东西，仅仅是劳动和商品的代表，并仅仅作为对劳动和商品评价和估价的手段而发挥作用。在硬币数量较多的地方，所需要的较大数量的硬币代表同样数量的商品。它可能没有影响，不好也不坏，在一国之内流行。仅仅在

——如果你们接受提示的话，还要写下下面的话——

商人的账簿上进行选择。如果不采用阿拉伯人的记账方法（这种记账方法要求较少的符号），他应该应用罗马人的记账方法（这种方法要求大量的符号）。是的，较大数量的货币，像罗马的符号那样，是不方便的。而且要求处理保持和输送货币上的较大麻烦。（休谟，1907，1：312-313）

你们中那些倾向于把货币主义作为一个肮脏的词（一个侮辱性的概念等等）应用的人，应当继续读一读格林和格罗斯版（1907）第 1 卷第 313 页上的句子：

尽管有这个结论，但必须承认，确实，自发现美洲的矿藏以来，工业在欧洲所有的国家中都增加了，除了那些矿山的占有者；这可能是刚刚描述过的，在所有的其他原因中，最重要的是由于增加了金银。相应地，我们发现，在货币开始以前所未有的数量进入的每一个王国，每件事情都焕然一新：劳动和产业获得了生机，商业变得较为企业化了，制造商变得更为勤恳和更有技能，甚至农民也以较大的敏捷和注意力跟在他的犁耙之后。这是不容易说明的。（同上，1：313）

所以你们看，可怜的休谟并不是一个头脑简单的货币主义者，即使有这样的人存在。

随后便出现了这种非常有启发的段落：

这样，为了说明这种现象，我们必须考虑，虽然商品价格的提高是金银增加的必然结果，但也不是直接尾随金银的增加。

休谟是否读过坎蒂隆的书稿是非常、非常值得怀疑的，但他接触到了坎蒂隆曾经接触到的同样一点——“但有时”——我继续读休谟的书——

在货币流通之前需要通过整个国家，并使其影响为所有各阶层的人所感受
112 到。首先，不考虑选择；按照价格提高的程度，首先是一种商品，然后是另一种商品，直到作为整体的商品最后达到一个恰当的同新的硬币数量的比例。

记住，他完全没有谈论纸币。他留在另一篇文章中去说明：

按照我的意见，在货币获得和价格提高之间，仅仅处于这个中间的或媒介的地位时，金银数量的增加有利于产业。当一个国家进口任意数量货币的时候，这

些货币并不首先进入许多人之手，而仅限于少数人的金柜，他们直接寻求对货币的有利应用。在这里是一个制造业或商业系列……他们由于把货品发到卡地兹(Cadiz) 而获得金银回报。因此，他们能够比从前应用更多工人。

——他甚至没有假定，正如古典经济学家有时说过的那样，永久的过度充分就业——

工人们从来没有梦想要求提高工资，而是从这种良好的工薪收入中感到就业的愉快。如果工人变得稀缺，制造业主便提高工资，但首先要求一种劳动的增加；而且，这自愿地为工人所服从。

——记住，他写的是18世纪的事情——

他现在吃喝更好了，补偿了他增加的辛苦和劳累。他携带货币到市场，在那里，他发现每种东西的价格都跟从前一样，但供给家庭使用的报酬增多了，并能购买各种质量较好的商品。农民和菜农发现，他们的所有商品都销售一空，并迅速地使这些商品适应增长的需求。与此同时，他们也花得起钱从其交易者那里购买较好和较多的衣服，而衣服的价格跟以前一样，它们的产业仅仅由于如此多的新的收益而得到激励。(休谟，1907，1：313-314)

这是从整体上进行的推理。

——我已经匆匆翻阅很多页了——

我们可以得出结论，那不是关于一国内部发生的情况的最终方式，不管增加还是减少货币数量。君主的好政策仅仅在于坚持它，如果可能，仍然要增加货币……

——他仅仅说明了金银的含义，亚当·斯密认为，在这个方面他多少还站在重商主义体系一边——

凭借这些手段，他坚持发扬一种吃苦耐劳的精神。(同上，1：315)

然后，他继续说道，

一国，在那时减少其货币，实际上比另一国家更为软弱并更为不幸。(同上，1：315)

113 他解释了这个过程。

该书的其余部分继续讨论货币引入原始社会的情形，认为随着货币使用的效用被原先并没有意识到它好处的大多数人承认，货币需求增加了。所以他认为，事实上，价格并没有随着货币经济的扩展而相应地提高，货币经济是伴随着克里斯托弗·哥伦布（Christopher Columbus）的西印度和北美的发现而发展起来的，货币经济并没有在不同的西方国家引起显著的价格上涨（通货膨胀）。但是他认为价格之所以没有同货币的增加成比例地提高——这里，他可能正确也可能不正确——是因为对货币的需求也增加了，而且增加货币的习惯已经扩展到越来越广泛的人口部分。

现在，我不打算开始向你们讲授休谟关于利息的论述，虽然他关于这方面的论述较短。他关于国际收支差额的论述较长，但我要在这里停住。我希望我朗读这些复印材料不使你们对阅读休谟的这三篇论文踌躇不安。在最后的考试阴影下受折磨的大学生，同攻读理学硕士学位的前辈或者你们中的攻读博士学位的人是一样的。如果你们掌握了这三篇论文的实质，你们就掌握了甚至19世纪古典经济学的基本实质。

注 释

［1］Locke，*Two Treatises of Government*，in *The Works of John Locke* (9th ed.，1794)，pp. 207－485.

第一篇论文是《论政府》（"Of Government，" pp. 212－237）；第二篇论文是《论文官政府》（"Of Civil Government，" pp. 338－485）。

［2］"Of Money"（pp. 33－46），"Of Interest"（pp. 47－59），"Of the Balance of Trade"（pp. 60－77），in Hume（1955）.

第 12 讲　休谟论利息和贸易——先驱亚当·斯密

114 让我们继续讨论休谟。我昨天花了一点儿时间谈论了休谟论述的重要性。我不想扼要重述休谟关于货币的论述，但我将直接谈论他关于利息的论述，而且作为一个实际问题，可能更多地予以概括。

虽然他没有提到对约翰·洛克利息理论的货币解释，但是他抨击、搜寻和扩展一些将之归因于洛克的观点：利息率受货币数量的影响——一种纯粹的货币主义理论。现在，你们大家都研究了对这个课题的现代争论，知道一些人被诱入对凯恩斯的《就业、利息和货币通论》的非常错误的愤怒的陷阱，因为人们把凯恩斯解释为一个完全货币主义利息理论的提出者。凯恩斯自己对此也表示过一点儿感谢，因为一方面他一再地谈论流动偏好，但另一方面他又谈论了货币数量论。在凯恩斯看来，重要的是，他把货币数量总是翻译成为工资单位，所以排除了对价格等的全部影响。而如此证明的观点正确与否则是另一个讲演系列的问题。它是一个错综复杂的问题。

但回到休谟，休谟抨击了原始的货币数量影响利息率的观点，而没有归结到工资单位。他说道：

英格兰的黄金突然完全消失，二十一先令取代每一畿尼*，是货币更多了或者利息更低了吗？当然不是：我们将仅仅使用白银而不是黄金；黄金像白银一样

* 畿尼为旧时英国金币，合 2 先令。——译者注

> 是作为共同的物品提供的，白银也像黄铜一样是作为共同的物品提供的，货币将更多了或者利息将更低吗？我们可以确定地给出同样的答案。这样，我们的先令将是黄色的，我们的半便士将是白色的。我们将没有畿尼。看不到其他的不同，在商业、制造业、航运业或者利息……上也没有别的选择。
>
> 现在，在贵金属稀缺或丰富极为不同的情况下所能看到的这些，在所有普通变化中也必然保持不变。即使黄金和白银增加15倍也没造成差别，至于增加二倍或三倍就更是如此了。所有数量的增加都仅仅使劳动和商品价格提高。（休谟，1907，1：321）

休谟讲的实际就是人们现在所说的原始货币利息理论：货币数量的向上变动影响收入和资本品的价格，利息本质上是收入和资本品间的一个比率，而且在静
115 态的条件下是假定不受影响的。请注意我说的“在静态的条件下”——一旦我们来到动态的条件下，便存在复杂得多的情形。

休谟继续论述——他在货币的虚拟价值等上面停留了一会儿——但是他提出了他自己的利息理论，其利息理论表明“高利息出自**三种**环境”（同上，1：322，黑体强调是原来有的），低利息则来自相反的环境。这三种环境是：对借款［对现金的消费］的较大的需求，对这种需求的供给的不充裕，较大的商业利润。这些环境是商业和产业些许进步的一个清楚证明，而不是黄金和白银稀缺的证明（同上，1：322）。他进一步阐发了这个论点：“假定，令人称奇，每个生活于大不列颠的人都将在一天夜里放进其口袋5英镑，这将比国王现今拥有的货币总量还多一倍。明天便没有这种情形了，也没有某个时间如此了，没有更多的贷款者，也没有利率的任何变化”（同上，1：323－324），等等。

好，我想这就是关于休谟的利息理论我需要说的一切，虽然它是你们大家都“必须”阅读的。我仅仅说，按照我的判断，就我那么崇拜休谟而言，这篇论文让我感到失望——同论货币的论文不同，也同我刚刚评论过的论国际收支差额的论文不同，他在这篇论文中没有讨论货币数量的变化对利息的影响，而货币数量的变化是你们考虑解释当代经济利率结构的因素之一。在某种程度上，休谟论利息的论文的美妙论点转移了19世纪古典经济学家的注意力，它们把他们的注意力集中于影响利率的实际因素上——像我们将要指出的，投资的边际效率和时间偏好曲线（这在费雪关于利息理论的辉煌著作中全都讲到了）——并导致许多古典经济学家——不是全部——忽略太多的货币复杂因素。在某种程度上，甚至从我引进到凯恩斯原始版本的条件上看，我认为你们可以强调凯恩斯对这些因素的重视，这样，在某种程度上，从本质上解释了对来自19世纪的原始论点的一种反应，这些原始论点希望表明，按照变化的条件，利率仅仅由实际因素决定。这是顺便讲的。

第三篇论文[1]，即《论国际贸易收支差额》（*Of the Balance of Trade*），在某种程度上是一篇极为有趣和构思极为精巧的论文。他在该文一开始就探讨“禁止商品输出”的人的思想状态，而且

> 在他们中间，他们认为有价值和有用的东西都要维护。按照这种禁止商品输出的观点，他们不考虑他们进行直接违背其意图的活动；他们也不考虑某种商品

出口得越多，国内将生产得越多。国内较多的生产将总是首先由他们自己来提供。（休谟，1907，1：330－331）

116 休谟进一步讨论“同样一些猜疑的人对货币［输出］的担心”，而货币已经在“几个国家中间流行了”（同上，1：331）——这是一种重商主义体系，像亚当·斯密所称谓的，也正如我在三周以前讲过的。

之后，他进一步指出——我可以非常快地传达这一点：“一切涉及贸易差额的计算都是建立在非常不确定的事实和假定的基础之上”（同上，1：331）。他嘲笑了一个名叫乔舒亚·吉（Joshua Gee）的人，该人写了一本关于国家状态的书，在书中——在这里休谟是以讽刺的口吻讲的——他

平淡但特别详细地证明，这种国际收支差额都是不利于他们的，因为在四年或者六年之内如此巨额的总量离开他们而没有获得一个先令。但是，幸运的是，此后在昂贵的对外战争中过去了20年。但人们还共同假定，在我们中间货币比以前任何时期都充裕。（同上，1：332）

“简言之，”他说，

这种对国际贸易收支差额的错误见解，表明了这样一种性质，即它做了自我暴露。无论在什么地方，人们是不买账的，或者对它的看法不佳；而且，因为这种见解从来不在抵消进口的所有出口的特别细目面前认输，在这里它可能适合形成这样的一般论点，即它们证明这种事情是不可能的。

他继续证明这种结果的不可能性——一种令人担忧的国际收支差额状态——因为这是在所有的向内和向外国际收支以金银支付的条件下进行。他没有谈纸币信用，在后来考虑了纸币信用。

但是，他具有自我纠正国际收支差额性质的硬币流动理论是很具独创性的，在人们思考这些问题的时候，值得在头脑中注意这种理论。他说，“假定大不列颠4/5的货币在一夜之间被废止，该国将按照同样的条件降低有关价格，正如在哈里（Harry）和埃德沃兹（Edwards）在位时的情形”（同上，1：333）。该国可能就这个假设同我们争论的是，如果物品和劳务的价格按照那个货币的减少额下降，我们的出口将繁盛起来，我们的进口将减少，于是将有货币流回，直到我们处于，粗略地说，我们从前的同世界其他地区同样的关系中。

或者，“另外，”——他非常欣赏这个论点，并以不同的概念重复了这个论点——

假定，大不列颠的所有货币一夜之间增加了五倍，该国不一定受到影响吗？所有的劳动和商品的价格不一定提高到如此高的程度，没有邻国能够承担从我们这里
117 购买物品的费用。另一方面，它们的商品比较起来变得如此便宜，以至尽管过去可能形成了全部法律，它们也可能优于我们而运行，我们的货币向外流出，我们则在同外国人打交道中将价格降到一个低水平。（同上，1：333）

接下来，他对这个课题提出警告，写下这样一段著名的话：

在王国的每个省中间（在大不列颠内部）如何维持某种收支差额，但是按照

这种原则的力量，不能使货币失去其水平，或者提高或者下降超越每个省劳动和商品的比例？（休谟，1907，1：334－335）

然后，他就开始嘲讽：

长期的经验并没使人们容易处理这个课题，对于一个忧郁的约克郡人，当他计算和放大了向伦敦支付的税金、货物，并且发现文章反而非常低廉时，这是多么令人沮丧的反思。（同上，1：335）

毫无疑问，他说，这个论点在升温，“在英格兰维持着七头政治”——这个七头政治，你们从外地来的人可能不知道，发生于 1 000 多年以前，当时，大不列颠仅仅由苏格兰组成，被分割成几个部分，每个部分都有一个君主——

在英格兰维持着七头政治，每个国家的立法机关都由于担心错误的国际收支差额而不断地感到惊恐；而且，很可能，这些国家在算计其近邻时的相互憎恨极端恶化，于是它们就将负起经营全部商业的重担，并以戒备之心和高度谨慎来从事。（同上，1：335）

我要给你们讲的就是这些。所提供的是，纸币对金属货币的替代是自由转变的，银行有义务保留某种回报，即保留可兑换性，并假定所有其他各种复杂的因素，例如关于其他国家的现金准备率等等。维纳（Viner）称休谟的硬币流动分析，粗略地说，仍然是被坚持的良好的分析。它解释了 19 世纪世界各地不同国家之间流行的比较均衡状态。

但是，以前你们说休谟不是一个关于国内条件的纯粹的货币主义者——以其关于货币的论文为证——而现在他则是一个关于国际货币关系的纯粹的货币主义者，请读：

我很少知道任何把货币降低到其水平以下的方法，

——那就是通过外汇——

但是那些银行制度、现金和纸币信用，它们在这个王国是如此多地被实行。这些
118 使纸币等同于货币，在整个国家流通，使它代替金银，按比例地提高劳动和商品价格，借助于这些工具，或者使大部分贵金属消失，或者防止它们进一步增加。还能有比我们在这个课题上的推理更为简洁的吗？我们想象，因为一个人是如此富裕，他的货币存量加倍，接踵而来的同样好的结果是每个人增加货币；不用考虑，这使每种商品价格也将如此提高。（同上，1：337）

他进一步解释不聪明地应用纸币通货的结果。除了纸币通货，他说，没有别的更有效的措施从一国转移其全部贵金属储备，并继续论述有关问题。但是关于我赞成的 18 世纪的哲学家，我已经给你们讲得太多了。我们必须前进一步了。

在剩下的半小时内，我想开始一个概览——径直地说，比你们过去已经听过的讲演更为详细的讲演——一个将用下周全部时间讲述的概览，也许紧接着这部分讲演的是亚当·斯密的《国富论》（1776）的有关部分。

现在，让我说一句关于阅读的话，因为我知道你们中一些人受到的压力多么大。你们必须阅读《国富论》第 1 编的全部，也必须阅读第 2 编。关于第 1 编，

你们可以省略关于白银的离题的论述，可以省去论地租的某些章节。第 2 编比较短，应当读。此外，该编的末尾还给你们详细地介绍了银行史。第 3 编给你们表明了他的历史观，也值得阅读。第 4 编论述了政治经济学体系，这一编的大部分被用来论述重商主义体系。在我讲到它时，我将告诉你们应当阅读的部分。第 5 编用于论述政府的职能，在那里有你们所需要的某些指南，如果你们被迫用一些时间听讲的话。但是，如果你们是本学科的严肃的大学生，阅读《国富论》的某些部分是相当重要的。当然，研究生应当进一步阅读。

好，由于所讲的这一切令人生畏，我想把这一讲的大部分用于介绍除了休谟以外的《国富论》的其他前驱。我想特别谈论三个人：曼德维尔（Mandevill）、斯图亚特（Steuart）和胡切森（Hutcheson）。我不必过多地谈论他们中的任何一个人。

伯纳德·曼德维尔（Bernard Mandevill）是一个非常重要的人物。他是一名德裔医生，来到英国——日期也许是有争论的——生活到 17 世纪末。他在伦敦开始行医，在 1705 年为他自己造成了一个丑闻名声。一个仅仅作为道德哲学丑闻的名声，就像马基雅维里（Machiavelli）在文艺复兴时期关于指导国家——如何维持秩序和如何打败人们的敌人等等——的名声一样。

曼德维尔在 1705 年出版的著作名为《抱怨的蜂巢，或骗子变做老实人》（*The Grumbling Hive*，*or*，*Knaves Turn'd Honest*），该书仅仅是作为一本便宜
119 的打油诗小册子出版的。他的论点是，社会是按照秩序来维持的，按照人的邪恶而不是他们的道德，实行某种分工，维持就业。他是在特殊的意义上使用“邪恶”一词的。他所应用的这个词等同于具有平均性欲的男人和女人的欲望。不是完全禁欲主义的和苦行的每件事情——而且在他那里这显然是具讽刺意味儿的——都被说成是“邪恶”。在我看来，有必要继续进行这种术语的解释，以便使你们能够理解我将要讲的东西。

我给你们读一下他的打油诗部分。抱怨的蜂巢就是人类社会的一个比喻，而且只要社会充满邪恶，这个抱怨的蜂巢便兴盛不衰。该书被重印在坎南版本《国富论》（1776）第 1 编——你们有些人可能已经注意到了——该书虽然直至今天不是最贵的——迄今为止最贵的则是在两年前为纪念《国富论》200 周年由格拉斯哥发行的非常昂贵的版本（1976）——仍然可以较为便宜地得到。我将提供给你们来自那里的全部页数的参考。好，在坎南的导言（在第 44 页上）中，他引述了具有重要意义的一段：

众多蜜蜂中的那些最劣者，
对公众的共同福祉贡献良多。
此乃该蜂国的妙诀，每个分支
都在抱怨，整体却得以维持：
这正如音乐里的和声，
不谐音统一于总体的和谐；
直接对立的党派实为互助，
虽然表面似有敌意和怨怒，
而节制饮酒的约束更会导致

众蜂的酩酊大醉与狂饮暴食。
贪婪，这个衍生罪恶的根基，
这该诅咒的天生邪恶，
乃是那些挥霍者的仆从奴隶，
挥霍乃是一种高贵罪孽；而奢侈
也在支配着上百万穷苦之士。
可恶的骄傲主宰着更多的人：
皆因为忌妒心与虚荣心本身
均为激励勤勉奋斗的传道人；
他们那种可爱的愚蠢与无常
见诸其饮食、家具以及服装，
那邪恶虽说是荒唐万分，
却在推动着贸易的车轮前进。
他们的法律以及他们的服装，
也统统都是同样地变化无常；
——他在思维上有女性的方式——
因为此时被看做正当的行为，
仅半年之后便被视为犯罪；
而当他们照此修改其法律时，
却仍试图寻找并匡正微小过失，
他们因屡屡的失误而改善，
任何精明都无法预见那些错失。
——就其他的这个词的特殊意义而言——
邪恶就这样培育了机智精明，
它随着时代及勤勉一同前行，
并且给生活带来了种种方便，
它是真正的快乐、舒适与安然，
其威力无比，竟使那些赤贫者
生活得比往日阔人还要快乐，
因此他们的所求亦没有再多。（亚当·斯密，1776，1：xliv－xlv）*

后来，蜜蜂们对所有这些事情喧嚷着、喧嚷着、喧嚷着、喧嚷着，直到朱比特愤怒地说，他将驱除这欺诈的蜂巢，喧嚷才平静下来。蜂巢成了曼德维尔意义上的道德高尚的境界。他们发誓坚持时尚的互助、饮食和穿衣服，他们简朴地生活，而一旦彻底排除了经济制度，广泛的失业等就将发生。

在1714年，他重写了他的这首打油诗并加以扩充，使其不再是打油诗了，而是优美的英文诗。在18世纪没有别的作家，甚至也没有最著名的名人，写出

* 此处的诗参考了中译本《蜜蜂的寓言》（肖津译，北京：中国社会科学出版社，2002）。——译者注

比曼德维尔更优美和更吸引人的英文诗。在 1729 年，他在《蜜蜂的寓言：私人的恶德，公众的利益》的标题下将该书再版了——该书实际上被扩展成了厚厚的两卷。该书的第二卷包含一篇非常长而又非常有风趣的柏拉图式对话。我仅限于告诉你们这是一本有趣而优秀的床头读物。

显然该书会引起轰动，那是毫无疑问的。他是以他的口吻按照他的面貌写作的。那么，他的意图是什么呢？如果你们读了由一个名叫凯耶（Kaye）的人编辑出版的美妙的美国版本《蜜蜂的寓言》（曼德维尔，1924）（该书由牛津大学出版社出版），你们就将认为，曼德维尔实际上是一个思想家，他想要把人们从他们关于其平均的人的行为的争吵中唤醒，他打算用喧嚷这个术语让他们进行再认识。在某种程度上，我要提到，我的朋友冯·哈耶克（von Hayek）认为，可以把曼德维尔的意图看做是，在某种意义上，通过思考、通过这些冲击的手段来促
121 进人们的认识。我个人不同意这种看法。我想，如果你们阅读了慈善学校的论文——在这篇论文中，曼德维尔反对对贫穷的男孩和女孩的教育，他（她）们是由于父母死亡或其他类似的事情，而被托付给慈善学校的——你们将发现，他实际上反对对这些不幸的人的教育。我认为在曼德维尔身上有一种有害的倾向。但这不是严肃的学术讨论的课题；它毋宁说是茶余饭后争论的话题。

曼德维尔的巨大重要性在于他在道德哲学家中间制造了振聋发聩的效果——作为他的意图，不管是出于好的理由，还是出于坏的理由——像我曾经说过的，这个冲击可以同这个时代阅读马基雅维里的《君主论》（*The Prince*，1950）所产生的冲击相媲美。你们有多少人读过《君主论》一书？你们感到一点儿冲击了吗？也许当时你们想，马基雅维里也写过其他的作品，那些作品可能并不这样坏，但他是严肃的、科学的。但是后两个世纪的几乎所有道德哲学家，包括总体上并不具有道德哲学特征的普鲁士大公弗里德里克（Frederick），都写了驳斥曼德维尔的文章。18 世纪的道德哲学家曾经广泛地阅读了《蜜蜂的寓言》，都写了驳斥曼德维尔的文章。

亚当·斯密在他的《道德情操论》（*Theory of Moral Sentiments*，1792）中参考了曼德维尔的书，并能够批驳他的邪恶是推动世界运转的齿轮的观点。但是亚当·斯密是一个机灵的人，被曼德维尔的人的平均欲望深深打动——曼德维尔把人的这种欲望称为鬼迷心窍的欲望，有时称为错误的人的欲望——事实上，要求在持续的分工中发挥重要的作用。完全不能怀疑，曼德维尔对亚当·斯密思维方式的影响是亚当·斯密《国富论》第 1 章的背景。我将在下一次给你们描述亚当·斯密及其《国富论》。

这样，曼德维尔便是我谈论的三个人中最有趣的人。詹姆斯·斯图亚特先生是一名苏格兰准男爵，由于他的巨大不幸，陷入 1745 年英王詹姆斯二世退位后的拥戴者叛乱中。你们中那些来自世界其他地区的人可能不了解，在推翻詹姆斯二世的伟大而辉煌的革命之后，他的最亲近的亲属——他的儿子，人们叫他老骗子，他的孙子，人们叫他小骗子——试图在大不列颠和苏格兰搞复辟。首先，于 1715 年，老骗子企图复辟。后来，在 1745 年，小骗子（他具有许多是属于各种女人的浪漫性格）进行了一次更有可能成功的复辟尝试。由于不列颠军队没有奏效，在能够集结起一支部队之前，他们就成功地深入远至德比谢尔（Derbyshire）

的南部地区，这样，政府没有多大困难便击败了他们。

可怜的詹姆斯·斯图亚特先生，在小骗子占领爱丁堡之时，受了小骗子的蛊
122 惑。在1745年失败之后，詹姆斯被放逐一年，从一个大陆走到另一个大陆。实际上这是给了他自由的赦免，这基本上是由于一个不寻常的女人的作用。这个女人叫玛丽·霍特里·帕顿，此外还有一个人也起了作用，该人对他抱有怜悯的态度，并认为他在这次叛乱中没起很大的作用，而且在其他方面他还是一个可尊敬的公民。他花费在流放中的一年，仔细而饶有兴趣地研究了其他国家人民的经济制度，并在1767年出版了两卷本的《政治经济学原理》(*Principles of Political Economy*)，这是首次出现于英文文献中的标题。在17世纪*的法文文献中，它似乎是一本相对说来没有多大价值的书，对此我不想细说。

对这本书人们能说些什么呢？从多方面看，它是一部充满智慧的、严谨而论述优美的著作，以某种方式综合了重商主义体系的许多原理——不是斯密使用过的狭义的重商主义概念以及它的普及名字；而是广义的重商主义概念，你们在赫克歇尔（Heckscher）和施穆勒（Schmoller）的著作以及写了关于重商主义体系的人的著作中可以看到，似乎它仅仅意味着国家经济政策的某种老样本。在某种程度上，它是经济文献中广义重商主义的最好表述，但是它难以有任何影响。可怜的詹姆斯先生。他的书完全被斯密的《国富论》埋没了。《国富论》出版于，如你们大家都知道的——还需要我说出日期吗——1776年。斯密非常谨慎，像他在写给一个朋友的信中所解释的，他没有提到詹姆斯·斯图亚特的书，但他没有使用他的方式，驳斥了斯图亚特所表述的如他所认为的各种论点。

特伦斯·哈奇森（Terence Hutchison，1967）教授是我的一个伟大的朋友，我作为一个经济思想史学家对他表示最大的尊重。他为一本现代著作——恢复其名望的斯图亚特著作和现代著作的出版物——写了评论。哈奇森认为，亚当·斯密是卑劣的。我不完全赞同我的朋友哈奇森的这种观点。我认为对斯密来说这是完全合法的，在那个时代，按照一种处理其论点的知识层面写作，避开他的反对者，而这个反对者那时已经回到苏格兰，并且频繁出入像亚当·斯密所出入的同样的圈子。这是不言自明的。但是你们中的那些专家——获得硕士学位的人——可能感到查看一下现代重印的斯图亚特著作是值得的，像一个读者告诉我的，这种重印本现在在旧书店是减价出售的。书中附有非常好的由编者安德鲁·斯金纳（Adrew Skinner）写的导论，而且它包含斯图亚特著作中大多数值得一读的东西。

我仅有时间来提及第三种影响，即正面影响。曼德维尔的影响是正面的，但是斯密羞于谈论他从其特殊的术语中抽出的道德。斯图亚特的影响是负面的，因为亚当·斯密离开他的方式而论及由斯图亚特提出的各种论点，但斯密还是受到
123 了斯图亚特的影响——而且他承认对《国富论》的影响，不是别的什么影响，而是，按照弗朗西斯·胡切森（Francis Hulcheson）的说法，对其一般思维的影

* 应该是18世纪，原文如此。——译者注

响。胡切森是斯密在格拉斯哥大学执教期间的前驱，在此期间亚当·斯密所做的讲座成了《道德情操论》的第一个基础，也是后来的《国富论》的基础。

胡切森是一个极其漂亮的小伙子。他于1694年出生于爱尔兰，在格拉斯哥大学接受教育，1730年又迁回爱尔兰。他早期关于道德哲学的著作是他在格拉斯哥大学时写成的。对于你们之中那些对美学或道德哲学史感兴趣的人来说，他的关于我们的美和道德观念的探索（1729）是完全值得一读的著作。我不说，这对于甚至获得博士学位的专家都是一种义务，但是，如果你们愿意阅读关于美学的理论，弗朗西斯·胡切森的著作可以说是关于美学理论的优秀著作。

1730年，他在格拉斯哥大学被任命为教授，而且他对苏格兰一些大学的知识复兴有极大的影响，与此同时，牛津大学和剑桥大学——除了剑桥大学的牛顿传统——沉迷于怠惰和懒散之中。此外，是他对法国知识界的影响。他废除了用拉丁语讲课的习惯，他为人极为友善，并表现出作为一个教师的辩才。亚当·斯密称他是“永远不被遗忘的”弗朗西斯·胡切森（约翰·雷，1895，p.411）。在他逝世以后，以两卷本出版了他的关于道德哲学的讲稿——一个精编版的讲稿——如果你们在旧书店看到的话，你们不应当放弃它，不要疏远有知识的人。

现在，迄今为止人们一直关注亚当·斯密，胡切森的重要性在于他教会了斯密包括对伦理学阐述的道德哲学部分。弗朗西斯·胡切森也向斯密传授了亚里士多德哲学的许多内容，而亚里士多德哲学复活了中世纪神学和现代律师，尤其是，像一个名叫普芬道夫（Pufendorf）的德国人。弗朗西斯·胡切森自己在他的《道德哲学体系》（*System of Moral Philosophy*，1755）中论述了经济学——该书是在他死后出版的——非常紧密地跟在他的道德哲学这部分论述之后——而道德哲学的这部分导源于亚里士多德关于经济学的离题的评论，普芬道夫步其后尘。

他的其余著作并非是无趣的。弗朗西斯·胡切森对于他的时代确定无疑地是一个激进人物，如果你们读一读他关于殖民地的评论，就会感受到他对于甚至在他的时代在英国政府统治下过活的那些开始反抗的人表示了显著的同情。胡切森的著作确实是值得阅读的，因为他的著作是亚里士多德的著作和亚当·斯密《国富论》之间的桥梁。关于这一切，如果你们想再读一些资料，有一本由一个名叫威廉·泰勒（William Taylor）的人写的《作为亚当·斯密前驱的弗朗西斯·胡切森和大卫·休谟》（*Francis Hutcheson and David Hume as Predecessors of*
124 *Adam Smith*，1965）。威廉·泰勒是罗德西亚的萨里斯布里大学（University of Salisbury）的教授（或者是退休的教授——我不知道在过去两三年内这里发生了什么情况）。他在书中应用了极为丰富的资料，该书确实是一本好书，也是一本慎重的书。他没有把休谟搞得很令人兴奋，像我认为应当做的那样，但是他的评论是精明的，而且对于你们了解休谟是有帮助的，通常是非常有帮助的，因为我对休谟的阐述太肤浅，或者太简单，或者省略得太多。

注释

[1] 罗宾斯之所以称这篇论文为"第三篇论文"，是因为该文是他在其演讲中讨论的休谟经济学论文集的第三篇论文。但是，这篇论文实际上是格林和格罗斯编辑出版的休谟论文集第一卷的第五篇论文。

第 13 讲　斯密意图概述——《国富论》：分析（Ⅰ）

125 现在让我们抓紧时间，因为讲座进行到了令人尊敬的部分，至少是比之前的内容更令人敬佩。因此，我要用两三次讲演来讲授亚当·斯密和古典经济学的开端。

我不假定，像我对休谟做过的那样，一切具有自尊心的人都知道亚当·斯密的生活细节，我可以快速地讲述一下主要事项。准确的日期我一时说不上来，他出生于一个名叫克卡迪的临近海湾的一个地方，这个地方必然有一个比现在适意得多的港口。我曾经试图去那里购买一部印刷的著作，但亚当·斯密的影子并不是特别明显。他于 1723 年诞生于克卡迪。他的父亲是一个仁慈的文官。亚当·斯密于格拉斯哥大学在“永远不忘怀”的弗朗西斯·胡切森的指导下学习，关于胡切森其人，上次已经向你们讲过了。亚当·斯密在这里的学习生涯是从 1737 年到 1740 年。后来他便有了良好的运气，或者不太好的运气，获得了一次到牛津的贝列奥尔学院（Balliol College）展示智慧的机会，在那里他从 1740 年生活到 1747 年。在这里，他所做的事情在某种程度上蒙上了一层神秘的面纱；他的应答不是非常有启示性的。我们知道，他对牛津大学的教育安排的思考是极为贫乏的，在牛津大学教授们许多年来“甚至已经完全放弃了伪装在教学”，他在《国富论》中如是说（斯密，1776，vol. 2：251）。

他肯定在那里的图书馆里最有效地应用了他的时间，因为他已经成了一个极为博学的读书人，1748—1750 年，他是爱丁堡（Edinburgh）大学的博学的讲师。当时跟现在一样，爱丁堡是苏格兰的首府，也许 40%的知识分子的家安在爱丁堡，另外40%的知识分子住在格拉斯哥，其余20%的知识分子大约住在农村。在1751年，他成了格拉斯哥大学的逻辑学教授。但在1752年，在道德哲学首席教授的位置空缺之后，他从逻辑学转到道德哲学，并讲授道德哲学，对于他的演讲，我们现在有两套学生的笔记，其中偶然地包含政治经济学的内容。

在斯密去世前，他传唤他的遗嘱执行人并告诫他们焚毁他的除了各种哲学论文之外的全部论文。但是，在1896年，坎南发现了斯密学生的笔记，而且在20世纪50年代在阿伯丁（Aberdeen）又发现第二套斯密学生的笔记，现在他已将
126 这些笔记高价出版了，这是一部由格拉斯哥大学在庆祝《国富论》200周年时出版发行的真正学者的著作（1978）。在1759年——这是一个重要的日期——他完成了他的论述道德哲学的讲稿部分，这是一部将使他成名的著作，即使他不写《国富论》，他也将凭着这部著作成名，这就是著名的《道德情操论》。

在1764年，他在任期中途放弃了他的首席教授职务。汤森德（Townshend），这位著名的政治家在多方面对美洲殖民地事务负有责任，说服斯密陪伴布克留奇（Buccleuch）家族的小杜克踏上了去法国的旅程。这是一位善于做事的人，更是善于思考的人。那个时代，统治大部分国家的贵族由于对他们的儿子在英国大学获得良好的教育感到绝望，常常把他们的儿子派去大陆持续游学两三年，他们中的大部分人都会在一段时间后返回，如果他们有艺术嗜好，便携带艺术品回来。这个国家许多贵族世袭财产的财富来自去意大利和欧洲其他地方的年轻英国贵族旅游带回来的财富。汤森德认为，布克留奇家族的小杜克似乎是一个漂亮而善良的人，如果无人伴随的话将养成坏习惯。于是他想出了——从布克留奇家族的杜克的观点上看——让这位著名教授去陪伴他的奇思妙想。

他们在法国停留了一段时间，因此，亚当·斯密在那里认识了重农学派经济学家，并继续同他们友好相处。斯密对魁奈的评价很好。人们谣传，如果魁奈没有死——我想我以前也说过这句话——亚当·斯密便打算把《国富论》献给他。这不是说亚当·斯密同魁奈的看法一致，而是说斯密对魁奈的特质和知识有某种尊重。

1766年，布克留奇家族给斯密发放了退休金，在10年里，他把他的时间花费在来往于克卡迪、伦敦和爱丁堡之间，这一期间他在写作《国富论》。该书于1776年出版——1776年是一个不寻常的年份，这对于你们中那些来自国外的人还有另外的原因，人们看到杰里米·边沁第一部著作也是在该年出版的。从多方面看，该书是一个奇迹。1778年亚当·斯密当上了海关专员，1790年逝世。

正如你们看到的，斯密的一生相对说来是颇为坎坷的。在他还是一个孩子的时候就已经遭受了一些损失，他也没有得到对于损伤他的事情的任何补偿。但在学术上他获得了他所能获得的幸运。他是大卫·休谟的一个伟大的朋友。休谟的一些最好的书信都是写给亚当·斯密的，而且休谟的最好的书信从语言上说也是最好的。[1]亚当·斯密是格拉斯哥大学最有影响的人物。他也是一个优秀的管理者，受到他的大学同事和学生的高度尊敬。

我向你们讲过他退休的故事吗？是的，他在任职的中途退休了，为的是陪伴布克留奇家族的杜克，这使他获得了许多知识。他做出一种替代安排——按照他的判断，这是一个良好的替代——但是他认为学生们，即在那些日子里支付听课

127 费用的学生，没有得到公平的对待，所以在最后一次讲课的时候，他拖来了一个银袋。并对学生宣布他必须退休的迫切原因，以及他的职位将会被继任者取代——很合适地被取代，我猜他一定是这样说的。但是，他感到学生们没有从他那里得到相应的价值，因此，他提出按照他们交付费用数量的比例把钱还给他们。他们公开表示："噢，亲爱的斯密先生，我们如此地热爱您。我们实际上不想要回这笔费用了。"对此他感到很苦恼，最终学生们同意了，他们走上讲台，他按比例将学费交还到学生们手中。

在许多方面，斯密是一个心不在焉的人。他不是一个好的通讯员，但他是一个人缘好的人、一个善于交际的人。他是格拉斯哥大学俱乐部的成员，该俱乐部具有非常有价值的知识分子的交往关系。他也是爱丁堡大学俱乐部的成员。有时他高声说他认为某人在胡说八道而打断争论。

我必须纠正你们可能从阅读熊彼特（John Schumpeter）的书中所得到的印象。你们知道我非常钦佩熊彼特的书，但是熊彼特并没有谨慎地对待一些事实，像他应该做的那样。熊彼特对斯密有些轻视，他没有认识到《国富论》的重要意义，但熊彼特是个聪明人，他想稍微贬低《国富论》，说《国富论》没有包含原创的思想（熊彼特，1954，pp. 184－186），又说，他处理现实世界——我应说什么？——有点儿后娘的味道。熊彼特（同上，p. 182）实际是说，值得注意的是，在斯密的生活中，除了他的母亲，没有别的女人。如果熊彼特费点儿力气读一读杜嘉尔德·斯图尔特（Dugald Stewart）写的斯密传略（1811）——该书在斯密死后出版——他就会知道斯密有一个多年吸引他的女士，而他的朋友们也总是对他终身未婚感到奇怪。当他还是一个青年人的时候，他同一个名叫珍妮（Jeanie）的姑娘相爱，但最终未能修成正果。也许珍妮并不是一个特别有魅力的人，或者渐渐地同他疏远了。亚当·斯密和他的母亲曾参加过一次舞会，珍妮也参加了这次舞会，而亚当·斯密没有理会她。他母亲对他说："亚当，你不认识她吗？这是你的珍妮。"所以，他具有可爱的性格。他把政治经济学作为一个严肃的课题置于世界地图上。

如果你们阅读了19世纪法国人的著作，你们将发现，作者们倾向于认为亚当·斯密是从重农学派获得他的体系的。但是，那是在坎南发现斯密学生笔记以及后来在阿伯丁发现斯密另一个学生笔记之前人们的认识。这些笔记是非常好的学生笔记；坎南的发现记录得非常好。上帝保佑关于这个制度的笔记能够有学生所记下的斯密关于法和政治经济学演讲的笔记一半那么好。这些演讲（是斯密去
128 法国并同重农学派交往之前做的），以及在苏格兰产生的一部相当重要的著作《作为学生和教授的亚当·斯密》（*Adam Smith as Students and Professor*，1937），使人们相当清楚地认识到，斯密体系的主要部分是在他知道重农学派之前创建的。但是，从重农学派或杜尔阁那里可以非常清楚地看到，他得到感悟而写了《国富论》的第2编，特别是那些把资本作为预付资本来处理的内容。人们还可以充分地看到，我认为，他从他喜欢但他认为是错误的重农学派经济学家那里做了较多的推论，也从杜尔阁那里做了较多的推论，虽然与杜尔阁的对话——我将向你们解释这个对话——直到18世纪60年代才出版，而且学生的笔记显示，斯密体系在此之前就很完善了。

好，现在让我们开始对《国富论》的分析。首先，我想请你们认识到《国富论》的混合性质。我最好通过阅读来向你们表达该书五编的题目。第1编叫——你们无须做笔记，因为你们要阅读全部第1编——“论劳动生产力增进的原因，兼论劳动产品在不同阶级的人民间自然分配的顺序”；第2编叫“论资财的性质、积累和使用”；第3编是“论各国财富增长的不同途径”；第4编占极大的篇幅，是“论政治经济学体系”——重商主义体系和农业体系，像他所称谓的，重农学派；第5编是“论君主和国家的收入”。你们从这个目录可以看到，亚当·斯密的《国富论》总的来说是科学的或近于科学的，这是在坎蒂隆的《商业性质概论》几乎99%是超然的和科学的论点的意义上说的。第3编“论各国财富增长的不同途径”，包含一个暗示的标准。它清楚地表明，斯密认为财富的增长应当处于不同的阶段，以及它在不同的阶段是如何停顿的。第4编，“论政治经济学体系”总的来说是论战性的。亚当·斯密突出地扼杀了重商主义，所有的论点都是同批判重商主义相联系而论述的。你们可以看到，他的书的科学部分，虽然他曾经凭空想象，是非常坦白的和科学的，在其中有一种过分夸张的争论。因为他急切扼杀重商主义，废除重商主义的各种论点，他渴望以一种系统的方式确立没有重商主义体系运作的经济体系，或者没有重农主义体系运作的经济体系。但是，按照他的判断，重农主义从来不可能成为一个体系。

现在我首先考虑的是你们对此应该怎样认识，在我即将给出的对古典政治经济学科学基础的冗长讨论中，我没有跟你们讲争论和有争议部分的背景。但是，如果你们把《国富论》简单地作为一部辩论性著作，为即将来临的资产阶级社会
129 辩解的著作以及其他等而一笔抹杀，那是完全错误的。《国富论》是一部思想家渴望发现事物性质的深刻著作。而且亚当·斯密一旦走上了发现道路，便产生了一种告诉人们他所看到的真实情况的冲动，不管这种真实情况有利还是不利，都激发了他的写作。最后我要说，在辩论和科学的著作的这种混合性质方面并非无足轻重，在这方面亚当·斯密不但吸引了古典经济学家，也吸引了马克思主义经济学家，吸引了国民经济学家——吸引了几乎所有遵循《国富论》写作思路的思想流派。

好，让我们探讨《国富论》的科学方面。它的科学方面的主要内容——在这里，我面临着一种有争论的处境，并非所有的经济思想史学家都按这种方式认识《国富论》，但是，我对你们说，按照我的意见，《国富论》的主要内容是一个生产组织理论和一个经济增长原因的理论。某些人把注意力放在价值和分配理论上。的确，第1编的价值和分配理论与第2编的货币和资本理论部分，已经吸引了理论经济学家中大多数人的注意。但我自己的信条通过多年阅读和思考《国富论》而增长，那就是，如果你们过多地关注价值和分配方面——甚至在较早的演讲和注释中我也这样做了——你们就会得到错误的观点，虽然我将暂时给你们一剂价值和分配的猛药。

可以用下面的说法对这个科学内容加以概括：第1编确定增长依赖于分工，而分工则通过市场和他称之为“自利”的力量来组织；第2编的科学部分用于解释如何拥有便利分工、促进分工的资本，而且资本积累促进分工的发展。第2编还包含亚当·斯密的货币分析，他把这种货币分析涵盖于资本的标题之下。现

在，你们必须记住这一点，我将尽我所能把它讲得有趣一点儿。但是，我们必须较为详细地探讨第1编和第2编。

该书始于一篇导言和计划，我认为你们应当把这个导言和计划都读一读，我就不给你们读了。但是，第1编，像我已经说过的，论述劳动生产力的增进和产品借以分配的顺序，是从政治经济学最著名的一章，可能是第1章“论分工”开始的。第一句话是：“劳动生产力的最大的改进，以及劳动在任何地方赖以被支配或应用的技能、熟练和判断的大部分，似乎都是分工的结果”（斯密，1776，1：5）。

然后便举出了一个现在已经变得非常著名的例子，这个例子可能是他从法国的大百科全书中获得的——不是它原来的含义，而是对它所包含的技艺的含义。
130 他举出制针的例子并表明，如果劳动在制针和装针头之间进行适当的分工，然后把二者适当地结合起来等，在一个实行分工的制度中，个人所制造的针可能超过如果由每个人自己来做一切事情而能生产的针的数倍以上。好，你们都应当读一读这个论述。

但是，在坎南版《国富论》的第9页上，斯密总结了工作增加的原因，由于分工的结果，同样数量的人的工作将表现出更高的绩效，这是

> 由于三个不同的情况：第一，由于每个工人熟练程度的提高；第二，由于节约了通常从一种工作转向另一种工作所丧失的时间；最后，由于发明了很多机器，便利和简化了劳动，使个人能干许多人的活。[*]（同上，1：9）

现在，对这个计算法有两点评论：第一，同强调遗传因素——人们之间有天生的差别——的柏拉图相反。我充分地重视这一点。亚当·斯密由于遵循18世纪的启蒙传统，在这个方面遵循洛克，认为我们大家，粗略地说，以平等的潜力来到世界，后天发生的情况是一个教育和经验问题——他对这种思想深信不疑，但我认为这种思想并不完全正确。不要认为我低估经验和教育的重要性，不要认为我想贬低你们的基因差别。关于基因差别问题，实际上我知之甚少。大多数谈论基因差别问题的人都是骗子，这里也是。

我必须做的第二点评论是，他忽略了一个名叫托伦斯（Torrens）的二三流经济学家所说的区域分工（1833）——分工的差别衍生于地球表面不同部分的事实，这种分工是同不同种活动有差别地相适应的——包括农业、工业和商业等活动。但是，在亚当·斯密论及重商主义体系的时候，他也出色地论及了后者。[**]

之后，他展开了论述，而且他给予你们一个扩展的实际上指的是社会一般分工的分工观点。制针工厂常常被作为他的分工优点的证明来引证。但第1章的最后一段比上述那段话更为重要。我从中抽取一段话给你们读一下：

> 看一看一个文明的和兴起的国家中最普通的工匠或日工的生活用品（accommodation），你会知道，为了使他们享用这种生活用品，必须提供其自己工作的

---

* 译文参见斯密．国富论：上册．杨敬年，译．西安：陕西人民出版社，2001：11。以下所引《国富论》的话，也参考了杨敬年译的中译本。——译者注

** 即地域分工。——译者注

一部分（虽然是一小部分）的人多得不可胜数。例如，日工所穿的毛织品上衣，
131 尽管看起来很粗糙，却是大量工人联合劳动的产品。牧羊人、选毛人、梳毛人、染工、梳理工、纺工、织工、蒸洗工、缝工和许许多多其他的人，必须全都结合他们自己的手艺，以便完成这种即使是家常的产品。此外，把这些材料从某些工人手中运输到常常住在国内最遥远的地方其他工人手中，需要有多少商人和运输工人啊！尤其是，需要多少商业和航运，需要有多少造船人、航海人、制帆人、制绳人，以便把染匠所使用的不同染料带到一起，这些染料常常来自世界各个最遥远的角落！（斯密，1776，1：13）

后面——为了节省时间，我删去了许多话——

假如考察一下所有这些东西，看一看每一种产品都要使用多少不同的劳动，我们就会了解到，没有成千上万人的帮助和合作，一个文明社会中的最卑贱的工人，就不可能得到他普通所得到的那种（按照我们的非常错误的设想是）平常的简单的生活用品。的确，同富贵人家的极度豪华奢侈相比，他的生活用品看来无疑是极其简单而又平常的；然而，这或许又是真事，一个欧洲君主的生活用品，并非总是大大超过一个勤劳节俭的农民的生活用品，而这个农民的生活用品却总是超过许多［其他地区］君主的生活用品。

——我重新阐释，恐怕下面这个术语应当使你们任何人都有所触动——

这些君主正是数以万计的赤裸的野蛮人的生命与自由的绝对主宰啊。（同上，1：14）

最后这句话没有多少水分，因为这是一个国际制度，而且他写的是 18 世纪的事情。[2]

第 2 章也很重要。斯密考虑了分工——由分工我们获得了许多优势，像他所阐述的，这种优势实际给了我们一种正义、法律和秩序等的手段，是把社会紧密地结合在一起的东西，不管是正当的还是不正当的——是文明的经济方面的基础。他认为这出自一种人性的倾向——“一种互通有无、进行物物交换、彼此交易的倾向”（同上，1：15）。接下来，他以一种狐疑的态度评论道，“没有人看到过，一只狗用一根骨头同另一只狗有意识和公平地交换别的东西”（同上，1：15）。对于这种情形，坎南（对事物的认识颇为机智）在注脚中说道，“显然，（动物，狗）绝不可能有进行以骨头交换别的东西的有目的的交换”（同上，1：15，注脚 2）。*

但是，他继续说道，

一只小狗向母狗摇尾乞怜，一只长毛垂耳狗做出千般姿态，去吸引餐桌上的
132 主人的注意，以便得到食物。人对他的同胞有时也使用相同的手腕，当他无法使他们按照自己的意愿行事时，就百般卑颜屈节、阿谀奉承，企图博得他们的欢心。可是他没有时间每一次都这样去做。在文明社会中，他在任何时候都需要有大量的人的合作和帮助……在几乎每一种其他动物中，当每一个体长到成年时，

* 杨敬年译的《国富论》中译本将此注脚译为：“这种倾向只有人才有”。——译者注

都是全然独立的，在这种自然状态中不需要有其他动物的帮助。但是人总是需要同胞帮助，单凭他们的善意，他是无法得到这种帮助的。他如果诉诸他们的自利之心（self-love），向他们表明，他要求他们所做的事情是于他们自己有好处的，那他就更有可能如愿以偿。（斯密，1776，1：15－16）

注意，自利之心倾向于他想从中获得某种东西的男女顾客一边。他的喜爱显然是指他的直接圈子，他的家庭。

正如维克斯蒂德（Wicksteed）在其《政治经济学常识》（*Commonsense of Political Economy*，1910）（该书可能你们大多数人没有读过）中所说的，亚当·斯密强调自利之心（像他说的）的重要方面，是他与之进行谈判的个人的本能。他不做有利于他自己的事情——他可能是自私自利的，但并非必然如此——在这种情况下，他与之进行谈判的个人是在为他的家庭利益进行谈判。他可能对其家庭和广泛的社会圈子有利的所有事情都感兴趣。我们将在以后更多地谈论自利之心。

任何想要同他人做买卖的人都是这样提议的。给我那个我想要的东西，你就将得到你想要的东西，这就是每项交易的意义；正是用这种方式，我们彼此得到自己所需要帮助的大部分。不是从屠夫、酿酒师和面包师处得到恩惠，我们期望得到自己的饭食，而是诉诸他们自利的打算。我们不是向他们乞求仁慈，而是诉诸他们的自利之心，从来不向他们谈自己的需要，而只是谈对他们的好处。（同上，1：16）

好了，我看时间到了，也许现在结束这个特殊的命题是令人不快的，但是我将在明天继续讨论自利和市场以及市场的广度问题，届时我将开始接触价值和分配问题。

注释

[1] 参见 Hume（1932，1954）。

[2] 亚当·斯密使用的实际句子是："超过许多非洲君主的生活用品，而这些非洲君主却是千百万赤裸的野蛮人的生命和自由的绝对的主人。"

第 14 讲　《国富论》：分析（Ⅱ）

133 昨天的演讲被火警打断，结果，显然我必须在刚刚开始对《国富论》进行最有趣的阐发时便被迫停止。让我扼要概述一下，第1编第2章的标题为“论引起分工的原因”，这个著名的论断在于这样的事实，虽然若一个人在家庭或生活圈子里是以友好的关系紧密相联系的，但一个人以赠与或共同应用的方式只能获得稀少的商品，这样，在一个文明社会中，我们大多数人便处于需要稀缺商品的境况之下，正如在《国富论》第1章中所解释的，这些产品和劳务是千百万人生产的，一般性交换关系为分工提供了激励：“任何想要同他人做买卖的人都是这样提议的。给我那个我想要的东西，你就能得到你想要的这个东西……正是用这种方式，我们彼此得到自己所需要的帮助的绝大部分，不是向他们乞求仁慈，而是诉诸他们的自利之心，从来不向他们谈自己的需要，而是谈对他们的好处”（斯密，1776，1：16）。现在，让我在此稍微停留一下。

在前次演讲中，我通过参考维克斯蒂德在古典分析部分对自利之心的扩展的讨论向你们解释了这一点，他的讨论强调这样的事实，即个人同意一项购买可能是由于对他自己的福利感兴趣——自利之心；对他的家庭福利感兴趣——对家庭的爱；对他亲密的朋友圈子的福利感兴趣——友情；或者他对与他没有相同的友谊关系的人的行为感兴趣。众所周知，如果你们全都是精通世故的，那么在当代生活中做最困难买卖的人就是作别人意志执行者的人，或者是相信仁慈基础的人。为什么？因为在那种情况下你们不能在相对不感兴趣的活动中自由地放纵自己；你们要在这种信条或意志的训令之下行动。这种关系——亚当·斯密所描述的交换关系——被维克斯蒂德描述为“非利他主义”，我认为完全需要谈论一下。

但是，我要提出一个我是否离开了亚当·斯密曾经思考的所有社会活动都是在这种扩大的自我或家庭或信任的利益的概念的基础上受到引导的问题。答案是“没有”。这个答案是说，如果你们读过他的另外一本著名的书，《道德情操论》（1759—1792）——你们大多数人都没有读过——你们就将发现，亚当·斯密的道德活动标准的主要概念同其追随者相反是同情。而且他断言他确定了正确的道
134 德活动估计的标准，对这种正确的道德活动的估计将由某个一般旁观者根据活动的动机和效果做出。亚当·斯密创造了一个不偏不倚的一般旁观者虚构的形象，而且在最后的分析中，这个一般旁观者服从于上天的规则，同大卫·休谟相反，亚当·斯密是上天的笃信者。由于服从上天的规则，所以这个一般的旁观者是一般道德活动的标准。

这不是说在《道德情操论》和《国富论》之间存在着矛盾。如果有人提出挑战的话，我绝对不怀疑，关于生产组织和分工，亚当·斯密说过的一般旁观者判断社会效用将由交换关系最好地予以满足，而交换关系正如我已经描述过的。但这是一个有争议的问题。我有保留地说，我的观点可能不正确，虽然它并不是一种令我深感内疚的观点。

这一章继续按照交换可能性借以提高分工的方式扩展，然后，他离题并谈论自然天资的差异，在第 1 章中他把它作为提高分工的因素提及。他在这里说：“最不相同的人物之间的差异，例如一个哲学家和一个普通的街头搬运夫之间的差异，似乎不是由于天赋，而是由于习惯、风俗和教育所产生的”（斯密，1776，1：17）。

我跳过去很多。“在天资和天性方面，一个哲学家的天赋同一个街道搬运工的天赋的不同，远远不及大猛犬之于猎犬，或猎犬之于长毛垂耳犬，或长毛垂耳犬之于牧羊犬”（同上，1：18）。

好了，当我考虑普通人和爱因斯坦的差异的时候，我并不完全确信斯密是正确的，我不认为爱因斯坦的才华，或者牛顿以及许多其他人的才华，简单地来自环境和教育，虽然无疑环境和教育起了某种作用。如果我不认为教育有时对你们一些人是某种好事的话，我就不在如此长的时期里从事学术活动了。

好，现在谈谈第 3 章。我认为，这一章是政治经济学史最重要的章节之一，但我可以非常简洁地总结一下。实际上，这个总结已由该章的开头给出了：“论分工受到市场范围的限制”。例如，如果你们设想一个非常小的同世界其他地区隔绝的农村社区，它是不值得人们花费一点儿时间来关注分工或者发明非常昂贵的机器，以服务于一个广阔的市场。为了考虑不可分性（用现代术语说）或机器，你们必须有一个扩展的市场。我现在之所以说那些很重要，是因为我完全不怀疑 19 世纪古典经济学家认识到的：那是显然的，当然，它是有他们的思想背景的。但是，确实在 20 世纪 20 年代和 30 年代，我年轻的时候，出现了关于企
135 业性质的讨论。这场讨论是由斯拉法先生（Mr Sraffa）的一篇发表在《经济杂志》上的非常重要的文章（1926）引起的。而且还出现了关于收益递增概念——企业内部向下倾斜的供给曲线——的无休止的讨论。在这场讨论中展示了极端的天资，例如，由马歇尔（Alfred Marshall）所展示的天资，他批评了古诺（Cournot）的命

题。我以后向你们解释古诺的命题。但是所有这一切并没被人们认可，直到一个伟大的美国教授做出了贡献人们方才认可。这位教授在1927—1929年在经济学院任经济学系主任，他去世较早，他就是哈佛大学教授——阿里恩·扬（Allyn Young)。

你们有多少人知道阿里恩·扬的名字？很少。但是在其有生之年，他对美国经济学的影响是巨大的。你们只要读一下张伯伦（Chamberlin）的《垄断竞争理论》（*Economics of Monopolistic Competition*，1933）的序言就知道这一点。总的来说，他出版的东西相对很少，没做过公共讲演。他往往长期踌躇不决，而经济学院的学生往往在课下搜集在重要的名言间将消失的书籍。但他是一个真正的巨人，按照我的看法，他写的一篇文章是在《经济杂志》上发表的最重要的文章之一。那是他写给英国皇家学会的，在他逝世之前不久交出的《论递增的收益和经济进步》(扬，1928)。他注意到了亚当·斯密《国富论》的这一章，也注意到了现代制造业收益递增的重要例子是由企业裂变构成的事实。例如，适当地思考一下汽车产业的历史，这个旅行模式的开拓者，使我们在几个星期日加快速度干活，但在几周的时间内使工作停顿下来。开拓者把他们所有的零部件搜集起来并加以组装。汽车产业涵盖了各种不同的企业，每个企业都制造复杂机械的一种、两种或三种零部件，而这种复杂的机械是在那个标题*下带给我们的。当然，狭义的企业理论——一种发生于企业内部的按几何级数增长的理论——实际上并没给我们以递增的收益的思想，因为递增的收益一般经由分工通过社会发生。扬按照现代的条件——我以通俗的对话的形式来和你们谈——注意到了这一点，因而恢复了经济学家们在阅读了亚当·斯密的《国富论》之后应当在头脑中牢记的绝对持久的观点。

第3章继续根据市场程度解释分工的限制条件，我对此不予详述。第4章论及“货币的起源和应用”，虽然该章是相当有生气的一章，但我认为，如果你们关注亚当·斯密的货币理论，它又是非常重要的一章。我不再说什么，只是提一下而已。

第5章是较为重要的一章。它区分了商品的实际价格和名义价格。名义价格
136 是商品以货币计算的价格。现在，货币价值变动的事实已在几个世纪前被认识到了。我们用来区分货币价格和实际价格的方式——不完全的方式——是一种指数的方式，像你们已经知道的，这种指数方式，就其最精练的形式而言，其中有随意的和近似的成分。本质上它是一个样本，并服从所有的保留条件，而这些保留条件困扰着对抽样理论的自觉应用。但是在亚当·斯密时代，指数还没有被发明出来。在亚当·斯密死后不久，它们第一次有所暗示，只是在19世纪中叶它们才被实际应用。所以在这一章，亚当·斯密把以劳动计算的价格作为他的实际价格尺度，区别于名义价格。所以包含了所有的限制条件，而且当你们走近对李嘉图古典经济学的讨论时，便出现了由亚当·斯密的论述而产生的一切争论。李嘉图想要按照所花费的劳动量来测量实际价格。亚当·斯密则想要按照商品将支配的劳动量来测量实际价格。正如李嘉图指出的，在世界上，这两种测量的尺度之

* 指递增的收益和经济进步。——译者注

间是完全不同的。但这是一个深奥的问题，我不想在这里对此详加评述——那是需要整整一次讲座的时间来评述的。在讲述李嘉图的时候，我再讲一下。我提请你们注意其在斯密论点发展上的结果。

从我的观点上看，为了使你们了解亚当·斯密的价值思想和分配理论以及《国富论》第2编的内容，更重要的是阅读第6章。由于斯密强调市场的重要性，强调市场同分工的联系，作为他的后盾——他在第1编的巨大成就——他要进而谈论“商品价格的各种构成部分”。在这里你们要格外留神，因为在本章的开篇他谈论了基本条件：

在资本积累和土地私有以前的早期未开化的社会状态下，获得各种物品所必需的劳动数量之间的比例，似乎是能为各种物品相互交换提供任何准则的唯一条件，如果

——这是一对著名的句子，它常常被归结为海狸和鹿的比喻——

如果在以狩猎为生的国家中，例如，杀死一只海狸的劳动通常为杀死一只鹿的劳动的2倍，那么，一只海狸自然应当交换两只鹿。（斯密，1776，1：49）

好，我希望这对你们大家来说是很明显的。当你们处在一种经济中，其唯一稀缺的要素服务是无技能的劳动时，那么所花费的劳动的比例便为斯密所说的自然价格（我们则应叫做正常价格）提供了一个关键解释。你们之中那些喜欢搞几何经济学的人会很容易地把它画在黑板上。如果你们把杀死一只海狸所需要的劳
137 动量以一条轴线来表示，以另一条轴线来表示杀死一只鹿所需要的劳动量，然后，如果你们画一条连接两条轴线不同点的直线，你们便有一个生产函数，而且无论在哪里，在一条无差异曲线上，你们有同样的价格。

之后，斯密进一步讨论技能的差别。他实际上没有解决这个问题，但他认为在社会的先进状态，必须估量更为艰苦和更有智巧的劳动。当然，是按照价值进行那些估量的。当然，亚当·斯密仅仅由于以这种方式来处理这些估量，他把问题搁置起来了。让我们继续下去：

在这种情况下，全部劳动产品属于劳动者；在获得生产任何商品时普通使用的劳动量，就是规定它普通应当购买、支配或交换的劳动量的唯一条件。（同上，1：49-50）

然后他转向了一个先进社会，即一个在其中以一种或他种形式——工资或机器或你们可能知道的任何其他东西——进行实际资本积累，土地也被私人占有了的社会。接下来，他又转向一种自然价格的生产价值成本理论：“资本一经在某些人手中积累以后，其中有些人将……［希望］从他们*的劳动销售中，或者从他们的劳动在原料上增加的价值获得利润”（同上，1：50）。除非资本所有者预期出售工人劳动产品所得比足以补偿他的资本数额更多，否则他就不会雇用他们。这样，你们便获得了利润形成的概念。

---

* 指工人。——译者注

任何国家的土地一经变为私有财产，

——同样的意思是，变为稀缺的财产——

土地所有者，也像其他人一样，喜欢不劳而获，即使对土地的自然产物，也要求得到地租……这部分东西，或这部分东西的价格，构成了地租。在较大部分商品的价格中，成为第三个组成部分。(斯密，1776，1：51)

你们将注意到，我说过一旦亚当·斯密成为超人，他就不会为特殊阶级的人们争辩某种特殊情况了。我想，所谈论的演变表明了这一点。他对此做了详细评述。他区分了额外工资和普通农民的收入。在那里，他发现了补偿他们劳动的成分和补偿他们所应用的资本等的成分。再说一遍，这些章的每一章都需要你们认真注意。

第7章没有论及商品的实际价格或名义价格——这已经论述过了，他的问题
138 没有帮助他的指数局部解，对此我存而不论——但是第7章论述了“商品的自然价格和市场价格”。他说他解释了商品的自然价格——他在前一章就开始解释商品的自然价格了——他总结道：

当任何商品的价格不多不少，恰恰足够支付在生产、制造这种商品并将其送入市场所使用的土地、劳动和资本的地租、工资和利润（根据它们的自然率）时，

——一个对即将出现的分配理论的暗示——

这种商品就可以说按其自然价格出售的。

因此这种商品，确切地说，是按其价值出售的；或者，确切地说，是按照将其送入市场的人的真实成本出售的。(同上，1：57)

但是价格并不总是处在其自然水平上，本章的其余部分用来解释实际市场价格不同于自然价格或正常价格的变化和变化的结果。

每一种特殊商品的市场价格是受实际送到市场的数量和愿意支付……的那些人的需求调节的。(同上，1：58)

他也区分了市场需求和他所说的绝对需求，市场需求是由处于市场中的人的收入给定的，而绝对需求则表明，

一个真正的穷人在某种意义上也可以说有对拥有一辆轿式大马车或六匹骏马的需求，他可能想得到这些。但他的需求不是有效需求，因为这些商品决不会送入市场去满足它。(同上，1：58)

然后，他解释了当市场需求造成市场价格高于自然价格的时候，粗略地说，给定竞争的商品条件，将发生什么情况。人们将看到利润率不寻常地高而且将进一步迫使利润率提高，直到与需求相联系的供给的增加使价格下降到类似正常价格的水平。反之，如果需求状态使市场价格低于自然价格，那么，某些人将撤销其某种特殊供给，新的商品补充将停止，结果供给将实际减少，从而使市场价格提高到竞争的正常价格。好，对第7章就讲这么多。

第 8 章论述“劳动者的工资”，在你们读到该章一半之前会感到很头痛。他说，劳动者的工资趋向于维持生存的水平。他按照劳动者的弱势、分散与雇主的强势（雇主也许没有同官方结合起来，但是，按照亚当·斯密的看法，他们总是趋向于以一种心照不宣的协议将工资维持在低水平上）来解释生存工资。他实际上说：

139 我们……很少听到雇主们的联合，虽然常常听到工人们的联合，但是如果有人信以为真，认为雇主并不联合，那他就是既不明真相，又不懂世故。雇主们随时随地都有一种默契的、然而又是经常的和融洽的联合，不许把劳动工资提高到各种实际比率以上。违反这种联合被认为是不受欢迎的行为，一个雇主在他的工人和其他雇主的心目中都要受到谴责。诚然，我们很少听到这种联合，因为这是一种从来没有听说过的通常的、也许可以说是自然的状态。（斯密，1776，1：68-69）

然后，他进一步解释了这种状态。

但是，随后他暂时转向了供给方面，他说，当然，在这种情况下，雇主们不能迫使工资降到生存水平以下，给定所谈论的人的习惯：“一个人总得靠工作来维持他的生活，他的工资……至少要足以维持他的生活。在大多数场合，这种工资甚至还必须多一些。否则，他就不能赡养家庭和传宗接代”（同上，1：69）。他详细评述了以一半工资收入抚育子女的事实。根据计算，生下的儿童有一半在成年之前就死亡，所以生存工资必须考虑这个事实。

然而他突然转向另一方面——毕竟，《国富论》本质上是一部经验性的著作，也是一部说明性的著作——他看到在他自己的国家工资并没处于生存水平，工资在不同的地区是不同的，在某些地区它们很低，而在另一些地区它们则较高；在一些国家它们远远高于生存水平，在一些国家它们处于生存水平上，在另一些国家它们仍然低于生存水平，甚至出现最骇人听闻的状态。他阐明了个中原因：

当任何一国对靠工资生活的人，即对各种个人、工匠、仆人的需求不断增长时，当每一年提供的就业机会比上一年的就业人数更大时，工人就没有必要去联合起来以提高自己的工资。人手缺乏使雇主们彼此竞争，愿意出更高的工钱以得到工人，这样就自行打破了雇主们阻止增加工资的自然联合。（同上，1：70）

他逐渐表露了这种意思。

在发生资本积累的国家，斯密看到了人类相当乐观的前景，因为同没有发生净资本积累的非常不乐观前景的国家区分开来。他说，

不是国民财富的实际大小，

——他指的是国民资本，而不是这种情况下的人均工资——

140 而是它的持续增长，引起劳动工资的上升。（同上，1：71）

他举了美国的例子，在那里甚至在那个时代工资远远超出生存水平。他还讨论了其他地区的工资情况。他不同寻常地描述了停滞国状态，他认为这种停滞状态已经存在于中国。

中国是长期最富的国家之一，是世界上土地最肥沃、耕种得最好、人最勤劳和人口最多的国家之一。可是，它似乎长期处于停滞状态。(斯密，1776，1：73)

他也描述了劳动人口的绝对悲惨的条件，特别是在广州附近的情况——他没有去过那里，他从各种他所阅读的书籍中获得他的认识。他也谈论了孟加拉国的情况，孟加拉国在某个时期处于或多或少国内混乱的状态，人们依靠过去的积累过活。资本财富实际下降。对孟加拉国情况的描述，好，我不向你们大声朗读了，但它是一个走下坡路的国家。

所以说，同美国、广州附近和孟加拉国作为进步的情况不同，停滞的和衰落的国家，他说——这是一段著名的论述。

或许应当指出，正是在进步状态中，即不是社会已经极端富裕的时候，而是在它变得更加富裕的时候，

——无论如何，他的意思是指——

劳动贫民即社会绝大多数人的生活条件，似乎是最幸福、最舒适的。在社会处于停滞状态时，生活艰苦；在这会处于衰落状态时，生活悲惨。进步的状态实际上是所有社会各阶层的人民感到愉悦和心满意足的状态。停滞状态是枯燥无味的，衰落状态是令人悲伤的。(同上，1：83)

——该章已论述了一半，他继续论述——“论劳动工资”是很长的一章。

我可以快速处理第1编的其余各章。第9章的标题是“论资本的利润”。我仅向你们指出，在这个阶段，他考虑“资本利润的提高和下降依赖于引起劳动工资升降的相同原因，即社会财富的增加和下降的状态”(同上，1：89)。但是，随着财富的增加，亚当·斯密解释，进步社会利润率将下降（同上，1：89)。他认为——而且他正确地认为——自中世纪以来利润率一直在下降。的确如此。我

141 之所以提及此，是因为我将回到李嘉图的非常困难的利润理论，该理论是针对你们在亚当·斯密“论资本的利润”一章中发现的这个利润理论变种而阐述的。

尽管论述经济理论历史的便宜教科书的作者们谈到了他的利润理论，但他并不支持商人。最后一节，在坎南版的《国富论》第100页上，说：

我国的商人和制造业者常常抱怨，高工资在提高价格中起了坏作用，以致它们的货物在国内外减少了销售量。而他们对高利润的不良作用却只字不提。他们对自己利得的有害影响保持缄默，只抱怨别人利得的有害影响。(同上，1：100)

这并不是对成长的资产阶级表达敌意。你们必须回到你们所知晓的原文，以取得对真理的认识。

第10章是“论工资和利润随劳动和资本的用途不同而不同”。这是比他的任何一章都更好地站在批评的立场上论述的一章。你们都知道，在初级经济学演讲中，你们被告知劳动和资本的最初状态是互补地流动的，结果工资率在所有的不同产业是相同的，利润率在不同的产业也是相同的。然后，向你们表明存在技能的差别、风险的差别以及与赚取工资和利润无关的环境上的其他因素的差别，这样，便给了你们一幅在竞争的社会中趋向于净利益平等的图景，表明有充分的平等。而按照亚当·斯密在该章第二部分的论述，你们又被告知各种垄断限制的影

响。这种影响既涉及劳动的流动，又涉及资本的流动。我不想由于详细评述这一点而损害了先进阶级，虽然评论是多方面的，但仍然是有味道的。他按照不寻常的理解力解释了平均每个律师的相对低的酬金，而这种理解力是人们由于其能力而具有的。这是女王的法律顾问的奖金之所以非常高的原因，甚至在这个时代，所有各种从来没有赚到 100 英镑的人都为涌入该产业的一个法院案例进行辩护，然后偶尔地进入出版业等等，弥补他们并不是很富裕的生活，因为他们按照一种特殊的思路夸大了自己的能力。亚当·斯密对此和许多其他情形做了详细评述。

在下面一讲，我将论述“地租”[第 11 章]，而且，在我论及李嘉图的时候，我还要回到这个问题上来。亚当·斯密非常彻底地论述了地租问题，而且也很好地应用了描述方法和历史资料。但是，他把地租看做是价格的一个组成部分。当大卫·休谟获得第一版《国富论》的时候，虽然他已经快去世了，但他提起笔来写道，“妙啊，斯密先生，你令人惊叹地完成了此书的写作。但我们还能遇见各

142 种次要的观点，我愿意同您讨论。我认为地租是价格的一个结果，而不是价格的原因。”[1] 亚当·斯密在论述地租的很长的一章中也偶尔说过，地租在某些方面与工资和利润略微不同，它没有可变的供给函数。在我论及一般古典经济学的时候，我可能再次论述它。

好，对于第 1 编就讲这些。我现在几乎陷进这一编了。下周的第一次演讲我将简明地论述第 2 编，并在这一讲的中途论述亚当·斯密关于“政策”的思想。

注 释

[1] 1776 年 4 月 1 日休谟致斯密的信的部分意译，重印于 Hume（1955，pp. 216－217）。

第15讲 《国富论》：分析（Ⅲ）——政策Ⅰ

143 我向你们推荐萨缪尔·霍兰德（Samuel Hollander）教授论亚当·斯密的书（1973）。他曾经是我们最突出学院的校友。我现在正在读他最近出版的一本论李嘉图的书。这使我感到对不住你们，让你们必须听我的讲演，而没有听霍兰德教授的讲演，他是如此好的教授。他真正超越了以前所有的经济思想史学家，特别是关于李嘉图的论述（1979），但他论述斯密的著作完全是第一流的。你们大家都在钻研这个课题，所以建议你们无论如何要阅读他的书的一些重要章节。他给了你们大量的迄今为止关于斯密的历史背景，而当你们开始研究李嘉图著作的时候，虽然它相当难读，并有679页之多，但是我认为有一些章节实际上对于理解李嘉图的著作很有启发。

在前次演讲中，我做完了对《国富论》第1编的极不充分的说明。现在，我要说明第2编的基本内容，而且花费时间不应这么长。第2编的标题是“论资财的性质、积累和使用”。在经济思想史上这一编和第1编是同等重要的。该编始于一篇导言，该导言指出分工依赖于资财的积累和使用。所谓资财，顾名思义，我们应当称之为“实际资本”（real capital）。他解释道：“必须积蓄各种存货……使之足以维持［那些参与完全预先的分工的人的生活，并提供］物质资料和工具，以进行他的工作。至少是直到自己的产品制成并售出的时候”（斯密，1776，1：258）。

然后，他确定了他将在不同的章要做的事情。对此我无须加以确切说明。第1章讨论各种资财。这一章很重要，因为它包含一个流动资本和固定资本的区分。如果你们考虑个别企业的观点的话，这种区分是完全正确的；但是，如果你们考虑整个经济的话，这种区分就是错误的，或者是没有帮助的。按照这种区分，流动资本是指从销售中获取利润的资本，而固定资本则是指像机器或厂房等简单地便利生产的某种东西，但固定资本并不必然出售。

当然，这种区分是同企业董事中间的有争议的对待资本的态度相适应的，基于这种区分，对任何处于管理中的企业这种资本的划分保持清醒的认识是非常有用的。但是，正如你们马上能看到的，对于作为整体的社会来说，这种区分却是
144 不必要的，因为作为整体的社会完全依赖于生产一体化达到的偶然程度。在垂直一体化中，一切种类的东西当然都是从一个阶段移向另一个阶段，这些阶段不赚取利润，除非在企业内部对它们定价，这是一种非常复杂的现代管理方法。但是只要你们到达一体化的某一尽头，一个一体化的产业便要赚取亚当·斯密所认为的流动资本赚取的利润，而经历从一体化的早期部分到晚期部分的各种推移的产品，按照这个定义，便是"固定"资本。

后来的经济学家没有多少人应用斯密的定义。他们下了新的定义，强调固定资本和流动资本之间的区别依赖于所包含的资本的耐久性。这是一个语义的问题，不是一个本质问题，但重要的是要在头脑中记住，在你们阅读不同历史时期的作者的著作时不要发生混淆。

第2章论述货币。亚当·斯密把货币看做是国民资本的一部分，并论及了持有货币的花费*。但我个人并不认为斯密关于货币所说的话对于我的这一部分演讲是重要的。在我着手论述19世纪古典主义的某些争论的时候，我还将回到斯密关于货币的理论上来。

但是，第3章，我必须多用一点儿时间来评述。第3章的标题是"论资本积累，或者论生产劳动和非生产劳动"。在这里他应用了和重农学派相同的概念，然而，重农学派仅仅在农业和某些采掘业上有效地应用了"生产的"概念，亚当·斯密则以完全不同的方式应用了"生产的"概念。让我读一下有启发性的句子："有一种劳动，投在劳动对象上能增加它的价值；有另一种劳动却没有这种效果。前者由于生产价值，可称为生产性劳动。后者可称为非生产性劳动。"（斯密，1776，1：313）

这有某种分析的意义：区分消费服务和投资。消费服务是在其生产的时刻消逝的，虽然它也可能是被补偿的；投资包括物质项目的投资和人力资本投资——古典经济学称之为教育投资。古典经济学家们都假定，讲演并不是在其生产时刻消逝的。在我的一生中有长达近60年的讲演者的经历，但我不能确认。

接下来，我们便接触到了一段有趣的论述，我必须读一下，因为这段论述在亚当·斯密《国富论》的第2编中是最著名的论述之一：

> 社会上有一些最受尊敬的劳动，也像仆人的劳动一样，不生产任何价值，不固定或体现在任何永久性的劳动对象或可贩卖的商品上，这些东西在劳动过去以后还能存在。例如，君主以及在他下面服务的所有文武官员，整个的陆军和海

* 即持有货币的成本。——译者注

> 145 军，都是非生产性劳动者。他们都是公众的仆人，是用他人劳动的年产物的一部分来维持的。他们的服务，不管多么体面、多么有用、多么必要，并不生产什么东西，随后可以换得等量的服务。（斯密，1776，1：314）

我相当不确信这种说法。

> 必须对这一类劳动加以排列，把某些劳动列入最庄严、最重要的职业：牧师、律师、医生、各种文人；把某些劳动列入最不重要的职业：演员、滑稽演员、音乐家、歌剧歌唱家、歌剧舞蹈家，等等。其中，最低级的人的劳动也有一定的价值，受支配其他各种劳动的同一原则的支配，其中最高尚、最有用的也不生产能在以后购买到或获得等量劳动的东西。像演员的道白、演说家的滔滔雄辩或音乐家的歌唱等，所有他们的工作全都在生产之后立即消逝。（同上，1：314）

好，就给你们读这些。马克思采用了这种划分，而且我理解在某些俄国统计学中也仍然有些人这样做。

但是，斯密继续讨论了如此定义的生产劳动和非生产劳动之间的比率，而且在某种或他种意义上说，非生产劳动，虽然也为享用它们的那些人生产消费收益，但不是资本的生产。这导致他相当详尽地评述资本的形成：“资本因节俭——储蓄——而增加”，“因浪费或行为不当而减少”。

> 一个人从他的收入中节约的东西都会增加他的资本，他可以自己使用资本来维持更多的生产性劳动者，也可以借给他人使用，自己收取利息，即分享利润。由于个人资本的增加只能靠他每年的收入或每年收益的节约，所以社会资本的增加也只能依靠同一种方式，社会的资本等于组成社会的所有个人的资本总和。（同上，1：320）

这是正确的。但他没有考虑强迫储蓄，例如，在通货膨胀最初时所发生的被迫储蓄，他也没有考虑货币的复杂性这一特征。

但是，他继续确信人们储蓄并不意味着减少就业，他说了这样一段人们非常熟悉的话：

> 每年储蓄的像每年消费的一样，经常被消费掉，并且几乎同时被消费掉，但消费的人不同。富人每年用去的他的那一部分收入，在大多数场合是由懒惰的宾客和家仆们消费掉的，这些人没留下什么东西来偿付他们的消费。他们每年储蓄
> 146 的那一部分收入立即用作资本来获取利润，也同样被消费掉，而且几乎在同一时间，然而是由一组不同的人消费掉的，他们是劳动者、制造工人和工匠，他们再生产出每年消费的价值，外加利润。（同上，1：320）

这些具有宿命论情调的句子完全没有考虑货币流通速度变动的可能性，货币流通速度跟窖藏的企图是一样变动的。现在，它是千真万确的，像凯恩斯指出（以及许多其他人也指出）的，所提供的货币数量，不管是金属货币还是纸币，在一个社会是稳定的，窖藏的企图简单地影响生产和就业的数量，但是它们不减少该社会窖藏的货币量。这个影响是对货币流通速度的影响，而且那是非常重要的影响：它是我们借以部分地解释贸易和就业变动的方法之一。

对亚当·斯密理论所做的这个说明已被大多数古典经济学家所仿效，并更精

确地予以发展了，但可能命错了名字，被冠以“萨伊定律”的名称。J.B. 萨伊是法国最杰出的经济学家，他把亚当·斯密的著作通俗化了，以一种真正法国的逻辑方式重新安排了斯密理论的结构。萨伊是一个有才干的经济学家。总供给必须总是等于总需求的思想一直用现代用语被描述为“萨伊定律”（Say's law）。所有的各种人，大人物或是小人物，都通过解释为什么萨伊定律不能总是维持的原因来提高他们自己的声望。

好，如果你们读过鲍莫尔（John Baumol，1977）教授在最近一期的《经济学》（*Economica*）杂志——我想是第 68 期——上发表的一篇论 J.B. 萨伊定律的八个不同含义的论文，你们就会认识到，J.B. 萨伊已经看到了货币窖藏的可能性，因此，责备萨伊犯了詹姆斯·穆勒所犯的错误——或者，至少我认为詹姆斯·穆勒犯了这个错误——以及犯了李嘉图时时实际坚持的错误（在李嘉图同马尔萨斯就萧条及其相关事情的争论中实际起了极端的作用），实际上是错误的。但是也有这样一种情形：给狗起一个坏名字，它就永远不能摆脱这个坏名字。我想，这将继续被称作萨伊定律，即使经济思想史表明萨伊并不像其他人那样如此问心有愧。

该编其余部分讨论积累对社会的益处，并区分私人积累和政府积累。亚当·斯密——马克思在这一点上稍微不同——我提请你们记住，亚当·斯密是一个苏格兰人。亚当·斯密认为，私人整个说来趋向于储蓄，针对未来而做出安全的决策，同时他感到对政府的储蓄令人难以置信。相反，政府总是超出其收益，只要它们停止干涉私人的活动，人们就无须为资本积累担忧。但是，亚当·斯密和休谟，由于在那个时代政府欠下非常少的国债，都对政府的奢侈性感到担忧。而且亚当·斯密和休谟都认为政府的奢侈性不是不确定的。

147 之后，你们便接触到“论贷出取息的资财”的一章（第 4 章），该章是有趣的一章，但没有应用新的概念。

在第 3 编，亚当·斯密提出国家政策破坏了“丰裕的自然进步”，他详细评述了“罗马帝国衰落之后古代欧洲国家对农业的阻碍”。然后在第 3 章他讨论了“城市和城镇”的兴起和进步。在第 4 章他讨论了在国家政策给定情况下的城乡之间的互惠关系。这一切都是我在谈论第 3 编时需要讲的。

在第 4 编，他谈论了政治经济学体系，导言给予政治经济学一个新的倾向。第 1、2、3 编——虽然在第 3 编有一点儿论战的内容——可以看作是分析的，而第 4 编“论政治经济学体系”却是论战性的。他说：

> 政治经济学，作为政治家和立法家的一门科学，提出了两个不同的目标：第一，为人民提供丰富的收入和生活资料，或者，更确切地说，使人民能为他们自己提供丰富的收入和生活资料；第二，为国家供应足够维持公共服务的收入。它提出要使人民和国家都富起来。（斯密，1776，1：395）

他补充说：

> 不同时代和不同国民的富裕的不同发展，就其使人民致富而言，产生了两个不同的政治经济学体系。一个可以称为商业体系，

——后来他称之为重商主义体系——

另一个可以称为重农主义体系。我将力图充分而明白地说明这两种体系，并将从商业体系开始。（斯密，1776，1：395）

商业体系占据第1章的其余部分和第2章的大部分，我不建议用最长的时间来讨论它，因为虽然它对历史学家具有巨大的价值，它表明了对亚当·斯密所做出的各种历史的发明和调节的评价，但我不想在整个这些讲座中过多地讲述它。

第1章论述“商业体系或重商主义体系的原则”指责财富由货币或者金银构成的思想——一个普通的概念，这种概念产生于货币作为商业手段的双重职能。他进而指明，他不同意重商主义或商业体系，因为这种体系坚持认为，应当把商业政策的目标确定为保证贵金属的稳定流入。他认为没有其自己的贵金属矿藏的国家毫无疑问必须从外国吸取金银，就像一个没有其自己葡萄园的国家必须从国外进口葡萄酒一样。他认为所有的国家都是如此。在这里，他所依赖的是我在他
148 论休谟时已经归因的东西——硬币流动假说，休谟曾以一种著名的方式为之辩护。亚当·斯密必然很熟悉休谟的驳斥，虽然在《国富论》中他没有参考它，人们感到《国富论》是一部成熟的著作。无论如何，就这种特别的方面而言，他没有休谟那么好。

第2章讨论对特殊进口的限制问题，他认为各种生产者的利益将指引它们，在这里，他甚至应用关于进入外贸和国内贸易的商品数量的一些坚实的论点。这导致他做出他著名的“看不见的手”的评论。我必须给你们读一读这个评论，因为你们必须都熟知这个评论：

但每个社会的年收入，总是与其产业的全部年产物的交换价值相等，或者毋宁说，和那种交换价值恰好是同一样东西。所以，由于每个人都努力把他的资本尽可能用来支持国内产业，都努力管理国内产业，使生产物的价值能达到最高程度，他就必然竭力使社会年收入增大起来。确实，他通常既不打算促进公共的利益，也不知道他自己是在什么程度上促进那种利益。由于宁愿投资于国内产业也不支持国外产业，他只是盘算

——他在该章的前面说过，国内产业趋于比国外产业更具生产力，如果你们把这话用于特殊的历史事例中，是非常有问题的——

他自己的安全；由于他管理企业的目的在于使其生产物的价值达到最大的程度，他所盘算的也只是他自己的利益。在这种场合，像在其他许多场合一样，他受着一只“看不见的手”的指导，去尽力达到一个并非他本意想要达到的目的。也并不因为事非出于本意，就对社会有害。他追求自己的利益，往往使他能比在真正出于本意的情况下更有效地促进社会利益。我从来没有听说过

——这就是所谓为资产阶级辩护——

那些假装为公众幸福而经营贸易的人做了多少好事。事实上，这种装模作样的神态在商人中间并不普遍，用不着多费唇舌去劝阻他们。（同上，1：421）

他继续说：

如果政治家企图指导私人如何运用他们的资本，那不仅是自寻烦恼去注意最

不需要注意的问题，而且是僭取一种不能放心地委托给别人，也不能放心地委之于任何委员会或参议院的权力。把这种权力交给一个大言不惭地、荒唐地自认为有资格行使的人，再危险不过了。（斯密，1776，1：421）

149 那些把亚当·斯密描述为极端的自由放任主义者的人总是引用这段话。当然，如果你们就其字面本身来理解，似乎如此。但是只要你们把它放在本编来解读，你们就将发现，他确定了国家的所有各种职能，从而真正把他同那些把自由放任主义看做教条的人区别开来。我打算在下一次演讲中继续讨论这种职能。关于这段话，我只是说我已经说过的话。分析起来，关于“看不见的手”引导人们进行国内投资直到国内投资不如国外投资有利时为止的作用，并不是特别让人信服。虽然似乎很清楚，亚当·斯密是在以这种方法确定某种贮藏。他对引导自利行为的“看不见的手”的赞扬，在没有得到一种或他种垄断限制的支持的时候，如果他没有应用这个特殊的例子将好得多。但也许这是个深奥的问题。

让我继续讨论关于重农学派他所说过的话。仅有一章阐述重农学派，这和以多章详细地讨论商业体系（重商主义体系）不同。但是，他对重农学派的反应是相当有利的，当然人们不太注意。

在我给你们阅读亚当·斯密对柯尔贝尔的轻蔑的评价的时候，我已经向你们介绍了重农学派。柯尔贝尔是一个勤苦工作的人，在管理财务上非常有效，但是按照亚当·斯密的看法，他在管理一个大国的事务上却是没有效率的，因为他把他的全部注意力都放在培育工业上了，结果使农业受到损害。他进一步地说：“俗话说，要使一根歪向一边的杆子变直，你必要使它同样多地歪向另一边。”（同上，2：162）

法国哲学家们一直是令人感到困窘的，跟所涉及的休谟一样——我想向你们引证一下说明他们所有的人都是空想的人的话——但是，他们又都吸引了亚当·斯密。亚当·斯密说：

提出以农业为各国收入和财富唯一来源的体系的法国哲学家们，似乎采用了这条谚语的原则；就像在柯尔贝尔先生的计划中，城市产业肯定比乡村产业被估价过高一样，在这个体系中城市产业肯定比乡村产业被估价过低。（同上，2：162）

然后，他继续解释我已经向你们解释的重农学派。他提及重农学派的经济表，显然，他涉及了该表的某些数量方面。他称魁奈的体系为“这种自由的和宽大的体系”，但是，他认为这种体系的“主要错误……似乎在于它把技工、制造业者和商人阶级说成是完全不生产的”（同上，2：172）。他说，下面的观察可能表明这种表述是不恰当的：

150 第一，大家承认这个阶级每年再生产出它自己每年消费的价值，使维持和雇用它的资财或资本能继续存在。单凭这一点，就可以看出将不生产这个词用在它身上就是很不恰当的。我们不能称一门婚事是不繁衍的，虽然它只生了一个儿子和女儿取代父母，没有增加人类的数目，只是使人类像从前一样继续存在……

第二，由于这个缘故，像看待家仆一样去看待技工、制造业者和商人是完全不恰当的。家仆的劳动

——和自主权，我插一句——

并不能使维持和雇用他们的资财继续存在，他们的维持和雇用完全是靠他们的主人出钱。他们所做的工作并不具有偿还这种支出的性质。他们的工作是在做了以后立即消失的服务，并不使自己固定或体现在任何可以出售的商品中，这种商品能偿还他们的工资和维持费。

等等。

在稍微探讨魁奈的前一页上，我认为这一页是值得你们一读的，因为它表明了亚当·斯密更多地选择对待社会贡献的态度和对待社会可能控制的态度。他说：

有些纯理论的医生似乎认为人体的健康只有靠遵守某种严格的饮食和运动规则才能维持，每一种最小的违反必然会造成与违反程度成比例的某种疾病或失调。可是经验似乎表明，在各种各样的不同养生规则下，人体常常能保持——至少是在表面上——最完全的健康状态，即使是在一般相信远远不是卫生的养生规则下。……魁奈先生本人就是一位医生，是一位纯理论的医生，他对政治实体似乎抱有相同的看法，认为它只有在某种养生规则下，在完全自由和完全公平的规则下才能兴盛繁荣。(斯密，1776，2：172)

在几句话之后，他又说：

如果一个国家不享受完全的自由和完全的公正就不能繁荣，那么世界上就没
151 有一个国家能够繁荣起来。可是在政治实体中，自然的智慧幸而做出了充分的准备去纠正由于人类的愚蠢和不公正所产生的许多坏影响。(同上，2：172)

然后，他对这个体系稍稍做了一点儿评价。

然而，这个体系尽管有各种缺点，在已经刊行的有关政治经济学这个题目的著作中，或许是最接近真理的，因此它非常值得想要考察政治经济学这门科学原理的人考虑。(同上，2：176)

那么，为什么亚当·斯密对重农学派和休谟做一种否定的评价而排除了杜尔阁呢？显然这是因为亚当·斯密感到重农学派在对作为整体的体系进行分析的过程中，宣布了所有的各种管制——防止谷物从一个丰饶的地区转移到贫瘠的地区等的管制。他感到他们强调较大的市场自由和较大的个人企业的自由是做了件好事。但他不同意他们的"生产劳动和非生产劳动"的定义。他感到经济表——不是应用他的词——并不像文字或车轮或其他某种东西的发明那么重要，他认为重农学派夸大了它的重要性。但他认为重农学派是一个自由的和宽大的体系，值得人们注意。

之后，他以天然的自由定义了该体系，而且这是非常重要的。你们恐怕从肤浅地阅读关于"看不见的手"的段落中得到错误的观点。

根据天然自由体系，君主要履行的只有三种职责，的确是三种非常重要的职责，在普通人看来是明白易懂的：第一是保卫社会使之免受其他独立社会的暴行和侵犯的职责。

他先前在评价限制同英国船只进行各种贸易的航海法时说过，他们建立了一支强有力的航海力量，有能力把这支力量用于军事的意图，防御胜于富裕。他是在关于重商主义体系的章节中讲这番话的。

> 152 第二是尽可能保护社会的每一个成员，使之免受其他成员的不公正行为或压迫的职责，或建立严格的司法行政的职责。（斯密，1776，2：185）

我认为亚当·斯密在这里犯了一点儿错误，因为他说司法是明白、可见的，为普通公众所理解。休谟是更为正确的，因为他注意到了这样的事实，即司法制度——关于财产（用休谟的术语）和契约的制度——是极为复杂的、不能在两块石板上或类似的东西上签订，而是需要全神贯注的高超的智慧。

但是第三——这是我想让你们在头脑中牢记的一个国家职责——

> 第三是建设和维持某种公共工程和公共机构的职责，这些都不是为了任何个人或少数人的利益去建设和维持的；因为利润不能偿还个人或少数人的支出，尽管由大社会经营时，利润常能补偿支出而有余。（同上，2：185）

国家的第三种职责并不是警察国家的教条的支持者的声音，或者（马克思或拉萨尔所称谓的）"守夜人国家理论"[1]。

斯密关于国家职责、关于公共财政所考虑的内容，我将在明天的演讲中尽可能压缩地讲一下，以便在下周进行更为困难的19世纪古典经济学家的讨论。

注 释

[1] 这是拉萨尔的说法。

第 16 讲 《国富论》：政策 Ⅱ

153 我们或多或少已经对《国富论》着迷了。在上一次演讲结束时，我给你们读了亚当·斯密对天然自由体系下国家职责的讨论，特别是较多地讨论了第三种职责。这种职责对国家来说就是要落实永远不能同任何个人企业或小的个人企业集团争利的企业部门，虽然它对整个社会是有利的。

对此，我唯一想说的是，在我从这个房间走出去的时候，我忘记告诉你们要把这个国家职责的定义同凯恩斯在著名的《自由放任主义的终结》（*The End of Laissez-Faire*，1926）中所下的国家职责的定义比较一下。我不考虑这个阶段的凯恩斯，他是一个奇人，但也有一个极坏的记忆——这种极坏的记忆解释了所有在他看来被描述得不正确和完全不合理的各种事情——他显然没有读过亚当·斯密《国富论》第 4 编的最后一章，因为他自己关于国家职责的概念几乎是同样的话语，并完全拥有相同的正式目的，当然，虽然所有的各种事情都发生于 1776 年以后，因此，我倾向于说，任何理性的人都将把在这个大标题下面下降的国家职能看做是在 20 世纪比在 18 世纪更有意义。这就是关于一般阐明的理论原则我想要说的一切。

但是，我想在这个上午跟你们谈谈亚当·斯密在《国富论》第 5 编对国家支出和管制的精确表述，把它们归之于各种标题之下，并对公共财务制度所做的简要考察。这样，我将收到更好的效果。

第 5 编的开头论及国家在自由环境下的第一个职责，即防御。我不在这上面停留太久。他对从最低级的原始社会时代——在原始社会状态下，每个人都是武士，也是猎人，还可能是牧羊人——到他写《国富论》时代的现代防御的变革做了有趣的思考。他长久地但并非不自然地探讨了自火枪发明以来防御增加的成本和较大的专业化。那不包括经济分析，所以我就往下进行了。

然后，他论述了公平问题。虽然他没有在休谟论述有关财产和契约而应用公
154 平这个词的狭义上来应用公平这个词，但就他以自己处理问题的方式而言，在没有财产因而没有涉及财产的盗窃和侵害的地方，履行公平原则比较地说是一个狭义的问题。然后他详细地评述了较为先进社会实行公平原则的实践，特别是关于实行财产公平原则的实践，他认为这种财产其根源，或者由于幸运，或者由于生产。他得出结论说，本节通过追溯司法制度的演变表明，在过去的制度中如何例如允许那些管理司法的人接受馈赠，并由于各种其他的途径而造成腐败，他对司法独立的极端重要性做了较长的评论。

这样，我们所关心的基本上就是国家的第三种职责——培育和实际建立能够与不同私人企业和发育起来的私人企业集团争利的企业。首先，在坎南版《国富论》（第 2 编）第 215 页上，他用很多笔墨论述这种职责的重要性。他评论道，在许多情况下，例如一个公路体系，或者一个桥梁体系——诸如此类事情——这些工程可以采用除了税收以外的手段来融资。他颇为得体地宜称赞成征收通行费——对公路和运河的通行费，在他的时代公路和运河已经开始大规模地成为时尚。为表明他在这方面的经验，他说，如果运河没有得到持续的维护，河岸就势必坍塌，结果就将涉及维护河岸使之能够通航的人的自身利益。公路则不同，在那里有一条公路可用，虽然听之任之将导致公路的严重破坏。结果，他认为公路的所有权必须保留在某个公共当局手里。

他进一步讨论——在他触及特殊的制度之前，他一般对待这个问题的最后观点——他说，地方性质的公共工程应当由地方政府来管理，因为地方政府以某种或他种方式比中央政府的影响更大。但地方政府可能是被任命的。他把地方政府管理照明好的城市同管理照明不好的城市做了比较。

然后他处理了特殊的商业部门，而且有一篇很长的关于由国家管制的自主化或股份公司的论文。就整体而言，像我在某个时候所表明的，亚当·斯密曾经对这种公司的管理和其效率表示了很强烈的怀疑，如果这种管制超出了某些特殊的职能的话。他认为，对贸易涉及享有不同法律制度的相对重要的社区的某些公司的管制是有几分合理性的，而对个人贸易者进行管制则有巨大的风险。但是，他继续说道，甚至赋予被管制的公司以特殊的地位也是有巨大风险的，他在他的书中多处说到了东印度公司，说该公司具有如此极端的权力，以至被看做是印度次大陆和其他地方的权力。

155 之后，当他论述联合股份公司之时，他再次说道，联合股份的原则是完全正确的，并指明在一个比较短的时期内，这种股份公司便被废除了。接下来，他谈到了由于认真重新思考联合股份公司的较为有限的意图而予以管制的公司：

> 但是，根据经验，在没有垄断权时，股份公司似乎不能长期进行任何部门的对外贸易。在一个市场上购入以便在另一个市场上售出并取得利润，当在两个市场上都有许多竞争者时，不仅要关注需求的变化，还要关注竞争情况或那种需求可能从其他人得到供给的更大的更频繁的变化，并且熟练地、有眼力地使各类货

物的数量和质量均能适合于所有这类情况，这是一种战争，它的行动是经常变化的，只有毫不松懈地保持警惕和关注才能取得成功，而这是不能期望股份公司的董事们长久做到的。（斯密，1776，2：245）

如果你们是斯密的批评者，你们就可能有一个完全的获得意外成功的日子，把他的观察向前推进一步，使这种特别的一般化精确化。实际上他继续说：

能由股份公司成功经营并不需要具有专营特权的唯一行业，是业务能归结为例行公事，或方法一律很少或没有的行业。其中，第一是银行业，第二是水灾、火灾、兵灾保险业，第三是建设和维持通航河道或运河的行业，第四是大城市供水行业。（同上，2：246）

有人思考了关于股份公司的现今法律和股份公司的现今效率。必须历史地承认，亚当·斯密所说的话是真正广义的标志。成功的股份公司，虽然没被批准为国家承认的垄断，但从历史连续的时间上说，显然是成功的——其中有些显然是不成功的。你们应当读一下这部分，仔细想一下，并尝试思考各种一般化的观点可能对不曾出现于亚当·斯密时代的股份公司的适用性。有某些一般化的东西适合于如我们所了解的一些股份公司，但并非是完全有利的。不过那是另外的问题。

为了更为方便——也由于你们送给我这张光辉的生日贺卡，这对于今天更为重要——我要转移到“论青年教育制度的支出”。亚当·斯密第一次谈论大学教育。“那些公共捐赠基金”，他问道，

156 一般有助于促进实现它们设立的目的吗？它们有助于促进教师的勤勉、有助于提高教师的能力吗？它们改变了教育的自然进程，使之走向对个人、对公众更有用的目标吗？似乎不难对这种种问题至少提出一个大概的答复。（同上，2：249）

然后他做了一种一般化推论，对这种一般化推论你们可能认为是正确的，我也认为特别正确，但并不完全正确。

在每一种职业中，大部分从业者的努力总是和他们做出这种努力的必要性成比例的。这种必要性对这样的人来说是最大的：他们的职业报酬是他们期望获得财产的唯一来源，或是他们普通收入和生活资料的唯一来源。

那就是说，关于大学教授，他认为事情的理想状态是，他们应当从他们的学生支付的学费中取得收入。这样，如果他们的课讲得好，就将有许多学生来听讲。如果他们的课讲得差，就没有多少学生来听讲。

现在，你们不一定认为那完全是一种不真实的假设。你们有人来自德国吗？讲课资金（kollegiumgeld）还在德国的不同大学起作用吗？学生似乎做出了负面反应，只是自第二次世界大战以来这种情况被废除了。实际上，我知道一些企业管理教授，可能现在已经去世了，常常从非常成功的讲课中获得巨大的财富，而这些讲课似乎不受一些学生欢迎。

他说：

某一职业的成功所要达到的伟大目标，有时促使少数具有特别锐气和雄心的人做出努力。然而伟大目标对于做出最大的努力显然并不是必需的。（斯密，1776，2：249-250）

他说：

学校和学院的捐赠基金，必然或多或少减少教师做出努力的必要性……

在某些大学，薪俸仅仅构成教师报酬的一部分，常常是一小部分，大部分来自他的学生的谢礼或学费。（同上，2：250）

他考虑了他自己所在的格拉斯哥大学，显然他认为格拉斯哥大学是相当有效率的。

在这种场合，做出这种努力的必要性虽然总是或多或少有所减少，但是并未完全消失。职业的名声对他仍然有一些重要性，他仍然有些依靠听过他的讲课的
157 人的爱戴、感激和有利的报道……

在其他大学中，禁止教师接受学生的任何谢礼和学费，他的薪俸构成他从他的职务所得到的全部收入。在这种场合，他的利益与他的职责立于尽可能直接对立的地位。每一个人的利益是生活得尽可能安逸；如果不论他是完成还是不完成某种非常辛苦的职责，他的报酬都完全一样，那么，他的利益，至少就通常所理解的利益来说，肯定要么完全忽视这种职责，要么，如果他处于某种不许可他这样做的权力之下，就用这种权力所能允许的粗心的、草率的方式去履行这种职责。如果他的天性是积极的和热爱劳动的，他的利益就是用他可以从而得到某种好处的任何方式来从事那种活动，而不是履行他不能从而获得任何好处的职责。

如果他所服从的权力掌握在他自己是一个成员的那个社团——学院或大学手中，而其他的大部分成员也像自己一样，是教师或应当是教师的人，那么他们就可能形成一种共同的想法，那就是全都彼此非常宽容，每一个人都同意他的同事可以忽视他的职责，只要他自己容许忽视他自己的职责。在牛津大学大部分的公共教授这许多年来甚至已经完全放弃了教学的伪装。（同上，2：250-251）

而且，亚当·斯密在巴利尔（Balliol）当了7年精明的学者！

之后，他讨论了法国一些大学的情况，他认为法国的大学还要差一些。我必须把他的这段论述读一下，也许你们会做出与我相反的解释！

如果教师是一个有见识的人，他一定会意识到，他在对学生讲课时，他所说或所念的全是胡说或者近似胡说的东西，那对他来说一定是一件不愉快的事情。当他看到大部分的学生不来听他的课，或是带着明显的忽视、鄙视或嘲弄的表情在听课时，他也一定会感到心中不快。……有几种不同的办法可以使用，它们会削弱一切勤勉的刺激。教师自己不去向学生们解释他提出向他们讲授的科学，而是念一本有关的书；

——我现在正在做的事情——

如果这本书是用外国的或已经废弃的文字写的，就向他们翻译成他们自己的文字。（同上，2：252-253）

然后，他在一段可能会使你们热爱亚当·斯密的不朽的文字中继续进行这种讨论，即使像我一会儿将要说到的，你们总的来说并不同意他：

学院或大学的纪律，一般不是为了学生的利益来维持的，而是为了教师的利
158 益，或者更确切地说，为了教师的轻松来维持的。其目的是，在所有场合维持教师的权威，不论他是忽视还是履行他的职责，也像他仿佛是在用最大的勤勉和能力来履行他的职责那样来对待他。它似乎假定，一方面有完全的智慧和德行，而另一方面则完全是窝囊和愚昧的。可是，在教师真正履行他们的职责的地方，我相信，不会有大部分学生会忽视他的讲课的例子。在讲课值得听的时候，从来不需要有什么纪律迫使人们去听课，这是在进行这种讲课的一切地方所熟知的。为了使儿童或非常年幼的孩子不得不去接受被认为在这种生命初期他们所必须接受的那部分教育，强迫或限制无疑地在某种程度上或许是必要。但是，在 12 岁或 13 岁以后，只要老师履行他的职责，强迫或限制对实施任何部分的教育都是不必要的。大部分青年人是十分宽容的，

——我再加上妇女——

他们远远不会忽视或鄙视老师的讲授，并考虑老师表现出来的对他们有用的某种严肃的意图，并且一般会原谅他在履行职责中许多不正确的地方，甚至会对公众掩饰他的许多严重疏忽。

接下来，亚当·斯密解释了中世纪的教育史——基督教是如何进行教育的——解释了当代大学（牛津和剑桥）之间的差别，解释了希腊人中间的条件，在希腊没有大学，仅有伟大的哲学家——柏拉图和亚里士多德以及他们的追随者——他们每个人都招收学生，而且按照亚当·斯密的看法，成功地给了他们以相当良好的教育。此后他又谈到了不以教育为目的的大学，例如，舞蹈学校或击剑学校，以及用学费支付教师报酬的学校，说这些学校的教育都是相当良好的，否则对它们的需求就将下降。他还解释了这样的事实，即“女子教育方面没有公立机构，因而在女子教育的普通课程中没有无用的、荒谬的或不合理的东西”（斯密，1776，2：266）。

现在，从历史上看情形是，无论你们如何谈论牛津大学和剑桥大学——而且在 20 世纪按照某些方式有相当多的针对它们的不同说法——你们实际上都不能说它们是无效的。所谓的“导师制度”（tutorial system）——这种制度在许多院系在走向灭绝（小团体导师制度开始流行）——当然是富人的特权。一种一对一的关系是完全正确的，而且在研究生学校实际上是绝对必要的，但是我认为你们可以在本科生的层次上安排同一个小团体的合理的亲密关系。

159 在我生活于牛津大学的日子里——在 20 世纪 20 年代有几年我在那里生活，而且，我第一次从事非全日制工作——我常常在星期三很早开始工作，在星期六中午离开，并把一天的每个小时用于旧式的导师制度——1∶1。当一个人引导你们一起看一篇充满注脚的论文时，便假定你们在其余的时间里继续同他谈论这篇论文，而不是说，“喂，X 先生，也许下一次您的论文更有趣。您可能说出关于这个作者的某些观点，即使您还没有研究过它们。”我必须说，在那些日子里，到星期六吃午餐的时候，我已经如此筋疲力尽——我持续干到夜里 10 点钟——

以致我不想吃任何午餐了。

在那些日子里，我的印象是真正杰出的人实际过度工作。注意，我所谈论的是现在已经故去但却是一个真正杰出的中世纪经济思想史学家 A. J. 卡里斯尔 (A. J. Carlisle)。他告诉我，他常常把一周的 30 个小时用于 1∶1 导师制度。现在和亚当・斯密所描述的情况完全不同了。我想，我在牛津大学讲学的日子里，大多数导师实际上是很轻松的。讲课是一种法定的责任，他们并不为此而伤脑筋；任何为讲课而伤脑筋的人都毫无困难地得到众多学生的拥戴。不知道为什么，而且我说这些不是为这些大学辩护，这些大学在一切方面并不比它们应该是的那样好，但是，作为历史事实，牛津大学和剑桥大学在 19 世纪再次形成了它们自身的情况，如果你们也可以这样说的话，就是说，过分热心于 1∶1 的导师制度取代了 18 世纪对这种状况的绝对忽视。而且这是由于，但不完全由于市场制度的选择；它也由于少数强有力的人物的影响——我对牛津大学的了解好于对剑桥大学的了解：在牛津大学，受到例如林肯郡的马克・帕惕森（Mark Pattison)、贝列尔的约维特（Jowett）和奥莱尔的纽曼（Newman）以及他的朋友们等的影响。就是说，虽然我远不是说在那些古代大学没有人忽视他们的责任，但整个说来，无论如何在我的时代，把这种责任看成是没有完成的某种事情——不符合那些热心的管制。

我还要说，关于一些大学我认为存在较多的问题——如果你们不完全是教育的自由放任主义者的话——主要是关于讲授真正深奥课题的人们的薪酬问题。例如，现在一个讲授埃及学（Egyptology）的勤勉的教授，应该说，不可能获得像一个比如说讲授会计学或者工程学的人那样广泛的听众。我个人认为，这是一个价值判断问题，如果你们愿意的话——埃及学是一个非常专业性的课题，在一个有充分规模的大学，例如伦敦大学，有义务开设这门课程，因为在那里有在那些狭窄领域的教授，而这些狭窄的领域对于大多数本科生却是没有吸引力的。因
160 此，亚当・斯密所推荐的学费制度，在苏格兰大学非常特殊的情况下，按照他的意图是起了良好作用的学费制度，但我认为，由于这个原因，并非普遍适用。

但是，亚当・斯密接着谈论对没有享受大学或学院教育的人的教育——实际上这比大学教育更为重要。他认为，在《国富论》第 1 编他大加赞扬的分工对那些处于较低层次的分工的人们（迄今为止他们没有获得 A 教育）来说具有不良的影响。有一段著名的段落，我给你们读一下，虽然这是亚当・斯密关于那些能阅读一些东西的人们所说的话：

> 随着分工的进展，大部分以劳动为生的即大多数人民的职业仅限于少数简单的操作，常常只是一种或两种。但是大多数人的理解力必然是通过他们的普通职业去形成的。整个生活都用来从事简单操作的人，这种操作的效果或许总是一样的或几乎是一样的，他就没有机会去发挥他的理解力，或发挥他的发明才能，找出克服所遇到困难的办法。因此，他自然丧失了发挥这种能力的习惯，通常变得如一个人可能变成的那样愚钝和无知。他们精神上的感觉状态使得他们不仅不能领会或参加任何合理的谈话，而且也不能怀有任何宽宏、高尚或温和的感情，因而甚至不能就许多私生活方面的普通义务形成正确的判断。（斯密，1776，2：267）

他继续说道，这甚至腐化了他*的身体的活动力，使得他不能发挥他的冒险、远见等的力量。

> 这样，为了避免这些可能发展的结果，他认为，虽然在任何文明的社会，普通人不能受到像有某种地位和财产的人那样的良好教育，但是，教育的最主要的部分，即读、写和算，能在生命的早期学会，使大部分预备从事最低级职业的人在其能在这种职业中受雇以前有时间去学会它们。只要花很少的钱，国家就能方便、能鼓励甚至能强迫全体人民必须获得最主要部分的教育。（斯密，1776，2：270）

他进而建议：

> 在每个教区或地区设立一所小学校，在这种学校里，孩子们只要付很少的酬金就能受到教育，即使是普通的劳工也能付得起；老师只是部分地而不是全部由国家付给酬金……在苏格兰设立这种教区学校已经教会几乎全体人民怎样读，教会大部分人民怎样写和算。（同上，2：270）

161 他继续进行这种讨论，并提议某些职业教师应当仅仅对那些通过某些考试的人收取学费。他不完全相信大学考试，但他相信考试可以强加某些竞争的程度，等等。

他进一步讨论了宗教教育的花费（同上，2：273—290），并醉心于同被他描述为“该时代的……最著名的哲学家”（同上，2：275）休谟的一种真正愉快的争论。休谟曾经说过，拥有一种国教并由国家来维持人民是非常好的事情。因为，休谟说道，这将打消狂热，而狂热是一种非常烦心的事情。实际上，卖力地宣传每件事情就是一种非常烦心的事情——在这里休谟当然是富有讽刺意味的——这里的每件事情不包括真正的宗教。他所插进的宗教显然是依靠那些批评他是一个不可知论的人的手臂的长度来坚持的。亚当·斯密参与了同休谟的争论，但亚当·斯密同休谟的争论在很大程度上不是基于宗教的争论，而是基于这样一种认识，即如果处于相互竞争中的宗教存在多重性，那么在它们中间便没有哪一个将变成完全支配性的宗教，它们就将不是完全强健的，不足以吸引真正杰出的人。在这种宗教组织多重性的情况下，大学就有能力把更多杰出的人从宗教中吸引过来。因为大学凭借收费和提供优势的薪金发放的方式而得以维持。所有这一切都是很有趣的。但我并不认为它在分析上是非常重要的。

我只想提请你们注意的重要事情，是这一编论述税收和债务的其余部分。[1]关于税收，你们将在这里开办的专修班上听到关于税收的真正高级讲座，因此，这个讲座在我看来是弄通亚当·斯密关于税收的详细论点的高级讲座。但是有必要提一提在开始讨论良好的税收制度时所提出的著名的税收准则。

第一个准则是，税收制度应当符合负担平等的要求，现在，对这一点的解释是模糊的。在他论述的一些部分里似乎是指同收入的比例性，而在另一些部分则主张实行累进所得税。第二个税收准则是确实性。人们应当知道对他们征收了什

* 即劳动者。——译者注

么税，直接税或间接税。第三个准则是便利，应该以一种最少引起不便利的方式征税。第四个准则是征税中的节约。

他进一步讨论了各种税收，直接税和间接税，有时你们同意他的看法，有时你们不同意他的看法，但我认为这些看法低于第35次经济思想史讲座的认识水平。

该编的最后一部分论述公共债务（第5编，第3章）。今天你们都到齐了，
162 你们有多少人是从美国来的？请举手。好，在这里，有某种迄今为止你们所关注的有趣的情形。追溯到坎南版的《国富论》第2编第124页，他表明了他对美洲殖民地（当时它们是殖民地）和英国之间公共财政安排的极度关注。他并不认为这些安排是完全公平的，他认为这些安排在某些方面来自英国的观点。他指出，维持一支陆军和海军以保卫殖民地免遭法国、印第安人等劫掠的费用是巨大的。所以他提议实行一种联邦制，而且他认为几乎这种联邦制是理想的。他说——我给你们读的这段话表明了他的公开意见：

大西洋彼岸的人民担心，他们离政府所在地遥远，自己可能遭受许多压迫。但是他们在国会的代表——其人数一开始就应当很多——很容易保护他们，使之免受一切压迫。距离不会削弱代表对选民的依赖性。代表仍然会感觉到，他在国会中的席位，以及他由此而获得的一切好处，均依赖于选民的好感。（斯密，1776，2：124）

考虑到同美国东部沿海通信需要两个月时间，我稍微有点儿不同意亚当·斯密的看法，我认为可以把这看做是一种劣势。但是他又说这种距离是不会长期继续下去的：

美洲在财富、人口和土地改良方面一向是如此迅速，或许不到一个世纪它的纳税额就会超过不列颠的纳税额。（同上，2：124）

然后——请仔细听，看到他并非一个好的国际主义者，无论如何，他说的是关于说英语世界的事情——

到那时，帝国的中心自然会移向对整个帝国的一般国防和支持做出最大贡献的那个地区。（同上，2：124）

这样，他在该编的末尾又回到这个观点上，他说——我认为，人们夸耀他们自己拥有一个帝国——

大不列颠的统治者一个多世纪以来以在大西洋彼岸拥有一个巨大的帝国的想象来使人们感到快乐。可是这个帝国迄今只存在于想象之中，它迄今不是一个帝国，而只是一个帝国的计划；不是一个金矿，而只是一个金矿的计划；这个计划已经耗尽了巨额的开支，继续在耗费巨额的开支，不可能带来任何利益。……现在肯定是这样的时候：我们的统治者要么实现这个他们自己或许还有人民一直沉
163 迷的美梦，要么使自己从这个美梦中清醒过来，并力图使人民也清醒过来。如果计划不能完成，就应放弃它。如果不列颠帝国的任何省份不能对维持整个帝国做出贡献，大不列颠帝国就应使自己免除在战时保卫这些省份、在平时维持它们的民事或军事建制所做的支出，并力图使自己的未来观点和设计适应于自己真实的

平凡处境。（斯密，1776，2：432－433）

你们可能同意也可能不同意这个说法，但没有人会说亚当·斯密是不坦白的。

好了，我已经用了三次短短的演讲论述了亚当·斯密。对我来说，用20次演讲来论述他也是愉快的。但时间紧迫，我将在下周开始讨论19世纪古典经济学。

注 释

［1］Smith（1776，vol. 2，book 5，chaps. 2 and 3，respectively）.

第3部分

19世纪的古典主义

第 17 讲　一般评论——马尔萨斯论人口

167 现在，我已经完成了对斯密的论述，或者，无论如何完成了一种系统浏览各种学说和态度，特别是《国富论》中的学说和态度的尝试。因此，现在我要进入一个演讲系列，这个演讲系列将滔滔不绝地阐述下一个时期，即 19 世纪古典时期的经济学。

现在，仅仅说到关于人性和起源的一两个词。对我来说，无论如何难以在亚当·斯密和休谟以及 19 世纪初期（或上半叶）古典著作家的命题之间画出一条分界线。对我来说，无论如何——这是一个有争议的判断，如果你们愿意——古典经济学家接受了《国富论》的主要观点，《国富论》，像我说过的，是对生产组织的机制的一种分析，也是对增长的性质和增长的原因或目标的一种讨论。

19 世纪古典经济学的典型特征在于它一丝不苟、一板一眼的细致讲解，而且在某些方面显著地不同于《国富论》的价值和分配部分。但是我认为那并没有以我叙述它们的方式排除基本概念的连续性。在某些方面，19 世纪的古典经济学家发展了斯密的一些部分；在另一些方面，他们纠正并引申了它，特别是在价值和分配、货币以及国际贸易方面。最后，你们将在约翰·斯图亚特·穆勒的《政治经济学原理》(1848) 中获得一个综合，这种综合坦言试图使亚当·斯密适合时代的要求。

现在，如果你们想要一个一般阶段，我要说是 1798—1874 年。1798 年马尔萨斯第一版《人口论》(*Essay on Population*) 出版，1874 年是凯尔恩斯 (John Elliot Cairnes) 的《政治经济学的某些主要原理》(*Some Leading Principles of*

Political Economy）出版的日期。

这里所包含的人分成两个团体——两代经济学家。第一代经济学家的领导者是李嘉图（David Ricardo）。李嘉图生于1772年，卒于1823年。他写了关于货币和贸易的小册子（1810；1815），并最后写了他的极为重要的《政治经济学及赋税原理》(1817)，该书阐发了在某种程度上迄今无人尝试过的分析方法。马尔萨斯，我将在今天晚些时候跟你们谈论他，因他的《人口论》而变得十分重要，但是必须记住，他也写了一本《经济学原理》，并同他同时代的经济学家进行了争辩、分析和批评。他同李嘉图的友情是本学科历史上著名的友情之一，但他通常不同意李嘉图的观点。然后，仍然是在第一代，你们必须提及詹姆斯·穆勒。他是一个要求严格的人物，你们将在他的儿子约翰·斯图亚特·穆勒的《自传》(*Autobiography*，1873）中发现对他的习惯的描述——他是边沁和李嘉图的朋
168 友，因写了一本叫做《受保护的商业》(*Commerce Defended*，1808）的小册子而作为经济学家闻名于世，他实际上把李嘉图的著作变成简单的英文著作，并第一次口授给他年幼的儿子约翰·斯图亚特·穆勒，他的儿子实际有一个可怕的童年(你们必须读一读这个自传)。

当时还有克罗奈尔·罗伯特·托伦斯（Colonel Robert Torrens)。他是一个长寿的人，生于1780年，于1864年去世。所以他实际上既是第一代古典经济学家，又是第二代古典经济学家。在第一代古典经济学家中，他以其《论国外谷物贸易》(*Essay on the External Corn Trade*，1815）而著名，该书是一部抗辩性的著作，反对再度对实行管制的谷物贸易征税。从古典经济学家的观点上看，他在这个第一阶段关于货币的著作是悖论。他的生活走进了第二代，这时他的主要著作是一本关于澳大利亚的殖民地化的书——一本极具特色的著作——和一本叫做《预算》(*The Budget*，1844）的论文集小册子。如果你们偶然获得一册著名的《预算》，你们要知道你们得到了一件非常有价值的东西。他还花了很长时间写了关于1844年《皮尔法案》(Peel's Act）和围绕《皮尔法案》争论的著作（托伦斯，1848)。

这些人全都是著名的政治经济学俱乐部的创建者，该俱乐部粗略地说在一年之中主要季节的一个月举行一次会议。它是由李嘉图、马尔萨斯、托伦斯和穆勒建立的。而且按照某种方式，粗略地规定，一个英国古典经济学家通常是伦敦政治经济学俱乐部的成员。

站在第一代古典经济学家之外，但仍然属于同一时期的经济学家是著名的亨利·桑顿，他的著作我想我已经向你们描述过了：他的《纸币的信用》(1802)，和他于19世纪初在众议院（House of Commons）做的关于金块委员会报告的两次演讲（1811）——按照我的判断，这是20世纪之前关于货币的最好著作。

在第二代古典经济学家中，你们知道的有纳索·西尼尔（Nassau Senior)，他是一名律师，但在牛津大学做过两期政治经济学德拉蒙德主席。你们被推选成为德拉蒙德主席，在短期内便要举行几次讲演，并出版这些讲演稿，然后让位于另外的人。他是两次当上德拉蒙德主席的教授，写下了《论贵金属的转移》(*Transmission of Precious Metals*，1827)、《获得货币的成本》(*The Cost of Obtaining Money*，1829a）和《货币的价值》(*The Value of Money*，1829b）等重

要的小册子，这些小册子由伦敦经济学院重印。他还给一个人们称之为霍维克勋爵（Lord Howick）的人写了一封关于社会改革原理的信函（1831）。他参与起草了著名的济贫法报告和同样著名的关于手织机织布工人的地位的报告。西尼尔的生卒时间是 1790—1864 年。

当时还有麦克库洛赫（J. R. McCulloch）。麦克库洛赫生于 1789 年，卒于 1864 年，他和托伦斯及西尼尔都是在同一年去世的。麦克库洛赫是亚当·斯密和李嘉图的门徒，而且在某种意义上是这两位经济学家的普及者。他写了许多著作，而且他成为我们自己这一代德汉姆大学（Durham University）奥伯林
169 (1970) 教授的极具特色的研究课题。当然，当时超过除了李嘉图之外的所有这些经济学家的是约翰·斯图亚特·穆勒。他生于 1806 年，卒于 1873 年，他不仅作为一个经济学家是重要的，而且作为一个逻辑学家和作为哲学与政治学的一般著作家也是重要的。你们都应当知道在这些讲演课题之外的关于约翰·斯图亚特·穆勒的许多事情。最后，还有 J. E. 凯尔恩斯，他生活于 1823—1875 年，在某种程度上，他是约翰·斯图亚特·穆勒的学生，其著作是《政治经济学的某些主要原理》(1874）和《政治经济学论文集》(1873)，在该论文集中载有 19 世纪应用经济学的最好论文。此外，还有一本在国家战争期间写成的关于奴隶经济学的非同寻常的著作（1863）。不过，也许关于凯尔恩斯的更多论述还在后面。

现在，我想在本次讲演的其余部分同你们谈谈马尔萨斯和人口问题。马尔萨斯及其《人口论》为 19 世纪的古典经济学提供了某种轰动性的背景。但是你们不必认为马尔萨斯是写关于人口问题的第一人。有一个博学的美国人，现在去世了，名叫斯坦格兰德（Stangeland），他写了一本关于马尔萨斯之前的人口理论的书（1904），该书用 300～400 页论述了各种相对说来不太著名的人物。我已经提请你们注意坎蒂隆对马尔萨斯观点的预见，他的著名评论是，当他们超越生存水平的时候，“人口的成倍增加就像粮仓中的老鼠一样”。亚当·斯密的实际工资理论援引一种趋势，即如果资本积累下降，以致不能养活太多的人口，工资便下降到生存水平，可是这种趋势在许多年里避而不谈了。

马尔萨斯真正成功地把这个人口的课题描绘在普通的图示上。你们都应当看一下第一版《人口论》(1798)，该书是匿名出版的，但却是由皇家经济学会再版的。我不能确认它是否还在印制，但是其再版量很大，你们会相当容易地得到此书。

马尔萨斯的理论是对日益流行的乌托邦投机和乌托邦乐观主义的敌对反应的结果。这种乌托邦乐观主义是伴随着第一年的法国革命而产生的。你们有人读过华兹华斯（Wordsworth）的《序曲》(*Prelude*，1805）吗？著名的华兹华斯在他年老的时候变成了一个古板的人，他深深为法国革命早期的理想阶段所打动，他写道：

> 无上的幸福即将来临，
> 但青年是世界的主宰。（华兹华斯，1809/1982，p. 340）

从其书的标题你们可以看到马尔萨斯的态度：《人口原理：人口对社会未来进步的影响，兼评葛德文先生、孔多塞先生和其他著作家的推测》。你们都知道

葛德文（Godwin）是我所希望的那样的人。任何人都做不到他那样吗？坎道尔（Candour）始终是一个有德行的人。他是雪莱（Shelley）的岳父，又是两卷本巨著《政治正义论》（*Principles of Political Justice*，1793）的著者。该书是无政
170 府主义哲学的经典。他的观点是，如果废除法律和财产，那么犯罪就将从地球上消失，人的关系就将变得和谐，人的健康就将是完善的，人甚至将变成永生的。我将为实现这个目标而生活！

马尔萨斯在其序言中解释了他的动机，他说：

> 有一次，同一个朋友谈到葛德文先生的书中论述贪欲和奢侈，这便是本书的缘起。谈着谈着，便触及了社会的未来改善这一大问题。我最初坐下来拿起笔，只是因为感到交谈还未能尽意，想更清楚地向朋友表达自己的思想。但题目一展开，头脑中便涌现出一些以前从未有过的想法；由于觉得这一题目是大家极为感兴趣的，人们会真诚欢迎对此发表的每一个哪怕是最微不足道的见解，于是我便下决心把自己的思想整理成文，予以发表。（马尔萨斯，1798，p. i）

实际上，这位朋友就是他的父亲，一位非常慷慨、可爱的和具有古怪想法的老人，是卑劣的卢梭（Rousseau）的学生。我说"卑劣的"，不是因为我不同意他的政治观点，我同意他的政治观点，而是因为他同休谟的争吵，在这种争吵中，卢梭百分之百是错的，而休谟则百分之百是对的。

马尔萨斯的父亲是卢梭的一个朋友，当卢梭认为他在法国被迫害的时候，他便在休谟的鼓励下逃到了英格兰，马尔萨斯的父亲当时为他盖了一座平房。马尔萨斯同其父亲的关系是最令人羡慕和愉快的典范，他刚刚从剑桥大学毕业，他在剑桥大学专修数学，并且是数学学位的甲等合格者，并大抵是一个机敏的乐观主义者，这种乐观主义符合他父亲的观点，正如他们在饭后谈论坚果和葡萄酒时的观点一致那样。所以，他确定以一种系统的方式拒绝葛德文和其他乐观主义者的理论。

第一篇论文的论点——这里在各处都冠以第一——不难概括，你们中那些不愿意读完全书的人可以从第 1 章了解论点（这对我来说是基础，但是，我绕过了某些情形，假定你们从现在这个课题之外获得某些知识）。第 1 章是从诘难葛德文和孔多塞所提出的问题开始的。孔多塞，像你们已经知道的，是 18 世纪晚期法国的知识巨人之一，而且为革命操劳致死。但这里不谈这方面的问题。葛德文和孔多塞——孔多塞比葛德文温和一些——所提出的问题是：人们可以通过改变社会安排而改善其境况吗？马尔萨斯说："当前争论的重大问题是，人类究竟是从此会以加速度不断前进，改善的前景远大得不可想象呢，还是注定要永远在幸
171 福和灾难之间徘徊，仍然距离想要达到的目标无限遥远？"（同上，pp. 2-3）他说，他读了有关人类可以完善的理论，这些理论使他颇感愉快，但是他说——我引证他说的话——"据我看，改良的途中有一些巨大且不可克服的困难"（同上，p. 7）。

他开始提出两个公理：一个是平庸的，而另一个是尖刻的。第一个公理是："食物为人类生存之所必需。"第二个公理是："两性间的情欲是必然的，而且几乎会保持现状"（同上，p. 7）。那么，他为什么认为这后一个古怪的通则是必需

的呢？很简单，葛德文在他的书中——他的非常乐观的书——预见到情欲将逐渐消除。但是，如果这样的话，那么，当然马尔萨斯《人口论》第一版的定理便落空了。所以，马尔萨斯感到有必要确定他的第二个原理。

在该书的稍后——在第一章的较后部分——他说：

> 我已排除了所有纯粹的假设……某个著作家也许会对我说，他认为人类会变成鸵鸟。我无法适当地反驳他。不过，凡是有理性的人都不会同意他的看法，除非他能证明人类的脖子在逐渐变长，嘴唇在逐渐变硬，越来越往前突，腿和脚的形状每天都在变化，头发开始变成毛管。在能证明人类有可能发生如此奇异的变化以前，说他们变成鸵鸟会如何幸福，说他们跑得如何飞快，说他们将蔑视一切小里小气的奢侈品，而只采集生活必需品，因而每个人的劳动将减轻，每个人将享有充裕的闲暇，那肯定是白费时间、白费唇舌。（马尔萨斯，1798，p. 10）

等等。

好，由于假定人们接受这些公理，他提出第一个论点"人口增殖力"——我在引证他，照此下去——"人口增殖力无限大于土地为人类生产生活资料的能力"（同上，p. 13）。为什么？在这里，在阐述了如此明显的情形之后，你们设想，在不慎重考虑以合理的速度对家庭规模进行限制的情况下人类成倍增加，便非常清楚，在几千年之内人类的重量就将超过地球的重量。

但在此刻他试图做出更准确的论断。他说："人口，当不加抑制的时候，会以几何比率增加"（同上，p. 14）。然后，在他的书中（同上，p. 25）提出了算术级数"1，2，3，……"等等和几何级数："1，2，4，8，16，32，……"等等——不变的增加的倍数。

现在，如果人们可能对马尔萨斯提出一点儿批评，那是完全正确的，但那是几何级数和算术级数的一种简单对比的说明。显然，如果假定这些数字代表食物
172 成倍增加的可能性——算术级数——和人口成倍增加的可能性——几何级数，当然这个论点是非常咄咄逼人的，但这并不是唯一可以设想的几何级数。你们可以设想几何级数的性质，简单地说，它按照某一共同的乘数因子增加。你们还可以设想，这个乘数因子实际上是非常小的，结果在相当长的时期内，人口的增长便将同食品的成倍增加相适应。

当然马尔萨斯实际证明的不过是简单的收益递减规律，虽然有时人们提出质疑——坎南（1953，pp. 113-114）曾对此提出过质疑。如果对一种不变要素——土地——的收益递减规律的论述是十分谨慎的，马尔萨斯可以这样做，而无须他的伪造的数学说明，而这种伪造的数学说明使得一切追求表面化的人获得大好的机会去考虑他们拒绝基本的马尔萨斯人口论，这样，他就可能放弃这个人口论。

好，我准备给马尔萨斯以信任，因为在他的脑海里有收益递减的思想。实际上，在第二版《人口论》（1830）中，他实际应用了近乎收益递减规律的语言，而且，他后来也是发现收益递减规律的人之一。在他发表于1830年前后出版的大百科全书中的一篇论"人口"的文章（1832）中，他实际援引了收益递减规律，所以我认为，你们必须信任他，因为在他的头脑中有比这个伪造的数学说明更为基本的东西。

因此，他说，由于没有食物人口便不能增加，在某种或他种程度上，食物必然对人口施加了限制。这样，便出现了下面一段话，我给你们读一下，它是一段令人感动的话，而且是一段著名的话：

在整个动物界和植物界，大自然极其慷慨大方地到处播撒生命的种子。但大自然在给予养育生命的种子所必需的空间和营养方面一直较为吝啬。这个地球上的生命的种子，如果得到充足的食物和空间，经过几千年的繁殖，会挤满几百万个地球。但贫困这一专横而无处不在的法则可以把它们限制在规定的范围内。植物和动物都受制于这一伟大的限制性法则。人类虽有理性，也不能逃避这一法则的制约。在植物和动物当中，自然法则表现为种子不发芽、害病和夭折；在人类当中，自然法则表现为苦难和罪恶。（马尔萨斯，1798，pp. 14－15）

后来，在论文的正文部分，他阐发了这个对人类成倍增加进行限制的概念。这在论文的开头部分就提出来了。可以把它们分成两类："预防的限制"——那就是实际预防人口增加的任何事情——和第二种"积极的限制"——当人口实际存在的时候减少其数量的任何事情。但是，无论限制的技术性质如何——积极或者预防的——他认为这些限制都伴随着罪恶或苦难。结果，他继续争辩道，葛德文的"美妙的制度"（同上，p. 181），像他所称谓的，是毫无希望的。把人置于
173 最丰饶的环境之中，改变制度的所有不完善的方面——这是葛德文所坚持的，改变政府，在短期内人口就将赶上可能设想的最大的生存资料增加的比率，限制人口增加的唯一办法是罪恶或苦难。

葛德文在他的书中实际上是说，作为一种事实，人口并没有超出生存的界限。在这里，我是从马尔萨斯那里引证的。马尔萨斯引证葛德文的话："人类社会有一个原理"——他说（他，指的是葛德文），"按照这个原理，人口总是保持在同生存资料相适应的水平"（同上，pp.175－176)。马尔萨斯评论道："葛德文先生作为某种不可思议的、神秘的原因提及而未试图加以研究的这一原理，我们将看到，就是折磨人的必然法则——贫困和对贫困的恐惧"（同上，p. 176)。

好了，你们已经了解了马尔萨斯在这篇论文中加以精确的论点。它是一本比较短的书。人类的大多数都生活于生存的边缘，只有那些被赋予拥有财产特权的人才能长期超出这个边缘而生活。

这对所有充满希望的人来说，不仅仅是对葛德文，是个真正的打击。但是现在马尔萨斯并没有对已经造成的轰动感到满足。他的书是匿名出版的，但他的名字很快便传开了。他渴望扩展知识，所以他确定自己要搜集信息。他到处旅行。他在斯堪的纳维亚调查人口问题的日记（马尔萨斯，1966）最近已由詹姆斯夫人(Mrs. James）编辑并出版了。出现于1803年的第二版《人口论》——第一版《人口论》在1798年出版——实际上是一本新书。第一版《人口论》出自一个刚刚从剑桥大学毕业的人的智慧的短论。第二版《人口论》则是一本对各种统计资料和经验事实的呆笨论述的书。这样说是有把握的：如果说第二版《人口论》引起了公众的注意，是因为第一版《人口论》已经不存在了，它不会造成第一版《人口论》已经造成的轰动。

不过，理解所发生的变化是非常重要的。马尔萨斯稍许改变了他的想法——

并不像你们期望的改变那么多。坎南常说，那是因为在1798—1803年间马尔萨斯结婚了，并发现这种情形萦绕在他的头脑中，使他认为结婚既不是苦难也不是罪恶。所以，在这一版他承认第三个限制的存在，即他所说的道德约束，或慎重的限制，这不包含罪恶或苦难。他说：

> 贯穿于现在全部著作的，我尽量把此书在原理上同前者*区分开来，是关于对人口的可能的另一种限制，这种限制严格说来并非在罪恶或苦难的大标题下出现。在较晚的部分，我尽力软化第一版《人口论》的某些生硬的结论。（马尔萨斯，1803，p. vii）。

现在，你们必须认识到，就慎重的限制而言，马尔萨斯的意思不是指避孕。
174 在其第四版《人口论》中，他脱离了他的方式而不承认他提出的应当支持他认为是这种罪恶的任何事情的建议。他言下之意是推迟结婚。也许在一对青年夫妇一块儿来到这位牧师跟前向他责问禁止婚姻的要求的时候，这种思想在某种程度上就已经在他的头脑中形成了，当时，马尔萨斯这位牧师给他们上了关于人口学原理的一课，男孩朝女孩望了一眼，说："对不起，太扫兴了，亲爱的。"

但是，读过马尔萨斯《人口论》的人——另一些古典经济学家，或他们中的某些人——无论如何却情不自禁地感到兴奋。边沁已经提议采取避孕形式的慎重的计划生育。詹姆斯·穆勒（1862）更巧妙地提出存在着限制人口几何级数增长的手段，那就是把工资水平提高到人们认为合意的高度[1]——这是从另一方面的夸张。弗朗西斯·普雷斯（Francis Place）——你们可能听说过此人——你们之中研究经济史或政治史的人可能听说过他［弗朗西斯·普雷斯是19世纪30年代支持《改革法案》（Reform Act）的伟大改革家，也是19世纪20年代支持恢复《组合法案》（Combination Acts）的伟大的改革家］——弗朗西斯·普雷斯写了一本维护马尔萨斯的书。葛德文也转过来对付马尔萨斯，他写了另一篇关于人口的论文，以弗朗西斯·普雷斯认为不公平的方式抨击了马尔萨斯。但弗朗西斯·普雷斯离开他的方式，说马尔萨斯实际上不理解这个世界的普通生活中所发生的情况，并明确地建议实行慎重的计划生育，由此导致了另一篇关于生育习惯的文献。

年轻的约翰·斯图亚特·穆勒像他父亲和弗朗西斯·普雷斯向他解释的那样解释了马尔萨斯，在他的《自传》（1873，p. 105）中说，马尔萨斯所阐明的人口原理并没有成为悲观主义的一个原因，而是，像我引证的，希望的"一面旗帜"。我还要说，你们不能简单地理解19世纪的古典经济学家对社会改革和一切改革的态度，除非你们认识到他们对待人口问题的态度如何。

好，但事实上，那是政治经济学的历史，而不仅仅是经济学的历史。然而，在经济学中承认人类无须生活在生存的边缘——当然，生存的边缘是亚当·斯密提出来的，当时亚当·斯密提出，如果资本的增加快于人口的增加，资本就能按照远远高于生存限制的工资维持人口。只要资本继续积累——那就是说，按照分析理论，真正的长期工资限制，听其自然，并非生理学的生存限制，而是精神的

* 指第一版《人口论》。——译者注

生存限制——对于确切地形成精神生存限制来说，这是一个更为复杂和困难的问题。

175 但是你们应该看到，在马尔萨斯攻击人的完善性*的同时，他还准备实行他的那种道德限制——计划生育、避孕。马尔萨斯认为避孕是罪恶，但詹姆斯·穆勒和围绕在他的圈子里的人不这样认为——废除法律和财产的思想没有被放弃。相反，人们认为法律结构，包括涉及财产的法律结构，提供了对于某种或他种限制人口的激励。而且在我说你们不能简单地理解经济政策的古典理论（除非你们在思想上以这种对马尔萨斯的解释来阅读古典理论）的时候，在我的头脑中就已经有了这种思想。

现在，我想我所说的话足以使你们承认，熊彼特，在这里他像他常常解释该时期的英国经济学家那样，在他说人口理论是对19世纪古典经济学的基本分析的异化的某种东西的时候，是错误的。同亚当·斯密一起，人口理论提供了基本的背景。但你们不必认为马尔萨斯及其《人口论》的重要性仅限于经济理论或经济政策理论。你们必须记住，尤其是记住阅读马尔萨斯的《人口论》，该书曾说服达尔文，使之变革了他的基本原理。既然达尔文的理论是比也许除了哥白尼的任何人的理论都更多地改变了我们关于人类及其命运的概念，你们就不能认为马尔萨斯的《人口论》仅有一种微不足道的影响。

关于马尔萨斯还没有讲完。在明天的讲演中我还将讨论他，届时我们要讨论地租理论的演变以及他同李嘉图的争论。在我们讨论一般均衡理论的讲演中还将提及他。可惜的是，马尔萨斯的更多的科学著作读起来是枯燥无味的，不仅第二版《人口论》如此，而且《政治经济学原理》（1820）也是如此。在你们了解马尔萨斯的要点之前，你们必须用毛巾擦擦脸，使自己振作起来，在长时间内保持清醒。不是说马尔萨斯缺乏普通的观念，像我们明天接触货币的争论时可能看到的。虽然李嘉图能够拒绝他的逻辑，但马尔萨斯在争论中对通货地位的评价显著地胜于也许能够归因于其他古典经济学家的评价，后面将更多地加以论述。

明天我试图给你们粗略地解释一下古典价值论和分配理论的演变。以后将较为详细地说明价值理论和分配理论的各种细目，这必须在下下周进行了。

注 释

［1］参见 James Mill（1826，chap. 2，section 2），重印于 Mill（1966，pp. 228 - 44，esp. pp. 242 - 43）。

* 即认为人是不完善的。——译者注

第 18 讲　价值和分配——历史根源：分析（Ⅰ）

176 在这一讲我将给你们一个关于古典观点形成，或者关于价值和分配观点形成的粗浅的评论。我提醒你们，在这一讲我无法讲完这个课题，我将要做的是向你们简要地说明这种观点是如何在小册子文献和确定的政治争论中形成的。我希望，如果我做完了这种说明，我准备系统地考察每种主要的理论，这要花费一些时间，并将比我迄今为止所论及的任何事情都需要更精致的分析。

现在，我要按照关于对谷物出口施加控制的争论向你们做这种历史解释。像我们将要看到的，这个争论形成于拿破仑战争结束时期。让我提醒你们，按照霍兰德（Hollander，1979）教授的研究，这个解释略微肤浅一些，而霍兰德教授的研究成果只是最近才问世。霍兰德教授认为，李嘉图在对把分配理论应用于《谷物法》争论变得感兴趣之前，其头脑中便有了他的分配理论，而且他提出了一些非常有趣的适合于李嘉图和马尔萨斯之间的例子，现在受惠于斯拉法（Sraffa）先生的工作，这些例子使我们重新提炼那个观点。我不想去解这些神秘的谜团，我提议给你们做一个同这种争论相联系的某些情况的相当直接的说明。

现在，你们应当知道当时的历史背景，可能你们已经知道了，这就是拿破仑战争断绝了来自国外的谷物供给。这就意味着物价提高。在 18 世纪较早的时间里，从 1711 年到 1794 年，小麦的价格从来没有超过每夸脱 60 先令，但到 1795 年米伽勒节（Michaelmas），每夸脱小麦的价格达到 90 先令；在 1801 年的天使报喜节（Lady day），每夸脱小麦的价格为 177 先令，从 1808 年到 1813 年每夸脱小麦的价格从没有降到 90 先令以下。如果你们对这些统计资料感兴趣，可以查看坎南《生产和分配理论》(*Theories of Production and Distribution*，1924）的第 148 页[1]，他是从图克（Tooke）那里获取统计资料的，但图克并非总是完全可靠的。

你们不要认为小麦价格的所有这些上涨都是由于隔断同国外进口的特殊环境造成的。正如我们将在下次讲演时看到的，当时还存在着持续的通货膨胀。不用说，农产品跟其他商品一样服从通货膨胀。但是由于战争而中断的谷物进口起到
177 了它的作用，结果造成谷物价格提高——我是在包含小麦、裸麦、燕麦等一般意义上应用谷物一词的——这种价格变化的结果是出现耕种面积的扩展。另外，如果你们读一下坎南的早期著作《生产和分配理论》(1953，p. 118)，你们将会看到一个用以表明小麦的平均价格和圈地法数量之间相互关系的表格——一种粗略的相互关系。你们之中那些来自国外的人应当知道，存在着公用的土地，由那些普通人为了拴他们的牛等而使用，逐渐地，从伊丽莎白统治以来，他们便服从圈地，而且拿破仑战争时期的高物价使这种圈地大大加速了。

农业社会以不安的心情预期了战争结束后的结果。农民们处于一种惊恐的状态，担心互相封锁的解除将意味着来自国外的进口，比方说来自波兰和其他国家的进口使业已提高的谷价下降，在那个时代波兰是一个巨大的小麦来源地。人们根据农业的利益——农业生产者、土地所有者和农场主，以及可能是有利于农业劳动的工匠的任何人的利益——争辩道，保持农产品的高价是国家利益之所在。如果不维持农产品的高价，那么种植谷物的耕地就将闲置，结果将出现前所未有的谷物巨大短缺。所以国会上下两院都任命了维持较高谷物价格的委员会，他们搜集证据以表明最近投入耕种的土地所需的耕种费用更高，因此，如果谷物价格下降，将使这些耕地再度荒芜。

好了，这些事实——它们的确是事实——对于重征关税的反对者具有非常重要的意义。如果他们能够表明，第一，在农业中增加资本的投资效率递减；第二，谷物的价格在某种程度上决定于生产中所应用的劳动数量，那么他们就可以认为，这种基本食品价格的最近上涨是由于耕种的扩展和随之而来的生产我们称之为“边际”蒲式耳所必需的劳动的增加。这样，他们便认为，把投资转向国内的农业并放弃从国外进口较为便宜的谷物显然是毫无结果的。

有四个定理从这个讨论中脱颖而出——这些定理在某些方面是遵循亚当·斯密的；在某些方面则认为亚当·斯密尚存疑问；而在另一些方面引入了一些亚当·斯密尚未考虑的成分。所谓的农业收益递减规律几乎是由某些证人在上议院委员会之前形成的。农业收益递减规律，在均衡状态，我认为——对于你们之中对这个课题感兴趣的研究生来说也是一样——是两个委员会更感兴趣的。由于读到了这些证人的证据，李嘉图和一个迄今我尚未向你们提及的人，爱德华·韦
178 斯特（Edward West）——在东印度公司就职的高级职员，并在 19 世纪 20 年代写了一篇关于货币以及所有与货币有关的事情的非常有趣的论文——为向国会委员会提供的证据的含义所打动，差不多同时在其理论中突然增加了这个内容。斯拉法在其为李嘉图著作写的导言中重新以李嘉图的手制作了一个铭文，说他的小册子是在韦斯特的小册子出现之前写成的，由于李嘉图是上帝一直认定的最有信誉和正直的人之一，我们必须相信他的证明。

但是，我要向你们引证韦斯特的论文。这篇论文的题目是《论资本对土地的适用性，兼及显示对谷物进口的巨大限制的含义的观察》（*An Essay on the Application of Capital to Land，with Observations Shewing the Impolicy of Any Great Restriction of the Importation of Corn*，1815）。你们注意论文的题目是温和的。在他的某些追随者感到震惊的意义上，李嘉图也是温和的，因为他认为迄今为止在农民身上一直存在特殊的负担，抵消那些负担的微小的关税可能是按照谷物进口而获得的，但这对于他的体系来说完全是偶然的，从今以后我将不会提到，除非李嘉图提出反对进口限制的强有力的论点。

让我给你们读一段韦斯特小册子里的话。韦斯特的小册子在两位经济学家*的著作中可读性更强。你们将记得，李嘉图总是说他是一个股票经纪人，没有受过系统的教育，虽然他的著作（偶尔是晦涩的）在人们的头脑中是非常生动而经久不息的。但是韦斯特的著作具有清晰解释的性质，虽然像你们在下次或再下次讲演中将看到的，他没有进行分析性区分，或者他完全没有认识到这种分析性区分，而这种分析性区分是相当重要的。他说：

> 每个实际增加的应用于农业的劳动数量都获得一个实际减少的收益。当然，如果劳动的每个相同的增加量都获得一个实际减少的收益，那么应用于处于改良进步中的农业的整个劳动，便获得一个实际下降的比例收益。（韦斯特，1815，pp. 6－7）

现在，你们看到，在这段话中他已经说明了平均收益和边际收益之间的区分。他没有认识到的是，平均收益额和边际收益并不是暗合的，在例外的情况下除外。我需要在黑板上画一条奈特曲线（Knightean curve）向你们显示这种区别吗？好，韦斯特已经阐明了收益递减规律，虽然他没有区分平均收益和边际收益分别从哪一点开始下降。

在讨论中出现的第二个理论当然是劳动价值论。现在，像我无须提醒你们的，亚当·斯密在其海狸和鹿的所谓寓言中否定了劳动价值论。亚当·斯密说，在发生土地占有和资本积累之前的原始社会状态，劳动的数量是决定一种商品借
179 以同另一种商品交换的比率的条件。市场价格可能波动，但市场价格将趋向于由无技能劳动数量的比率所指明的正常价格。然后他进一步定义这种正常价格，而当他论及资本积累——有用的机器和工资品的积累，等等——土地所有者（他们爱好获取其他人播种的地方）占有土地的时候，他的价值理论便经历了某种变化，他不再关注劳动数量；所关注的是劳动价值、应用资本的价值——利润和应用土地的价值——地租。

现在，对李嘉图和他的朋友来说，由于按照其新发现的收益递减规律考察价格的上涨，亚当·斯密用正常价值生产成本理论代替他的劳动价值数量理论的这种替代，似乎有一个坏的变化，这在今天是绝对清楚的。虽然你们在较近的文献中没有发现它。例如雅各布·霍兰德（Jacob Hollander，1910），他同萨姆·霍兰德（Sam Hollander）没有关系，在其对李嘉图一生及其贡献的美妙的评论中

---

* 即韦斯特和李嘉图。——译者注

认为，李嘉图仅仅逐渐正确地设想了这种必须对劳动价值论所做的修改。但我们现在知道，在较早阶段他并没有设想过这种修改，而且他说过，它们是不重要的，这导致乔治·斯蒂格勒（George Stigler，1958）称之为——它是什么？人们还记得它吗？92.5%或93%的劳动价值论。

因此，无论如何，李嘉图和他的朋友接受了海狸和鹿的寓言所寓意的理论。由此，如果你们浏览一下李嘉图的《论降低谷物价格对资本利润的影响》，你们就可以看到这个含义。我不完全确认是否萨姆·霍兰德同意我对其两个体系之间对应关系的发现方面的看法，但我仍然倾向于把李嘉图的《论降低谷物价格对资本利润的影响》（同韦斯特的书一起在1815年出版）看做是古典经济学这个部分的伟大的基本著作。在这里也有批评的段落，我将读给你们听。这是《论降低谷物价格对资本利润的影响》里的话，不是摘自《政治经济学及赋税原理》*：

> 一切商品的交换价值都随着生产困难的增加而上涨。因此，如果生产谷物时，由于需要更多的劳动而发生新困难，而生产金、呢绒、麻布等等却不需要更多的劳动，谷物的交换价值同这些东西相比，就必然要上涨。反之，谷物或其他任何商品，其生产的便利程度增进，可以用较少的劳动提供同样的产品，则其交换价值降低。（李嘉图，1815，p. 16）

现在十分清楚，虽然如果你们读一下《原理》（1817），你们将发现更难以解
180 开纠纷，因为《原理》中的李嘉图理论不仅涉及价值变化的原因，还涉及价值尺度。而对于价值尺度，直到其生命终结，他都在以某种方式进行无结果的探讨。在《原理》中，经过多方斟酌之后，他假定这个尺度是一种不变的真金，但在《论降低谷物价格对资本利润的影响》中，这些秘方虽然相当重要，却没有强迫人们接受它们。

这样，在我给你们读过的这段话之后，他进一步争辩道（同上，pp. 17 - 18），耕作方式的改进会降低谷物的交换价值——现在我们遇到一个争论之点——由于进口国外优等土地的产品很可能促使国内的改进，禁止进口便等同于禁止改进（同上，pp. 20 - 25）。也许我是在这个方面有点儿误导的意义上应用“优等”（superior）这个词的。我认为你们应当代之以“较便宜”（cheaper）这个词，虽然在我即将论及李嘉图的国际贸易理论时我将告诉你们我这样做的原因。所以，禁止进口等同于禁止国内改进。现在，你们有理由比较收益递减规律和劳动价值论。

地租理论和利润理论也是这些讨论的结果，间接地说，也是一种工资理论的结果。让我们稍微严密地考察一下借以阐发它们的方式。

首先说地租理论。在18世纪之前的较早时代，高地租被看成是一种繁荣的信号。显然这是由于这样的事实，即在那些时代，统治阶级，寡头政治的执行者，整个说来是由土地所有者构成的，而且他们及其辩护者们感到地租高是表明国家做得颇为合宜的信号，而低地租则被看成是国家走向破产的信号。这些观点并没被早期的理论讨论所否定。重农学派认为增加纯产品，即由农产品（和矿产

---

* 以下简称《原理》。——译者注

品）构成的纯产品是经济政策的目标。他们还加上，你们必须永远不要忘记，他们认为所有的税收都落在纯产品身上。而亚当·斯密并不认为土地所有者的利益同社会的利益对立。他做这种论断的理由并不是绝对清楚的，考虑一下他所说的，土地所有者，像所有的其他人一样，喜欢掠夺他们没有播种的地方（斯密，1776，1：51）。但确实，如果你们阅读了亚当·斯密书中的关于地租的非常长的一章，你们并没有发现占有地租是一件坏事——远远高于商人和制造业者的利润和利息，而一些无知的人却想象他是商人和制造业者的辩护者。

但是由于《谷物法》的争论，这件事情变得突出了。李嘉图和韦斯特考虑了收益递减规律和与之相关的所有事情，与此同时，马尔萨斯出版了书名为《地租本质和发展的探讨》（1815）的小册子。这是一本有趣而有启发性的书。马尔萨斯的另一本小册子，实际是为《谷物法》辩护的（1814），更是一本在众多为
181 《谷物法》辩护的文献中的最有知识的辩护的书。相当值得阅读，值得阅读他和李嘉图的争论。但在《地租本质和发展的探讨》（该书更多是一部理论著作）中，他认为地租的存在是由于下面三个原因：

1. 土地生产超过耕种花费的剩余；
2. 这个剩余在长期总是创造新的需求——他的人口论的论点；
3. 大多数肥沃的土地是稀缺的。（马尔萨斯，1815，p.8）

因此，由于这三个原因，地租被看成是具有有利的性质——一种有利的社会制度。

而这对李嘉图则完全没有吸引力。如果你们阅读了一些浅薄的书，你们将发现这些书把李嘉图描述为股票经纪人的辩护者，但在当时李嘉图参与了这个争论，他至少在很多情况下是一个土地所有者，又是一个股票持有者。实际上，在李嘉图致马尔萨斯的一封信中他说他完全不知道如何按照那些条件来评价财产。他是一个富人。粗略地说，他白手起家，也从来不沉迷于冒险投机，他幸运地积累了75万英镑的财产，这在那个时代是一笔巨额货币——比我们时代凯恩斯积累的多得多。粗略地说，凯恩斯留下了100万英镑和一些画，当然，这些画现在可能更有价值。

但是李嘉图出于理智的原因而反对高地租，他认识到马尔萨斯的第三个原因——大多数肥沃土地的稀缺性——是马尔萨斯收益表的含义。所以他在他的小册子《论降低谷物价格对资本利润的影响》中争辩说，马尔萨斯的第三个原因是可以对地租负责的。如果土地生产了一个无限的剩余，而这个剩余总是创造新的需求的话，那么土地能够生产超过耕种花费的剩余的事实并不意味着地租应当存在。这对于李嘉图来说也过于教条了，他认识到剩余不一定总是创造新的需求。地租仅仅是由于——一段著名的话——在提供肥沃土地上的自然的吝啬而支付的，而且，地租仅仅由从投资者转到土地所有者的利润构成。他说：

> 如果一切土地都具有同样的性质，如果土地在数量上是无限的，在质量上是相同的，那么，对土地的应用就不能支付费用了，除非在土地具有特殊位置的优点的地方。……仅仅由于土地在数量上不是无限的，在质量上不是相同的，才总是对应用土地支付地租。（李嘉图，1821，p.70）

在这里你们了解了李嘉图关于地租根源和原因的理论。

但是，这不是李嘉图地租理论的全部。由于已经表明地租是贫困而不是富裕
182 的指标，李嘉图试图继续通过一个复杂的论点来表明这个思想。这个论点是说，土地所有者的利益总是同社会的利益对立的。无论如何在短期，按照这个论点，他认为累进的进步，或者准许生产便宜的谷物，总是减少地租。你们已经从我向你们读的东西中看到他如何把改进*同生产便宜的谷物加以比较，他以不寻常的雄辩强调这一点。他说：

假使土地所有者的利益关系那样重大，以致使我们对于按低价进口谷物而产生的一切利益一概置之不顾，那么，我们对农业和农具的一切改进也应当禁绝。因为，由此可以同样肯定的是，谷物会跌价，地租会削减，土地所有者的纳税能力，在一个时期，由于这种改进所受到的损害至少和由于谷物进口而受到的损害是一样的。那么，为了保持一致性，

——他说，提高他的雄辩术——

不妨在同一法令中制止改进，禁止进口。（李嘉图，1815，pp. 49－50）

这样，土地所有者是为人瞩目的。然则，资本家的利益如何呢？

这把我们带到利润理论。关于利润理论我要说的，我提醒你们，是极为肤浅的；我在下周将用一半的讲演来论述利润理论。但在我进入分析的细节之前，我想给你们讲一下《谷物法》有争议的方面。

李嘉图认为，最终工资趋向于生存水平，虽然他那时已经认识到生存水平是一个精神上的生存水平，不是一个物质上的生存水平。在下次讲演时我还将回到这一点上来。按照李嘉图的看法，利润是一种剩余——是在支付了工资、地租之后留下的某种东西。所以，如果由于扩展耕种的边际而增加谷物的花费——而且在边际上，他显然认为土地更不肥沃，或者在一块较为肥沃的土地上增加投资的时候，这块土地的边际收益下降——如果谷物花费较多——按照劳动价值论和收益递减规律——工资必然提高，结果留给赚取利润者的利润数量必然下降。就是说，对赚取利润者的影响是同土地所有者的利益对立的。对于土地所有者来说，禁止谷物进口可能是合意的，因为禁止谷物进口使谷物昂贵，结果工资必然提高，从而留下作为利润的数量必然减少。

但是，你们还必须进一步加深对这个问题的认识。李嘉图连同斯密，认为赚取工资者的利益是通过积累培育起来的，而积累主要来自利润。他希望不接近静止状态（stationary state）。霍兰德教授证明，李嘉图认为距离这种静止状态可能
183 是很远的。他希望主要来自利润的积累将超越生存工资而继续下去，并因而提高工资。他希望经过足够长的时间劳动者将养成花费的习惯，结果——这是一个现代的用语，但是我必须用它来清楚表达我的观点——精神的生存水平将提高。

好了，我想我还有时间来论及收益递减规律，而关于收益递减规律你们在现代经济理论中听到如此之多，以至，我想，我可以假定我能很快地略过去。

* 农业技术和农具。——译者注

古典经济学家从整体上说倾向于把收益递减规律限定于农业，他们认为收益递减规律是同制造业的收益递增规律对立的——毋宁说是错误定义的，并不总是诉诸市场程度的，像斯密所做过的那样。但是在现代则强调韦斯特的边际收益和平均收益的区分，而且奈特生产函数表明总量收益增加到一个最大化的总量，然后，该曲线的拐点表明边际收益开始下降，总量收益曲线的切点则表明平均收益开始下降。这是你们所知道的。

再者说，在现代——而且这在现代以前便开始了；在某种程度上，你们在西尼尔那里就已经发现了这种生产函数，但必须把它看做是现代经济分析的巨大形象——以生产函数的形状来把收益变化的规律一般化。如果你们愿意的话，你们可以画出一个简单的三维生产函数，并以这种方法从中得出大多数生产函数。生产函数是从埃奇沃斯（Edgeworth，1911）函数推导出来的，借助于他的随和的方法，即把一个推动房子的漫画小丑插入其分析。关于这种分析方法的谈论并不总是非常清楚的，因为是一个漫画小丑，第一，一单位——这是一句非常普通的话——一单位的土地同数量递增的资本和劳动结合起来。埃奇沃斯提出，为什么不倒转病人和药剂量之间的关系，不把一单位的数量不变的劳动和数量变化的土地相联系呢？第二，你们还将获得一个粗略地说是同类线性曲线秩序的生产函数。

第三，在现代，最初的收益递减规律是补充进来的。19 世纪的古典经济学家在补充收益递减规律上并不是成功的，亚当·斯密也曾以其对市场程度的强调来补充其对分工的论述。古典经济学家和在马歇尔领导之下的新古典经济学家全都由于尝试把递增收益的概念应用于二维图式（显示作为两个变量的递增收益曲线）而搞得一团糟，正如阿利恩·扬（Allyn Young，1928）所指出的——在我谈论亚当·斯密的有关章节的时候，我再同你们谈论这一点——全社会的递增收
184 益是互不相属的产业和日益增加的分工的函数。

今天关于争论的收益递减方面的情况就谈这些。下次讲演我将深入挖掘古典价值理论和分配理论及其修改的秘密，而且届时我将比以往更多地谈论凯恩斯。

注释

［1］也参见 Cannan（1953，p. 117）。

第 19 讲　价值和分配：分析（Ⅱ）

185　在上周我的前一次讲演中，我试图解释关于价值和分配的广泛原理如何在特殊的政治争论——这种争论关系到对谷物进口重新施加限制——过程中被援引。我提请你们注意韦斯特的收益规律的非常精确的陈述，但是我主要集中在李嘉图的《降低谷物价格对资本利润的影响》上，该文把话题渐渐引到他成功的结论，即廉价进口的影响，在这种情况下，严格说来类似于改进的影响，因此为了保持一致性，如果这是一种思路的话，迫切的是，我们应当禁止改进和进口。当然这是他谴责和讽刺的直接意图。之后，在这次讲演的最后五分钟，我指明了各种所谓收益规律借以表现的方式，农业中的收益递减规律，像许多古典经济学家所称谓的已经被扩展了，并按照更为现代的发展重新形成和修改了。

我想在今天谈论，可能明天也谈论，关于价值和分配问题——这不是上一次的讲演，不是吗？上一次的讲演仅仅是一次而已。在这里，我将主要集中在李嘉图身上，这不仅是因为研究李嘉图比研究其他在这个课题上的著作者更为困难，而且还因为，不管李嘉图的结论正确与否，这是一个有争论的问题，他更为深刻，更值得你们绞尽脑汁来思考——虽然研究他可能是困难的。

我讲这些话是为了提醒你们，不必把李嘉图看做是这方面的典型人物。近年来关于古典体系的范围尚有争论。广义的古典体系，像我在上周定义的，保留了李嘉图的影响。有一些人理所当然地应该得到奖励，因为他们采取严肃的态度，认为李嘉图的影响尤其是在 19 世纪 30 年代已经开始减弱了，你们已经知道的西尼尔和麦克库洛赫在某种程度上已经脱颖而出，还有约翰·斯图亚特·穆勒，其所做的解释确实不同于李嘉图的解释。整个说来，我认为那是一种过分夸张的观点。我想，李嘉图的思考习惯和提出的问题继续对人们产生影响，例如，对托伦斯的影响。我不期望你们对托伦斯了解很多，但是他是在 19 世纪 30 年代以后被那些强调李嘉图最小影响的人引证的人之一。在一次政治经济学会议上他说："哎呀，有多少人离开李嘉图体系?"这大约是在 1830 年发生的事情。但是在 19
186 世纪 40 年代，在那本珍贵的书中，搜集了他的论货币和论其他问题的小册子，托伦斯（1844）收回前言并说，他对李嘉图的批评是错误的，他所做的这种表示，在任何其他人看来是一个不寻常的谦恭的道歉。在其解释上，托伦斯是有点儿夸张的，关于其早先对李嘉图的批评他确实是一败涂地了。

我认为李嘉图的影响是长久的，而且像你们在下个学期（届时我们将接触到早期的现代资料）将看到的，毕竟李嘉图对马歇尔有巨大的影响。人们研究了李嘉图对马歇尔产生的各种影响，他们这样做是正确的。偶然地，他们将发现马歇尔阅读了无名著作家的著作。但是肖夫（Shove）是正确的，他在马歇尔百年诞辰时写了真正有权威的著作，该书以各种论文的形式重印。肖夫（1942）当然是正确的，他认为马歇尔是从试图把约翰·斯图亚特·穆勒和李嘉图的著作翻译成几何学或数学开始的。

这样，我在这次讲演和下次部分讲演中所讲的，无论如何，主要是关于李嘉图的。有大量的资料是你们所不知道的，特别地说，有些资料是你们没听说过的。

什么是李嘉图所阐发的古典价值理论和分配理论呢？它不仅仅是简单的劳动价值论。我说过，在李嘉图关于《谷物法》的论点中应用了劳动价值论，但是同某些权威，例如，同雅各布·霍兰德和坎南相反，在相当早的阶段李嘉图便认识到简单的劳动价值论——他非常愿意维护这种简单的劳动价值论——并不像人们想象的那么简单。这就是我们为什么必须走进这种劳动价值论的原因。并不是把劳动价值论搁置起来不用，像复活亚当·斯密的海狸和鹿的寓言那样。

好，让我们首先注意在这个方面某些同李嘉图及其追随者共有的基本特征和假设。首先，注意劳动价值论确定地排除了效用作为一种决定的要素，像普通所理解的。我不否认拥有效用对于价值来说是基本的，我所否认的是效用和价值之间的数量联系。在这个方面，李嘉图遵循了亚当·斯密的著名的价值悖论（paradox value）。这个价值悖论是通过比较水的效用及其价值和金刚石的效用及其价值而陈述的。现在，斯密是否认为那是关于这个课题所说的最后的话，也许是一个有争议的问题。在近年里，在马里安·鲍利（Marian Bowley）教授写的一篇著名论文（1973）中仔细研究了亚当·斯密思想的复杂性。但李嘉图确实没有超出效用是价值的本质的事实来思考效用。

其次，在这里我无须细说，用马歇尔的术语说，本质上要求一种长期价值理论。长期价值理论并不宣称（不只斯密，任何人都宣称）市场价格总是符合长期价值的。长期价值理论仅仅强调，在某些条件下市场价格趋向于正常价格或长期价值。

187 现在，在这一点上，我必须详细阐述李嘉图不否认供给和需求影响的事实。熊彼特和其他人曾经指责李嘉图否认供给和需求的影响。我有限制地说，虽然我认为做这种指责的人表明他们没有认真地阅读李嘉图的著作，但我还是有限制地说，李嘉图自己在某种程度上是负有责任的，因为他认为供给和需求的影响是当然的，而且在他的书中实际上有一章他或多或少以他的方式说，那些说在其他条件给定的情况下价值由供给和需求决定的人，是非常浅薄的。但事实是，当李嘉图在这个问题上受到挑战的时候——例如，马尔萨斯对他的挑战——李嘉图是感到悲伤的：人们怎么能认为他没有强调供给条件的重要呢？人们怎么能认为，按照他的观点，生产成本（无论如何已经解释过了）不通过其对供给的影响而在市场上起作用呢？他不止一次地说到这些。在其《关于马尔萨斯的笔记》（*Notes on Malthus*）中有一段著名的话，萨缪尔·霍兰德（Samuel Hollander）教授也给你们指出了几段话。

但是，在什么条件之下李嘉图认为有某些所说的情形——注意我的话：某些所说的情形——适合于劳动价值论呢？这些条件是值得明确阐述的。首先，劳动价值论不适用于供给是刚性的制品，或者，无论如何不能增加的制品。如果你们认为一些东西的供给刚性是向上的，例如，除了伪造的东西，你们可能想到古画。古画可能被损坏了，但是某些人手上握有其他人所不能拥有的拉斐尔（Raphael）油画，在20世纪却增加了。当然，李嘉图认识到有许多那种制品。其次，劳动价值论不适用于纸币。它如何能够适用于纸币呢？再次，劳动价值论也不适用于垄断产品。最后，而且在李嘉图体系中最重要的是，劳动价值论不适用于进入国际贸易的产品。为什么？因为进入国际贸易的产品来自不同的地区，在这些地区之间，要素服务、劳动和资本是不流动的。结果这些商品的市场价格可能包含一个地区的显著的盈利性，而且由于劳动不能在其他地区流动，它不能无限地相乘。更多的东西以后再讲。李嘉图是国际贸易比较成本理论的创始者之一，而劳动价值论（像李嘉图阐发和证明的）在某种或他种意义上基本是绝对成本理论。这就是说，李嘉图试图加以精确的劳动价值论，用一句话概括，假定了资本和劳动的基本而有效的流动性。

在承认这些假设条件的情况下，李嘉图认为劳动价值论，对于某些意图来说，是一个足够良好的近似。但现在让我们考察一下困难，并让我们考察一下这些困难在今天向我们呈现它们自身的情况。假定所有的劳动在质量上是相同的，
188 对工作的支配在数量上在不同的劳动者中间是相同的，那么，像在亚当·斯密的海狸和鹿的寓言中那样，劳动价值论是完全正确的。如果生产函数是一条直线，你们在这个基础上计量生产一种商品所包含的劳动量，并根据 y 轴计算生产另一种商品的劳动量，如果收益不变，那么生产函数就是一条直线，而且给出相同的价格比率，无论你们的无差异曲线如何，都将同这条直线相切。但那毕竟是一个非常、非常有限的范围。从理论层面上说，李嘉图可能认为——我不认为在现代世界中他会成功地论证，但在他的时代他可能成功地论证——这对于我意欲应用它的结论是一个良好的、充足的近似。

但它是一个非常、非常有限的理论例证。首先，让我们考虑一下亚当·斯密在精确阐述海狸和鹿的寓言的时候曾经考虑过的一些因素。一旦有了不同的精神的经验，在观念上便会不同，在某种或他种意义上，它们是不相等或不等同的，那么，正常的交换比率便并非必然等于纯粹的劳动数量比率。例如，如果猎取鹿

是一件非常、非常惬意的职业，甚至在今天对于许多男子来说也是如此。如果抓捕海狸要站在齐身的冰水里，那么你们将期望捕捉海狸的回报更多。即使没有同生产海狸和鹿相联系的惬意或不惬意。斯密认识到的，也是被所有的古典经济学家认识到的，但他们置若罔闻，你们看——这话说得太明显了。

但是，在先进的社会存在着必须面对的三种困难。首先，劳动的质量不同，完全不用说与不同职业的劳动之间相联系的精神的差别——技能的差别。现在，假定你相信18世纪的光辉信条，即认为，仅仅在动物的环绕之下，人类在潜能上是完全相同的，一切技能、勤勉等的差别来自家庭、教育等的影响。当然，你们可以把问题看做是部分地解决了——并非总体地解决，而是部分地解决——因为把不同种类的劳动差别看做是由于不同种的投资差别。对这个观点，你们可能感到满意，但我不认为我们可以对它满意。人们的潜力是有差别的。我们不知道这种潜力的差别有多大，像我以前说过的，那些自称他们知道这种潜力差别的人通常为他们的自以为是而应用它——这是一种价值判断——目的简直是恶劣的。

好了，首先存在劳动质量的差别，这种差别需要解释，除非你们抱有乐观的18世纪的观点。其次存在包含土地数量的差别，最后存在资本数量的差别。

189 那么，这些困难是如何被李嘉图，我大胆地谈论它，以及在某种程度上被马克思和其他人碰到的呢？迄今为止所涉及的是劳动质量的差别，而它们基本上是被人们忽略的。人们说，劳动决定于市场上的讨价还价，但那当然是流通的原因。如果你们试图根据并非价值的某种东西，按照某种东西的数量来解释价值，这就没有应用引起价值的原因来解释价值。李嘉图表明对此稍有认识，他说过工资差别变化非常缓慢，它们或多或少在长时期里保持不变。那实际上并不是非常令人满意的；它表明了某种不安。马克思说，这些差别决定于在劳动者背后进行的社会过程。但是，我想，他的意思跟李嘉图所表达的意思差不多。

涉及土地的困难则以一种错误来回避——在这里，我可以说是生活于教条主义之中——以一种在很长的时间里坚持，并仍然以不同的形式逐时期地表现它们自身的错误来回避。由于达到无地租的边缘，由于资本和劳动的应用达到边缘——内部边缘和外部边缘——便没有地租，在这种情况下，人们便认为可能不考虑土地不同数量的影响。在古典时期，这被看做是一种“初学者难解的问题”。某个贫困的企业家重新露面并说道，“在我计算我的盈利和亏损账目的时候，我必须把地租成本纳入我的考虑。”他作为一个十足的庸人，将不予考虑。他不理解地租没有进入生产成本——这是不值得一谈的。

奇怪的是，如此多的聪明人也这样看问题。当然，假定你们可以考虑“完全特殊”的土地，这里的“完全特殊”一词是就其技术意义而言的——那就是说，土地仅有一种用途，而且仅仅用一次，没有选择——这样，土地便没有机会成本。你们可以把应用土地的地租看做是一种剩余，而不看做是任何意义上的成本。但是在这个意义上必须寻求特殊性，因为它也含有时间、地点和占有的特殊性。它仅仅是在理论上起作用的东西。从理论上说，而且就某些目的而言，你们也许会把全部土地看做是特殊的用来生产谷物的。你们仍然远离实际，但那却是李嘉图和李嘉图学派借以打算考虑这个问题的思路。而且甚至马歇尔也许同情李嘉图等人的思路，以那种思路考虑为他们辩解。

但是，暂时回到实际，仅仅考虑某些不同的农产品。例如考虑一种果树，为该果树栽植、护理和剪枝所需要的劳动量和另一种果树所需要的劳动量一样多。但是它的根扎在比较狭窄板结的土地上，而另一种果树如果是繁茂的时候，则必须占据三到四倍的土地。你们不能考虑不同种类的水果按1∶1的比例交换。你们将种植后一种其根广泛延伸的果树所使用的土地看成种植前一种果树所没有花
190 费的成本。所以，在这里形成了现代认识，为了所有的意图，不使土地的应用达到无地租的边缘。这恰是一个敏感的问题，应用我上次应用过的术语——埃奇沃斯术语——病人和药剂之间的逆向关系。

如果你们达到了无地租边缘，你们可以从成本中消除地租。在这里（参考图19.1）我们把劳动应用于固定的土地上，以与横轴平行的直线表示工资，因此总工资额由这个矩形的面积来表示，地租，作为差额剩余这时过大。但你们现在考虑一块数量不变的土地上的劳动变化。然后把土地数量看做是同质的，你们得到某些东西，但同样的几何形式却有不同的价值，这时工资作为差额剩余，地租则如矩形的区域所表示的数额。这种情形是一个方法——从成本中消除地租，正如你们可以很容易地消除工资一样。在理论层面上——也许不是经验的，而仅仅是理论上的——你们恰好是头足颠倒了，因为你们把引起地租的原因看做是出自对土地数量的考虑，你们从数量出发——你们在以劳动数量运作，那是劳动价值论的本质——你们进入了土地价值的范畴。没有人说在大多数的各种生产中应用土地的数量不影响相对价值。李嘉图想出这种从劳动和资本的数量排除土地的程序的唯一原因是他想把注意力放在所出现的这种事情上。

从纯理论——几何学和代数学等——的层面上讲，对于李嘉图所讨论的某些事情来说，这可能是将大多数土地（不是全部）用于一般农产品生产的粗略估计。你们看到，这是一个极为可怕的简单化。但是在那种情况下，你们也许能把土地看做是特殊的农业用地，和这个方面的具有制造业产业的非农业用地。你们可以看到李嘉图及其追随者是如何走进这种思维习惯的。

当然，马歇尔曾经在一封致埃奇沃斯的信中说过，“说‘地租不进入生产成本’不是最聪明的”，但说地租进入生产成本则是“邪恶的”[1]——当然，马歇尔知道一切关于选择的（不同的）用途，马歇尔的建筑边际是认识这种事情的一种间接方法。[2]但是马歇尔把它归于在李嘉图主义文献中所提出的某种情形：无论如何，在一个古老的国家中，像他认为的，是在比较有刚性的土地供给与比较有弹性的劳动和资本的供给之间的差别。而且这也是那里的差别。而在新的国家则并非必然如此，并不必然把这个层面的东西看做是这个历史阶段的整体的东西，虽然它迅速地变成这样。但是，当然，如果你们设想一种土地刚性供给、劳动和资本弹性供给的情形，那么这就孕育了一个税收理论（theory of taxation）。

由于这个理由，显然马歇尔对于任何摒弃地租不进入生产成本的学说的企图
191 表现出如此的不安。但是继续按照李嘉图所选择的层面前进，地租不进入生产成本的学说便是回避他的某种东西，防止他考虑选择的成本——机会成本问题，像我们现在所称谓的。

我想我将在这里停一会儿。资本的事情更为复杂，以致如果我开始谈论资本问题，我就将长久地为它所困扰。我将论述资本的复杂性问题，它实际上是一个

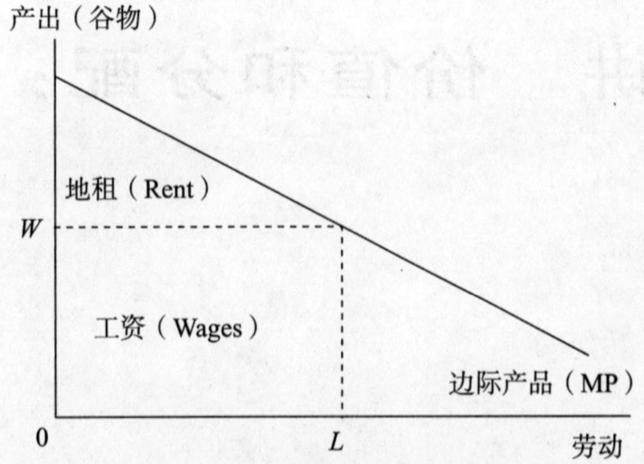

图 19.1　李嘉图的无地租边缘

有趣的问题。这其中有些是你们之中那些高年级的学生所熟悉的，但是资本的复杂性在某种意义上是有趣的，而且在李嘉图的思想中占有基本的地位。我认为最好现在不来谈资本问题，在非谈资本问题不可的时候再来谈它。

注　释

［1］马歇尔致埃奇沃斯的信，1902 年 8 月 28 日，重印于 Pigou（1925，pp. 435－38，at 436）。

［2］Marshall（1920，book 4，chap. 3，§7；book 5，chap. 11，§4）.

第 20 讲　价值和分配：分析（Ⅲ）

192　我继续讨论昨天已经开始的古典价值理论和分配理论的论述，特别是偏重于李嘉图的理论。你们可能还记得，在开始论述这个问题时，我论述了某些假设，基本上是关于长期大多数通则重要性的假设的某些考察，我认为熊彼特和马尔萨斯所谓李嘉图忽略供给和需求的说法是错误的。然后，我论述了模拟劳动价值论的交换领域，似乎无论如何是无效的。像亚当·斯密在海狸和鹿的寓言中所举的例子那样，我进一步讨论了纯粹劳动价值论借以起作用的条件。之后，在做演讲的较大部分时候我向我自己提出了在先进的社会出现的复杂性问题——考虑了劳动质量的差别、土地数量的差别、资本数量的差别的复杂性。我还进一步论述了这些差别中的前两种差别。我概括地论述了劳动差别，可以说，既然这些都是由李嘉图、亚当·斯密和其他人的方式而假定做出的，事情也只能如此。在这一讲的最后部分，我论述了古典经济学家对待土地同劳动结合的变动比例问题的态度，解释了他们如何愚弄自己而认为，通过走近没有地租的边缘，他们能够摆脱这种复杂性。我在这个问题上多用了一点儿时间。我甚至在黑板上画了一张小图，我认为我能够通过解释马歇尔的奇怪难题而废除某些古典地租理论。在这些演讲结束时我将回到马歇尔的态度上去，届时我将论述马歇尔对现代早期新古典经济学的贡献。

今天上午我将用一部分时间向自己提出由生产过程包含某种或他种形式的资本数量的事实所含有的复杂性问题。然后，我要迅速地讲完分配理论，像李嘉图和他的许多学生所处理的那样。

那么，这里的问题是什么呢？非常清楚，无论如何，值得完全尊重的劳动价值论将不仅考虑包含于任何商品生产中的直接劳动，而且还要考虑包含于制造工具和原料中的间接劳动。那是共同的基础，当然，也同纯粹的劳动价值论是一致的。詹姆斯·穆勒和麦克库洛赫——无论如何在开始要提到的［我不打算完全追
193 踪麦克库洛赫；你们完全可能在奥伯林（O'Brien，1970）教授的辉煌著作中发现它们］——认为，他们能够通过把资本归结于劳动来论述这种复杂性。

但是，当然，这话并非靠不住。把直接劳动和间接劳动看做是生产成本的组成部分是完全正确的。然而按照不变的货币价值，考虑一种商品借以同另一种商品进行交换的正常价值却是不正确的。以某种或他种方式，以你们所能设想的形式，资本数量是一个非常、非常模糊的概念；它可能指的是约翰·希克斯勋爵（Sir John Hicks，1932）所说的“唯物主义”概念，原料和机器等；它也可能指的是某种资金，一种非唯物主义概念，它本身可能包含价值活动——但是，无论你们以何种方式考虑它，在直观上清楚的是，在商品交换中，在长期正常均衡中，某种支付，不是对劳动的支付，被包含于生产成本中，从而影响供给。

现在，无论约翰·斯图亚特·穆勒和麦克库洛赫多么迷惑人，你们都可能把来自世界的这一切简单化，所采用的方法就是把它完全归结于间接劳动，李嘉图并没对此做如此的说明。但是，他首先是近乎假定劳动和资本的组合比例在所有的产业都是相同的。现在，如果那在经验上是正确的，当然物化于不同商品中的劳动数量的变化将提供一种商品借以交换的比率的指标。你们将注意到，无论你们有什么样的资本或非劳动的物质生产手段的概念，这都将是正确的。如果土地所占的比例在所有的产业部门都完全相同，那么你们也可以依赖于劳动数量的差额，给出你们商品借以同另一种商品交换的比例。

但是李嘉图认识到并非如此。在他的《原理》中，在他论述广泛问题的时候，他时时省略进一步的问题，谈论不同的产业以相同的比例应用资本的数量。但是你们一定不会读到太多的省略的东西，因为李嘉图花费了很多时间——苦心焦虑——试图以某种或他种方式考虑他所认识到的资本和劳动不按比例的组合。首先，处理你们可能描述为仅仅包含流动资本（主要包含工资的流动成本）的模型，在这些模型中，资本和劳动按比例组合的思想似乎并不是过于迂腐。在处理这些模型时，他——我应该说什么呢？——对于流动资本和固定资本的不同的组合感到烦恼，对流动资本和固定资本的组合给出可怕的复杂的说明，也极为复杂
194 地说明了在这些方面借以影响价值的方式。后来，他越来越多地考虑了固定资本的相对耐久性，这种相对耐久性明显地影响特殊单位的生产成本，但是你们要设想一下。他也给出了这方面的实际例子。

实际上，在一封致麦克库洛赫的信中，李嘉图说他感到了价值理论的难以忍受的困难——为什么？我一会儿告诉你们原因——但是如果他重写他的书——粗略地说，这是他生命即将走到尽头的时候——他会说价值决定于劳动的相对数量和产品出现于市场的相对时间——当然，这种表述包含了流动资本和不同程度耐久性的固定资本。[1]实际上李嘉图是非常聪明的。但他拒绝了这个线索，你们会看到这个线索存在于他的思想深处，进一步地说，存在于《原理》的不同版本中，但他没有追踪这个线索，那是比获得这个线索更重要的。当他行将处理较大

问题的时候，他的借口是，毕竟在许多生产体系以其各种形式对资本的应用，与劳动数量相比是比较小的。因此，作为第一个近似，你们可能表明似乎劳动数量是重要的事情。所以，斯蒂格勒把李嘉图的价值理论描述为一个93%的劳动价值论。

那么，为什么李嘉图对此如此地困扰呢？为了发现个中的原因，你们必须回到亚当·斯密的价值理论，在那里你们会看到在涉及先进社会的时候他已经抛弃了海狸和鹿的寓言，并产生了你们可以称之为“循环论证”的对产品价值的解释，按照这种解释，产品价值是价格的各组成部分——工资、利润和地租——的相加。这导致他认为，例如，国家干预，诸如仁爱、税收等等，将影响谷物的价格，从而影响一般物价水平。

这是李嘉图难以接受的。李嘉图感到，无论如何在长期处在一种金属货币制度之下——他没有忽略货币流通速度，像我们将在下一个时期看到的，虽然他可能低估了货币流通速度——但是李嘉图也感到，任何完整的价值理论必须考虑获得货币的劳动成本。所以，只要获得货币的成本保持不变，相对工资的变化，或者像津贴或奖金等更为复杂的变化，将简单地影响工资和利润之间的关系，而不影响货币的一般价值，正如用一般物价的笼统观念所表述的那样。（李嘉图没有应用数量指标，这种数量指标已被人们认识到了，但在那个时代一般还不应用。）这把他引导到显然使他非常感兴趣的东西：例如，如果存在工资的某种一般提高，但不增加获得货币的成本，这种工资的提高将导致相对利润的下降，因此，资本密集型商品将由于工资的提高而实际使价格下降。在回答马尔萨斯问题的时
195 候，他承认了相反的情形，这表明他一度考虑到——工资的提高或下降是由于利润率的变化——对于他所要处理的某些事情几乎难以忍受的复杂化了。

所以，他继续感到烦恼，而且他对价值尺度——不是价值的原因，而是价值的一种尺度——的寻求，持续到他生命的终结。甚至他的未发表的题为《论绝对价值和相对价值》的论文也没有解决这个价值尺度问题，而且他也知道没有解决。但他感到迄今为止人们所关心的黄金，即使所包含的资本非常小，但实际生产成本是变化的。这是一种纯粹的经验的假设，这种假设证明了过去使用金属通货的合理性，但并没有为金属通货价值在将来发生或大或小的变化的看法提供证明。但在他不是仅仅谈论金属通货的时候，他广泛地谈论的是，虽然生产的劳动成本是相同的，但适当地回到了这样一种假设，即迄今为止帮助生产金属通货的手段——除了劳动的其他手段——是予以关注的，生产成本代表了一种可以因其他商品中的资本密集型和劳动密集型（为了简化，在这里我使用了现代术语）之间的差别而能够加以比较的含义。所以，为了不同的意图，你们可以继续假设金属货币是价值的尺度。

好了，对于资本的复杂性就讲这么多，资本的复杂性，正如你们将要看到的，是相当显著的。与此同时，虽然资本的复杂性是相当显著的，虽然最终你们判定李嘉图没能成功地提供长期的羽翼丰满的充分的真实成本价值理论，但是它们表明了李嘉图洞察力的深刻性，比较起来大大超越了其他古典经济学家。例如西尼尔（Senior，1836，p. 58）为自己和其他人提供了一篇用于脱身的论文，他说，迄今为止，人们都关注资本的应用——地租由于它不进入生产成本的事实而

被有说服力地消除了——必有对应于由工资代表的真实成本的某种东西，而且他称之为“节欲”——居于储蓄背后的精神的努力和/或（这些关系并没有被非常深刻地加以考察）在资本变得自由的时候防止你们耗费资本的精神的态度。好了，在那里有某种东西，但“节欲”一词，从一般社会学观点和宣传的观点看，是可怕的不幸，是放弃美妙的机会——我认为它就是拉萨尔（Lassalle）所说的从它开始，以后将永远是美妙的机会——那个阶段的任何一位古典经济学家都对讨论该时代的罗斯切尔兹（Rothschilds）的“节欲”饶有兴趣。这是使马歇尔感到恐惧而应用等待的概念而不应用“节欲”概念的原因，因为等待的概念不包含这样一种无限的道德的努力，可以说，不包含像节欲将包含的那样的道德的努力。

当然，我们已经完全离开这些概念了：我们要谈论时间偏好的变化。而且时
196 间偏好概念将包括你们可能考虑的任何共性，即要求任何合理程度的共性。当然，在世界某些人口密集的地区，利息率和利润率被看做是邪恶的。我还记得我曾向对世界那些地区之一的出版物负有责任的著名的研究院提出的一个问题：他们如何选择他们的出版著作呢？我说道——我的问题在一定程度上是愚蠢的——假定你们被要求在托尔斯托依（Tolstoy）编写完善的著作和某些晦涩的科学著作之间选择。那样，他们说，这种选择是相当容易的，因为托尔斯托依是自负盈亏的，托尔斯托依著作的第一版印制 100 000 册，人们有理由为阅读托尔斯托依著作的程度感到骄傲。但是，当然在科学著作和学术著作中也有某些，他们说——是真正的人文科学——你们应当出版，但销路小。但是就整体而言，他们说，为了让我内心高兴，“我们尝试出版其销路仅限于七年以内的书”。好，如果说那不是由于购买的年数而爬升的利息率，我不知道那是什么。

现在，让我们重复地翻翻分配理论。我不认为我们需要详细地论述地租分配理论。在我论述马歇尔的时候，我还将回到这个课题上来。如果我要仅仅对古典地租分配理论的不同方面做一个总结，首先就是地租的根源和原因——稀缺性，自然的赠与，以及不可能消除的区域距离。其次，有一种静态相对地租理论——按照特殊的土地价格应用资本之所获超过了投在边际土地上的资本之所获。与此同时，还存在一种被李嘉图一再援引的动态理论，而且，在他的《论降低谷物价格对资本利润率的影响》的论文中，农业改善的后果是减少地租。现在，李嘉图则在这里冒险。如果你们阅读马歇尔的论税收和改进对地租的影响的附录 L（1920），你们将会发现马歇尔表明，这一切都依赖于改进借以影响不同种类土地的生产率的途径，不管这种土地生产率是减少地租，还是增加地租。最后，还有一个地租不进入生产成本的学说。

好了，一般工资理论我已经或多或少地在阐述亚当·斯密的地租理论时指出过了，同时，我也说到了李嘉图和马尔萨斯的工资理论。长期工资理论——亚当·斯密或李嘉图没有考虑的静止状态下的工资必是西方国家最近的事情——是一种精神生存理论。既然它止于一种精神生存理论，那么精神生存理论、长期均衡工资理论便允许工资提高。在我今天上午复印的著名的段落中，李嘉图说道：

197 仁慈的朋友们无能为力，但希望一切国家的劳动阶级都将偏好舒适和享用，他们在尽其全力获得舒适和享用的时候应当受到全部合法手段的激励。在存在过

多人口的情况下无法有较好的保障。而在那些劳动阶级有最少的欲望、获得一点最便宜的食品就感到满足的国家里，人们却在经受最大的变故和灾难。（李嘉图，1821，pp. 100－101）

——斯拉法编辑出版的李嘉图《政治经济学及赋税原理》的第100页。

由于丢失了形容词“精神的”生存，对19世纪古典经济学家的批评便对他们自己有巨大的启发性，比方说，古典经济学家总是预期工资长期处在维持生存的水平上。但是，像你们将要看到的，从李嘉图的观点上看，这种希望是，由于以某种或他种方式追求限制人口，精神的生存水平可能非常高。真的，我想，我给你们引证一下詹姆斯·穆勒关于人口的论述吧，他说，如果应用法律的方法限制劳动力的规模，那么工资就可能提高到任何较高的合意的水平。[2]但是请记住，在李嘉图和亚当·斯密看来，只要进行资本积累，而且资本积累的速度快于人口增长的比率，静止状态就是一件遥远的事情。

在短期，给定一般工资水平、劳动的流动性和所有各种情况，决定于为维持劳动力所预定的资金规模，而维持劳动力则关系到劳动者按照合同规定来提供他们自身。这是所谓工资基金理论的另一种复杂的方式。但是，工资基金的现实概念仅仅是由约翰·斯图亚特·穆勒发明和应用的。[3]但这个概念可以追溯到亚当·斯密。你们应该认识到，在这个方面常常涉及工资的可能提高。古典经济学家不应用这个概念来反对劳动阶级，在某种程度上，也不应用这个概念来反对工会，无论普通的作者如何应用它。如果你们中有人怀疑这些，那么有一本由哈佛大学著名教授陶西格（Taussig，1897）写的论古典工资和资本理论的著作。同时，我要大胆地说，该书现在已经印制完毕，伦敦经济学院重印了该书，大约在各个图书馆都有许多藏书。

好，我想该书对工资的论述很充分，但在这个方面，你们可以回想一下李嘉图，在其对这个课题的最初考虑中，李嘉图认为所有的改善都可能有利于工资，而且他还带有几分强调地指出这一点。在各种影响（这里没有时间深入探讨这些影响了）之下，包括阅读由一个名叫巴顿（Barton，1817）的不出名的人写的著名的小册子，李嘉图改变了思想。李嘉图在其第三版《原理》中发表了关于机器
198 和工资的一章（1821，第31章），在该章中他说道，在短期，如果流动资本有很大的变化——流动资本中的工资成分变成固定的——那么，可能暂时（for the time being）损害劳动阶级的利益。这使追随李嘉图关于这个课题最初设想的麦克库洛赫大受打击。我之所以强调“暂时”，是因为李嘉图认为如果农业改善提高了利润率，按照他的意见，便有大量的积累出自利润（虽然并不总是完全如此），在长期也间接地有利于劳动阶级。但是，他这种对过于简单的、乐观的认为（农业）改善在短期总是有利于工人阶级的观点的改变，我认为更加证明李嘉图置身事外、完全不带偏见的事实。

最后，谈谈向来晦涩而错综复杂的利润理论。在图克（Tucker）的《1650—1850年英国经济思想史的进步和益处》一书中有一章（1960，第5章，pp. 74－89）适当而简短地论述了古典利润理论，我已经向你们推荐该书了。尤其适当论述古典利润理论的章节——但把关于某些情形的论述扩展到近100页——则存在于萨姆·霍兰德（Sam Hollander）的一本新书（1979，第3、4章，pp. 101－

190）中，我尝试用不到十分钟来介绍该书。李嘉图的利润理论可能出自他对斯密理论的质疑。亚当·斯密认为利润决定于需求和供给。在长期，他认为资本积累由于这种竞争过程将导致利润下降。李嘉图对此提出了质疑。李嘉图的反对意见实际上增加了这样的内容：如果资本和劳动是按比例扩大的，为什么会有利润率的某种下降呢？这涉及对稀缺商品的需求几乎是贪得无厌的事实吗？李嘉图说，必须根据收益递减来做某种事情。

这是对李嘉图利润理论的简要总结。现在，我们要更为深入地来探讨一下李嘉图的利润理论。利润，按照他的看法，是支付工资之后的一种剩余；而地租则是在生产的边际处获得的。他进一步假设，在这个剩余的变动中，所有资本的利润率是相同的。但是，在这个方面他有意忽略了固定资本的复杂性。正如图克（1960，pp. 119 - 122）所说，由于他的利润理论整个说来抽象掉了技术变化，这是必然的。但是——而且这对于你们在头脑中记住它们是非常重要的——当他谈论利润率和工资率的时候，他总是谈论按照实际因素计算的国民收入份额。而且这些份额按照一种方向变化，而绝对量则可能按照另一种方向变化。所以当他谈论工资下降的时候，他，聪明的李嘉图，可能在细心观察一种绝对工资已经提高但还没有提高到足以抵消实际利润率按比例提高的情形。这一切使得李嘉图的著作变得非常难以按这种线索阅读了。

［一个学生说，请您重复一下您刚才讲的，好吗？］我强调的是，李嘉图总是想方设法谈论实际收入份额。虽然这是一个同义反复——相对地说，如果一组要
199 素的收入份额增加了，另一组要素的收入份额必然下降——但两组要素收入的绝对量完全可能都增加。我希望我已经把它说清楚了。

所以，在李嘉图的工资理论中实际上有两种可能影响利润的因素。在短期（可能经历很长的时间），积累可能推动工资提高。也许你们应当删掉“短期”而简单地说，从一个时刻到另一个时刻工资可能因积累而提高。但是你们必须记住，从斯密往后，以及从马尔萨斯往后，实际上，这将伴随以人口的增加，除非在人口增加之前持有储蓄，或者，如果人口的增加受到某种或他种方法的限制。但是在很长的时期内——我想，你们应该合理地使用长期的概念——与人口增长一致的生产的扩展将导致农业收益的递减，这又将导致工资品价格的提高，从而又必定导致工资的提高。这样，在长期便有一个下降的利润率。

这个机制是在《论降低谷物价格对资本利润的影响》中最初提出来的，按照斯拉法的条件，被称为谷物模型。在斯拉法那里没有价值问题，资本由谷物代表，种子、工资品以及谷物的收益也由谷物代表。所以这是简单地判定一个所考虑的数量的问题。我认为，霍兰德相当精彩地从结论上证明谷物模型不是李嘉图在他写《论降低谷物价格对资本利润的影响》时所考虑的唯一模型。实际上，在他处理《原理》时他还不能完全求助于一种谷物的价格，因为他沉溺于价值，而价值包含了多种参与分配的商品。所以，在《原理》第 1 章他全力对付价值问题。但是，在长期，收益的递减导致耕种的扩展，增大了每蒲式耳谷物的成本，从而使谷物价格提高以补偿成本的增加。而且工资必须增加以便继续购买维持生存的物品。价格，按照不变价值的黄金计算，不能提高以补偿农民，结果就必然有利润的下降。在讲演开始之前我在驱车回家的途中想到一个重要的观点：李嘉

图坚持这样的事实，即无论如何在金属货币制度之下，如果劳动的黄金价格和其他情况不变，工资的提高不能导致价格的一般上涨。实际上，某些商品的价格将上涨，某些商品的价格将下降，但货币的总价值保持不变。基于这个假定——极为脱离世界的实际——他的论点是极为脱离实际的。

我不认为李嘉图是一个悲观论者，像有时人们所假设的。在 1977 年《经济学季刊》上，在这方面有一篇由霍兰德和希克斯合写的杰出论文，该文起因于霍兰德和希克斯之间的争论。文中霍兰德谴责希克斯假设李嘉图认为到处流行生存

200 工资。他引证各种文章段落来说服希克斯，然后把它们结合到一篇文章里。我想，你们都要读一下这篇论文——你们能够在半小时内读完这篇论文；该文的绝大部分仅仅包含一些初级几何学——我想，你们从中将发现对一般古典分配理论的极有启发的说明。

好，这学期的全部课程就讲完了，我希望你们全体过一个非常愉快的假期。

注　释

[1] 参见李嘉图致麦克库洛赫的信，1823 年 8 月 8 日和 8 月 21 日，载于 Ricardo（1951—1973，vol. 9，pp. 330 - 31，358 - 62）。

[2] 参见 James Mill（1826，chap. 2，section 2），重印于 Mill（1966，pp. 228 - 44，esp. pp. 242 - 43）。

[3] 参见 J. S. Mill（1965，pp. 337ff.）。

第 21 讲　整体均衡

201 我已经给你们做了 19 世纪古典经济学关于货币和银行的主要观点的一个粗略而有条理的概括。[1]我以前还给你们讲了拿破仑战争时期及其以后的大致历史，而且前一讲也是以一种或多或少有条理的形式描述争论结果的尝试。我同时讨论了著名的银行学派和货币学派之间的争论，这种争论集中在可兑换银行券的发行能否留给银行自己照管，就是说，可兑换银行券的发行能否受银行咨询委员会的指导，或者对其实行某种控制是否必要的问题上。代表控制业务的货币学派是 1844 年法案的胜利者。我不想进一步重述；我只想简要重述一下和我将要谈的问题有联系的问题。

这个上午我要谈的是整体均衡广泛条件的古典概念，直到下一次讲述国际复杂问题之前，我将一直讲述这个问题。

我想问一下古典经济学家对待储蓄的态度，便会更好地接近古典整体均衡概念。储蓄，按照古典体系的线索，粗略地说，被看成等于投资——可以说，不管是事前投资还是事后投资。关于对待储蓄影响的一般态度，在亚当·斯密的《国富论》中便发现了，在该书第 2 编的关于生产劳动、非生产劳动和积累的一章，他确定年储蓄的东西就是年消费的东西，而且或多或少是在同一时期消费的，但是它是由不同系列的人们消费的。我以前提请你们注意了这段话。我想，我当时说过，这等于说否认在事前储蓄和投资之间可能存在差额，也等于忽略可能的储蓄窖藏，即不是把储蓄变成某种形式的实际投资。

现在这个观点已直接传递到古典经济学家，当然，古典经济学家们都阅读过

《国富论》。但是这个观点被法国经济学家萨伊（Jean Baptiste Say）在1804年出版的《政治经济学概论》（*Traité d'Économie Politique*）的某些看法强化了。现在应当告诫你们的是，在现代关于整体均衡的讨论中——你们阅读的那种，或者我希望你们阅读的那种，关于总体均衡的讨论——萨伊定律是按照一种不阅读萨伊著作而使用这个定律的人提出的方式归结的。许多人通过证明萨伊定律的普遍
202 存在而获得名望。普遍存在的萨伊定律表明是供给创造它自己的需求，因此没有一般的供过于求（glut）。

现在，事实是萨伊1804年出版的《政治经济学概论》对这个课题的评论却比这里讲的普遍存在的萨伊定律宽松得多。鲍莫尔（William Baumol）于1977年在《经济学》（*Economica*）杂志上发表了一篇极其有用的文章，把萨伊定律归结为八个可能的定律及其意义。虽然我不想深入探讨萨伊定律的这八个可能的意义，但我要以一种提醒的方式请你们注意这些。实际上，像鲍莫尔教授指明的，萨伊并没有认识到窖藏的可能性，这可能是有争论的问题。也像鲍莫尔在他的文章中所认为的，萨伊简单地宣布了他的关于经济长期发展的市场定律，直到他的时代的历史确定地表明——而且直到我们时代的历史也表明——人均产值非常显著地增加而没有任何永久性的经济过剩——人均产值的增长在同一时期也使收入增长了。在长期这是可能的，但也是不确定的，那个收入有可能被花费掉。为维护萨伊定律，人们可能认为萨伊考虑了长期增长的可能性，他没有考虑在资本主义市场中由于没有花掉储蓄而造成短期过剩的可能性。

关于萨伊定律就讲这么多。在英国，这个问题是由詹姆斯·穆勒即约翰·斯图亚特·穆勒的父亲提出来的。詹姆斯·穆勒读过萨伊《政治经济学概论》的第一版，当时他正在商榷一本书名为《受保护的商业》（1808）的小册子，该书是强烈反驳一本匿名小册子的书，是由一个受到重农学派观点影响的名叫威廉·斯彭斯（William Spence）的人写的，你们中间攻读博士学位的人需要读一下这本书。斯彭斯在拿破仑实行大陆封锁（假定可以使我们的对外贸易陷于瘫痪）的中期，还出版了一本名叫《英国商业的独立性》（*Britain Independent of Commerce*，1808）的小册子，在该书中他说道，为什么对拿破仑及其对国际贸易的恐吓感到忧虑？英国可以是商业独立的，并且仍然是适度繁荣的，因为由于谷物等的价格可能上涨而增加的货币将进入土地所有者的腰包，而土地所有者将几乎确定地把这些货币花掉，而且没有“不花掉的”，正如这些货币如果落入货币阶级的手里同样被花掉一样。这是斯彭斯相当粗糙的小册子中非常粗糙的思想。

詹姆斯·穆勒和托伦斯（Robert Torrens，1808）回应了斯彭斯。但我不想在这种场合论及托伦斯的回应；詹姆斯·穆勒所做的回应是重要的。詹姆斯·穆勒论及了斯彭斯关于亚当·斯密体系的论点。他说（我引证的）：“但是，不要让斯彭斯先生感到恐慌。让他完全相信该国的全部年产值将总是完全被消费掉，不管他的土地所有者选择支出还是积累”（詹姆斯·穆勒，1808，p. 71）。[2]好，这就是斯密的体系。但是他后来发展了这个论点，它没有如此强有力地出现于萨伊《政治经济学概论》的第一版，虽然在第二版中它显露出来了，像鲍莫尔所表明的，而且他继续激化争论：

203 ……政治经济学中没有命题似乎是比我将要宣布的命题更为确实的了，初看

之下无论怎样像是一种悖论，而且即使它是真实的，无疑也没有人看重它的重要性。商品生产造成而且是为所生产的商品创造一个市场的一个和普遍的原因……当商品被运到市场的时候，所希望的就是人们购买它。但为了购买，人们必须有支付的资金。因此，存在于整个国家的集体支付手段显然便构成了这个国家的全部市场。但是，整个国家的集体支付手段从何而来呢？它们不是由其年产值、由其居民的一般大众年收入构成的吗？但是，如果一国的购买力完全由其年产值测量，这是毫无疑问的，年产值的进一步增加，据此，你们就将进一步扩展该国的市场、购买力和该国的实际购买……一国的需求总是等于该国的产值。（詹姆斯·穆勒，1808，pp. 81－83）[3]

在鲍莫尔最近发表在《经济学》杂志上的这篇具有说服力的文章中，他比我更信任詹姆斯·穆勒对长期的思考，鲍莫尔表明这种思考在某种程度上确实受到了萨伊的影响。这是可能的，而且也可以解释我即将开始讨论的约翰·斯图亚特·穆勒的态度。但是，我认为你们从阅读詹姆斯·穆勒的小册子所得到的一般印象，以及——这是更为重要的——李嘉图从詹姆斯·穆勒的小册子（以及他后来阅读萨伊的著作）所获得的一般印象，是更强调这个市场定律的普遍适用性。这和马尔萨斯不同，由于非充分就业、经济萧条等可能的原因，马尔萨斯有其自己对萨伊定律的解释。

现在，你们可以在李嘉图著作中发现一些段落，也许可以再次引证这些段落，以反对我指出的穆勒的刻板解释，而李嘉图在同马尔萨斯的争论中也习惯求助于这个短期市场定律。让我们来考察一下马尔萨斯。在同他的伟大朋友李嘉图的争论中，总体上说，他关心长期趋势，而倾向于忽略短期趋势，并以一种成熟的方式基于简单化的模型推断长期的链条，马尔萨斯在阐发这些模型时并不像李嘉图那样有逻辑，但马尔萨斯有当代流行的某种观念。

在我们时代斯拉法发现了一封马尔萨斯致李嘉图的信（1821 年 7 月 7 日），
204 而且这封信也给了凯恩斯以极为深刻的印象。凯恩斯说道："如果是马尔萨斯而不是李嘉图成为 19 世纪经济学的领头人，今天将是一个明智得多、富裕得多的世界！"（凯恩斯，1933/1972，pp. 100－101）好了，我们所要做的事情是考察马尔萨斯，在这封信中他所指出的似乎是一个凯恩斯主义的解释。他说："我们在世界每个地方几乎都可以看到闲置着的巨大的生产能力"，为进一步解释这一点，他说了下面一段话：

> 由于对实际产品分配不当，造成继续生产缺乏足够的动机……我根本不想否认，人们有权消费全部产出；但根本问题在于，在各部分之间进行分配的方式能否在最大限度上引起有效需求，从而激发以后的生产。我毫不怀疑地坚持认为，快速积累的意图必然意味着非生产消费的大幅度削减，
>
> ——土地所有者等的支出减少——
>
> 因为这极大地损害了一般的生产动机，从而必然过早地限制财富的增长。（1821 年 7 月 7 日马尔萨斯致李嘉图的信，引文出自凯恩斯，1933/1972，p. 99）

好，这就是给凯恩斯留下深刻印象的一段话。我以一种同情的方式读了这段

话，我也同情马尔萨斯对李嘉图的对模型的简单化解释的恼火。

但是，当你们更为严密地思考这段话和马尔萨斯在他的一些著作中所说的话的时候，你们将发现远非凯恩斯所说的那样，它和凯恩斯的说法大相径庭。在凯恩斯看来，萧条的出现，用《货币论》（*Treatise on Money*，1930）的术语说，或者，如果你们愿意，用瑞典经济学家的术语说，是由于事前的储蓄——计划的储蓄——超过计划的投资。而总的来说，马尔萨斯认为萧条之所以出现，是因为投资太多而消费太少。而且马尔萨斯实际上已经脱离了他的方式——我告诫你们，这是一个有争论的问题，比利时有一个名叫拉姆伯特（Lambert）的人，尤其针对我，坚持认为马尔萨斯是一个真正的凯恩斯主义经济学家——但马尔萨斯在其《政治经济学原理》第32页上实际说：

> 任何现代政治经济学家都不能把储蓄看成是单纯的贮藏，且不谈这种狭隘和无效的处理方式；对于储蓄这个词，除非在真正区分它所支持的各种不同的劳动的基础上做出不同的应用。否则就难以想象，它在有关国民财富方面有什么好处。（马尔萨斯，1820，p. 32）

这就是说，同凯恩斯和所谓萨伊定律的现代谴责者不同，马尔萨斯认为过度投资（overinvestment）是经济萧条的原因。我不相信事情像劳德达尔（James Maitland Lauderdale）说的那么严重。劳德达尔是一个聪明的经济学家，他没有古典经济学的观点，虽然和古典经济学家在同一时代写作。他写了一篇关于财富的生产的论文（1804），这篇论文非常值得你们阅读。劳德达尔认为，由于已知
205 的技术而进行的资本积累被迅速地耗尽了，在这种储蓄之后必然加剧浪费。马尔萨斯尚没有走得这么远。马尔萨斯说，劳德达尔稍微走得远了些，但在储蓄——在投资的意义上（在他看来）——和保证最大化增长的消费之间有一个比例。

李嘉图和马尔萨斯在这个问题上无休止地通过书信交换意见，而且李嘉图还写了《关于马尔萨斯的〈政治经济学原理〉的评注》（李嘉图，1928），该书对于你们中的那些攻读研究生学位的人来说完全值得一读［评注充满了攻击，但它是斯拉法编辑出版的《李嘉图著作和通信集》的第2卷（李嘉图，1951）］。马尔萨斯在同李嘉图的争论中，我认为像人们所说的那样是失败的。他坚持这种实际投资过多的概念，在李嘉图所应用的由詹姆斯·穆勒所表述的萨伊定律的简单变种面前是软弱无力的。

但现在，我们处于理论史上的什么位置呢？我认为，我们已经得出了这样的结论：我们缺乏对拿破仑战争期间的货币史上的通货紧缩阶段所发生情况的良好认识。马尔萨斯没有给出货币的解释，像阿特伍德（Attwood）所做的那样。但是马尔萨斯是正确的，当然是因为他反对李嘉图，反对其他对经济萧条原因给出不正确解释的古典经济学家。马尔萨斯是正确而在某些事情上又是错误的——在某些事情上是错误的——他没有说明这些事情之所以发生的正确原因。在关于他致李嘉图的信中的观点和李嘉图对他的《政治经济学原理》的评注的层面上，李嘉图的独树一帜的逻辑常常胜于马尔萨斯在逻辑上的尝试。

但是现在，事情的这种状态使约翰·斯图亚特·穆勒感到忧虑。实际上，他在给一位要写关于这种课题的文章的朋友的信中告诉这位朋友，他不一定说与他

父亲和李嘉图观点相左的任何东西。但他进一步说到了这种观点，特别在一个名叫维克菲尔德（Wakefield）的人——吉本·维克菲尔德（Gibbon Wakefield，1849）——和查尔莫斯（Chalmers，1832）（也是一个不出名的人——我不认为约翰·斯图亚特·穆勒在这个特别的方面太多地涉及马尔萨斯，虽然关于人口问题他非常钦佩他）的这种假定之下："这两个观点可以调和"。他在19世纪20年代晚期或者30年代初期写了一篇非同寻常的论文，但直到40年代中期才发表在他的《未解决的政治经济学问题》（*Unsettled Questions of Political Economy*，1844）的论文集中。该文的标题是《消费对生产的影响》，你们所有的人，包括研究生和本科生，都要读一读这篇论文。他突破了对萨伊定律简单解释的贫乏逻辑，并表明抑制消费如何能产生一般过剩的现象。他认识到企业对于繁荣和萧条的变化是敏感的，以至于对购买的一般渴望和对购买的一般厌恶会在瞬间相互为继。他说："在这种过去的情形［那就是，萧条］中，人们都说有一种一般的过剩"（穆勒，1844，p. 68）。

206 那么，如何把这种观点同他父亲（詹姆斯·穆勒）和萨伊的命题加以调和呢？首先，他说，我加以引证——我之所以在这一讲中引证这么多，是因为我要让你们确信，我不仅仅是，在有利和不利的意义上，临时准备和意译这个人，我在向你们描述这个人的意见在历史上的作用——他说，供给同时就是需求的这个命题是，我在引证，"明显建立在物物交换假定的基础之上……当两个人进行物物交换活动时，他们各自立刻都是卖者和买者，没有买他就不能卖"（同上，p. 69）。非常简单，绝对没有争论。但是按照相反的思路来分析却是一个非常深刻的思想。他继续说：

> 但是，如果我们假定使用了货币，这些命题便不再是完全正确的了。……应用货币的作用在于，它能够把这种相互交换的活动划分为两个分开的活动或运作……虽然他（卖者）实际上只是为了买而卖，但他无须在卖的同时就买。因此，当他增加另一种商品供给的时候，不一定立刻增加对某种商品的需求。可能存在一种尽可能快地卖出的一般倾向，这种倾向则伴随着只要有可能便推迟全部购买的同样一般的倾向。（同上，pp. 69－70）

他进一步说：

> 为提出所有商品过剩的不可能性适用于应用流通媒介的情况的观点，必须把货币本身看做是商品［处于供给和需求中］。毫无疑问，必须承认，不能有所有其他商品的过剩，同时，**也没有**货币的过剩。（同上，p. 71，黑体强调是罗宾斯加的）

上面是我引证的话。之后他继续说——这也是鲍莫尔对萨伊可能有的意思的解释，但从推论上看，也许是约翰·斯图亚特·穆勒对他父亲可能有的意思的解释——约翰·斯图亚特·穆勒得出结论——他是非常谨慎的——他强调"反对一般生产可能过剩的观点［仍然］是结论，迄今为止，它适用于认为一国资本积累过快的学说"（同上，p. 73）。这是针对马尔萨斯的。随后他描述了——我对他的描述不予引证了——对一种贸易周期的精彩思考，他认为这种贸易周期是由渴求最优化的人发端的，在金属货币的标准下面，他们偏好商品胜于偏好货币，并迅速摆脱货币，进而达到顶点。当在一次金融危机中存在银行的银根紧缩的时候，这时对货币和商品的相对偏好发生了变化，人们需求货币而不是商品，于是便出现商品过剩而非货币过剩。

鲍莫尔还同贝克尔教授在1952年写了另外一篇文章——我不晓得贝克尔教授为这篇文章做了多大贡献；我推断大部分是鲍莫尔写的，该文的标题是《古典
207 货币理论：讨论的结果》（贝克尔和鲍莫尔，1952）。鲍莫尔和贝克尔在文章中说，如果你们阅读了约翰·斯图亚特·穆勒的论文《消费对生产的影响》，你们便会惊异，在现代争论中大事张扬的一切，在争论中许多人为了沽名钓誉而指出的过分简单的萨伊公式和更为简单的詹姆斯·穆勒和李嘉图等的公式，在短期内确实都错了。事情就是这样。鲍莫尔和贝克尔合写的这篇文章刊载于1952年11月的《经济学》杂志。

现在，关于整体均衡，还有其他理论部分，这些理论部分预见了关于这个课题的现代思想，我想用最后10分钟请你们注意这些理论部分。我首先提醒你们一个事实，即休谟在其讨论一个社会黄金供给的增加的影响时曾指出，扩大流通的影响只是逐渐消散，如果黄金进入支出和用于增加就业的人手里，这种影响便是就业的增加和经济更加繁荣。

这是休谟学说的被排除的观点，但是，在古典经济学家中间，包括，杰里米·边沁（Jeremy Bentham）阐述了一种现今称之为强迫储蓄的学说。你们将发现后来在哈耶克20世纪30年代出版的《价格与生产》（1931）中作为附录的对强迫储蓄学说历史的一个绝妙的讨论。

对强迫储蓄学说首先加以精确化的是杰里米·边沁，他在其《政治经济学手册》（1843）中相当详尽地论述了他所说的强迫节俭（forced frugality）。强迫节俭可能采取两种形式。它可以通过税收从公民中抽取，并由政府应用。那是相当明确的，亚当·斯密也会认识到这一点（但他会说政府浪费这个强迫的节俭）。但是，当时边沁更进了一步（我引证的）："强迫节俭的效果也由于政府创造纸币而产生，或者由于不允许个人方面创造纸币而产生"（边沁，1843，p.44）。如果增加的货币进入把它用作资本的人的手里，那么，我引证——"所有的手都会[充分地]被雇用"。而对于其抵消社会其余方面的收入损失，它仅有微不足道的影响（同上，p.45）。他继续说："正如上面的强迫节俭的情形一样，国民财富的增加是以牺牲国民的舒适和国民的公平为代价的"（同上，p.45）。你们在桑顿奇妙的书中也将发现同样的思想。他说："所说明的是，我们假设一个过度的纸币发行，可能在一个时期使物品的成本提高，虽然劳动的价格没有提高，结果将增加某种资产"——他的意思指的是资本（桑顿，1802，p.263）。[4]然后他解释了这对具有固定收入的人的影响。

你们将发现在马尔萨斯那里也提到了这个方面，你们还将发现在托伦斯的著
208 作中，以及在人们应知但知之甚少的乔普林先生的著作中也提到这个方面，托伦斯曾写了一篇题为《对乔普林先生关于通货观点的一个说明》的文章，提到了这个方面。但是你们还将在约翰·斯图亚特·穆勒在其论利息的论文中发现它[5]，在其《政治经济学原理》中也有对他所说的强迫积累过程的清晰解释：

流通的媒介……部分地用于为了生产而购买，部分地用于为了非生产的消费

而购买……这样，如果增加的流通媒介意外地落入非生产的消费者手中，现存商品存货的较大部分便将为了非生产的消费而被购买……相反，如果流通媒介增加的部分落入生产者手里……商品的较大部分将作为资本而在现今应用……且有资本的实际增加。（穆勒，1965，2：528）

但是，约翰·斯图亚特·穆勒不同意这个解释，他认为这是不公平的。好，这就是各种古典经济学家论述整体问题动态成分的第一部分。

我不想强调第二部分，即自然利率和货币利率间的比较。这在亚当·斯密的学说中有其根源，依据亚当·斯密的学说，如果银行按照实际交易即实际贸易的贴现来增加其可兑换的货币发行，那么就没有货币发行过多的危险。如果按照随意的筹资票据来增加货币发行量，而不相应考虑贸易的需要，便出现了亚当·斯密概念上的货币发行过多的危险。

但是桑顿在其《纸币的信用》（哈耶克编辑出版，1802/1939，p. 254）中指出，真实票据学说所表述的那种意思是毫无意义的，因为它没有注意到短期利率：面临贴现的票据的数量按照短期贴现率而变动。最后，桑顿区分货币利率——长期和短期——和真实利润率，这会使你们想到维克赛尔（Knut Wicksell）和他的货币利率和自然利率的区分。

最后，在桑顿（1811）关于金块委员会报告的演说[6]中，他提出了我想提醒你们注意的在总体均衡讨论中的第三个动态部分：他区分了货币利率和真实利率，这与货币利率和自然利率或利润率间的区分是不同的。它是按照货币计算你们所获得的东西和按照真实条件货币利率将购买到的东西之间的区分，这是一种我无须加以解释的学说。在这个不幸的国家，在最低货币利率为17%的情况下，投资品价格上涨17%，真实利率便为零。没有比这更清楚不过的了。

当然，我们不必等到我们自己的时代（在这个时代，政府方面应当更好地了
209 解了不计后果的通货膨胀——价值判断）发现这一点。桑顿所划分的货币比率和真实比率——真实收益率——在欧文·费雪（Irving Fisher）那部精彩的著作《增值和利息》（*Appreciation and Interest*，1896a）中予以精确化了。你们中来到这里的美国人必须永远不要忘记（我想，在你们国家人们有时忘记了），欧文·费雪是过去100年里在说英语的世界产生的最好的理论经济学家、分析经济学家。他的关于价格理论的书（1892）是作为博士论文写出来的，他的书《增值和利息》、《资本和收入的性质》（1906）以及《利息率》（1907）都是绝对杰出的著作，现代各种人都从费雪在这些书（在我当学生的时候，人们曾向我推荐过这些书）里写下的巨大发现中获得了巨大教益。

雅各布·维纳（Jacob Viner），我的一个伟大的朋友，他曾经对我说过，如果欧文·费雪和弗朗克·陶西格——哈佛大学的一个富有开拓精神的教授，为他的时代写了一本非常好的经济学原理，并写了许多应用经济学著作——雅各布·维纳说，如果欧文·费雪和弗朗克·陶西格结成一体，那么，美国将在100年内不需要经济学家。

明天我将转向古典国际贸易理论。

注 释

［1］第23讲、第24讲（正如在罗宾斯的概括中所给出的平均数量图式；参见附录A）还讲这个课题，这里，罗宾斯参考的资料未做记录。

［2］这也可在James Mill（1966，p.129）中发现。

［3］这也可在James Mill（1966，p.135－136）中发现。

［4］又见Thorton（1939，p.329）。

［5］“On Profits，and Interest，”in Mill（1844）.

［6］这些演说重印于Thornton（1939）。

第 22 讲　国际贸易

210 西方国家的扩张最终打乱了交易，也打乱了我上午的计划。今天我想同你们谈一下古典国际贸易理论。现在，你们可能还记得，在我论述亚当·斯密关于分工一章的时候特别指出，在分工优点中他没有列举区域分工的优点。当然，不管是由于什么原因他把区域分工漏掉了，你们都不会认为亚当·斯密没有注意到这个特殊的问题。在关于重商主义体系的第 4 编，较大部分依赖于他的世界不同地区之间的分工具有巨大优点的概念。

那里有一段著名的话，由于打乱了我上午的计划，在你们跟我一道了解这段话之前，我不对它加以评论——啊，它就在这里——在第 4 编第 2 章，亚当·斯密说："在生产特殊商品上，一国优于另一国的自然优势有时是如此之大，以致全世界都知道同它竞争是徒劳无益的。"这个著名的段落是：

> 建设玻璃房屋、温床和暖墙，在苏格兰也能生产出非常好的葡萄，用它也能酿出非常好的葡萄酒，其费用约为从外国购入同等质量产品的 30 倍。禁止所有外国葡萄酒的输入，只是为了鼓励苏格兰生产波尔多和勃艮地酒，那是合理的法律吗？如果说为了得到所需要的等量商品，不去从外国购买，而是用 30 倍的资本和劳动在本国制造是荒谬的，那么，用多出 1/30 甚至 1/300 的资本和劳动这样做也同样是荒谬的，虽然荒谬的程度不是那么明显，荒谬的性质则完全一样。究竟一国对另一国享有的优势是天然的还是后来取得的，在这方面是无关紧要的。只要一国享有这种优势，而另一国不享有这种优势，后者向前者购买而不去自行制造，总是更为有利的。（斯密，1776，I：423-424）

好了，对苏格兰的葡萄的描述非常生动地表达了这种关系的意思，而且我在
211 20世纪所说的话跟18世纪斯密所说的话基本相同，并完全允许排除著名的幼稚产业论点所包含的例证。

但从分析上看，19世纪的古典经济学家显然比斯密对苏格兰栽种葡萄的劣势的国内解释更为深远地探讨了问题。你们可能记得，在我向你们描述学术上认为李嘉图的价值论是93%的劳动价值论，并指出各种例外——拼凑成为很大的一卷书——的时候，我提到它不适用于资本和劳动在地区之间不能流动的地区之间的交换。现在我要指出，那些是非常一般的概念，因为李嘉图和其他古典经济学家所形成的分析通常是在“国际贸易”的大标题下论述的。所有各种人都由于指出在被称为国家的地区之间存在资本和劳动的流动而获得模棱两可的名声。有时在特殊情况下，劳动和资本的流动性由于配额管制等而减少。当然并不完全如此，甚至在李嘉图的时代也存在劳动的流动。由于某种或他种原因，李嘉图不承认劳动的流动——我不打算对此加以解释，因为他的祖先来自葡萄牙，他的祖父来自荷兰——但整体上说，关于资本的流动，无论如何，他说他将对不同国家之间的资本流动感到惋惜。这仅仅是他个人的一种个性，并且对于下面的分析没有什么意义。

关于93%的劳动价值论，或者真实成本价值理论，不适用于国际贸易，或没有流动性的地区之间的贸易。李嘉图被迫考虑做进一步的分析。他的进一步分析人们称之为机会成本理论，经过修改，总的来说站在了分析发展的立场上，因为在那个时代比较成本理论比他的93%的劳动价值论好得多。我说站在分析发展的立场上，是因为它经历了进一步的修改，但是对于一个著名的机会成本理论（在讲演中和在关于经济政策的政治讨论中仍然要加以说明）的预期，如果你们愿意这样说的话，包含着一种同比较成本理论家族的类似，正如它由李嘉图和实际上由与李嘉图同时代的经济学家即怪人托伦斯所阐发的那样。

现在，比较成本理论是同李嘉图的名字相联系的，它出现于《政治经济学及赋税原理》的最初几章。事实上，在李嘉图之前，它就由罗伯特·托伦斯在其《论谷物贸易》（*Essay on External Corn Trade*，1815）的论文中阐明了，虽然不是用比较成本理论的名字。实际上，关于托伦斯在那个方面的优先权是没有疑问的。这是我对我喜欢的少数经济学家所致的颂词。现在我要用李嘉图的概念向你们解释比较成本理论。

212 我们举一个最简单的例子。我们考虑一个假想的英格兰和一个假想的德国之间的交换。我们不拖泥带水而径直进入比较成本。回到绝对生产能力基础，有如下三种可能的情形：

	1		2		3	
	德国	英格兰	德国	英格兰	德国	英格兰
羊毛	2	1	4	1	2	1
谷物	1	2	3	2	2	1

让我们考虑两种商品，羊毛和谷物。第一种情形是我们可能设想的最简单的案例。在德国生产2单位羊毛，在英格兰则生产1单位羊毛，而关于谷物，适用

的关系则相反；第二种情形，德国生产 4 单位羊毛，英格兰生产 1 单位羊毛，德国生产 3 单位谷物，英格兰生产 2 单位谷物；第三种情形，德国生产 2 单位羊毛，英格兰生产 1 单位羊毛，德国生产 2 单位谷物，英格兰生产 1 单位谷物。

在这三种情形中，第一种情形被称为绝对成本差别，你们可以看到，不管劳动是否流动都存在一种交换的优势，因为在这个案例中，德国在生产羊毛上有 2 倍的好处，而在生产谷物上仅有一半的好处。我应该说，这些生产能力的数字和成本数字完全是互为倒数的，所以把这些命题实际确定为比较成本理论。那就是绝对成本差别的案例。

这里［指定交易］，在第二种情形中，有比较成本的差别。现在你们可以看到，德国在生产羊毛和生产谷物上都优于假想的英格兰，但是如果你们算出成本的差别，你们就可能看到在这两种商品的例子中优势是不同的，所以这种案例被称作比较成本案例。

现在我们走进第三种情形，在这种情形中，德国在生产羊毛和生产谷物上都是英格兰生产它们的好处的 2 倍，但在这两种情况下成本的差别是相同的。现在，如果你们稍微考虑一下，实际上非常清楚，不是吗？在绝对成本差别的案例中，在一个地区集中生产一种商品，在其他地区生产另一种商品，显然具有优势，并且交换是有效率的。你们无须用比较成本理论来说明它。但在第二种情形中，即在存在比较成本差别的情况下，在交换中仍然存在优势。它可能是——虽然它未必能发生——某位杰出学问家的烹饪技巧高于他的私人厨师，但他在学术方面的专长远大于他在厨艺方面的专长，以至他以他有教养的身份集中于学术事务上而将烹饪工作留给他的厨师，这仍不失为合理的。

但是假定每个方面的优点是相同的，像我们的第三种情形那样，那么在这种情形中便没有交换。你们完全可能看到会有这种情形。让我们假设你们有了这三
213 种工具之一——我不说令人生厌的，我要说有用的。你们按此路径测量羊毛和谷物，你们将发现，如果你们把它们描绘出来，无论如何运营成本的差别便把它们分解成为没有成本变化的简单案例中的直线向量。如果你们举出在绝对成本和不同的相对成本案例中出现某种分工的例子，你们将发现将简单地把它们分解成为某种由从原点出发的射线向量所指明的角度。但是，由于假定你们有第三种情形，那么，这种射线向量在英格兰和德国是相同的，在这两个地区（国家）之间没有有利交换的机会（见图 22.1）。

我已经给你们描述了可能最简单的情形——两种商品和两个国家。而当你们有两种以上商品的时候，各种复杂的情况便出现了，即使你们坚持“国内和国外”两个地区以使事情简化，仍然如此。但是你们不必把古典理论看作是在它所依赖的这一点上停止了，在这里［指定黑板］显示英格兰和德国之间有利交换的范围，即使存在比较成本差别，仍然如此。你们不必认为古典分析在这里停止了（毋宁说在这个方面是美妙的）。并不必然如此，即脱离均衡，真实的比较成本差别造成一种在其中直接存在于实际商品之间的有利的交换情形。

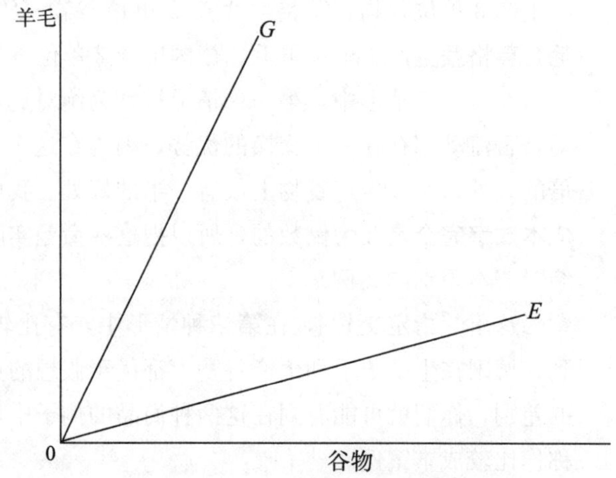

图 22.1　比较成本和贸易利得

让我们考虑一种情形——最简单的可能情形。如果你们有人在这个方面搞不明白，我给你们再画一张图，我不知道别的地方有没有这张图，但在一本意大利文的书中有这张图，该书已有德文译本，即巴罗内著的《理论经济学原理》(*Principles of Theoretical Economics*，1927)。

巴罗内的案例开始于在德国和英格兰有一种黄金通货的假定，但由于某种或他种原因，德国的小麦价格和谷物价格均低于英格兰，以至在这里（见图 22.2）你们有德国小麦最初的黄金价格和谷物黄金价格——很明显，这些是由生产能力曲线的斜率推导出来的。假设同样的情况适用于英格兰，但处于较高的黄金价格上。那么，在这个案例中会发生什么情况呢？显然，如果存在自由贸易，德国不从英格兰购买任何东西，而英格兰则从德国购买小麦和谷物。基于古典经济学家

214

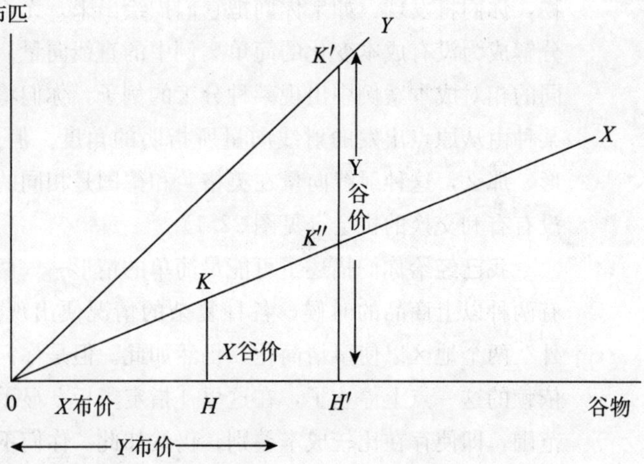

图 22.2　巴罗内的贸易图

资料来源：Barone (1929)，p. 98.

在这方面应用的非常简单的货币数量论，并稍做一点简化——假定英格兰向德国购买以黄金支付，但到货时支付——所发生的一切就是，进入德国的付款被花掉，并影响价格水平。这样，在这个案例中，你们将得到德国的黄金价格按照各地的情况而不断发生的变动。直到德国的谷物黄金价格跟英格兰的谷物黄金价格相同。在这一点上，实际货品的交换将进入人们的视野。德国将继续生产羊毛，而英格兰则将获得出卖某些谷物的机会。[1]

我之所以给巴罗内以很高的评价，实际上是因为他独一无二的思想。但巴罗内的图形是李嘉图和古典经济学关于贵金属分配命题的简化变种。这在某种意义上说是对休谟的硬币流动分析的精确化。李嘉图感到，在自由贸易的条件下，在硬币通货由黄金构成的假定下，将有一种黄金的变动，从而把它带到在物物交换条件下它们是相同的不同国家之间均衡中的实际交换——黄金的再分配造成比较成本的隐含条件。

215 这是一个相当复杂的问题，而且李嘉图丝毫没有把它搞得非常明白，除非你们对它已经有所了解。对于你们之中那些以前从来没听说过比较成本理论的人来说，我推荐阅读西尼尔的小册子《获得货币的成本》(1829)，或者，在现代，阅读陶西格论贸易的书［1927］，由于论及一些算术的例子，那些了解一些矩阵分析的人很看不起该书，但它仍然包含大量的同国际贸易相关的重要问题，并比任何别的书都更好地解释了直到今天的国际贸易问题。陶西格还在世纪之交*写了一篇《国际贸易中的工资和价格》(1906) 的文章，刊登在《经济学季刊》上，但论国际贸易的书是在20世纪20年代才出版的，这时他已经是一位老人了。

但是现在，你们之中那些很快理解这种解释的人，即使以前你们对此尚不知晓，也将认识到比较成本劳动价值论，虽然它提供了在这些简单条件下的分工理论，显示了将对这些射线向量之间的各方都有利的可能的汇率范围，但它对于成本向量之间的均衡没有说什么——仅仅是可能发生交易的一个范围。那就是说，比较成本理论就其本身而言没有论及需求条件，而且按照过去的分析，需求条件证明在你们拥有两种以上商品的时候是极其重要的；在你们拥有两种商品的时候，它们也很重要。

那么，需求条件是如何出现的呢？你们可以在李嘉图论述殖民地贸易的著作(1821，第25章) 中发现它。但我认为你们必须进行仔细分析。19世纪的古典需求理论有各种来源。

第一种情形同关于在外地主经济制对爱尔兰土地所有者部分的影响的论点有关系。大约在19世纪的头25年——根据19世纪初颁布的《联邦法案》，爱尔兰被包含在英国之中。因此有人便开始抱怨在外地主经济制，认为它有脱离贸易的一切坏影响，这意味着如果地主靠其不动产生活，爱尔兰就将更为贫困。某些古典经济学家——麦克库洛赫是这方面的一个嫌疑犯——讥笑这种思想，他说，毕竟出口和进口是互相支付的，国际收支差额实际是平衡的，为什么要如此忧虑呢？这种看法是非常肤浅的。有一个名叫蒙第福特·朗菲尔德 (Mountiford Longfield) 的聪明人（在我谈论作为不同于19世纪古典主义的现代分析的预测

* 指19世纪和20世纪之交。——译者注

者的时候，我还将谈论他），写了一本论在外地主经济制的讲稿（1835），并公开出版了。他以非数学的概念指出，如果外出的地主花掉了大量的地租，比方说花
216 在他们巴黎情妇刺绣上的地租，意味着一种转变的需求，即原来集中于爱尔兰的对生产要素的需求转变成巴黎居民对刺绣制造者的需求。这样，贸易的要素条件便可能受到外在地主经济制的影响。这是第一种情形。

第二种情形是克罗奈尔·罗伯特·托伦斯（Colonel Robert Torrens）的非凡行为。托伦斯是一个可靠的人，在他的《论谷物贸易》（1815）的论文中，反对在拿破仑战争以后强加的对农业的保护，直到他生命终结，他一直是斯密的区域分工有利的一般命题的坚持者。实际上，托伦斯自己发明了如此有用的区域分工概念。但是随着时间的推移，要求英国走自由贸易道路的呼声甚嚣尘上，而不管其他地区发生什么情况，托伦斯开始认为，单方面的自由贸易是不利的。他写了一些关于商业政策的信函（1833），这些信函被收录于伦敦经济学院丛书，在19世纪30年代它们完全没有引起人们的注意。这是一本极其罕见的书，我说服伦敦经济学院重印这本书，部分是因为我自己从来没有发现它的印制本，除非在博物馆里。但是在19世纪40年代，当单方面的贸易聚集了力量的时候，托伦斯公开发表了一系列信函，一部分是关于货币政策的，一部分是关于贸易政策的。他把这些信函搜集在书名为《预算》（托伦斯，1844）的一本书信集中。附带地说，这也是一本稀有的书。我已经得到一个重印本，所以，如果你们要找一本该书重印本的话，你们可以同我商量。但不要忽略这本书，它的确是一本极难得的书。我奇怪它没有被参考书目重印，因为它在经济思想史上是如此重要。

托伦斯设想了一系列物物交换的例子和货币交换的例子，在这些例子中，他阐明，其他情况不变，有一种可能，如果英格兰继续进行单方面的自由贸易，贸易条件将可能变得对它不利。他把这种可能性大大地夸张了，但是，从分析上看，其中确有这种可能性。它引起了古典经济学家中间无尽无休的争论。西尼尔（1843）在《爱丁堡评论》（*Edinburgh Review*）上为托伦斯的书写了一篇书评，在这篇书评中他称赞了托伦斯的卓越和所有堪称卓越的事情，但是他说，托伦斯在分析上是相当错误的。其他经济学家在这里也采取了排斥托伦斯的态度。

但是，托伦斯是相当了不起的人，约翰·斯图亚特·穆勒读过《预算》一书，回忆道，在19世纪20年代晚期他曾写了一篇分析国际贸易中的需求条件的论文，认识到了李嘉图理论的缺陷。由于读了托伦斯的书，他感到他可能要把这篇论文连同昨天我赞扬过的那篇关于消费对生产的影响的论文，以及两篇其他论文，放在一本书中出版——该书并不少见，就是《未解决的政治经济学问题》（1844）。我们已经重印了该书，但是，在19世纪的波恩图书馆里发现一本既是原创又是其再版的书并不是一件奇怪的事情（穆勒，1897）。

217 当然，从分析上看，在这个方面穆勒甚至远远领先于朗菲尔德，也远远领先于托伦斯，他应用了大量的算术例子，预告了他十分严肃做出的分析观点。穆勒制定了国际贸易的需求表和供给表，表明在某种情况下，可能有一定数量的资金是通过对外国人的货品征税抽取的。他不认为在实行保护性的关税，他也不认为在剥削外国人，但从分析上看他感到他自己有责任承认有设想这种情形的可能。

好了，我看我的时间快到了，仅剩下点时间用马歇尔来解释穆勒关于国际交

换的论文，国际交换在穆勒那里是用算术例证来说明的，这里，按照马歇尔（1879；1923）的方法来设计他的总供给曲线和总需求曲线，以表明在其交叉时相关成本状况之间的均衡条件（见图 22.3）（你们可以要求 G 和 E 相交）。这是一个更现代的理论。我们可以把它算在穆勒身上，因为他发现并进而确定了李嘉图理论缺陷的原因。

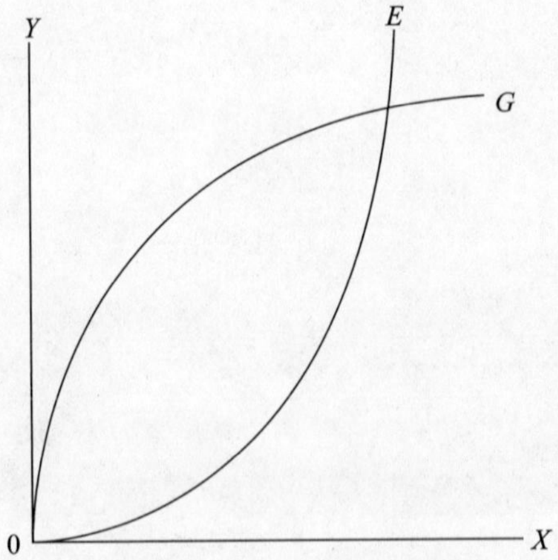

图 22.3　马歇尔的贸易图形

资料来源：Marshall（1923），app. J.

这样，我便讲完了古典体系。我不做关于赋税的讲演了。你们可以在李嘉图的著作中读到它，或者在肖普（Carl S. Shoup，1960）的著作（在我开列的书目中推荐了该书）中读到它。但我想将以我在下周给你们做的关于约翰·斯图亚特·穆勒的讲演来结束我对 19 世纪古典经济学的阐述。可以说，这终究是小册子、书籍等的争论。约翰·斯图亚特·穆勒认为，有一本同亚当·斯密的《国富论》一样规模的介绍自《国富论》写作以来所发生的各种复杂情况的书，将是很好的。

注　释

218　[1] 为进一步帮助读者解释巴罗内的图形，我们提供下面的解释。在两种商品（布匹和谷物）空间中的两条射线向量分别归结于 X 国和 Y 国。它们的斜率是不同的，因为两国的相对价格不同。这意味着谷物的数量 OH' 在 Y 国同数量为 $H'K'$ 的布匹交换，在 X 国则同数量为 $H'K''$ 的布匹交换。

现在，假定我们以同一种通货测量绝对价格，或像巴罗内所指出的，按照黄金测量绝对价格。如果同样数量的布匹在 X 国以 OH 量的通货购买，在 Y 国则以 OH' 量的通货购买，由此可见，X 国的谷物价格（HK）低于 Y 国的谷物价格（$H'K'$）。由于 X 国两种物品的绝对价格均低于 Y 国，便将两种物品从 X 国输向

Y国。按照货币数量论，结果按相反方向的货币运动使X国的绝对价格提高，按照巴罗内的看法，直到 H 同 H' 重合为止。

我们感谢安德里·沙兰提（Andrea Salanti），他的这个译本对我们帮助甚大。

第 23 讲 约翰·斯图亚特·穆勒

219 我将按照计划跳过关于 19 世纪古典经济学有关赋税理论的讲演。但是在告别那个一般领域之前，我想我应当给你们做一次关于约翰·斯图亚特·穆勒的讲演。

约翰·斯图亚特·穆勒的《政治经济学原理》出版于 1848 年，他不是最后一位古典经济学家。最后一位古典经济学家是 J. E. 凯尔恩斯（J. E. Cairnes），该人曾在大学学院占有一个教授的职位，其各种著作仍然值得一读，尽管他不欣赏杰文斯的价值理论——这使他在某些多少有些浅薄的人的头脑中留下了坏名声。但是约翰·斯图亚特·穆勒可以说占据一个关于他自己和亚当·斯密之间的一般思想演变的终端位置。而且他的《政治经济学原理》公然试图为此目的而作——正如我们看到的与亚当·斯密的概念一样具有广泛的构想——在给予尊重的情况下，把斯密的理论向前推进了一步。因此，我认为，虽然约翰·斯图亚特·穆勒比李嘉图容易理解得多，并且不包含在这次讲演中的这种分析（我将把这种分析导入我的这一节讲演的各种阶段）的任何阶段，但我认为他是值得注意的。

首先，说几句关于他的生平的话。他生于 1806 年，卒于 1873 年。他的一生在 19 世纪中期英国文化史上是极为重要的。他不仅是一名经济学家，他还是一名杰出的逻辑学家。他是他时代形而上学哲学的权威，他在道德学和政治学方面著作广泛，并支配了具有与他类似思想的同龄人——辉格党激进的一翼——的知识生活，而且实际上支配了许多大学的生活。

当我还是一个青年人的时候，在伦敦经济学院便有一种传统——显然是由坎南创造的——瞧不起约翰·斯图亚特·穆勒。我毫不怀疑，坎南年轻的时候，当约翰·斯图亚特·穆勒在牛津大学发表关于这个课题或多或少的最后的演讲时，这种想法就在他的头脑中产生了。现在，我希望这个传统在这个学校发扬下去，虽然我很清楚约翰·斯图亚特·穆勒再也不会回来做关于这方面或其他方面的演讲了，但是他在我们学科的伟大学者中间占有一席之地。

220 你们应当阅读他的《自传》(1873)——这不是为了经济学。这是一篇短文，你们可以在一个晚上读完它，而且我要很冒险地说这是一篇在语言上也很杰出的自传，是19世纪三个杰出的自传之一——另外两个是，你们不要假设我同意这方面，纽曼（John Henry Newman）的《自我辩护》(1864）和马克·帕惕森(Mark Pattison）的《纪念》(1885)。[似乎是对一个学生的问题的回答：] 纽曼的《自我辩护》——他曾经受到查尔斯·金斯里（Charles Kingsley）的非难，认为他离开英格兰教会而加入罗马教会说明他是个虚伪的人。但是他的《自我辩护》却是以最动人而艺术的散文写成的。而约翰·斯图亚特·穆勒的《自传》，我认为，则是在历史上这个学校被讲授的广泛领域——政治学、伦理学、哲学以及经济学等等——的学生们义不容辞的责任。

他有一个独特的人生。他的父亲詹姆斯·穆勒是一个学识渊博的经济学家，但人们并不认为父亲像儿子那么伟大，他对于孩子们的成长道路有非常独特的见解。在非常早的阶段，约翰·斯图亚特·穆勒就学习了希腊文和拉丁文。到他7岁或8岁的时候，他担负穆勒家庭其他成员的教育。约翰·斯图亚特·穆勒从来没有进入公共学校和任何这类学校，他是由他的父亲教导的。父亲为他确定了一套非常严格的训练计划，或者带他一块儿散步。他父亲的《政治经济学原理》(*Elements of Political Economy*，1826)[1]是从年轻的约翰·斯图亚特·穆勒对詹姆斯·斯穆勒（他是一个严格的人）的言论——常常是在这些远足期间所发表的——的笔记中搜集的。这是一种天真的行为——约翰·斯图亚特·穆勒有朴素的一面——在为他写的日记辩护的时候，他说，如果他能在世界上做某种事情的话，并不是由于固有的能力；完全是由于他所受的教育的方式（1873，p.30)。好，我不仅仅相信这一点。他所受的教育的方式导致了完全的感情饥渴，而且在他20岁的时候，正当他唤起詹姆斯·穆勒和杰里米·边沁以及激进的特殊哲学圈子的所有人的希望的时候，他患上了神经衰弱症。

他已经按照边沁的思路写了道德和政治经济学方面的文章。在那些日子里，他是一个严格的功利主义者，所谓严格的功利主义者，我的意思是指一个边沁的严格追随者，边沁无疑是个伟大的人。但是他应用广义的功利主义的观点，这种广义的功利主义观点当然来源于18世纪和休谟，并使宪法改革、法律改革等建议精确化了。这种广义的功利主义观点也是非常古板、非常教条的，而且易受各种批评。如果我有很多时间的话可以给你们讲讲。

在20岁的时候，约翰·斯图亚特·穆勒帮助边沁编辑出版了他的五卷本的《司法证据原理》(*Rationale of Judicial Evidence*，1827)。此后，也许由于这个工作的殚精竭虑，也由于他生活的感情饥渴，他患上了神经衰弱症。一天晚上他
221 自我思考："如果你建议的关于社会改革等的一切都实现了，你将感到幸福吗？"他的回答是："不"。他经历了一段知识和感情的深度绝望时期。他通过思考使自

已进入了一种可怕的状态：关于音阶的音色的无限组合将被穷尽，人类在这个方面再也没有什么可做的了。这是一个有趣的思考——它有时发生一次——但它并非患有神经衰弱症的人所能做的事情。

实际上，穆勒获得了救助，部分是通过读诗，华兹华斯（William Wordsworth）和柯尔律治（Samuel Taylor Coleridge）向他显示了詹姆斯·穆勒在其为约翰·斯图亚特·穆勒制订的教育计划中没有谋求的整个感情经验的世界；部分是由于坠入同一个年轻女郎的爱河而使他得以挽救——她的名字叫哈莱特·泰勒——（哈莱特）不幸嫁给了一个比她年长得多的男人。这个不正常的恋爱事件，我应当说，你们思考一下，是严格的柏拉图式的恋爱，按照这种方式，在这件事上可以应用“柏拉图式”的这个词。实际上，泰勒先生已经死了，穆勒和哈莱特结婚。在他的《自传》中，你们可以发现，他向哈莱特表达了难以置信的全部的赞颂，而哈莱特则把她的全部知识贡献给了他的著作。[乔治]格洛特([George]Glote)，一个边沁的追随者，卓越的希腊历史学家，人们也偶尔称之为伦敦大学的奠基者之一，曾说，只有像约翰·斯图亚特·穆勒这样卓越的人才能在穆勒安置在哈莱特墓上的墓碑中保留放纵的言行。

穆勒的一些传记作者对关于哈莱特对穆勒的影响一直争论不休。拉丝奇(Laski)似乎曾跟别人说过，莫雷（Morley）告诉他，哈莱特自己为讨好约翰·斯图亚特·穆勒，她总是每天早晨重复前一天晚上同他的谈话。我一点儿都不相信这个说法。我不相信哈莱特是约翰·斯图亚特·穆勒所认为的那种具有压倒性优势的知识的创新者；我也不相信穆勒是那种由于他的妻子向他重复他在前一天夜里的意见而得意洋洋的人。不管莫雷是否向拉丝奇重复过这个说法，或者拉丝奇杜撰了这个说法，抑或是道听途说，都于问题无补（悬而未决）。但是，亚历山大·贝恩（Alexander Bain，1882），一个具有某种特色的哲学家（我想你们无须读他的著作，但他写了一篇极好的概述约翰·斯图亚特·穆勒的传记），说了完全不同的话，他没有因为发现哈莱特的情况而洋洋得意，但他说哈莱特由于总是询问穆勒的想法并激励他进一步推进这些思想，而对他的生活有一种重要的影响。

在他们结婚7年以后，哈莱特去世了，穆勒认为他遭到了毁灭性的打击，在这个绝对无可挽回的感情损失的意义上，无疑他遭到了毁灭性的打击。但是远非毁灭性打击的是，在那之后他写出了某些最杰出的著作：《论自由》（*Liberty*，1859），你们都应当读一读这本书，它是一本非常优秀的著作，包含有大量的当代争论；《功利主义》（*Utilitarianism*，1877）；他的著作《代议制政府》（*Repre-*
222 *sentative Government*,1861），现在仍然是关于这个课题的最有启发性的著作；你们中间的女士们尤其应当读他的不朽著作《妇女的屈从地位》（*The Subfection of Women*，1870）。妇女解放，这是过去100年所做的好事之一，部分是由于少数女精英倡导在大学等中的地位，部分是由于约翰·斯图亚特·穆勒的非凡著作，他的著作带来了法律的变化，而法律的变化实际比选票更有效地引起妇女的解放。虽然选票是非常重要的，而且否认妇女——人类的一半——同男人那一半有平等的选举权是非常不公平的。当然，《妇女的屈从地位》中的关键之处是已婚妇女财产法。在此之前，如果一个女孩结婚了，便把她的财产管理转给她的丈夫，这是合法的，如果她的丈夫变成了一个坏蛋，这种财产管理也就变坏了。而且这种令人耻辱的主张实际蔓延到我的少年时代。我宁愿幻想这种主张现在行将死亡。我希望我说的这些足以引起你们对这部名著的兴趣，并同意这部名著的观点。

现在，谈谈约翰·斯图亚特·穆勒对经济学的贡献。理学硕士专业人员要理解这个课题当然应当读《政治经济学原理》，该书具有高度的可读性。实际上，布莱登（Bladen）教授（在多伦多大学创立了著名的经济学系，该大学正在发行多种穆勒的著作——在这些著作中，大约有 12 种或 13 种已经准备出版或已经面世）说，该书现在仍然应当作为一本教科书来应用。在这个问题上，我实际上不能完全同意布莱登的说法。经济学和我称之为政治经济学的东西走了不同的路途，而且虽然经济学、政治经济学和政治学在穆勒的《政治经济学原理》中的结合使得它成为比向你们介绍的这个课题的任何一本书都更为有趣的书，就其论述方式而言是非常奇妙的。但是，没有人会说，例如，萨缪尔森的书（1948）是像穆勒的《政治经济学原理》一样有趣，或者像任何包含两个世纪的基本问题那么深奥的著作那样有趣。

好了，对于《政治经济学原理》就讲这么多。还有在前次讲演时我提到的一部著作，《未解决的政治经济学问题》，该书的起因是托伦斯的《预算》的出版，是在 1844 年出版的。大概地说，该书值得一读，比《政治经济学原理》短得多。该书由 5 篇重要论文构成。第一篇论文是《国家之间相互交换的法则》，为上次我所涉及的国际贸易理论做出了贡献。第二篇论文是《消费对生产的影响》，这篇论文，大概地说，像鲍莫尔和贝克尔所说的，反映了萨伊的支持者和新凯恩斯主义等之间不必要的大吹大擂。第三篇论文是不太重要的，是《生产劳动和非生
223 产劳动概念》。虽然这是一篇不太重要的论文，但是领悟了斯密学说特征的一个例证。斯密学说的特征，正如你们知道的，仍然在按照卡尔·马克思传统教学的经济学中被坚持，并影响了统计学。之后还有一篇非常有趣的论文，《利润和利息》，该文对于你们之中那些在理解李嘉图利润上有某种困难的人来说容易理解得多。它不像霍兰德的奇异的书（1979）那样时兴，也短得多，它构成偶尔强迫储蓄理论的浅显的论述，大约在三次讲演之前我跟你们谈论过这种强迫储蓄理论。

现在，有些人属于制造虚假问题的那些人的范畴。他们把《未解决的政治经济学问题》同《政治经济学原理》加以对照，认为在《未解决的政治经济学问题》和《政治经济学原理》之间有一种不协调，说《未解决的政治经济学问题》突破了严格意义上的经济学——经济科学——而不是出自变为政治哲学问题和应用等的分支。而所有那样说的人都观念糊涂。穆勒的《政治经济学原理》在封面上赫然印有“及其在社会哲学上的应用”，这些人应当读到它，或在他们犯下这方面的代表性的错误之前就应当看到它。穆勒这样做的意图是非常清楚的，他不但要在狭义上谈论经济学，他还要谈论它的应用。虽然他可能在其头脑中改变了特殊的课题，并把迄今为止的某些事情带进来——他不断在头脑中改变应用和政治哲学，改变正文，而且在某种情况下改变论断的平衡——但那里没有什么不协调。穆勒就是穆勒，他没有突出地突破关于经济学的意见。

我可以说，在19世纪30年代约翰·斯图亚特·穆勒有一种关于政治哲学的意见的突破。当时，由于读了华兹华斯和柯尔律治的诗，由于听到了他们的观点，这些观点在某些方面是同边沁的观点尖锐对立的，他写了一篇论边沁的论文，在这篇论文中，他注意到边沁观点的缺点，虽然他非常感谢边沁。他也很注重思索，从而推翻了严格的边沁的观点，虽然有华兹华斯和柯尔律治的观点掺杂其间（穆勒，1950）。我想，后来他的命题稍有回归，如果你们阅读他的《功利主义》，那里远没有谈到边沁的缺点，甚至从推论上说，也许远没有谈到他父亲的缺点。

现在，谈谈《政治经济学原理》的结构。多伦多版的《政治经济学原理》（1965）为两卷本，——我提过这个版本吧？在多伦多版本中有一卷叫《经济学和社会》包含重印本（1967），所以，你们绝对没有理由说你们不能在图书馆里找到它。我不建议你们购买此书，这是一本很贵的书。由于它包含一个很长的由
224 我写的关于穆勒经济学的序言，而且我还获得了序言的版税——每年仅有少量的美元。所以，我也不建议你们购买此书。但我建议你们看一下这本书，并阅读《未解决的政治经济学问题》，这里有这本书。

好，回到《政治经济学原理》，它有5编。第一编是关于生产的；第二编是关于分配的；第三编论述“交换”和货币；第四编论述“社会进步对生产和分配的影响”；第五编论述“政府对经济制度的影响”。而且他说明了在亚当·斯密《国富论》中没有展开论述的普遍性的广泛图景，但是通过纠正由李嘉图和少数经济学家推广的价值和分配理论，穆勒认为，值得做的是把这个社会广泛的图景建立在分工和市场导向的基础之上。

我无须详细地解释内容，正如我对斯密所做的那样。我应该指出，穆勒在他的著作中把生产和分配分开，因为他相信精确化的生产法则具有普遍的适用性，他希望在“分配”的部门中，分配法则在某种程度上是由制度安排引导的。你们可能理解他的意思是什么。实际上设想一个社会，在这个社会中不流行某种或他种形式的所谓收益法则或者生产的替代，是非常困难的。虽然穆勒是一个接近马尔萨斯的经济学家，但是他不相信马尔萨斯的既不包含邪恶，也不包含贫穷——他的道德约束——的第三个基础。实际上，人们说——虽然，甚至培德罗·苏瓦兹（Pedro Schwartz，1972）教授（迄今为止，他写了一本真正论穆勒的书）也不能检查它，因为城市警察署的档案是不能拿来用于研究的——穆勒，作为一个年轻人为分发关于避孕法的传单，在监狱待了一夜的时间。正如他所希望的，按照人口成倍增加的规律，人们发现他们自己并不必然处于贫困之中。但是他相信马尔萨斯的广义观点，他认为这个广义的观点可以适用于任何社会——如果人口不以某种或他种方式加以限制，或早或晚，社会将变成一个老鼠的社会。而且遍观20世纪的世界，总的来说那是无可辩驳的，虽然许多人写书指出了它将发生的情形。

那就是他引进的你们在亚当·斯密那里没有发现的一个特征，而且我认为这个特征对于某些问题来说是悬而未决的。我在夏天碰到我的朋友弗里德里希·哈耶克（Friedrich Hayek），他说，他认为穆勒由于区分生产法则和分配法则而做了损害很大的事情。好，我能够理解哈耶克的意思。确实，你们想要说的关于生

产的某些情况是受影响分配的制度影响的。理论受到了玷污，但是与此同时，我想，你们也可能理解穆勒指的是什么，在这个特殊方面，我维护穆勒而对我的朋友哈耶克稍加指责。

225 在穆勒书里你们没有发现的另一个基本特征在现代经济学中被发现了，那就是穆勒在他所说的政治经济学中做了“静态学”和“动态学”之间的区分。他是从一个宣称是伟大的社会学家的人孔德（Comte）那里获得这个认识的。我准备相信，孔德仍然居支配的影响地位，并顾及轻信他讲授陷阱、绳索和损害的人数逐渐减少的情况。伦敦经济学院曾做过一个关于孔德的系列讲演，该系列讲演是如此实在，以至每天的讲演都可能批评孔德，并指出可能在他身上发现的任何优点。但当时孔德也影响了穆勒，直到穆勒发现孔德关于妇女的观点是什么为止。孔德在这个方面是一个非常特别的人，一方面，他感到妇女应当受到敬仰，另一方面，他在骨相学上是一个想法古怪的人，由于妇女们的头较小，他认为她们在知识方面是处于劣势的。而且孔德的行为使穆勒感到羞辱。穆勒曾经从格洛特（Grote）和摩尔斯沃斯（Molesworth）那里为孔德弄到一笔津贴，孔德被驱逐出考试而去了巴黎大学，并在那里过着某种贫困的生活，当时格洛特和摩尔斯沃斯也停发了这笔津贴。孔德读过穆勒的《最好的讲演》，它们传导了与他的案例不同的案例——我认为，这是在可尊敬的哲学史上的利己主义的最不寻常的展示。但是，穆勒没有在孔德那里发现一点伪造的成分，直到孔德开始谈论妇女为止。

我必须说一说哈莱特。当她看到穆勒同孔德交往的信件［这些信件最有魅力地由列维-布拉尔（Lévy-Bruhl）编辑出版了（穆勒，1899），你们之中有空闲时间并且真正想了解这两个人——谦恭的穆勒和自私的、几乎偏执狂的孔德——之间的思想交流的人可能读过它们］的时候，她立即发现了孔德的性格特征，她对穆勒说——而这证明了贝恩所解释的他们之间的关系——她对穆勒对于这样一个腐朽的人如此注意感到耻辱。但是孔德在社会学上区分静态学和动态学引起了穆勒的格外注意，并把这种区分引入经济学。而且不论好坏，直到现在人们还在坚持这种区分。

现在谈谈反穆勒的神话，在我的青年时代曾坚持过这种神话，不仅爱德温·坎南坚持这种神话，在我的工作范围内所有其他各种人，通常都停留在这样的事实上，即穆勒不是独创的经济学家——穆勒仅仅是，至多是政治经济学的一个非常好的分类者。（实际上他们不能说《论自由》不是一本独创性的书。）但事情并非如此。如果你们读过斯蒂格勒（George J. Stigler）的《经济学史论文集》（1965），你们会发现他有一篇论经济学的原创性的论文。[2] 他领会到约翰·斯图亚特·穆勒为古典经济学做了极其重要的原创性的贡献。由于你们应当阅读斯蒂格勒关于这个课题的文章，我可以很快地跳过这一步。

在迄今为止所涉及的工资的论述中，斯蒂格勒强调穆勒的非竞争团体及其对
226 工资水平相对性的影响的理论创新。如果你们阅读了亚当·斯密的著名的一章，如果这一章的意图不是为了论述欧洲政策——这是斯密宣布了的——你们会认为在不同的产业追逐者之间有完全的劳动流动。穆勒更令人满意地论述了这个问题。斯蒂格勒指出，在价值理论中，穆勒是论述联合生产的开创者。这是李嘉图和穆勒的先驱们完全没有论述过的问题。他指出，穆勒实际看到了李嘉图地租理

论中完全不足取的谬误成分，即迄今为止它强调地租不进入生产成本。穆勒认识到，如果土地具有多种用途，那么应用土地便有机会成本，地租在这个意义上便可能进入生产成本。斯蒂格勒指出，企业经济学第一次出现于穆勒的《未解决的政治经济学问题》中，在李嘉图或者任何老一代经济学家那里，你们都没有发现关于企业的论述，而且他相当合理地论述了规模经济问题。斯蒂格勒指出，在其《未解决的政治经济学问题》中，穆勒毕竟把供给和需求作为价格函数来处理，并确定了对这种关系的数学说明。最后，斯蒂格勒周详地指出，他对萨伊定律的讨论，例如通过一两个例证的讨论，是绝对成熟的，而且成功地说明了所有流行于他的时代并且直到最近的时代以来一直流行的传闻。虽然你们可以在托伦斯的书中发现对此的预见。

关于穆勒理论的应用问题，我不能向你们更精确地论述了。但我想，它们显然是为了维护他的主要贡献的——而且在这里，我撒的网要比《政治经济学原理》更宽广，虽然不讨论他对政治哲学的全部贡献，但却关心对那些包含于经济学中的政治哲学的贡献。他非常关心农民的财产问题。他赞同一个关于 18 世纪农业问题的作者——扬（1794）的看法，认为农民财产问题的魔力在于把沙子变成肥沃的土壤，按照他的观点，他特别敦促政府应当培育这种所有权。

他对未来的看法是，工业组织实际将使其本身变成合作的企业。关于穆勒是一个社会主义者还是一个个人主义者的问题，人们有很大的争论。费边（Fabian）社会主义者承认他是一个社会主义者。穆勒本人则加以混淆，在其第一版《政治经济学原理》中，以一种温和的方式阐述了具有社会主义形式的例证，同时也以一种并不很强烈但较为强烈的方式阐述了个人主义的例证。后来，在第二版做了修改。他常常被打扮成一个极端的个人主义者，并借用他的自传引证其教条主义的观点。在《自传》中，他解释说，他和哈莱特以各种途径受到当代运动的影响，
227 在这样一种情况下，他们准备被称为社会主义者。这引起了我已经涉及过的争论。

现在，如果你们要详细地考察穆勒的社会主义，通过比较他的各种版本的《政治经济学原理》和他死后发表的关于社会主义的论文集（穆勒，1967，第 5 卷），将形成各种不同的情况。首先，绝对清楚的是，穆勒并非完全的集体主义者。我不认为他熟悉马克思，但是穆勒在其生命的晚期却熟悉意欲走向完全集体主义的大陆国际社会主义，而且穆勒也公开说过这个情形。

穆勒不反对某些公共财产的国家所有：他写过关于水的供给；他也并非不赞成铁路的国有化——他曾以一种法律的方式讨论过铁路国有化问题。但最后他的社会主义的主要部分是他对工人阶级的未来渴望（他和亚当·斯密都认为工人阶级是人口的持续的主要部分，他的这种渴望是基于生产者合作的经验——生产者走到一起并合作的小团体；不是消费者的合作，而是生产者的合作）。甚至在第三版《政治经济学原理》中，所阐述的例证比在他死后发表和未发表的关于社会主义的论文所阐述的例证更为强有力。当然，事情对于争论是悬而未决的，而某些推理的人则认为，他们在维护他们的概念，并确定要求他们站在这一边还是站在另一边的标题。

我可以延长两分钟吗？关于合作，他赞成有限联合股份公司。关于有限联合股份公司的问题，在古典经济学家中间有一种极为激烈的争论。而关于古老的大

学和所有类似的机构，他赞成漠视不管是原始的还是有几百年的信誉，在给定的环境下用于营运的资金，都被视作从社会上看是较为适宜的。关于公司的论文载于他的论文集（穆勒，1967，第4卷）。

关于税收，穆勒曾经是你们看作是某种保守的以及在其他方面是激进的人。关于所得税，他完全反对累进所得税，迄今为止，作为累进的储蓄一开始便包含一有限的小额豁免。正如你们知道的，开始时的小豁免限制意味着一定的累进程度，但它并不是我们所认为的累进税，他把累进税看作是反对那些不喜欢企业的人的企业而遭到的惩罚。

关于遗产继承，他远比政府迄今所做的更为激进。他赞成把一种绝对的限制加之于人们可能继承的货币数量——全部继承的数量，不到几十万英镑。当然，他还赞成以某种遗赠责任而不是作为整体的不动产责任的方式的分开继承。他也赞成按照或多或少李嘉图的概念对土地征收特种税。

228 好，我看我的讲演时间快到了，我想，关于他对妇女目标的强调，我已经给你们讲得很充分了。对于他的《论自由》和他的利己活动和其他有关活动的区分，我讲得还不充分。某些人认为这些已经过时了，但我认为它们仍然是引起思考的问题。

注释

[1] 詹姆斯·穆勒的《政治经济学原理》(*Elements of Political Economy*) 第一版于1821年出版。

[2] "The Nature and Role of Originality in Scientific Progress," in Stigler (1965, pp. 1-15).

第4部分

19世纪中期的其他思想

第 24 讲　穆勒（续）——圣·西门和马克思

231 我想给你们描述某种关于约翰·斯图亚特·穆勒同经济思想史的关系的梗概。关于他的贡献，特别是关于《政治经济学原理》，我没有什么可说的了，但还有些尚需说明的事情，就是关于该书的鼎盛及其衰落。

该书出版于1848年。我想，说它是一本影响了其以后40年左右的著作并不夸张。直到马歇尔的《经济学原理》出版之前，我猜测穆勒的《政治经济学原理》是读者最多的书。但是它的影响在下降，而且这种下降，我想是同经济思想史相关的，这种论述正如我被迫对它所做的论述那样是很肤浅的。

就工资理论部分而言穆勒在思想上显然发生了变化，不是关于长期工资，而是关于对劳动的短期需求——亚当·斯密称之为为维持劳动者生存而确定的基金，而且这种基金被19世纪亚当·斯密的追随者们以某种或他种形式予以援引。穆勒称之为工资基金，而且以一种独有的方式表述了工资基金，可以认为按照这种方式，穆勒赋予工资基金以比它在历史将给予它的普通说法更为精确的含义。

正如在较早的阶段我对你们解释过的，我认为，陶西格的《工资与资本》（*Wages and Capital*，1897）（该书是我建议你们阅读的书，以了解一般经济思想史）相当成功地表明，同普通的荒诞说法相反，工资基金理论并不是古典经济学家一般用来反对工会的。然而有一种工资基金理论，按照穆勒的公式，似乎指明了国民总收入进入赚取工资的阶级比例的相当严格的上限。

后来——那是1869年——有一个名叫桑顿的人（不要把他同19世纪初期的

货币权威混同起来），是约翰·斯图亚特·穆勒的朋友，曾同约翰·斯图亚特·穆勒一起在东印度公司工作，对社会问题产生了兴趣。他出版了一本名为《劳动：它的错误要求和正确酬劳》（*On Labour*：*Its Wrongful Claims and Rightful Dues*，1869）的书。这是一本完全值得仔细研读的书。该书大部分对市场理论借以形成的途径加以谴责，这导致他讨论劳动市场理论。现在——在这方面并没花费太长的劳动时间——该书在1869年刚刚问世的时候，穆勒便在《双周评论》上对其做了评论（穆勒，1869）。他的评论是诚挚而友好的，正如由一个人的朋友（一个人的对手应当说是很多的）写的评论那样适宜。但是，穆勒在阐明桑顿基于误
232 解的关于一般需求和供给理论的某种论点时也提出了一点儿质疑——认为对这个方面基本古典传统的苛责是不能接受的，虽然是有趣的。

但是当穆勒开始评论劳动市场部分的时候，他犯了一个职业错误。他粗略地说，他对工资基金理论的解说精确地指明了对进入赚取工资阶级的收入份额的一种限制。反过来，他认为桑顿的温和指责是合理的。现在这造成了一个轰动一时的事情。穆勒由于在这个课题上说了上面的话而陷入窘境，他应当承认错误，因为他没有提供另外的可供选择的理论，扰乱了富于思考的人。后来，穆勒的最后一版《政治经济学原理》（1871）面世了，他没有对正文做很大的改动。在前言中，他谈到了现在仍在持续进行的关于工资基金及一切与之相关的问题的争论。但是，他说，他没有时间重新形成《政治经济学原理》的论点，无论如何都没有时间重新形成任何重大的论点。

在凯尔恩斯（Cairnes）的《主导经济学》（*Leading Principles*，1874）中，有一节证明穆勒废弃了工资基金理论。当然，凯尔恩斯对他能够用这个概念来解释短期劳动需求抱乐观的态度。但是他没有成功。它并没有使工资基金理论得到改善，从那时起这个话题便在经济理论中被丢开了。它以一种真正修改了的形式出现于庞巴维克（Böhm-Bawerk）的《资本实证论》（*Positive Theory of Capital*，1891）（关于庞巴维克的《资本实证论》，我将在这个学期的晚些时候给你们讲）中，也出现在陶西格的《工资与资本》（1897）的实证部分。陶西格宣称，他很不理解为什么穆勒做了这样一个几乎不幸的错误的自白——部分地因为，陶西格认为，可能再次系统地阐述了某些情况，以便使推理更具有弹性，也由于在资本理论中起了某种作用。好，我想有必要将你们的注意力引向这个方面。在陶西格的书里你们将发现对这个问题的完整论述。

现在，我已经用去40分钟了，我想我再用40分钟来谈谈马克思及其同19世纪古典经济学的关系。我没有计划详细论述马克思。你们可以参加这个课题的其他讲座，而且这是一个非常困难的课题。但是，也许值得追溯一下马克思同19世纪古典经济学的联系，或者值得追溯一下马克思认为是超越19世纪古典经济学的东西——对于他认为在李嘉图之后衰落的东西，他予以辛辣的嘲讽。但是这种比较和对比并不是没有意义的。在开始的时候我不必说，实际上我不认为什么是我必须要讲的，实证的或规范的，在作为纯粹的经济学家的马克思那里全都有。也许直到现代经济学出现以前，马克思的大量论述被忽略了，也没有给予公

平对待。但那不是我今天上午要讲的问题。

好，让我仅就这个概念的较为普通意义上的马克思经济学的背景说几句话。为了完全理解马克思，你们当然必须认识法国革命的背景，以及法国革命给予一切种类的革命或半革命思想的激励。你们在罗伯特·欧文（Robert Owen）（从英
233 国的经济史中你们可以了解到欧文）的著作中会发现马克思轻蔑地称之为乌托邦社会主义*的片断；在傅立叶（Fourier）的著作中也可以发现这种乌托邦社会主义的片断。傅立叶实际上是一个非常特别的人，但他之所以能够拥有他的名声，部分地是因为约翰·斯图亚特·穆勒非常注意傅立叶[1]的事实。但这种乌托邦社会主义主要是在圣·西门和圣·西门主义者的著作中发现的。如果你们思考社会主义的历史——不是社会主义的影响，而是社会主义理论的历史——实际上我完全不怀疑除了马克思，圣·西门，特别是他的追随者，在知识上是最有兴趣的，而且我认为他们影响了一些最重要的思想家。

圣·西门自己是一个非常怪的人。他是一个法国贵族。在美国独立战争中他曾站在美国方面为之战斗。他满载着荣誉回到了法国，并放弃了他的高贵身份。当时正处于法国革命的前夜，像革命有时发生的那样，越来越被极端分子所掌握，圣·西门陷入同雅各宾派——罗伯斯庇尔（Robespierre）和圣·加斯特(Saint Just）以及所有其他成员——相联系的麻烦。他遭到短时期的监禁。然而他还是幸运的，也许是由于他的头脑聪明；在那些日子里各种人都以轻微的借口而被处以死刑。

从此以后，他经历了一个非常复杂的生涯。有时他有钱，有时他又没钱；有时他得到大腕人物的支持，有时又得不到人们的支持。但是他把他的后半生（他于1825年去世）都用来——我应该说什么呢？——写作济世的著作，在这些著作中，他讲述了国际主义，即欧洲联盟（Union of Europe)，并重写了基督教教义。你们之中那些对他的较为偏执的著作感兴趣的人将找到一本非常好的典型的圣·西门著作的译本——是由一个名叫马卡姆（Markham）的人翻译的（圣·西门，1952)——由布拉克维尔（Blackwell）出版社出版，属于政治科学标准文本的有用系列。在圣·西门的周围聚集了一批热情的追随者，他们把他看作是救世主。但是这些追随者，一会儿我要讲，我认为是较为著名的思想家。

迄今为止所涉及的经济学，圣·西门的态度可以确定为“工业主义的提倡者”(apostle of industrialism)。我可以通过引用他的一段评论来说明他作为提倡者的态度。圣·西门做了这样富有感情的评论：如果所有的国王和王公大臣都死光了，这将使其余的社会有什么不同呢？然而，如果主导的工业家都死掉了，社会将陷落。所以他认为，一切基于封建主义的阶级差别以及所有其他的差别都是过时的。政治学是一个骗子，他详细地解释了这个说法，而且他认为法国的一切政治制度将被一种具有工业宪法、科学家等复杂的经济议会的制度所取代，而且它们应该按照大工厂的规模来建设法国。

* 或译为空想社会主义。——译者注

由于时间有限，对圣·西门就讲这么多。他的门徒——最有名的是恩凡丁（Enfantin）、巴扎特（Bazard）和罗德里奎斯（Rodriques）——他们自己形成了一个总的说来不分性别的禁欲主义的宗派。他们创办了一个杂志，取名为《生产
234 者》（*The Producer*），他们做了一系列讲演，把圣·西门的思想系统化。这些讲演——我想没有译成英文，但由博格勒（Bougle）和哈勒威（Halévy）（这两人是我青年时代的两个伟大的法国社会历史学家和学者）精彩地编辑，并以《圣·西门的学说：解说》为书名出版了（圣·西门，1829）。他们明显比圣·西门走得更远。是的，他们强调工业主义的重要性，但他们继续抨击私人财产分配的随意性质。他们认为，就其现在的形式而言，私人财产分配是不平等的，并导致无效率的生产组织。而医治的处方则是某种由复杂的聪明人科层管理的集体工业组织。

好了，对圣·西门主义者就讲这些。他们的书《圣·西门》，在某种程度上是深刻的，而在某种程度上又是可笑的。《圣·西门的学说：解说》，是由大约跟你们平均年龄相当的年轻人写的，实际上是一部非常高超的著作，通篇值得阅读。他们可以说是多方面优异而未毕业的大学生。他们在教区中的行为在巴黎引起了巨大的反感，这把他们带到法庭。他们的审问报告是由一个姓潘科赫斯特（Pankhurst）的人写的——该人是著名的从事妇女参政运动的女活动家潘科赫斯特夫人的侄子——是一篇非常有趣的读物。你们会感到所上演的这一切在某种程度上像是一个未毕业的大学生的笑话。显然，法庭把事情看得太严重了。但是他们后来只受到短期监禁，这当然反映了法庭的仁慈观念。后来，总的说来，他们的热情消失了。他们中有些人为了寻找理想的女人而去了中东。关于他们在中东的情形，我就不说什么了，可能他们在那里会发现理想的女人，但他们没有发现。后来他们中一些人返回了，成为19世纪中期的伟大的工业领导者——超级资本家。

马克思把这一切看作是乌托邦社会主义（Utopian socialism），而把他自己的社会主义特别冠以“科学社会主义”（scientific socialism）的名称。马克思在他青年时代当然经历了大量的价值判断，而且马克思关于异化等的全部早期著作绝对有很多的价值判断。但是，到他着手系统写作关于政治经济学著作——首要的是《资本论》（1867），如果你们想要了解他在较长的著作《政治经济学批判》（1859）中的主要倾向是什么，在某种程度上，该书是完全值得一读的——的时候，他的著作则被描述为“科学社会主义”。它假设构成一切时代的不是宣言，而是历史记录和经济分析。马克思实际上不愿意说明任何关于实际的共产主义社会的形式。如果你们那样做的话，你们会由于资产阶级的习惯而感到无效果；未来将按照历史的内在规律展现自己。

好了，关于乌托邦社会主义背景就说这些。我仅仅是将注意力放在黑格尔
235 （Hegel）的背景上，马克思曾对他做了激烈的变革。黑格尔当然不是我特别喜爱的人之一，我担心自己所做的关于他对哲学的贡献的评价有失偏颇，他对哲学的贡献仍然是一个有争论的问题。粗略地说我阅读黑格尔的书提出一种相反的评价

这就足够了。但是，马克思从黑格尔衍生出了作为实证表述（反题与和题）的历史概念。历史正如过去处理的那样。但是，马克思在那些范畴中所填充的概念完全不同于黑格尔的概念。你们在波普尔（Popper）对历史主义的抨击——《历史主义的贫困》（*The Poverty of Historicism*，1960）——中获得非常好的历史哲学思想。波普尔一直申明，他提出的用来抨击的观点比那些被他抨击的观点更为清晰。他对源自黑格尔的思想态度的阐述是值得一读的。

但重要的是，你们必须考虑马克思的古典经济学的背景——我不期望在这一小时内我能把这方面的情况彻底说清楚。现在，有人说马克思从所谓李嘉图的社会主义那里剽窃了许多东西。有一本由安顿（Anton）写的——并非由卡尔·门格尔写的——很著名的书，书名是《劳动者的全部生产权利》（*The Right to the Whole Produce of Labour*，1899）。该书包括大量有趣的历史和一篇由福克斯维尔（Foxwell）写的序言。福克斯维尔应用了伦敦经济学派早期的货币或银行学教授们的观点。福克斯维尔和门格尔提出，马克思从这里的所谓李嘉图社会主义者中获得了他的大量灵感。毫无疑问，马克思从斯密那里获得了这种灵感，在某种程度上也从李嘉图那里获得了这种灵感。我认为，困难在于实际上任何简短论述像马克思这样复杂的人，说他最应归功于什么，必定是错误的。

我应当说，不管你们同意他还是不同意他，马克思可能是他那个时代最好的经济思想史学家，虽然我个人认为——这是一种价值判断——马克思对待他所批判的某些人是非常不公平的，例如，在他批判贫穷的马尔萨斯的时候，是因为马尔萨斯娶妻生子而破坏了他的誓约。这是完全不对的，绝对同马尔萨斯所属的英国天主教的教规不合。但是你们不必由于这种无意义的评论而对马克思不尊敬。因为重要的是，马克思有一双远比古典经济思想史学家，比如麦克库洛赫，更好的眼睛。麦克库洛赫在考察罕见人物等方面也是一个非常有价值的人，但是是马克思发现了配第的长处，是马克思发现了魁奈的发明，是马克思认识到了——古典经济学家也认识到了——斯密和李嘉图的重要贡献。结果，我个人认为，马克思从斯密那里得到的东西比他从李嘉图那里得到的多，虽然他从斯密派生的东西要么是简单的，要么是一种认为斯密的简单的论述并非绝对正确的认识，这没有由《资本论》第 1 卷的任何事物综合地显示出来。

236 现在，我们要谈论《资本论》第 1 卷和第 3 卷中的马克思经济学——价值和分配，以及价格理论的基本性质。《资本论》第 1 卷（1867）是从一个纯粹劳动价值论开始的，在分析上并非完全不同于斯密的海狸和鹿的寓言，认为其长期交换价值反映了生产它们所花费的劳动时间或多或少的确切的比率。而且甚至在存在错综复杂的认识的地方，李嘉图和斯密在阐发其理论的这个阶段也忽略了工资的差别、劳动技能的差别，说那是由市场处理的。这显然是一种循环推理，像我以前说过的。在马克思那里你们会发现，这更做作地被归因于一个生产者背后的社会过程，但他实际指的是市场。

《资本论》第 1 卷按照价值和剩余价值的概念（我们即将接触这些概念）所阐发的论点和斯密纯粹的价值部分（在开头的一些段落之后）都提出，当资本被积累和土地被占有的时候，全部劳动产品不为劳动者所得。你们可能把这读成了斯密的说法。虽然很可疑，在斯密的分析中指的是不是马克思开始从一种类似的观点引申出来的意思。但是直到这时，你们之中那些从《资本论》第1卷了解价值理论的人并没发现任何同我向你们描述的斯密的价值论非常不同的东西。

困难和区别始于工资理论。由生产的劳动成本所决定的全部价值，劳动的价值是在市场上由生产劳动的劳动成本决定的——你们知道，家庭具有全部的复杂性，也要考虑这种复杂性。现在，如果你们愿意的话，你们可以说这是纯粹的古典常规生存理论——长期工资理论。但它并不是这种理论。古典经济学家的长期工资理论当然包含常规的生存（例如，在李嘉图的理论中），并诉诸供给方面。他们希望如果供给方面受到充分的限制，劳动阶级将养成花费的习惯，以至于在长期常规的生存将大大高于生存工资所意味的条件。

但所有这一切都存在于亚当·斯密最后形成的一般工资理论中。虽然无论如何，为劳动者就业而确定的工资在提高，工资可能高于生存水平，正如它们在美国、英国和其他国家那样。但是，后来马尔萨斯精确地阐述了接近生存的趋势，古典的准马尔萨斯主义经济学家则精确地阐述了大大高于马尔萨斯生存水平的常规生存水平。

但是马克思没有阐述这些情况。马克思是反对马尔萨斯的。他没有认识到，或者他不强调，在马尔萨斯那里有正确的东西，即如果对劳动供给方面不加限制，人就将变成老鼠，在这个历史时代这当然还没有被驳倒。马克思回到亚
237 当·斯密的生存理论，这种理论是斯密和杜尔阁共有的，并归因于雇主优越的集体谈判力量。亚当·斯密离开了他的方式，说我们听说过大量关于劳动者联合的情形，而没有听说雇主们充分联合的情形。按照斯密的看法，在该章*的那个阶段，雇主们总是处于隐含的联合之中，以把工资降低到生存水平。在进步的社会中，只有当雇主相互竞争的时候，这种隐含的联合才会破裂，并驱使工资提高。马克思没有谈论进步社会的情形。按照他的观点，社会趋势实际是如此的恶化，以至于它将崩溃。马克思的正常工资理论是“劳动者生产成本理论”——资本所有者方面优越的集体谈判力量迫使工资下降。

但是，马克思由此继续论述剩余价值。商品价值由其生产的劳动成本决定，但劳动虽然按照生产成本水平予以补偿，却生产一个超过其生产成本的剩余。马克思对这个剩余非常感兴趣。他对魁奈之所以感兴趣，是由于魁奈的兴趣在剩余上的事实，但魁奈的剩余是土地生产的。马克思则对劳动生产的剩余感兴趣。劳动生产剩余价值，而劳动的价值，像每种东西一样，决定于社会结构，决定于生产的劳动成本。

例如，如果一般劳动者在7小时可以生产，我们说，其生产成本——其生存水平，资本家便可能迫使劳动者工作得比这个劳动时间更长——12个小时，如果你们同意的话——这样，便形成了一个剩余，马克思所认为的剩余价值就实际发生了。他继续争辩说，利润仅仅是从剥削衍生的——利润，从根本上说，是补偿花费之后的剩余。

我看还差3分钟到12点。我要走了，我们暂停对马克思在《资本论》第1卷论述的探讨。在《资本论》第1卷，马克思指出，在把利润率同他的剩余价值

---

* 论工资的一章。——译者注

概念协调上有一些困难。为马克思《资本论》后来的版本写过序言的恩格斯，为了解决这个问题向人们提出了挑战。理由是假定马克思在写作《资本论》第 1 卷的时候，就已经解决了他的转化*问题。但答案只是在《资本论》第 3 卷中形成的，在下周我的讲演开始的时候，我可以简略地论述一下这个问题。

注　释

[1] 参见，例如，Owen（1901）和 Fourier（1901）。

* 或译为“转型”。——译者注

第 25 讲　马克思（续）——李斯特和历史学派

238 在我前次讲演的最后部分，我尝试向你们描述马克思同古典命题的关系的一个非常简要的梗概。我强调将要做本质的描述。在这个学校还有另一些课程涉及更宽广含义的马克思的哲学。我当然只是在完成一项比那微末得多的任务，仅此而已。

但是，时钟迫使我在马克思自己在不确定性状态下离开他的读者的一点上离开讲台。他把注意力集中在关于价值理论的《资本论》第 1 卷，而价值理论是同决定于雇主的优越的集体谈判力量的工资理论相联系的，因而便出现了雇主对剩余价值的占有——无论如何，雇佣劳动的剩余价值（这是个要害问题），决定于生存成本的劳动的价值，以及决定于生产它们的劳动成本的机器和无生命要素的价值。这样便有了剩余价值的形成，但是剩余价值仅仅衍生于劳动就业的投资。现在，由于劳动同资本的比例——资本有机构成——在不同的产业是不同的，这就出现了一个问题：在相对竞争的条件下，你们如何考虑不同产业的利润率趋于相等的事实——不是在某一时刻，而总是按这个方向趋于相等——同时抽取的剩余价值依赖于资本有机构成。

这个问题在《资本论》第 1 卷中没有解决。在《资本论》第 3 卷回到了交换比率的决定，而且在《资本论》第 3 卷中，交换比率趋向的标准依赖于生产价格，以至于最终马克思在这个方面得到了和李嘉图一样的结论。其价值理论，按照上面的分析，毕竟是一种真实成本价值理论，这种价值理论公认地基本上取决于劳动成本，但也考虑了其他因素。

那么，马克思为什么这样做呢？因为在后来鲍莫尔（John Baumol）教授发现的一封马克思致恩格斯的信中证明，这个结论是他实际得出的结论。但我看动机是大有疑问的。我们不知道的马克思在其惊人的著作演变中的感情历程太多了，而且就迄今我所涉及的而言，仍然留下了疑问。可以说，把马克思《资本论》第 1 卷所论述的价值设想为价格的第一个近似，是像李嘉图《政治经济学及
239 赋税原理》的第 1 章第 1 节那样吗？好，如果是这样的话，他就要在《资本论》第 1 卷基本依赖于这种设想。但是，像我说过的，我不知道答案。我只是提请你们按更复杂的思路注意这个难题和其实际答案。

对于马克思的其余理论——利润率下降理论；制造业产业集中增长率理论；对于解释尚有大量争论的商业周期论；没有提到的与历史的经济解释理论（阶级、战争及其剥夺剥削者的实际决定，从而历史便将显示下一个阶段即将来临的理论）相结合的社会逻辑的一般化理论。所有这一切理论都比我跟你们说的古典体系的马克思概念重要得多。我应当说，如果你们钻研了全部三卷《资本论》，你们就将发现增加到资本理论的有趣的东西，它们在某种程度上超越了其他古典经济学家所达到的理论。但是在这个讲演系列中对马克思就讲这些，我对马克思论述的局限性是昭然若揭的。

现在，在这个讲演系列中我要简要地说明一下对 19 世纪古典经济学的批评——之所以要简要说明，是因为我想在这次讲演完成它。不管我是否还有悬而未决的问题。

历史地看，存在两组你们应当考虑的批评家。第一，rl仕斯密体系特殊方面的批评家，并把他们描述为经济民族主义者；第二，著名的历史学派，主要集中在德国，但在英国也有参与者和追随者。现在我最想做的事情是拉开帷幕。关于这两个学派，可能要开出一组处方，并且已经开出了。但那不是我的意图。我的意图简单地说，是要把我设想的每组批评家的命题按照经济思想的观点——经济分析史——放到适当的位置。

关于经济民族主义的少数言论最容易论述。广义地说，在这种情况下一切简单的一般化都偏向于误导——总之，你们可以注意 18 世纪知识分子的观点和 19 世纪某些知识分子观点之间的区别。简言之，18 世纪的观点是世界主义的，它讨论了人——在这个特殊例子中，人包括女人——而不是把人划分为地区和国家等。我将要和你们谈论的人，大部分是 19 世纪的思想家，他们的观点永久地改变了 20 世纪的国际关系结构，确切地说，他们强调的是对立：国家的对立——团体的对立。

在某种程度上，法国革命在 18 世纪发生有其根源，最后以作为对拿破仑及其协从的野心的反映的国家主义的兴起而告终。实际上，可以把法国革命看作是
240 有关思想的分界线，虽然一个最重要的思想家不在此列。如果你们想做另外的自然的比较——而且在我看来这是一种价值判断——你们可以比较一下古典观点和浪漫主义观点。但是所有这一切都属于社会历史，属于一般的历史。我们在经济思想史中所关注的，我想，仅限于可能被描述为幼稚产业（infant industry）论点出现的线索。

当然，在你们没有发现幼稚产业的论点之前，你们必须在历史中深入考察。

所谓重商主义时期的文献大量充斥着对政府在其自己的疆域内培育幼稚产业的箴言。亚当·斯密准备相信，在具有极端风险的包括国际贸易的环境中可能要求某些政府干预，但总的说来，他反对政府干预。《国富论》第4编在某种意义上强调对一种关于培育特殊产业和商业企业的政府干预的批判。

这在亚当·斯密自己时代的人们头脑中出现了某种反应，这种反应在汉密尔顿（Hamilton）所写的报告中被赋予了一种灿烂的而且多方面信任的形式。汉密尔顿是美国的创建者之一，也是《联邦主义》（*The Federalist*）一书的作者之一，按照我的判断，该书是过去1 000年里关于政治学及其广泛实用方面的最好著作。汉密尔顿在1791年出版的《关于制造业的报告》，部分地是为产业保护辩护，在美国早期反对较为先进的英国制造业方面的不公平竞争。我敢说，时时都有不公平竞争，但是他的论点的主旨是一定程度地对“那些想要取得成功的没有经验的企业的担心”（汉密尔顿，1791，p. 203），因为这些企业所处的制造业是那种在英国和部分欧洲大陆正在发展的且较为先进的产业社会中。他制造了一个强有力的例证，一个被约翰·斯图亚特·穆勒接受的例证，虽然约翰·斯图亚特·穆勒活到惋惜世界不同地区的极端保护主义者有限制地接受这个例证的时候，它也是被希奇维克（Sidgwick）和马歇尔接受的例证。

但是，也许汉密尔顿没有进入经济思想史教科书，似乎他理应如此。在这方面有突出影响的是一个名叫李斯特（List）的德国人。李斯特主张不同的国家实行不同的政策，而且我要说，其影响在他的时代被亚当·斯密超越，在我们的时代则被卡尔·马克思超越。

李斯特生于1789年，卒于1846年。在青年时期，他卷入了同德国政府的麻烦，在那个时代，德国是四分五裂的。他远赴美国，美国确定的保护其幼稚产业的例证给他留下了极好的印象。他就这个课题广泛地写作。最后他回到了德国。他在形成可能赞成创造一个较为宽广的德国自由贸易区——关税同盟的开端——
241 的意见上起到重要作用。与此同时，他还将其在抨击亚当·斯密中的保护幼稚产业的意见加以系统地整理，取名《政治经济学的国民体系》（*The National System of Political Economy*，1841）出版——该书已被译成英文，你们能在图书馆找到这本书。

粗略地说，他对亚当·斯密的抨击是三重的。第一，他抨击斯密把世界的利益作为他的政治经济学的主题，而不是把国家的利益作为其政治经济学的主题。亚当·斯密无疑在综合方面是世界主义的，但亚当·斯密对重商主义财富制度的抨击基于重商主义的财富制度是不利于英国的观点。如果指出亚当·斯密所说的国家利益与世界利益是矛盾的说法，是一个捕风捉影的推测，那么，亚当·斯密该说什么呢？当你们走到穆勒那里的时候，却没有这样的推测。

第二，这一点我认为也是基于对亚当·斯密《国富论》的错误解读。《国富论》论述财富的增进，而不是广义的生产最终从属于消费。同时，李斯特说，《国富论》又强调国家经济力量的重要性。现在按照我的判断，这还是对斯密的错误解读。亚当·斯密《国富论》的第2编，正如你们知道的（即使你们甚至不太注意听我谈论斯密）是论述积累问题的，但是为了增加一国的经济实力，什么是适当的积累？所以，分析起来，我想李斯特显然忽视了这个要点。

第三，他承认一国的自由贸易超过幼稚阶段的例证。他责备英国政府没有推动自由贸易，没有通过商业制度及其现今的政策，培育英国产业的增长。他感到英国达到了自由贸易将是全部国家利益的阶段。他将这种情形一般化，并坚持认为一旦达到了某一阶段，自由贸易将是日常的秩序，但在此之前进行自由贸易则是愚蠢的。

这本书*在美国和德国产生了巨大的影响，在不发达世界的某些地区也有非常显著的影响。如果你们考虑一下美国的情形，在知识的影响下，使得幼稚产业成长为巨大的企业以后很长时间，它们继续受到幼稚产业论点的保护。但那是另一回事。约翰·斯图亚特·穆勒接受在产业起步时期由某种形式的国家帮助的理论上的例证。在他写给一个朋友的信中说，他非常悔恨关税制造者把其论点应用于，特别是应用于澳大利亚。并说他现在愿意表明，即使保护幼稚产业的论点是
242 适用的，幼稚产业也应当受到补贴的支持，而不应受到保护性关税的支持。好了，我认为，那就是我关于这一阶段的经济民族主义的严格的经济方面必须说的一切。

我希望提请你们注意的第二个学派，可以说是历史学派。该学派按其本色，在德国无论如何都是我在本次讲演中开始的18世纪和19世纪之间观点变化的副产品。

在某种程度上，总之按历史学派在德国的表现，可以看作是一种经院民族主义的副产品。而且它以各种形式表现出来，特别是在法律和历史中产生了一些显著的学术成就。不管你们是否憎恨它们的部分趋势，不管你们是否认为它们是不可避免的，也不管你们是否认为它们是人类历史的积极体现，你们都必须承认这种知识的影响是显著的。

首先，它在历史上是显著的。他们写出了一些非常著名的历史著作，而且这些著作把人们的注意力集中在民族的历史上——民族兴趣的变迁——如果你们思考18世纪的话——伏尔泰（Voltaire）、吉本（Gibbon）等——当时历史的兴趣是关于人的观点更多的变革。

其次，它本身在法理学中显示出来了。强调的重点不再是法——自然法，而是国家法——德国法、英国法、苏格兰法等。

它本身还进一步显示在作为19世纪的巨大成就之一的文学之中。人们开始严肃区分语言间的差别。在中世纪，你们知道，有教养的人用拉丁语交流。逐渐地，随着社会的变化，普通人——不是学者或国家官员——用来相互交流的语言变得占优势地位。你们知道一些民族文学的出现，其中有些文学是那个方面的人类的辉煌产物——但丁（Dante）、莎士比亚（Shakespeare）、莱辛（Racine）。但学术的兴趣集中在语言间的区分上，而且文学家们在追踪世界不同地区的语言演进中取得了巨大的成功。

雅利安（Aryan）是一个肮脏的词，因为它被希特勒和纳粹玷污了，但是雅利安语系，由于这个特殊关系而被大量研究，显示了演进的非同寻常的统一性。语言的成长——已经吸引了亚当·斯密的注意，他写了一篇关于一般语言的卓越

---

* 指李斯特的上述著作。——译者注

的论文，该文通常被作为《道德情操论》(1792) 的附录被重印——并不是由国家组织的；没有行政当局按照人们相互谈话的方式来规制语言的变化。而且它还是科学研究的敏感方面。无论如何，雅利安语系在我的童年是被应用的，当时我学习的这种东西被称作格雷姆法则 (Grimm's Law)。我不知道是否格雷姆法则
243 在过去30年左右里一直面临批判。但是其所获得的进步是有趣而重要的。在某种意义上，对语言演变的深入研究几乎像生物进化或我们头上的星空的演变那样令人感动。

不要认为我这时有点儿跳过民族主义。我讨厌你们那样认为，但我作为一个无偏见的历史学家仅限于告诉你们，经济学历史学派的大量论述——而且不全是坏的——是在伦敦河滨马路的国王学院一个英国神学家的著作中发现的，这个神学家总的说来坚持政治经济学教授的命题。你们知道，该学院是由惠灵顿的杜克 (Duke) 作为同大学学院的竞争对手而创建的。大学学院则是由激进哲学家、边沁的学生们和詹姆斯·穆勒、格洛特 (Grote) 等创建的，由于它没有加强同英格兰基督教的联系，结果被称为"无神的" (Godless) 学院——这不是经济思想史——大学学院可能是英国最特殊的设有女校友的学院——也许除了剑桥大学的三一学院。任何人都可以到大学学院上学，但是伦敦河滨马路的国王学院是作为"无神的"学院的对手而设立的，它总是特别同神学相联系。

理查德·琼斯 (Richard Jones) 是那里的教授，生卒年为1790—1855年，写有一部制度研究的著作，《财富的分配》(*Distribution of Wealth*)，该书基本是一种按照不同的历史时期和世界不同地区对土地占有制度的分析，在某种意义上，该书谴责了照搬李嘉图分析的细节而没有区分性质，像它有时被应用的那样。他的《财富的分配》出版于1831年。在他去世以后，他的《文献遗稿》(*Literary Remains*，1859) ——正如你们知道的，《文献遗稿》是为他的论文集 (他的两篇未发表的论文) 取的维多利亚女王时代的书名——原来是由伟大的历史学家和哲学家、剑桥大学三一学院的硕士休厄尔 (Whewell) 编辑出版的。在国王学院琼斯就职讲演中——这个讲演被重印在他的《文献遗稿》中[1]，琼斯公开提出了他对古典体系的批评。他认为，在你们能够把财富的生产和分配加以一般化之前，你们必须观察制度结构。你们必须考察在世界的不同地区和历史的不同时期支配生产和分配的法则。

你们要好好读一下琼斯的就职讲演，这个讲演包含许多好的思想，而且其按照一种或多或少文雅的方式评定并同李嘉图和李嘉图主义者争论，无论如何，任何无偏见的读者都将认为这些评定和争论是正当的。他引导了这样的主题，即政治经济学必须发现一切真理，并按照全面的精确的诉诸经验的要求，把这些真理扩展为普遍的真理 (琼斯，1859，pp. 568 - 569)。但是这并没有证明他抨击这些
244 假说以及这些假说后果的推论，正如你们按照现代的观点对其可能的虚假性，或者其提供的适用性所做的检验。

总的说来，我认为琼斯是一个必须受到尊敬的人，而且他的就职讲演包含了人们应在历史学派的更为野心勃勃的著作中适当尊重的所有内容。

现在，我还不应结束今天的讲演。但是历史学派确实繁盛起来了，并显示了一种强烈的民族主义色彩，这种民族主义规定了那个历史时期的大学和大学教师

的特征。伯克（Burke）说过——而且他说得很对——没有人能够提出反对一个国家的诉状。我不同意你们认为这是贬损的评论，我对德国历史学派的评论是从德国对西方思想传统的整个贡献评价不高的意义上做的。没有人能够说伊曼努尔·康德（Emmanuel Kant）受到了强烈的民族主义的影响——他不但是整个历史上最著名的哲学书籍之一的作者，而且还是热烈恳求国际和平、国际法等的作者。在此期间，当然也有些大学教师、哲学家等采取另一种观点。但这样说是正确的：无论如何，在其较晚阶段，德国历史学派是我谈论的时期浪漫国家主义特点的不幸表现。

历史学派有两个发展阶段，第一阶段的历史学派，即人们所说的早期历史学派，其领导者可能必须认为是一名叫罗雪尔（Roscher）的人，按照我的看法，他是他所在时代的一名优秀经济学家。虽然在一两次讲演或其书籍的前言中，他或多或少地遵循和琼斯一样的基础——我不晓得他是否知道琼斯——但我认为人们应该像尊敬地对待琼斯那样来对待罗雪尔。事实上，罗雪尔的《政治经济学原理》（*Principles of Political Economy*，1854）——在论述罗雪尔的这个阶段，我没有向你们之中不懂德文或读德文著作有困难的人推荐——在美国被翻译出来了，阅读英译本（1878）便容易理解它了。

与早期历史学派相联系的第二个人是一个叫克尼斯（Knies）的人，他在货币和银行及其历史方面写下了极好的著作（1885）。他还写了较为困难的讨论社会科学方法的著作。他在这方面的著作是非常难读的，我在青年时期花了很长的时间读完了这些著作。但是这使我感到高兴，因为罗雪尔和克尼斯的著作也是马克斯·韦伯（Max Weber）的著名论文的课题。[2]毫无疑问，不管你们是否同意他，马克斯·韦伯具有他那个时代最强有力的社会逻辑学的头脑。他于20世纪20年代初期去世。你们不应该仅仅是经济学家，你们还应该接受比经济学更广
245 泛的社会研究的观点。任何严肃对待社会科学的人，即使你们不是很同意他，都应该了解马克斯·韦伯。

罗雪尔和克尼斯反对古典经济学的英国传统——特别是罗雪尔，他是一个优秀的经济思想史学家，并写了17世纪经济思想史专著（1851）。罗雪尔吸收了大量的他认为有用的古典经济传统的思想。

之后，便走到晚期历史学派。我在这里警告你们，虽然我友好地看待罗雪尔和克尼斯，尊敬他们，即使并不总是同意他们的观点，但是我对于由著名的施穆勒（Schmoller）支配的晚期历史学派不抱同情态度。

如果人们谈论历史主义，如果你们思考，例如波普尔（Sir Karl R. Popper）的著作《历史主义的贫困》（1960）——迄今为止，只有波普尔论述了历史主义的经济方面——那么，施穆勒便是该书的一个靶子。施穆勒是一个极为强有力的人。在联邦德国历史的一个阶段，很难得到一个显要职位，显要职位在那个时代的德国意味着某种情况——在姓氏之前要加上先生、教授、博士等尊称。在我的青年时代，即使你是一个英国的旅游者，由于在旅馆的身份登记簿上你已经登记是一个“教授”，你也会受到最热诚的招待。正如那个时代的一个德国大学生——他已经进了伦敦经济学院——跟我说的，“当某一个人在大街上遇见某人的教授，而不向他跪拜、没给他带礼品的时候，那仅仅是一种时间和地点的巧

合。”好了，现在一切都变了。自战争以来，人们以受洗时的教名相称，而且粗略地说，具有了人的面貌。但施穆勒是一个强有力的人［而且，在那个时代的德国，他实行严格控制任命教授职位的手段］。[3]我考虑明天阐述他的观点。

注 释

［1］“An Introductory Lecture on Political Economy，Delivered at Kings College，London，February 27，1833，” in Jones（1859，pp. 539 - 579）.

［2］这篇论文重印于 Weber（1922）。

［3］参见第 5 讲，在那里罗宾斯给出了施穆勒控制主席任命的权力的这种性质。

第5部分
现代分析的开端

第 26 讲 历史学派（续）——变革的先驱：古诺、冯·杜能和雷

249 在今天的讲演中，我要继续评论我必须评论的历史学派。昨天，我跟你们谈论了理查德·琼斯，然后花较长时间评论了德国历史学派的两个阶段，提到了作为较早的、较为能接受的看法的代表罗雪尔和克尼斯，提到了施穆勒和他的学派，按照我的意见，其观点是不能接受的。

现在，对历史学派看法的主要精华可以从下面三个方面加以概括：第一，他们大肆宣扬古典学派提出的假设尚未得到证实，特别是古典学派没有指明他们兴趣的意图。我已经联系李斯特的关于经济民族主义的看法对此做了讨论。第二，他们坚决反对他们断言的形成于古典传统的图景，说这个图景并不是普遍的真理，认为它忽略了制度因素和资本与劳动流动的速率等。第三，这一切导致了对古典政治经济学方法的抨击，断言古典政治经济学方法是从简单要求而进行的演绎，而这种简单要求当然就是它们的历史。因此，施穆勒学派急于推出一种据说是必需的新方法——那就是，为了使你们能够讲任何关于经济现象的话，你们必须专心于对特殊的社会历史细节的研究。最后也许允许它们在未来形成，而不是形成于那种古典的先入为主的分析。但是你们将能够讲关于经济发展规律的话——波普尔（1960）把这种态度表述为历史主义。

那么，这种态度如何引起了批评呢？我已经说过，我认为对古典政治经济学假设的抨击是张冠李戴。我想，斯密会因之急于表明，归之于他的一些思想并没有得到他的认可。我想对 19 世纪的古典经济学家也可以讲同样的话。

对 19 世纪古典经济学家（或他们中的某些人）所描述的图景的攻击，在某

种程度上是正确的。亚当·斯密考虑了制度结构及其历史。而李嘉图和他的追随
250 者却留下了许多问题，人们之所以对他们特别感兴趣，是因为他们为由于反对斯密图式的背景而出现的问题所困扰。而且我一直认为，他们忽略制度结构导致他们夸大了他们所确定的某些指示的适用性。说所有的古典经济学家都犯了这些错误是不对的。例如，甚至边沁，也许在思想史上可以把他归类到古典经济学家，也有一部题为《时间和地点对社会现象的影响》（*Essay on the Influence of Time and Place*，1843）的著作。当然，约翰·斯图亚特·穆勒则非常谨慎地强调考虑制度结构的必要性。

迄今为止涉及了对古典经济学方法的抨击，我仅限于说，我认为对古典经济学方法的抨击基于一个完全错误的概念。认为所有的古典经济学家都忽略了历史和经济史当然是错误的。甚至李嘉图这样也不对，在其《对博桑基特的复信》（*Reply to Bosanquet*，1811）中，李嘉图自我表达了一个他那个时代经验调查的问题。

但是，历史学派，按照我的判断，犯了科学发现的一个逻辑错误。他们强调的归纳法优先权实际上摆错了位置。这不是说应针对其同事实的对应关系来检验假说不重要，而是说，没有一个选择的原理便不能真正科学地处理一团混乱的经验，这种选择的原理，按照上面的分析，可以追溯到自觉形成的假说或不自觉形成的选择原理。可以说，要求你们完全无意识地思考历史的观察事物的思想——最初，洛克称之为像白纸一样纯洁（tabula rasa）——是荒谬的。结果，我想在所涉及的施穆勒部分的历史学派看来，历史是无结果的。施穆勒和施穆勒体系及其追随者进行了有趣的历史研究，但他们没有制定出有意义的理论，也没有阐发经得起逻辑和历史分析的发展规律。

在我的青年时代，我常常同奥地利经济学家交往，他们，由于我过一会儿要解释的原因，被排除于大学和企业。他们常常讲施穆勒的一个学生的奇异故事。这个学生向自己提出研究1900—1905年间柏林东部罐头肉的价格波动问题。他写了一篇大约数百页的博士学位论文，并用统计表和图形予以说明，当时作为一个优秀的博士生，他写了最后关于结论的简短的一章。他说："作为这些考察的结果，我们可能冒险尝试地说，1900—1905年柏林东部地区罐头肉的供给可能受供给和需求的影响。"

更严重的是，虽然德国早期的经济学家为一般经济学增加了内容，但施穆勒支配的结果是或多或少使这个传统消失殆尽，在某种程度上慕尼黑和维也纳除外。实际上，这样说更有把握：到1914年，德国经济学家的主体并没有产生任何于历史有益的事情。

251 现在，如果你们认为那是从说英语的背景引申的带有偏见的判断，我建议你们读一下施奈德（Frich Schneider）的令人钦佩的经济思想史著作——《经济学说史》（*Geschichte der Wirtschaftstheorie*，1962）的有关章节。我抱歉地说，该书还没有被译成英文，在该书中你们可以发现，像我说的那样，施穆勒是一个遭受谴责的人。可以说，所发生的情况是令人不快的，在那里发生了奥地利学派和历史学派之间的争论，历史学派在卡尔·门格尔（Carl Menger）的第二部巨著——《方法论研究》（*Researches into Method*，1883）中获得了永久的体现，该书已经被

译成英文（门格尔，1963），而且我认为该书还具有社会逻辑的和经济的重要性。

至于所涉及的英国——我同你们谈论了琼斯——他非常卓越地批评了一部基于其倾向于忽略历史和制度的古典著作。该古典著作的作者是爱尔兰经济学家克利夫·莱斯列（Cliffe Leslie），其著作《政治经济学论文集》（*Essays in Political Economy*，1888）是相当值得你们注意的。当时也有经济史学家，例如威廉·坎宁汉（William Cunningham），著有一部三卷本的历史著作，取名为《英国工商业的增长》（1890）。坎宁汉是马歇尔的学生，但是由于某种或他种原因，他没有参加马歇尔所召集的集会。他写了一篇抨击马歇尔《经济学原理》的论文，该文如此曲解了马歇尔，以致引起向来不喜欢争论的马歇尔写了一篇辛辣的抨击论文。我想，如果你们读一下《经济杂志》早期关于坎宁汉（1892）和马歇尔（1892b）之间争论的论文，毫无疑问，是马歇尔赢得了这场争论。

按照我的判断，一个比坎宁汉更令人敬畏的人物是阿斯莱（William James Ashley）。我想，你们必须采取比我自己对待坎宁汉的态度更为严肃的态度来对待。在阿斯莱被任命为伯明翰大学教授的时候，他拒绝接受经济学教授的称谓，因为这在他反对经济传统时会造成误导，所以他的教授职位被称作商业教授。但是，阿斯莱的经济思想史（1901）仍然是有趣的读物，阿斯莱对方法论讨论的贡献比坎宁汉更有意义。

关于方法论的争论，有一本由著名的凯恩斯的父亲——不是约翰·梅纳德·凯恩斯这位我平生见到的最伟大的经济学家，而是他的父亲，约翰·内维尔·凯恩斯写的绝对有价值的书。他写了一本非常稳健的著作《政治经济学的范围和方法》（1890），在该书中他力图坚持平和的尺度，并用来评判在历史主义和较为古典传统（按照他所发展的古典传统）的标题下可以区分的各种学派。虽然该书是在多年以前出版的，但我想在美国最近被重印了。它是一本出色的著作。它不包含他儿子的睿智和富有想象力的观点，但它属于一部经典之作。通过阅读该书和注脚，你们可以获得良好的关于方法论争论的介绍。

252 现在，不再进行这些附带的批评了——一方面是对经济民族主义的批评，另一方面是对历史学派的批评。现在，我想回到以长久存在的形式出现的经济分析史。我不想再同你们谈论古典传统了。迄今为止所保留的古典传统实际被挂上了所谓边际革命的快车。但是在我和你们谈论边际革命之前（我将在下一次讲演中谈论边际革命），我想就现代主义的一些重要先驱说几句话。我将省略一些对于边际效用理论有贡献的先驱，因为这将更便利我论述有关杰文斯的讲演。杰文斯是这里关于边际革命开始的主要代表。在这里我的选择是不系统的，我仅仅想要你们注意不同方面的重要贡献。

首先而且当然是最重要的人物之一是古诺。他生于1807年，卒于1877年，一个法国数学家，在其老年时期做过卓越的法国格洛诺布尔大学的校长。他的《财富理论的数学原理的研究》（*Researches into the Mathematical Principles of the Theory of Riches*），正如你们都知道的，是我正在翻译的法文著作，它在不止得到欧文·费雪（Irving Fisher）的赞助后被译成了英文——该书在1838年出版，是第一本数理经济学巨著。

你们不要认为在古诺之前没有数理经济学。希奥查里斯（Reghinos D.

Theocharis）教授20世纪50年代曾在这所学校生活，表面上在我的指导之下写了一本数理经济学的早期历史的书（1961）。当他向我建议写这本书的时候，我曾认为该书内容比较单薄。但是，正如在研究生院通常有的情形那样，一个人从某个人的学生那里学到的东西比从他们的老师那里学到的还要多。那是在希奥查里斯告诉我他选择了一个良好的课题之前不久的事情。他的关于尝试数理经济学历史的早期著作（以论述古诺告终）是完全值得专家们注意的著作。但是还有许多值得注意的著作家。还有我在上次讲演中提到的休厄尔，此人是著名的三一学院的硕士、科学史学家、逻辑学家和道德哲学史学家，他向剑桥大学的一个学会贡献了一篇相当著名的把李嘉图理论译成数学的论文（1829）。

但是，古诺的书却把问题确定在一个新的层面上，令人惊讶的是现代理论，而且对于那些刻苦阅读该书的人来说，它包含某些方面许多为人们所要求的发现，而这些发现在20世纪20年代晚期在英国其他大学是虚构的——我希望在（伦敦）经济学院从来不是虚构的。

它始于（古诺，1838，前言，pp.1－5）数理经济学的一个最精彩的原理。它并不要求太多，它恰恰能使你们搞清楚对于某些问题的认识，并能使你们在处理较大和较少数量的论题上比以前更为精确。

这样，该书继续论述需求规律（同上，第4章，pp.44－55），它就是如此称呼的，并第一次在出版物中表明需求——他的书于1838年问世——是价格的函数。约翰·斯图亚特·穆勒在其未发表的论文中也做了这种表明，该文在1844年才发表，作为《未解决的政治经济学问题》的第一篇论文。但是，古诺以数学方法即以曲线和代数式确定的需求规律确实值得信任。

他进一步论述了市场形式。他首次论述了垄断（同上，第5章，pp.55－
253 66），而且对于任何看到在垄断均衡中存在"边际收益等于边际成本"的公式的人来说会感到奇怪。实际上这不是在20世纪20年代后半期牛津大学或剑桥大学的发明。当然，它在马歇尔那里就完全有了，而马歇尔一般说来还应当感谢古诺。甚至在一本由希尼·查普曼（Sidney Chapman）写的普及性的书籍——对马歇尔的普及化——《政治经济学大纲》（*Outlines of Political Economy*，1913）中也存在垄断均衡公式，该书出版于第一次世界大战之前。在经济思想史中也偶尔应用这个公式。

此后，他继续（同上，第7章，pp.79－89）突破新的基础。由于已经论述了仅有一个销售者的市场，他进一步论述了两家卖主垄断市场的问题——存在两个销售者的市场。按照某些特殊的假设，他获得了一个决定性的答案。正如你们知道的，双寡头理论是20世纪30年代、40年代和50年代专家考察的主题，而且也很清楚，只有当人们引入非常特殊的假设的时候，答案才能确定。但是，古诺在没有说出全部假设的情况下，是按照他所做的隐含的假设获得正确答案的。而且古诺在你们获得完全竞争的有限的数学例证之前便处理了这个问题（同上，第8章，pp.90－98），他还做了垄断和完全竞争之间的各种比较。

最后，你们还应当注意古诺关于成本和垄断的命题，命题是说，如果你们有递增的成本，这种递增的成本在达到均衡点之前不断增加，那么无论最初的情况如何，双寡头垄断的或者竞争的，它将导致垄断。这个命题困扰了马歇尔，导致马歇尔特别注意递增的成本和竞争问题，并导致他区分内部规模经济和外部经济。如果市场很小，这种内部规模经济便将导致古诺的命题；而外部则可能允许竞争以某种或他种形式保持下去。好了，对于古诺就讲这些。

我之所以按照这个顺序论述他们，是因为马歇尔表示感谢的除了斯密和穆勒这两个现代理论的先驱外，主要是古诺和冯·杜能（von Thünen）。冯·杜能是一个德国东部的地主，生卒年为1783—1850年。冯·杜能热衷于其农业财产的管理。他对于这些问题有一个科学的方法，实际上他把他的深思熟虑体现于两本书中。这两本书都叫《孤立国》（*The Isolated State*），实际是一本书。第一卷出版

254 于1826年，第二卷出版于1850年，而在他死后很长时间的1876年出版了一个全卷本，并有一个重要部分的英文版本，由彼德·霍尔（Peter Hall）编辑，于1966年出版。

在第一部分，冯·杜能关注集约耕作和工业的区位。他设计了一个模型，在这个模型中，市场是同心团体系列的中心，每个不同团体的土壤是同质的，但接近市场的优势是不同的，并由生产谷物的农业者耕种。结果你们便得到一个非常严肃的关于地租理论的区分，包括地点的地租和区位的影响。

第二部分，他赋予它以极大的重要性，是准数学的，在第二部分有重大意义的一章的标题——我译为——"工资同在大企业就业的最后一个劳动者所增加的产品相等"，他把他的边际产品工资理论加以精确化，并同一个简单的公式联系起来，他为这个公式而感到如此自豪，以至在他的墓碑上除了他的名字和他的边际生产率工资的公式，什么都没有加进去。

你们还将在冯·杜能于1834年出版的致一个在我谈论国际贸易的需求理论发展的时候曾暗示过的一个人——蒙第福特·朗菲尔德的演讲，《政治经济学讲演录》（*Lectures on Political Economy*，1834）中发现边际生产力，这时是资本的边际生产力。而且在第9讲中，你们可以发现对资本边际生产力的非常恰当的表述。

在这些前驱中有一个人总的说来在他的时代是被忽略的，但是按照我的判断，这个人有一个本身最令人惊讶的适用于一般经济学的思想——这个人就是约翰·雷（John Rae）。他生于1796年，卒于1872年。他一直很不幸。在他在大学完成为脑力工作生涯所必需的学业之前，他的家庭走向了破产。他迁居到加拿大，在那里他获得一个地方政府管辖下的低微职务，作为一名教师，实际上——我猜想，他是一个好争论的人——他同人争论，并丧失了职务。在加利福尼亚发现黄金的最初日子里，他来到了加利福尼亚，在那里他差一点儿死于伤寒，也没采到黄金。后来他又移居到夏威夷，在那里他获得一个低微的职位，当一名健康检查员。最后他于1872年默默无闻地死在伯卢克里恩（Brooklyn）——总之，死在了美国。但是在1834年他写了一本名为《政治经济学新原理》（*New Principles of Political Economy*）的书。这本《政治经济学新原理》事实上是对斯密的某些方面的抨击，特别论述了幼稚产业的论点。

在我跟你们谈论经济民族主义的时候没有涉及雷。因为我知道在这里要在较宽的范围内接触到他。但是雷在保护幼稚产业方面所采用的例证远比以往任何其他人所采用的例证好得多。他对斯密的谴责（其中有些我认为是可以商榷的）完

全值得注意。

255 雷对一般经济理论的贡献，特别是对资本理论的贡献是更为重要的。他的《政治经济学新原理》是最珍贵的书之一。我不认为这里的图书馆拥有他的原版书，可能在戈德史密斯（Goldsmith）图书馆里有。我曾经在我所属的一个俱乐部里看过该书的重印本，并曾荒唐地想偷走它。自它出版以来还没有人读过它，但是由于本人受到的良好教养，便忍住没有那么做。现在可以买到它了，它已由纽约的凯雷（Keley）重印了，并附有一篇由多伦多大学的一个名叫詹姆斯（James）的人写的雷作为真正学者的传记。

现在，雷开始论述他的书的较为一般的部分，该部分的名称叫“资财的性质”，其中有一篇专论，大量预见了欧文·费雪的《资本和收入的性质》(*Nature of Capital and Income*，1906）的内容。经济分析的重要之处一定是，我引证一下，“事件的过程和相互联系”（雷，1834，p. 81）。预见的能力——现在，我没有按他的原话说——对经济计算的关注是人区别于动物的东西。通过审慎的传导而改变事件过程的可能性使人类得以保证安全，如果他们选择应用其知识的话。对于简单的术语就讲这么多。

这样便接近一个一定数量的资本手段形成与损耗的描述。但是，他现在登上了以前没有人按照这些条件登上的新的层面，而这个新的层面可能是由最重要的一章描述的。该章的标题是：“每种手段”——其含义是资本手段——“可能按照存在于形成手段、赋予它们以能力所花费的劳动和从形成时期到消耗时期所经过的时间之间的比例，在一个系列的某个部分予以安排，在这个系列中决定秩序”（同上，p. 100）。这是用大量的对生产事件的手段等于其短期、中期甚至较长时期的成本的加倍的算术说明予以阐发的，并且还有许多天才的分析，表明更复杂的收益如何计算等，把它们纳入这样一个系列。

之后，在下一章，他陈述了一种在双时期延期投资的收益递减规律：“能力”——我引证——

> 任何人能够积累到他们所拥有的物质中的能力，由于把它们形成为手段，不能无限地增加……同时他们的知识保留在静止状态，不会使手段继续在系列中向前变动（同上，p. 109；删去了斜体字）。

这就是他所描述的。他还参考了可以传递给住宅的不同的耐久性程度来说明这一点：

> 一所住宅可能轻微地使木材、板条、水泥、塑料和纸等的价格上涨……像单薄的村庄那样，而俄国的凯瑟林（Catherine）则在她的全部巡行中看到了她的疆土的某些部分（同上，p. 110）。

256 他把这些村庄同那些同样规模的村庄做了对比：

> 适应性和外观，可能持续一两个或三个世纪……按照应用石头、铁和最耐用的木材，以及把它们结合和组合在一起，具有较大的严密性和精确性。（同上，p. 110）

由于精确地表述了投资函数，于是雷在另一章转向了这样一个主要问题：能够在什么程度上揭示投资函数？他偏好和应用他自己的术语：积累的有效意愿，在这个时代他发现了这个问题的答案。他说——我引证他的话：

> 因此，每种手段的形成便意味着，现今物品的某种较少的牺牲，以生产较多的未来的物品。这样，如果未来的物品生产较多，便被设想为，值得现今物品的这种较少的牺牲，手段就将形成。如果不是这样，手段就没有形成。（雷，1834，p. 118）

然后，他扩大到经济社会，并按照其积累习惯的作用比较具有不同安排的不同国家的历史——埃及人生产可能耐久的纪念碑，其他社会的人却从来没有超越非常缺乏耐久性的手段。

甚至在这里，雷的原创性也仍然游刃有余。他继续讨论流动偏好和利率之间的关系。你们之中那些认为流动偏好和利率的讨论仅仅开始于20世纪20—30年代的人，应当读一下雷的论述："每个人"——我引证一下：

> 必然不愿冒险拥有于他无用的一个货币总额，在收入增加的时候，他可能把很大数量的收入用于手段的形成。如果这样的话，在任何人都是其成员的社会中，手段远没有使我们系列的第一秩序荡然无存，当他们最快地加倍增加其形成支出的时候，他就将宁可冒着拥有太少的货币不方便的风险，而不使由于在其金库中长期不用（这些货币可以变成手段以获得增大的收益）而丧失拥有一个货币总额。但是，如果在他是其成员的社会中，手段使我们系列的第一秩序荡然无存，他就将保留较多的货币，希望通过某种有利的谈判来增加收益，而不是把它花费在任何手段的形成上。（同上，p. 178）

而且，这导致了一个货币和信用等的职能分析。

现在，可怜的雷的书已经落到了绝版的程度。它是我们学科的历史上一流的书最终被忽略的最悲惨的例子之一。西尼尔读过该书，并赞扬过它。约翰·斯图
257 亚特·穆勒也读过该书——出版以后几年——并赞美了它。在其《政治经济学原理》中，穆勒对该书做了评论，说约翰·雷对于资本积累做了如同马尔萨斯对于人口的成倍增长所做的一样的事情，对他大加褒奖。但由于淘金地方的闭塞，这并没有传到可怜的雷的耳朵里去，只是他在夏威夷的时候，我想，有人向他提到他的书受到了约翰·斯图亚特·穆勒的褒奖。他曾写信给约翰·斯图亚特·穆勒，感谢他对他的褒奖，并承认他自己不再拥有他的书的副本了。

这还不是事情的结束，我可以在3分半钟内给你们讲完这个故事。在庞巴维克的著作中也提到了雷。一个名叫米克斯特（Mixter）的哈佛大学经济学家感到有必要提议读雷的书并重印了他的书。必须给米克斯特以某种良好的评价，因为他在这里所设想的事情是美好的。但也必须给他以可能坏的评价，因为他按照他所认为的什么是重要的内容重新安排了雷的著作。把他关于亚当·斯密的评价无足轻重地置于附录的地位，并以怪诞的标题《资本的社会逻辑理论》（*The Sociological Theory of Capital*）（雷，1905）——在1834年确实是怪诞的——重新发表，雷将绝对地感到震惊，而且足以使大多数经济学家感到厌恶。所以，仅仅在我们的时代，才真正由多伦多大学把雷的著作公正地评价为适当的出版物。欧文·费雪奉献了《利息理论》（*The Rate of Interest*，1907），也许这是20世纪出版

的关于真实利息理论的最杰出的著作，他在书中写道："纪念约翰·雷，他奠定了我竭力在其上构筑的基础。"

好了，对于我们的重要先驱就讲这么多。显然，我在下周就要从边际革命讲起了。

第 27 讲　边际革命（Ⅰ）：杰文斯

258 由于已经介绍了有关先驱的各种零星琐碎的事情，我们现在到了我的讲演中可以称之为边际革命的部分。我不想在这个阶段讨论它是一次革命，还是一次有秩序的变化过程，或是处于两者之间的某种情形的问题。我想对我来说，最好是一点一滴地论述边际革命的历史部分，这个边际革命的历史部分将占据我从现在到全部讲演的结束。

我要在本周的讲演中论述和杰文斯与门格尔的名字相联系的价值理论的创新。但是在这些问题上总是如此，把价值理论置于重要地位的人是有其先驱的——而且确切地讲，比方说，同马尔萨斯的人口论相提并论的人。我不花费太多的时间来谈论边际效用价值论的先驱，但无论如何我要提两三个人的名字，并强调另外两个人的重要性。

就这个国家而言，杰文斯自己相当于一个叫班菲尔德（Banfield）* 的人，该人在 1844 年写了一本名为《工业组织》（*The Organisation of Industry*）的书。[1] 我很怀疑现在是否有人读过该书。杰文斯还相当于理查德·珍宁斯（Richard Jennings），该人在 1855 年写了一本名为《政治经济学的本质成分》（*Natural Elements of Political Economy*）的书——一本论述满足程度的书。还有一个牛津人，劳埃德（W. F. Lloyd）牧师，他在 1833 年写了一份关于价值概念的讲义，

* 本书的参考书目著者人名是 Bainfield，Thomas Charles，而不是 Banfield，疑是同一人。这里及后面的参考书目姑枉从之。——译者注

该讲义以一卷本重印，作为对内战时期出版的外皮为深蓝色的《经济杂志》的补充读物。我认为那是一个相当著名的知识成就，但我不打算同你们过多地谈论它。

比这些名字重要得多的是另外两个人。第一个人是名叫杜普伊特的法国工程师——尤尔斯·杜普伊特（Jules Dupuit）。他是一个有教养的工程师，曾导致他考虑收取过桥税等公共效用的问题。在1844年，他写了一篇文章，标题是《公共工程的效用测量》，继之于1849年和1853年写了补充文章。你们将在杜普伊特的著作中发现递减的（我们应当叫什么）边际效用，而且发现最初的消费者剩余理论。这些文章在我们的时代由爱因诺蒂（Einaudi）的企业重新发行了（杜普伊特，1933），当时该企业受到已经成为意大利总统的伟大的爱因诺蒂的影响，因此应当是非常熟悉的。你们之中那些尚在求学的人应当读一读这些文章。

259 那么，第二个人是一个悲剧性人物，名叫戈森（Hermann Heinrich Gossen）的德国人，他于1854年写了一本书名为，对于你们中懂德文的那些人来说，德文为 *Entwicklung der Gesetze der menschlichen Verkehrs*——《人的法则的发展》，我们应当称之为《商业的交互关系》。这是一本非常完善的书，该书确定了递减的边际效用的经济含义。我不能向你们推荐该书是一本开始阅读戈森著作的容易读的书。该书现在可以看到——在20世纪20年代曾被哈耶克（Hayek）重印过，我想，现在尚有许多重印本仍然要感谢他——但是开始读它就像开始横渡一个非常非常长的句子的海洋一样，而且没有分段符号等。但作为知识领域的重要成果，它的命运悲惨，在曼彻斯特大学杰文斯的一个同窗使之引起杰文斯的注意之前没有人注意到它。此前杰文斯曾认为他已经发明了边际效用价值论，现在他惊异地发现（我想他有点儿悔恨），是戈森而不是他更为系统地把边际效用价值论写出来了。但杰文斯是一个诚实而伟大的人物，在他书的第二版，他立即提到了戈森的名字，并实际推荐给了瓦尔拉斯。瓦尔拉斯也独立地发现了边际效用价值论适用于递减的边际效用的思想，而且他也是一个高尚的人——虽然是一个性格急躁的人，我只能这么说——他在一本法文杂志上写出了这个事实。

所有这一切都是吸引人的知识历史，而且对这时知识的思考导致我在这些讲演中对杰文斯和门格尔的注意。门格尔是第一位奥地利经济学家，在明天的讲演中我将论述他。由于后面解释的原因，我对瓦尔拉斯的论述则向后拖延一下。但这里所做的并没有错，尽管有杜普伊特和戈森（没有提及其他不出名的人物），我还提到三个人的名字——杰文斯、门格尔和瓦尔拉斯——他们把现代价值理论的这个方面置于显著的地位。

现在，让我们来论述杰文斯。你们没有理由不读杰文斯的《政治经济学理论》（*The Theory of Political Economy*，1871）。比较地说，该书是一本篇幅不长的书，是由一个被称为企鹅（Penguin）的书商出版的。它有一篇由经济思想史方面的伟大的权威之一的考利森·布拉克（Collison Black）教授写的出色的导论，并载于一个简装的版本（杰文斯，1970）。我手头的这本书是考利森·布拉克教授寄给我的，因此我不能告诉你们它的价格，但它不会很贵。杰文斯在某些方面没有像门格尔（在一个方面）和瓦尔拉斯（在另一个方面）那样彻底，但他更早一些，而且在这三个人中，他是最生气勃勃的，他的书是最值得一读的。

杰文斯生于1835年，于1882年过早地死于心脏病，不过我认为他是溺水而死的。他的家庭在利物浦，并在1848年陷入财务困难，而且这些困难是持续性
260 的。杰文斯曾进入伦敦大学学院学习，后来于1852年在澳大利亚接受了一个职务，当一名贵金属特别是黄金化验员。正如你们大家知道的，在19世纪40年代晚期和50年代初期，在澳大利亚发现了黄金，杰文斯为了缓解他家庭的财务困难而接受了这个职务。他的生活活泼而有趣，就像雇用他的政府化验机关的领导一样。他的书信和日记现在可在由布拉克教授编辑出版的六卷本的文集（杰文斯，1972—1981）中找到，还有另外一卷有待将来出版。由于他的妻子哈莱特·杰文斯（Harriet Jevons）的出现，他仍然拥有幸福的生活和一些幸福的书信。他的妻子在单独同福克斯韦尔（Foxwell）和维克斯蒂德（Wicksteed）以及其他人的书信来往中写到了这些。如果你们没有时间阅读布拉克全版本的书信，那么哈莱特·杰文斯编辑出版的《杰文斯的书信和日记》（*Letters and Journal of W. Stanley Jevons*，1886）却是完全值得一读的。这样说并没有错：杰文斯不但在经济分析史中的地位非常突出，他在社会科学中作为一个全面的知识分子也是高人一头的：他是一名形式逻辑专家、一名科学方法论专家，而且他出版了各种应用经济学著作——测量货币价值、社会问题、指数的应用以及其他等问题。

他于1862年从澳大利亚回国，并在大学学院获得他的文科硕士学位（M.A.）。1866年，他被聘为曼彻斯特欧文学院的教授。1876年进入大学学院，1882年溺水而死。

他的重要著作，从你们的观点上看——不是从这些讲演的观点上看——是四个。第一个是他的《黄金价值的严重下降》（*The Serious Fall in the Value of Gold*，1863），该书应用指数和图形来测量货币的价值。第二个是他于1865年写的一本篇幅很长的书《煤炭问题》（*The Coal Question*，1906），在该书中他讨论了煤炭供给枯竭的可能性。这种可能性已经提前出现了。现在，在我们谈论自然资源枯竭的时候，我们看到石油和天然气的枯竭是相当快的，但是英国煤炭的数量，按照毫无疑问的递增成本计算，根据肯定是错误的估计，也许至少在下一个200年内会持续存在。第三个是他写的一本非常有趣的基础性的书《货币与交换机制》（*Money and the Mechanism of Exchange*，1920）。第四个是在他去世之前不久写的一本书《国家与劳动的关系》（*The State in Relation to Labour*，1882）。

他是维多利亚时代晚期的那些在许多知识领域成就斐然的卓越人物之一。但是现在我们仅仅涉及他的《政治经济学理论》。这有某些前提。1860年当他还是大学学院的一个学生的时候，他在6月1日致一个亲属的信中写道："在上次萧条期间，我在政治经济学方面做了大量工作；在前几个月里我幸运地拟出了我不怀疑是经济学真正理论的大纲，它是如此彻底和连贯，以致我现在不能读到关于这个课题的其他书籍而不感到愤慨。"[2] 他在1860年就已经把他关于这个课题的观点表达出来了。我之所以提及此，是因为凯恩斯在其《马歇尔传记》中对此的表述是完全错误的。凯恩斯认为，马歇尔很厌恶杰文斯，因为他——马歇尔——已经想出了同样的事情，大概地说，是和杰文斯同时想出的，而杰文斯抢先提出了这些观点。但这样说是错误的。杰文斯是在1862年英国经济学学会上
261 阐述他的观点的，并把它们重印于1866年的《皇家统计学会杂志》中。在1871

年他出版了《政治经济学理论》，并在1879年出版了重要的第二版，在这一版中包含一篇很长的表明戈森和其他人的发现的序言，并提供了第一个数理经济学文献。

《政治经济学理论》并没有被人看作是一个体系，它是两种重要思想的揭示。第一种思想占据本次讲演的较大部分，是同效用相联系的价值理论；第二种思想是资本理论，对这种思想，他没有给予值得他给的那么多的称许。凯恩斯非常钦佩杰文斯，并写了一篇关于杰文斯的杰出文章，但在其著名的《马歇尔传记》（是在马歇尔去世后出版的）中，凯恩斯却说（这是值得你们记住的凯恩斯的无可比拟的无聊的议论）："杰文斯看到水壶在沸腾时，兴奋得像一个孩子那样大喊大叫，而马歇尔则坐到一旁，开始建造一台发动机"（凯恩斯，1933/1972，p.185）。这是非常聪明的说法，然而却是错误的。

正如我们将看到的那样，《政治经济学理论》并不是没有受到错误影响的。而且它确实不是关于价值理论所说的最后的话，但它确实是一本著名的书、一部优秀的作品。你们可以以浓厚的兴趣甚至兴奋的心情阅读它的几乎每一页，除非你们厌烦精确的价值理论和交换理论。由于知道今天我要和你们谈论该书，我用整整一周的时间再次阅读了该书，这已经是我第七次或者第八次阅读该书了，但使我感到惊异的是，这跟我第一次阅读此书时一样令人兴奋。

导论开始于布拉克版的第77页（在第77页之前是前言和布拉克论杰文斯的论文）。在导论第二段开始写道：

> 反复的思考和研究使我得到一种颇有几分新奇的意见，即，价值完全决定于效用。流行的意见认为价值起源于劳动，甚至有人断然说劳动是价值的原因。
>
> ——考虑某些古典经济学家——
>
> 相反，我却要说明，我们仅仅需要探索效用变化的自然法则，因为效用决定于我们所拥有的商品数量，以便获得令人满意的交换理论。普通的供求法则仅仅是这种交换理论的一个必然的结果。（杰文斯，1970，p.77）

然后，他进入了为他进一步阐发的理论做数学性质的辩护。但是，这种辩护的结果是数学的，而且实际上我认为，当马歇尔说杰文斯离开数学也会做得很好的时候，他可能是正确的。同时，它又是对应用的一个辉煌的辩护，虽然它不像
262 古诺那样严格。在他那里存在着数学的相关性——而且必须说，这种数学的相关性在20世纪的这个阶段是非常强有力的。他非常生动地解释说，因此经济学论述或大或小的关系问题从一开始就隐含的是数学的关系问题。

他进一步为经济计量学辩护，如果我们能够称之为经济计量学的话。他指出，存在着大量的经济学家应该考虑的数据，而这些数据将能使更深入的考察进行下去，从而满足供求法则。

他继续说，他的价值理论并不尝试比较一个人同另一个人的感觉的数量。这种说法在这个阶段是相当重要的。那就是说，他也不认为人在满足能力上是平等的还是不平等的。他的理论不依赖于这一点，但也许那是另一回事。

杰文斯在这方面的知识来源显然是边沁。他的第2章是论述快乐和痛苦的简短一章。他从著名的《道德和法导论》（*Introduction to the Principles of Morals and Legislation*）引证——我希望你们都从其他方面来看看这本书。他从边沁那里引证快乐和痛苦的感觉依赖于四种情况：“紧张”“持续时间”“确定性”“迫切程度”（杰文斯，1970，p. 94）。这些词的意思是不说自明的，我想，我们无须在这些词上面说太多的话。

他用一个图（见图 27.1）来说明满意的强度，根据这个图，这里满意的强度［依纵轴］来测量，商品数量［依横轴］来测量。

263

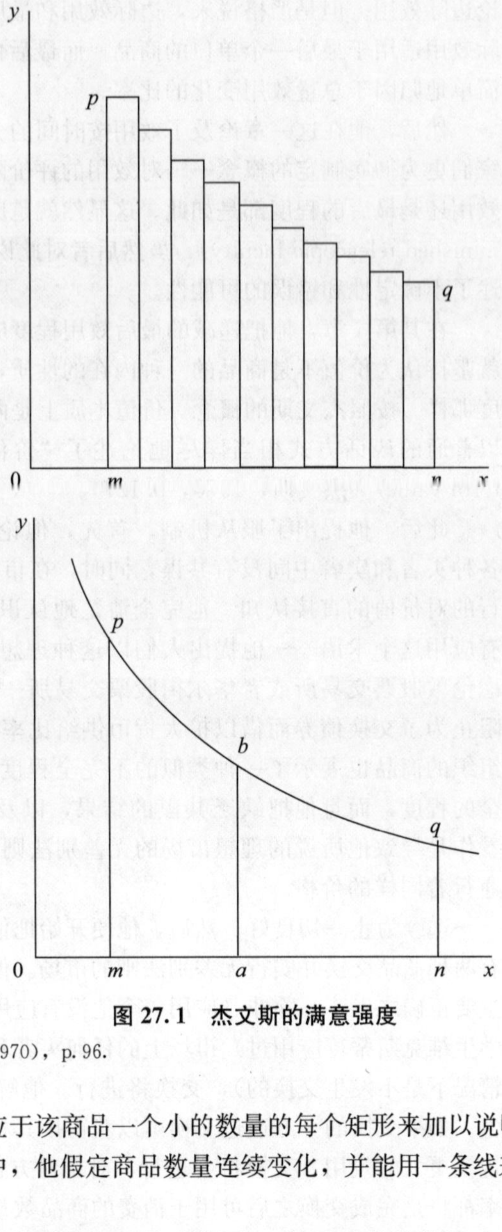

图 27.1　杰文斯的满意强度

资料来源：Jevons（1970），p. 96.

他首先以对应于该商品一个小的数量的每个矩形来加以说明，然后画出另外一个图，在该图中，他假定商品数量连续变化，并能用一条线来描述连续的满意强度。

随后，在第 3 章便接触到了“效用”。效用有其欲望基础，而且一种商品的效用并不是固有的。这里不存在什么东西——他没有说到这一点——但不存在的东西具有效用，是思考使之如此。由于搞清了这一点，他获得了他的主要发现，正如他所认为的。他区分了总体的资财的总量效用或流动的比率和总量效用变化的程度。在说了几句关于负效用和负商品的话（在这里他建议，可以简单地把这些概念看作是他关于效用所说的代数变量）之后，他接触到了他将看作是按其不同的应用合理分配任何商品的概念，即不同应用的最后效用程度是相等的。

现在，注意他的术语。他在谈论总量效用的“最后程度”和“变化的比率”。后来的一些学者，继一个名叫维塞尔（Wieser）的奥地利经济学家之后，习惯谈论边际效用。但是严格说来，边际效用和最后的效用程度并非完全相同，因为边际效用适用于最后一个单位的商品，而最后的效用程度，或者效用的边际程度，简单地归因于总量效用变化的比率。

然后，他在这一章论及了效用按时间的分配，并在这里预见了奥地利经济学家们更为彻底制定的概念——对效用的评价随着时间推移可能递减，无论是总量效用还是最后的程度都是如此。这显然就是庞巴维克的“降低的远视机能”（diminished telescopic faculty），虽然后者对此说得更多。最后，在同一章，他还论述了不确定性和错误的可能性。

264 在其第 4 章，他把递减的最后效用程度应用于价值理论。在这章一开始，他就坚持认为价值不是商品的一种内在的性质，像重量或长度或任何其他类似的尺度那样。按照杰文斯的概念，价值本质上是两种不同的商品之间的交换比率。他以普通的谈话方式相当详尽地论述了“价值概念的模糊性”（ambiguity of the term value）（杰文斯，1970，p. 127）。

此后，他提出了服从机制。首先，他论述了市场概念。在完全的市场上，各种买者和卖者中间没有共谋，同时，在市场中存在着在孤立的交换活动中流行的对价值的直接认知。他完全清楚地认识到，这是一种理想的类型——他没有应用这个术语——他提出人们以这种理想的类型运作。毕竟——你们可以考虑伦敦股票交易所或者华尔街股票交易所——在几秒，或许一两分钟之内便能阻止为了交换债券而借以扩大货币供给比率的知识的扩展，而且世界上各种有组织的商品也展示了一种类似的不完全程度。但是，杰文斯说，他不考虑不完全的程度，而且他把缺乏共谋的结果，以及或多或少直接对未来走势的认知，看作是导致他所说的理想市场的无差别法则。这个法则简单地意味着整个市场通行着同样的价格。

迄今为止一切良好。然后，他便开始把他的效用最后程度理论精确地应用于有两种商品交换并实行无差别法则的市场。他仅仅部分做的是正确的。他获得的主要正确之点——除非（应用一个他没有应用过的术语，但这个术语被他的一个学生维克斯蒂德应用过）市场上的任何买者和卖者的相对规模完全相同（在这种情况下是不发生交换的），交换将进行。他解释说，交换将以某种或他种方式发生。如果交换的一方通过交换可以获得按其相对规模比拥有这种商品的人的相对规模更大的效用，交换将会进行，对于对方也是如此。“任何两种商品的交换比率都将是完成交换之后可用于消费的商品数量的最后效用程度比率的倒数”（杰文斯，1970，p. 139——布拉克版的《政治经济学理论》第 139 页）——这是他的伟大结论。

但不幸的是，他没有认识到有一个领域，在这个领域中可以处理最后效用程度的相同，这依赖于初次交换借以发生的比率。现在，在这里我不教你们初级现代经济分析，但你们都知道这样一种图形，图中无差异曲线表示两种商品 x 和 y
265 可能交换的无差异的点（见图 27.2）。你们也知道，无差异曲线之间的曲线被称为契约曲线，在该曲线上体现相等的边际替代率的条件，或者，你们愿意的话，它体现无论如何一再满足的边际替代率相等的条件。这就是著名的埃奇沃斯（Edgeworth）盒式图。

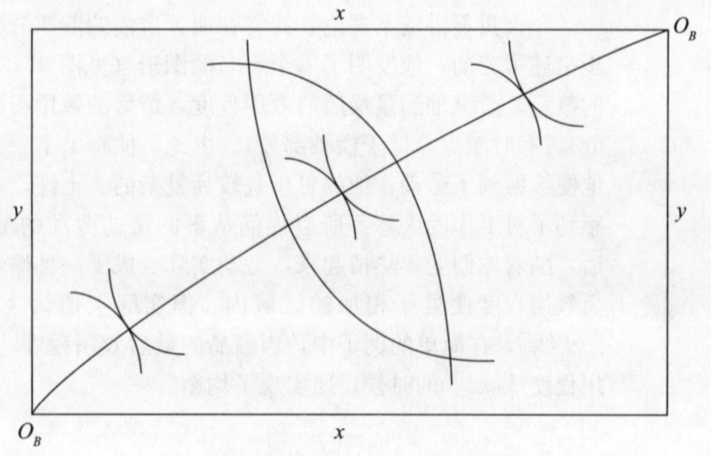

图 27.2　埃奇沃斯盒式图

埃奇沃斯指出，杰文斯把这种沿着契约曲线的清楚的最后交换比率搞得模糊不清。但是，他的无差异法则的假设也许使他看不到这样的事实，即只有在“否定契约”（recontract）的条件下——埃奇沃斯也要求这种条件（1881）——不仅没有共谋，市场上的人们也会相互绕着走，而当他们获得市场上所有人的思维结构的完全知识的时候，就将进行他们可能考虑的尝试性的谈判——我们获得一个确定答案。当然在这种情况下，如果你们画出总需求曲线和总供给曲线，你们就将在总需求曲线和总供给曲线在契约曲线上的交点得到完全竞争的确定性命题。

他进一步论述了复杂的问题。他提到了商品的不可分割性，在这种商品不可分割的情况下，你们将不能得到这种完全的适应——负价值。他还以一种真正半信半疑的方式讨论了交换的收益——在你们阅读他的书的时候，无须绞尽脑汁地琢磨，因为他并没有得到完全正确的东西。他极力为实际市场中的供给和需求统计辩解，并指出，在 17 世纪晚期和 18 世纪初期的政治算术中——葛利高里王和达文南特——有某种关于商品（例如小麦）统计学的开端。

在该章末尾，他冒险地说他发现了价值的根源：效用和稀缺性。他对劳动不
266 屑一顾。有包含过去处理的劳动的一切种类的东西——绝版书、硬币等——但那是没有影响的。它们的价值决定于在本章加以精确化的环境。他说了这样一句在现代各种经济争论中被经常引用的话：“在商业中，过去的永远过去了。”（杰文斯，1970，p. 186）。过去的劳动不影响他的价值理论概念。

但是，他后来实际确定了一个小表格：

生产成本决定供给；
供给决定最后的效用程度；
最后的效用程度决定价值。（杰文斯，1970，p. 187）

正如马歇尔在评论《政治经济学理论》时所说的：总而言之，他偷用了生产成本。未来的生产成本决定未来向市场提供的供给，进而以他自己的语言证明了需求方面和成本方面价值的相互决定因素。

今天我不讲资本理论，我将在明天讲演的前 5 分钟再来讲它——杰文斯进一步论述了劳动，他发明了一个著名的图形（见图 27.3）。他沿横轴测量一种商品的数量，沿纵轴测量最后的效用程度，最后的效用程度有时增加（高于横轴的部分）、有时减少（低于横轴部分）。由此，他画出了一条效用曲线（*pq* 线）。然后 267
他便接触到了劳动。他的思想是较为复杂的。也许，在你们早晨起床的时候，便感到了对工作的厌恶，所以你们从事的最初劳动的最后效用程度是减少的，尔后，随着你们变得热情起来，劳动实际变成了一种愉快，结果以代数学表示的最后效用程度便处于相加的区域内。但实际上他认为劳动的最后效用程度下降[*ad* 线]，在简单的例子中，当商品的最后效用程度 [*qm*] 等于劳动的最后负效用程度 [*md*] 的时候，便实现了均衡。

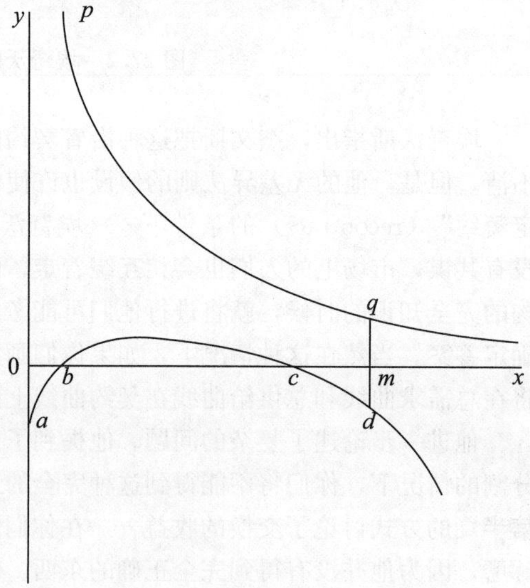

图 27.3　杰文斯的劳动图形

资料来源：Jevons（1970），p. 192.

我想时间到了。我将在明天谈论地租理论和价值理论，但我不认为它们是相互无关的。

注释

[1] 参见 Banfield (1848)。

[2] W. S. 杰文斯致赫伯特·杰文斯的信，1860 年 6 月 1 日，载于 Jevons (1972 - 1981, vol. 2, pp. 409 - 412, at 410)。

第 28 讲　边际革命（Ⅱ）：杰文斯和门格尔

268 上一次讲演中我开始考察杰文斯，并讨论了他的效用理论、交换理论和劳动理论。看一下我的笔记，我想我对他论地租的一章不讲什么了，它或多或少是李嘉图的地租理论。它包含一个表示地租的图形，是一个支付工资之后的曲线领域。至于所涉及的杰文斯关于地租的论述，最重要的是在《政治经济学理论》第二版前言中的论述，在那里，他指出约翰·斯图亚特·穆勒已经认识到在土地不只应用于农业的地方，一种应用的价值进入另一种应用价值的成本。杰文斯极为正确地说道：如果这适用于农业，为什么它不普遍适用？杰文斯已经很接近机会成本理论了。

但是，我想仅仅用一两句话说说他的资本理论。他的价值理论是相当充分地被人称赞的，即使考虑到它的部分理论是不完全的事实。但他的资本理论并没有得到人们的赞赏，而且受到庞巴维克的某种不公正的对待。

在杰文斯于 1862 年提交给英国经济学会的卓越论文（杰文斯，1866）中，资本理论和价值理论是等量齐观的，而在《政治经济学理论》关于资本一章开头他则强调，在这里他的（资本）理论不同于价值理论的事实，或不同于他的交换理论的事实，因为交换只能在社区（community）中发生，而资本对于孤立的人是有用的。我认为这有点儿自我杜撰，因为论述孤立的人的经济学方法之一，涉及他如何按其支配的东西，例如，他的劳动，来分配各种稀缺的商品，这是一种交换活动。

但是，正如这种方法可能表明的，后来于 1859 年在杰文斯写给他妹妹的一封信中，他严格区分了交换理论和他所称谓的资本化（capitalisation）理论。他说："我认为，你并没有适当地比较准备工作和工作绩效的重要性，或许，像我可能说明的，你没有适当地比较资本和劳动的重要性。"[1] 在 1860 年他写给弟弟的信中说："我的资本定义和资本利息法则，迄今为止我看还是全新的。"[2] 在他生命的最后一年，在他写给埃奇沃斯的信中说："你还是没有全面领会我的仅仅包含时间因素的资本理论……实际上，只要你说'资本'而不是说'资本化'，我就认为你肯定是错了。"[3]

在《政治经济学理论》关于资本一章的结尾处，杰文斯阐发了他关于这个课
269 题的观点。他的观点趋向于一种解决这个问题的特殊方法。他的资本概念被定义为能够使你们在最终产品"之前扩大劳动"（杰文斯，1970，p. 227）的工资品。而且他以几何图形说明了这一点，并做了进一步的讨论。显然，杰文斯已经预见到了奥地利学派的生产时期概念，对这个概念甚至到今天，或者前不久还在进行激烈的争论。但是由于假定固定资本问题按照杰文斯的处理已被取消了——处理固定资本问题是你们所遇到的一切困难之所在，而当他把资本作为基本的工资品来处理时，则用作最终产品的预付——他得到了一个非常有趣的利息率公式——就是说，它是"生产的增加量被全部产量除的比率"［同上，p. 241］。如果你们仔细地观察一下这个公式，你们就会看到一个基本的资本边际生产力理论。

显然，杰文斯并不是阐发资本边际生产力理论的第一人。在朗菲尔德（1834）的非常值得注意的关于原理的著作（出版于 19 世纪 30 年代中期）的结论的一章中，他以一种不如杰文斯精确的方法论述了同样的概念。你们在朗菲尔德的著作（在这个方面预见了杰文斯的概念）中获得一个资本边际生产力论。当然，在这两种情形中，你们考虑一下，都是同递减的边际生产力思想相匹配的。

这是我关于杰文斯所说的一切。你们之中那些喜欢知识上反叛观点的人将由于阅读他的《政治经济学理论》最后一页半而感到快乐，而这一页半则被人们称为"权威的有害影响"（noxious influence of authority）。在这里，他断言由于李嘉图、约翰·斯图亚特·穆勒和古典经济学家们的原因使政治经济学陷入了困境。但可以说那仅仅是一个大事件开场前的宣扬。

现在，我想把这一讲的其余时间用于介绍奥地利理论的开端——奥地利是以如此方式开始发生经济理论边际革命的第二个地方，奥地利也因此而著名。正如我上次跟你们说过的，在奥地利有各种值得称赞的人物，他们有完善的和不完善的边际革命的某些方面的思想，但是这种思想是杰文斯、奥地利学派经济学家和瓦尔拉斯的思想，正是他们使边际革命得以发生，并把它带给严肃思考的人们，不管你们是否同意这种思想，必须严肃地对待它。

迄今为止在我的讲演中谈论了奥地利学派经济学家，我主要指的是该学派的奠基者卡尔·门格尔以及他的两个得意门生，维塞尔和庞巴维克（Böhm-Bawerk）。现在，我不想在这个时间谈维塞尔，但我可能以后要谈他。无论如何，我要集中谈门格尔。我怀疑在你们这一代看来，门格尔不像庞巴维克和维塞尔那样著名。也许是因为对奥地利学派兴趣的复活，也基本上是由于冯·哈耶克著作的影响，可能比在我青年时代阅读门格尔著作的人多。

但是，毫无疑问，门格尔是奥地利学派的观点及价值理论的奠基者和鼻祖，

270 因此你们应当了解一点儿门格尔。门格尔生于1840年，卒于1921年。在1872年他获得“教师”资格，1879年成为维也纳大学的普通教授。1903年，他辞去了经济学首席教授职务，希望——一个遭受挫折的希望——完成他的巨著。作为一个有趣的问题——与经济学不相干——你们之中有人看过肯尼斯·麦克米兰（Kenneth MacMillan）的最后三幕芭蕾舞剧“梅耶尔林”（Mayerling）吗？梅耶尔林这个词在你们之中任何人的头脑中引起反应了吗？奥匈帝国的王储（crown prince）及其情妇——康蒂姒·沃希拉（Countess Versera）——自尽了。那是一个相当激动人心的芭蕾舞剧，毋宁说，剧情是令人毛骨悚然的，却具有出色的芭蕾舞舞蹈设计。我在这里引入它是因为门格尔（他实际上是一个非常严肃的人），像你们将要看到的，实际是步了不幸的王储后尘的大学老师，他或多或少变得有点痴呆，最终自杀并杀死了他的情妇。

门格尔是两部杰出著作的作者，他也写了许多文章。1871年，当时他年仅31岁，出版了他的《国民经济学原理》（*Principles*，*Grundsätze**）的第1卷。1883年，可以说，他埋头于写作他的《国民经济学原理》，而对于极端的历史学派的出现则感到愤慨。他认为历史学派在把德国经济科学置于完全错误的道路，为此他写了他的第二部巨著——现在已有英文译本，所以我可以翻译德文的书名——《关于社会科学、尤其是政治经济学方法的探讨》（*Inquiries into the Method of the Social Sciences and of Political Economy Particularly*）。好，我可以从方法上论及该书。正如我说过的，该书是由施穆勒所宣扬的学说和历史学派的极端方法而引起的。门格尔并不“反对”经济史，实际上，如果你们看一下初版的《国民经济学原理》，你们可以发现该书对早期历史学派杰出成员罗雪尔的尊崇。并不是说门格尔同意罗雪尔，而是说他尊敬罗雪尔，虽然他不认为他尊敬施穆勒。由于施穆勒写了一篇从方法上对他的书几乎是完全诽谤的评论，门格尔被激怒了，写了一本比他的两部巨著更充满生气的小册子，书名是《历史主义的谬误》（*The Error of Historismus*，1884）。该书使施穆勒公开宣布他对作者不予评论。

但从经济思想史的这个阶段的观点上看，重要的还是《国民经济学原理》一书，该书已于1950年由丁沃尔（Dingwall）和霍斯利兹（Hoselitz）两位教授译成英文（门格尔，1950）——这是一件等待很久的事情。正如我说过的，我怀疑人们也很少阅读它，甚至其英文译著，但无疑它是奥地利学派的源泉和根源。庞巴维克和维塞尔在说英语的世界更为著名，他们是门格尔教育出来的。我不想欺骗你们：甚至在一本英文译著中，门格尔也是举步维艰的，他不是以某种模糊意思论述的，而是以非常透彻的意思论述的，如果有一点儿可疑的东西需要再说一
271 遍，门格尔实际都抓住不放。他和杰文斯形成鲜明的对比：杰文斯的著作是生动可读的，门格尔的著作则需要下一番功夫方能读懂。另外，由于为这次讲演做准备，我花了整整一周的时间阅读了该书，不是德文原著（以前我读过德文原著），而是英译本。我急着要说的是，它是一本令人印象深刻的作品。无论如何，人们都可能认为它具有文笔简练的优点，他挖掘得很深，论述得很透彻。不幸的是，由于方法的争论而使他离开了原来的计划，而且《国民经济学原理》突然在第1

* 原理一词的德文。——译者注

卷停下来，这样，我们就不知道门格尔关于许多问题的观点，而对这些问题，人们则希望知道他的观点。

与杰文斯更加不同的是背景的完全不同。杰文斯的《政治经济学理论》公开承认是从边沁的《道德和法的原理》（*Principles of Morals and Legislation*，1789）衍生出来的。在门格尔的《国民经济学原理》中没有一点儿边沁的功利主义。但我不认为门格尔是古典经济学家著作的良好收集者，虽然他拥有欧洲最好的图书馆之一——无论如何，在此之前，我已经公开说他错误地解读了亚当·斯密。他针对历史学派捍卫了斯密，但是他没有从根本上去捍卫斯密。很难说他是从哪里得到的启示。他显然忽略了古诺，当然也忽略了戈森，尽管他有极好的图书馆。但回到现实中来，他明显地读了许多相对不出名的较早的德国经济学家的著作，特别是一个名叫"劳"（Rau）的经济学家的著作。然而在他的著作中却从来没有提过古诺、戈森和杜普伊特（Dupuit）。

现在我要向你们介绍全书。第1章的标题——在每种场合我都给出英文翻译的标题——"物品的一般理论"，在某种程度上——你们有些人可能认为是不必要的——他在可以称作"物品"之前阐述了一些必须满足的必需品（desiderata）。请注意，我没有说"经济物品"，而且，在这一章他也没有论及"经济物品"。他谈论满足这些急需的任何东西。第一，必须有人对该物品有需要。第二，必须有满足这种需要的财富。第三，人们必须知道这种物品。第四，人们必须能使用这种物品（门格尔，1950，p. 53）。他的物品概念不但包含经济物品，而且还包含自由物品，从他的观点上看，同时也包含人的能力和对物品的产权。

在这一章，他在非常广泛的意义上讨论了"物品之间的因果联系"（同上，pp. 54－58），他首次做了他的巨大区分（毕竟在所有人谈论物品和效用之前）：他区分了第一级物品、第二级物品和更高级的物品。第一级物品是适合于消费的物品和劳务。较高级的物品则是以某种或他种方式对于第一级物品的生产是互补的物品，或者是同第一级物品生产相联系的物品。这种区分对于某些问题是悬而未决的。在他保留的脚注中，马歇尔问道：你将如何把载着乘客向其目的地行驶
272 的列车——一种第一级的劳务——和同时拥有的某些运载物品，按照门格尔的区分标准，是第二级物品，区分开来呢？（马歇尔，1920/1961，pp. 64－65，at n. 3）好吧，但我设想门格尔会说，某些东西是混合的。

但是，第一级物品和较高级物品的区分，在奥地利学派的理论中占有突出的地位。较高级的物品是以它们必须同某些东西互补的事实为特征的，一种较高级物品并不因其自身而存在；它必须与另外的高级物品或劳务相结合，以便使生产过程及时发生。结果，较高级物品的效用，或者给予满足的质量——让我们避开"效用"一词，像我们在这个方面尽可能避开的——是从第一级物品派生出来的，他进一步地说，这是在一定的时间消逝之后派生出来的，而且在一定的时间消逝之后必然派生出来——可能所消逝的时间仅仅是几秒钟，在这几秒钟的时间里，你们可以煮熟一只鸡蛋，或者在50年、60年、100年以后，一棵橡树才能成熟。

该章的结论是对分工的某种赞颂。由于分工而有越来越多的物品，但这当然依赖于如何进行分工的知识的存在。这就是第1章所论述的全部内容。

第2章论述"经济"——经济活动——"和经济物品"［引号是罗宾斯加

的]。这章很重要，我想它之所以重要，在于它是涉及因稀缺性而出现的行为和制度方面的经济学概念的现代根源。说在门格尔的书里首次出现稀缺性，并不正确。在休谟的《人性论》(*Treatise on Human Nature*，1882）中就出现了稀缺性的概念，它涉及休谟对财产制度的特殊判断。当然，19世纪的古典经济学家已经认识到各种可以评价的物体，物体的价值可能仅仅归因于它们的稀缺性，通过应用劳动，它们的现存数量是不能增加的——古画、死亡拳师的签名等。

门格尔继续说，对人的需要的关注导致了某种预先的供给，要求直接从需要衍生出第一级物品。当然，一旦你们及时地向前看并考虑未来的需要，就会发现一定数量的不确定性。某些需要在你们有生之年是确定地自然增长的，另一些需要则视知识的增长和环境的变化等等而定。

好，这种为满足未来的需要而进行保存的事情，按照门格尔的看法包含四个方面的行为：数量的保存、质量的保存、物品间的选择和例如保证全方位的最大
273 结果的选择（门格尔，1950，pp. 95－96)。他踌躇了一下说，在涉及稀缺性的地方，在经济物品相对于其需求是稀缺的地方，你们就将有某种财产原理——在这里，他追随了休谟。而且，虽然他没有认识休谟的理论，同休谟的共同之处，是他把经济物品同“非经济物品”做了对比，认为非经济物品虽然可能满足他的“物品”标准，但不能满足他的“稀缺物品”的标准（同上，pp. 98－109，并加了引号)。他稍稍对与数量相联系的需要的概念做了分析。他指出了这个众所周知的事实，即河流附近的水是不稀缺的——如果你失去一桶水，那是没有关系的，因为你还可以要求打另一桶水——而水在沙漠实际上是稀缺的。他提醒我们，对较高级物品的需要依赖于较低级物品——第一级物品——即经济物品。

他在这一章的结论中提出了某种关于国民财富概念的警告——把因这种主观因素而出现的一切种类的价值相加，可能是有问题的，因为这种主观因素可能因人、因地而不同。

随后，在第3章他着手论述了“价值理论”。导致最大化结果的活动，即经济活动，按照他的揭示，显然依赖于归之于稀缺物品的主观价值。他强调，价值不是物品的一种内在的性质，而是依赖于需要的概念，不论这种需要是真实的还是假想的，它仅仅在关注经济物品的地方才产生。他迷恋他的方式——似乎他以前未曾应用过这种方式——强调价值和效用之间的区别。他极端强调没有价值的东西可能有效用。这样，他就着手分析主观因素，像奥地利学派所称呼的那样。不同的满足，所设想的不同未来的满足，具有不同的重要性。当然价值也有客观的一面——接受主观评价的商品数量。

现在，门格尔用一个巨大的算术表来说明他的经济概念，我对这个算术表做了很大的简化，把那些数字置于栏内。罗马数字同阿拉伯数字的对比是门格尔原来做的，但由于不重新制定他的整个表而节省了我的时间，因为我认为，他的全部要点可以以这种简单的方式表现出来。

罗马数字Ⅰ，Ⅱ，Ⅲ，Ⅳ，直至无穷，代表物品的不同性质，标作物品；阿拉伯数字——10，9，8，7，…——指明对所说的物品同样少的数量可以获得满足的数量等级的主观评价。如果你们比较一下这个表——如果你们看一下门格尔的表，而且不是非常非常认真地解读，是很难理解这个表的，因为在这里在不同

的罗马数字标题下面的比较，依赖于花在少量不同商品上的相等的支出量——在杰文斯看来，所有这一切都仅仅是愚笨的。但要记住杰文斯自己不注意考虑这个问题，而且还要记住你们正处在学习奥地利学派价值理论的开端。

假定你们的手段*有限，你们不能买得起表中所有的东西，你们将以这样一种方式分配等量的支出，以至于与你们可能花钱购买的东西的主观价值相等。这就是说，假定你们买不起所有 7 种东西，你们自己将从第Ⅰ种商品的三个样品、第Ⅱ种商品的两个样品和第Ⅲ种商品的一个样品中寻求最终结果。现在，几乎看到，仿佛门格尔提出了一个基数主观价值理论，但我认为人们对他的可疑之处必须给予善意的解释，把他的阿拉伯数字仅仅看作是指明的次序（见图 28.1）。

274

Ⅰ	Ⅱ	Ⅲ	Ⅳ	Ⅴ	Ⅵ	Ⅶ	Ⅷ	Ⅸ	Ⅹ
10	9	8	7	6	5	4	3	2	1
9	8	7	6	5	4	3	2	1	0
8	7	6	5	4	3	2	1	0	
7	6	5	4	3	2	1	0		
6	5	4	3	2	1	0			
5	4	3	2	1	0				
4	3	2	1	0					
3	2	1	0						
2	1	0							
1	0								
0									

图 28.1　门格尔的满足数量

资料来源：Menger（1950），p. 127.

无论如何，通过一遍又一遍的搜寻——一切都是严肃而印象深刻的，即使是重复——你们会获得奥地利学派的价值决定概念——就是说，任何商品的价值同某种其他商品的价值相比较，是由最少依存应用（least dependent use）决定的。对此他给予了说明。假设罗马数字Ⅰ代表谷物。在罗马数字Ⅰ下面的第 1 项，表示用于维持你们生存的食品的谷物单位；第 2 项表示，我们应该说，用于制造威士忌的少量谷物，以使你们在荒岛上提起一点儿精神；第 3 项可能是用于饲养某种宠物——例如鲁滨逊·克鲁索教说话的鹦鹉。现在，假定他失去一单位谷物，
275 他将重新安排其依存应用的概念，可能鹦鹉将挨饿——当然，如果他是一个绝对戒酒的人，他可能放弃威士忌。

你们看，门格尔以不同的语言给了你们同杰文斯的价值理论相同的某种东西——价值依赖于最小的应用。而且他在这个方面进行了扩展。他还在预见的错误的可能性、影响主观评价的知识的变化的可能性方面进行了扩展。他提出，较

* 即货币。——译者注

高级物品的价值最终派生于第一级物品的价值，而第一级物品的价值则派生于现存数量的最小依存应用。

他在显著程度上阐发了这一点，迄今为止一直关注较高级物品。他使替代的可能性精确了，如果较高级物品的有效数量发生了变化——如果你们增加了土地而减少了劳动，或者减少了土地而增加了劳动，等等。实际上，替代原理依赖于从较高级物品派生的第一级物品的最小依存应用的价值。他迷恋他的方式，而向在这个阶段尚需特殊对待的土地权利或劳动权利或资本权利提出挑战。在这个阶段，他简单地关心他的物品的分类——第一级物品和较高级物品。

接下来，第 4 章论述“交换理论”，他以基本的算术例证对此做了说明，我想，我不需要重述这种算术论证了。他强调交换的意图——能够使交换的各方在交换之后所保留的东西达到一个比以前可能达到的更大的依存应用。

尔后，在第 5 章你们可能看到一个精确的说明系列——按照我的判断，对于你们之中那些尝试阅读他的书的人来说，可能忽略了这个说明系列。

在第 6 章他回到了“使用价值和交换价值”的比较。

第 7 章论述“商品理论”——在初看之下，你们会奇怪他究竟为什么要回到这个方面，因为你们首先会想，它能够从他以前所讲的话推论出来。但是他还是在商品理论上花费了笔墨——“商品”是用来销售的物品，是能够进入市场的物品。该章是为最后一章所做的铺垫，而最后一章则是门格尔的货币理论——他在别的地方以更大的精确性写了货币理论——在货币理论中，依照货币起源的某种历史考虑，在家畜等是主要货币的社会中主要强调家畜等的较大销路，在整个铸币等的历史上货币是销路最好的商品。这便打开了通向各种思想的大门，而这些思想突破了他在第 1 卷中的深思熟虑，但他没有完成非常吸引人的第 2 卷。

276 这一切就是我所要讲的关于门格尔，在这里停下来是很便利的，因为我在这里谈论的生产成本同门格尔完全没有直接联系。如何把生产成本纳入奥地利学派的理论呢？我将在下周第一次讲演中用 10 分钟讲一下这个问题。

注释

[1] W.S. 杰文斯致亨利塔·杰文斯（Henrietta Jevons）的信，1859 年 1 月 30 日，载于 Jevons（1972－1981，2：358－363，at 359）。

[2] W.S. 杰文斯致赫伯特·杰文斯（Herbert Jevons）的信，1860 年 6 月 1 日，载于 Jevons（1972－1981，2：409－412，at 411）。

[3] W.S. 杰文斯致 F.E. 埃奇沃斯的信，1881 年 12 月 26 日，载于 Jevons（1972－1981，5：156）。

第 29 讲　边际革命（Ⅲ）：成本（维塞尔），要素服务定价（维塞尔、克拉克、维克斯蒂德）

277 在上次的讲演中，在某种程度上我详细阐述了卡尔·门格尔在其《国民经济学原理》第 1 卷中所阐发的观点。我之所以在某种程度上详细阐述他的观点，是因为我认为在浩如烟海的经济思想史中，门格尔的贡献没有被充分认识到。这部分地是由于他的风格迟钝（但不含糊），人们可能认为它过分冗长；部分地，我认为是由于它没有引起读者深刻地评价门格尔关于这些基本课题的思想。我个人将把一种或多或少没有争论的观点归之于门格尔，这种观点认为，在以某种或他种方式对经济行为和经济制度的调节中，物品的稀缺性起了重要作用。虽然从休谟以来便存在许多参考稀缺性的迹象，但也许正是门格尔漫不经心地形成了占据我们学科基础的稀缺性概念的观点。

现在，关于门格尔，我不再说什么了，但你们可能已经注意到，尽管这一切可以说是第一级物品和第二级物品，互补性和替代性，第二级物品的价值派生于第一级物品的价值等难以处理的问题，但对于成本却没讲什么。毫无疑问，他打算在第 2 卷论述成本问题，但他从来没有设法完成它。然而奥地利成本理论是极其重要的，它起源于门格尔的两个最著名的学生之一，冯·维塞尔（von Wieser）的反思。

维塞尔生于 1851 年，于 1926 年去世。附带地说，我想他也是第一个应用“边际效用”一词的人——当然是在德国。门格尔没有应用过这个词，他总是谈论最小的依存效用。维塞尔首先在一篇由历史学派经济学家克尼斯（Knies）——我曾跟你们说过克尼斯，指出他是早期历史学派的一个较为著名的经济学家——指导下的研究论文中阐发了他的观点。后来在1884年出版的题为——让我从字面上翻译一下——《经济价值的根源和主要规律》(*On the Origin and Leading Laws of Economic Values*)的著作中，他又进一步阐发了这些观点。最后他出版了一部更全面的著作《自然价值》(*Natural Value*)，该书1893年在爱丁堡大学的斯马特（Smart）教授的主持下译成英文出版。我认为，从某种意义上说，该书是这些最重要书中的第一本书。

维塞尔提出这样的问题：生产成本在这个派生于门格尔的价值表述中起什么
278 作用？什么是适当的成本概念？按照奥地利学派的观点，这个简短的公式表明，正如维塞尔所表述的——但他传播到一般奥地利学派，而且自那时以来具有较为广泛的影响——成本，是把资源用于这种生产而不是用于任何别种生产所放弃的价值。成本，在某种意义上，是另一种用途的效用的反映。这个公式，按照我向你们解释的方式，当然引起了共鸣。同样也可以认为，它暗含着著名的机会成本概念，这个机会成本概念是由于受了或者没有受奥地利学派的影响——我不知道——而由美国经济学家格林于1894年发表在《经济学季刊》上的《论机会成本》的文章中提出来的。

出于格林的建议，这个概念在很大程度上被达文鲍特（Davenport）——一个我青年时代的美国著名经济学家——在一本非同寻常的但不为人知的名为《价值和分配》(*Value and Distribution*，1908）的书中加以精确了。英国也形成了同样的思想，极为清晰且有说服力，见之于维克斯蒂德的《政治经济学常识》(1910）的有关章节。看在上帝的份上，不要因维克斯蒂德书的标题而不去阅读它。从措辞上看，它可能是最详细的，并贯穿着对价值依赖于边际效用的思想的考察。

在这一点上，你们应当注意，虽然我们在谈论现代价值理论的起源，在这里对奥地利价值理论和杰文斯的价值理论进行了比较，但没有谈到（后面要谈）马歇尔和埃奇沃斯的价值理论。在前两次讲演快结束的时候（仅仅用一两分钟）我在黑板上画了一个图（图27.3)，在这个图中，你们看到了一条效用曲线和一条负效用曲线，这些曲线基本上记录了负效用和效用程度。显然按照杰文斯的概念，可以说生产成本反映相反的效用，即负效用，如果你们愿意的话也可以说是供给曲线上的痛苦成本。马歇尔和埃奇沃斯（埃奇沃斯以其特殊和高度个人主义的方式）既是杰文斯的弟子，又是马歇尔的弟子。杰文斯的影响支配了马歇尔的名著《数量物理学》(1881)，该书是伦敦经济学院系列丛书之一——马歇尔和埃奇沃斯坚持认为，土地的距离，供给背后的影响，是有弹性的，你们可能有一个反映作为价格函数的成本成分的供给表。这是难以表述的，但他认为清楚的是，无论如何，在其基本模型中，在他思考制度之前，把供给看作受杰文斯方法的负效用的影响。

现在对此尚有争论。奥地利经济学家，尤其是维塞尔的著名朋友庞巴维克，维护了奥地利经济学家的要素服务的供给固定性的假设，系统地认为要素服务可以说是外生地决定的，就是说，它们不是在他们所期待的体系内部产生，而是受
279 各种制度考虑的影响：关于工作时间、习惯等的立法。我认为这部分争论是经验问题。但是，如果你们愿意以一个模型赞颂作为价格函数的供给弹性，如果你们把闲暇看作是可能在生产该种商品中可能预先决定的物品之一，你们可能仍然在

以奥地利方式展示它。我个人在过去也提出过这种看法，我的朋友杰克·维纳(Jack Viner) 批评了我，强调存在其他的不容易适合于这种结构的影响供给决定的因素。我想，某种对维纳批评的回答可以通过应用这个方面的联合产品理论做出，但那也许是一个无足轻重的注脚。

好，对于奥地利价值和生产成本概念就讲这些。我要把瓦尔拉斯放在下周去讲，我想显然我已经到了该论述他的时候了。但是现在我要通过对关于某种或他种要素服务定价观点演变历史的一个明确讨论，来处理对所谓边际革命考察的一个进一步发展的阶段。

迄今为止，一直在讨论价值和成本，虽然也涉及门格尔对较高级物品及其互补品和替代品的评价，但对价值和分配完全模型的这个方面，还没有进行明确考察。当然，我认为在这里，甚至在第一级物品价值理论中，边际革命的成分已经变成其自身。我之所以说"成分"，当然是因为马歇尔以其热诚正确地强调，一种革命有不少思想成分，有比杰文斯——让我们说——更多的思想连续性。奥地利学派的经济学家，比较地说，忽视了英国古典传统的细节。甚至门格尔，由于他的极端的自由主义和他无疑的博学，看到了亚当·斯密在一个相当重要的偶然场合所犯的错误。

现在，让我从奥地利学派开始。在门格尔那里有一些暗示（我不想重复了），但在这方面——要素服务定价——维塞尔和庞巴维克是更重要的，而且，他们是有分歧的。那种认为边际革命不包含在相当重要问题上许多个人意见分歧的看法是错误的。维塞尔——在这里，你们应当看一下他的《自然价值》(1893/1971, pp. 72 - 78) ——提出作为实在物的要素服务定价问题，他这是从"归与问题"的规律借用来的。按照过去的分析，要素服务定价受第一级物品的边际效用影响，也受反映其他地方预先准备的效用成本的影响。

但是这个过程是一个归与的过程。归与是维塞尔的术语，在门格尔那里你们看不到他对这个术语的强调。正如我已经暗示的，它是从法理学引申出来的概念。例如，如果你们考虑一下，一天早晨在你们前面的门阶上发现了一具被杀害的人的尸体，你确认这是先前谋杀的，当然，你可能回顾各种环境——谋杀者的
280 金融纠纷，他的弗洛伊德式和荣格式的关系等（这是一种无聊的但却流行的关于他的父母以及祖父母等关系的说法）——所有这一切，如果是真实的，也许形成因果关系概念。当你们构筑你们关于社会逻辑和道德影响的思想——无聊的课题[无声的话]——的时候，这种因果关系是重要的。但是从法理学的观点上看，问题是：谁开的枪？而要素服务定价的观点则是，直接对要素服务定价做出反应的经济影响。

之后，维塞尔在某种程度上，并以某种善意对此做了详述，认为他借助于简单的没有乘方计算的代数等式发现了答案。这样，例如，如果他考虑有三种物品的社会的服务定价问题，所包含的服务分别用 x，y，z 来表示，你们就可能有三个齐次方程（维塞尔，1893/1971，p. 88）：

$$x+y=100$$
$$2x+3z=290$$
$$4y+5z=590$$

如果你们愿意的话，可以求出该方程组的解。[1]

当然该方程组假定价格是给定的——最终产品的价格。但它没有强调事情的相互依存。而且由于维塞尔没有强调替代效应（substitution effect），关于替代效应，门格尔表明了他的广泛暗示，而且在我们决定价值和分配的环境的概念中，替代效应是如此重要，以至它是论述固定技术系数的唯一方式——那就是说（如果在这间屋子里有人不理解它），完全的和必然的要素按照它的组合以生产一给定物品的比例的固定性——最后，正如你们在希克斯的《工资理论》（1932）等著作中看到的，他假设它们所生产的第一级物品的数量之间的变动。你们不能得到关于生产过程中的替代的变动，但是，按照需求表，你们可以得到所涉及的最终消费品间的变动。

埃奇沃斯（1893?）在他评论维塞尔的《自然价值》的时候，对该书是相当蔑视的。但是，埃奇沃斯——在我青年时代，我稍微知道一些他作为牛津大学政治经济学俱乐部成员的情况，在这里，他是你们可以想象的最有诱惑力的争论者，他集其先驱和其同代人等的辉煌的机智于一身——具有一种混合的特征。他的讲演绝对不好，十分晦涩。我想罗依·哈罗德（Roy Harrod）是唯一坐在一旁默默听讲的人，他曾经告诉罗依·哈罗德，他一点儿不在意一个空空如也的教室，只要他有一块黑板和一段粉笔，他就可以用它们写出他的不同的方程式。他
281 对马歇尔非常谦恭。我想，无论如何，他同奥地利和欧洲大陆的某些经济学家是对立的。在争论中他是有礼貌的，也不是很有礼貌。他的母亲是西班牙人，他的名字是弗朗西斯·依西德罗·埃奇沃斯（Francis Ysidro Edgeworth），马歇尔曾经说过："哎呀，弗朗西斯是完全成功的，但要谨防依西德罗。"在现今时代，人们虽然不接受维塞尔的建议，却由于线性规划技术的某些预测而格外信任他。但那是另一回事。

庞巴维克有一个不同的价格和生产要素理论。他遵循了门格尔的箴言，把这句箴言翻译过来，叫做"损失原理"（loss principle），而且这个所构成的损失原理适用于如果抽取某种要素服务将造成损失的最终消费品的价格。接受这个原理，非常清楚，在简单的情况下，你们可能获得一个完全错误的答案。让我们假设一匹马和一辆马车的服务，指定用于向市场运送第一级物品——萝卜。卸掉马，市场上没有产品。让马干活，但不要马车，市场上也没有产品。按照损失原理所归与的超过产品价值一倍，所以在一切情况下损失原理没起作用。但是当然庞巴维克当时有一种朦朦胧胧的边际生产力分析的思想，按照这种分析，要从几种要素服务中减去非常小的量，按照极限，减去无穷小的量。这种思想是在另一个地方阐发的。这将使我们面对这部分历史的主要课题。

我已经向你们提示了这段早期历史。在朗菲尔德的 30 次讲演中——在他的第 9 讲，我想，是讲资本效率最小情况决定利润率问题的（朗菲尔德，1834/1931，pp. 186 - 199）。那是比庞巴维克提出的方法更为谨慎的方法，而且它更接近边际分析。至于说到冯·杜能，在其于 1850 年出版的《孤立国》的第 2 编，他把这种方法应用到劳动，他说工资等于由最后的劳动者所产生的额外产品；我是非常不严谨地从英译本第 174 页（或者，至少在我的注视中看到"2，174 页"，但我认为那是英译本）释义的（冯·杜能，1966）。

这些值得尊重的人，朗菲尔德和冯·杜能，并没有引起太多的注意，除了马歇尔很注意冯·杜能之外。马歇尔完全感谢这种影响，认为这种影响使他受到很大的启发。他拒绝说他受到了奥地利经济学家的影响的推论。他在写给一个人的信中写道："在我思考出了这些情形的时候，庞巴维克和维塞尔还在学校学习。"但是他对冯·杜能和古诺报之以赞颂。我将在后面论述马歇尔。

一种完全的要素服务定价的边际生产力理论在说英语的世界普及是由于一个人，我不期望你们现在就读他的书，但他在他所处时代的美国是一个名人：约翰·贝茨·克拉克（John Betes Clark）——不要把他和他的儿子相混淆，他的儿子是一个较为聪明的学者，名叫约翰·莫里斯·克拉克（John Maurice Clark），曾在芝加哥大学工作，然而并不必然和被称为芝加哥学派的经济学家们有密切的联系，但在我的青年时代，他是芝加哥大学的著名人物之一。约翰·贝茨·克拉
282 克显然具有强有力的和优良的性格。在他 70 岁和 80 岁诞辰时，献给他的赞词多是赞颂他的性格高尚和他的论述有力等。一种不友善的批评可能说他给出了不成熟的和肤浅的概念。你们可以做出自己的判断，也许真理存在于褒贬二者之间。

他的第一本书出版于 19 世纪 80 年代，书名叫《财富的哲学》（*The Philosophy of Wealth*，1886），该书断言，他独自发现了边际效用理论。这是一本非常独特的书，我没有向你们推荐阅读它——对于这部分历史，它并不是很重要。他的工资理论是在一篇发表于 1889 年《美国经济学会学报》（*Proceedings of the American Economic Association*）上的题为《工资的科学法则的可能性》的文章中阐及的，并在 1899 年出版发行他的名著《财富的分配》（*The Distribution of Wealth*，1925）中予以一般化。书中有一些有趣的分析，即使你们不太推崇它。他领悟到了李嘉图地租分析中的边际成分，并假定人口是不变的，同时还假定资本是不变的，他提出李嘉图地租分析的同一边际成分可能适用于对工资具有固定习惯的工人。

就所涉及的资本而言，克拉克顺着约翰·斯图亚特·穆勒的思路继续处理资本问题，也遵循孔德的思路进一步探讨资本问题，他做了静态分析和动态分析之间的严格区分。马歇尔以一种友好的方式回应了 J. B. 克拉克，并总是以极为尊敬的态度对待他。他说（而且，这也使你们对马歇尔有一个基本的深入了解）："我不能在一本书中更多地写我的静态"——因为 J. B. 克拉克曾经许诺，在另一本书中他将论述动态学，这种动态学在其《经济学纲要》（*Essentials of Economic Theory*，1918）中部分地做了论述——"关于我的动态也是如此，我不能在一本书中写一艘快艇一小时逆水航行 3 英里，而类似的另外一艘快艇在同样的水中一小时航行 5 英里。"[2]

马歇尔并不非常喜欢这种静态和动态的区分，这种区分在传播作为适用于需求方面的边际思想时却是重要的。但是马歇尔对边际分析总是有所保留，特别是关于工资问题。他说，边际分析没有完全的工资理论，虽然它能使你确定对需求方面的一定影响——需求方面可能是这个问题的有意义方面。对于马歇尔和马歇尔的其他保留放在最后论述。

回到 1894 年——不是回到马歇尔的影响，因为马歇尔的影响在 19 世纪 90 年代和他的《经济学原理》出版以前很久就开始了——该年，维克斯蒂德，显然

受到了杰文斯的鼓动，出版了一本非常薄的书，该书在我们重印它之前一直奇缺，这是一部书名为《分配法则的互补排列》的名著，该书的出版引起了最可怕的争论。在斯蒂格勒（George J. Stigler）的《生产和分配理论》（1941）中，你们将看到关于维克斯蒂德在这方面思考细节的出色说明。维克斯蒂德提出了地租和工资以及土地的不同等级类似决定（土地的价值和劳动的价值的决定）的观
283 点——我不认为这种观点来自 J. B. 克拉克。而且他认为这是它们由边际生产力决定的一般情况。

该书是一本准数学的书，他为之做了辩护。实际上，他认为他之所以进行微分计算，是为了理解杰文斯的理论——似乎在一个有判断能力的人看来，他的数学是笨拙而冗长的——作为他的数学的一个结果，他通过总计包含于任何生产过程中的不同要素服务的边际生产力而确定了进一步的比例，你们穷尽了产品价值。这正如他指出的，意味着一个齐次性生产函数——不变的成本，线性的和齐次性的。维克斯蒂德在经济学的这个方面应用一个常常同他的名字相联系的数学定理——“欧拉定理”（Euler's theorem）。

这里开始出现麻烦了。不知道为什么，埃奇沃斯嘲笑了维克斯蒂德，认为他做了不应当做的事情，因为维克斯蒂德是一个非常著名的人物。但我认为，维克斯蒂德的理论是从限制维克斯蒂德的*那种优雅的挖苦的奥地利理论派生出来的。帕累托（Pareto）基于某些技术系数是固定的而批评了维克斯蒂德，实际上没有论及他的方法。至于涉及瓦尔拉斯，他则极力反对维克斯蒂德。瓦尔拉斯自称，边际生产力理论实际上隐含在他的第一版和以后各版的《政治经济学理论》中，但事实上，仅仅在他较晚的一些版本中才明确提到边际生产力理论。你们也可以从我这里了解到，所有知道维克斯蒂德（他是一个具有道德高尚特质的人）的人都认为，维克斯蒂德是绝对不会进行剽窃的。如果你们读过瓦尔拉斯的回应文章，他谈论这一切的方式，我不认为这篇回应文章会降低你们对他作为一个创新者的钦羡之情，但它应使你们认识到，他是一个具有执拗性格的人。

这样，神秘便因为这样的事实而有所加深：维克斯蒂德在《政治经济学常识》（1910）中，实际撤销了《分配法则的互补排列》（*Coordination of the Laws of Distribution*）的严格证明，虽然它继续应用边际分析。而关于这个撤销证明的秘密被束之高阁，人们不知道他为什么要这样做。但是，在 20 世纪 60 年代发现了一封寄自维克斯蒂德的信，在信中他承认，他曾迷惑于帕累托的批评。

但是，与此同时，维克赛尔——克纳特·维克赛尔（Knut Wicksell），一个伟大的经济学家——表明，维克斯蒂德的撤销是必然的，不变成本并非是总计比例的一个必要的假设条件。撤销是完全必需的——而且，这是在希克斯的论工资的书（1932）的第 1 章解决的，在看到该书的这个方面的时候，我想他**必然要对坚持到后来的一切错误感到悔悟（在这个方面，希克斯的书的前两章是非常有用的）——按照维克赛尔的看法，也正如希克斯解释的，这一切必然是企业应当在其最小成本水平上处于均衡状态。

---

* 原文如此，应为埃奇沃斯的。——译者注

** 指维克斯蒂德。——译者注

现在，回到马歇尔。马歇尔一直坚持认为，这不是一个完全的工资理论——

284 它仅仅说明需求方面的某些关系。你们也将发现，在马歇尔的第6本书（1920）* 中，但愿你们都读过该书，他彷徨于应用边际产品和边际纯产品（marginal net product）这两个词之间。边际纯产品这个词使人更加明白，马歇尔已经认识到了帕累托的假设和批评。但他认为不值得对这个问题进行深入探讨。

但是，现在我们必须回到克拉克和某些其他经济学家。克拉克主张——而且，这是我为什么说也许他给出了轻率而机敏的概念的原因——克拉克在其书中实际主张，如果能够表明，生产要素服务——劳动和资本以及一切要素的服务——的定价决定于边际生产力，那么就可以把分配看作是公平的，而公平是一个相当高的层次，实际上，这种分析惊人的肤浅。设想一个非常有知识的人，但支付给他非常低的工资，命题是："你的工资是由边际生产力决定的，因而是公平的。"这个非常有知识但支付给低工资的人可能回答说，"我同意按照我的产品给雇主带来的边际价值给我报酬，但是，你们没有论及我的边际生产力何以如此之低的原因——我的父母没有获得使我的边际生产力更高的资本，也没有提到妨碍我进行较大流动、有较大选择范围和走近由较高的边际生产力决定工资的地方的制度障碍。"好了，我想，这已经结束了J. B. 克拉克的简单命题。

不要猜想，我认为这些问题在某一方面完全是简单的，或者我不认为对这种问题的谈论将有与日俱增的可能。我要在这一小时让你们认识的一切，在于解释作为有时在需求方面加以说明的某些因素的有用的边际生产力概念的演进，但它没有穷尽问题，它完全没有处理任何道德问题。

我已经把握了我的讲演计划。明天我将处理尚未解决的利率问题——不仅是资本的边际生产力，而且有真正深远的利率问题。像以前一样，我将从对这个问题的一般讨论开始，然后讨论奥地利学派，接下来讨论费雪和现代理论。

注释

[1] 这个方程组的解是：$x=40$，$y=60$，$z=70$；参见 Wieser（1893，p. 88）。

[2] 马歇尔致约翰·贝茨·克拉克的信，1902年12月15日，重印于 Pigou（1925，p. 415）。

---

* 指《工业与贸易》。——译者注

第 30 讲　资本理论：庞巴维克和费雪

285 现在，不要让我重述我昨天讲的内容，由于你们之中有些人没有来听讲，我简短地回顾一下。我论及了要素服务定价问题——劳动的定价、准租金、租金等。但这一切，可以说都处在瓦尔拉斯最终模型的第二部分的行列中，没有按最小方式解决利率问题，即现存手段的资本价值问题——如果你们愿意，也是未来服务流量的资本化问题。

可怜的老 J. B. 克拉克把这看做是由有关的资本解决的，而这种资本从广义上说是相对固定的——就确定的李嘉图土地的意义而言是固定的。或者可以说，他有时候把资本看作是自我更新的。奈特和其学派其他可敬的成员也陷入了这个陷阱。但这并不使我们感到满足。它没有满足任何种类的未来服务按照一定的比率贴现以赋予资本价值的问题，附带地说，它也没有解决是否有积累或非积累的问题。这也是经济理论的棘手问题之一，虽然我想大约将在今天谈论它的这个方面，大概地说，由于现代的发展而弄清楚了，但是它是复杂的，甚至到今天也没完全弄清楚，因为，事实上，货币的价值是变动的，结果按照不同商品计算的利率是不同的。而且我还忽略了一切不在我预计讲演中谈论的课题限界内的因素。

现在，对决定利率原因的讨论完全涉及过去。让我以一种非常肤浅的方式摆脱错误的概念。

第一，例如，假定货币数量决定利率是一个错误概念。你们将记得休谟对此所说的话。虽然这个命题被休谟否定了，而且得到了重大的通货膨胀经验的检验——当这个经验是，随着货币数量的增加利率提高，预期货币数量进一步增加，利率进一步提高的时候——这个错误的概念便继续有某种信任。你们不必认为我的评论包括凯恩斯，他的公式是利率决定于货币数量和流动偏好，因为正如你们都知道的，当凯恩斯谈论货币数量的时候，他把货币转变成工资单位，他在谈论真实货币，而不是像这样的货币。那是第一个错误的概念。

286 第二个错误概念是——我教条式地说到这一点，你们之中的一些马克思主义者可能认为，这完全没有被证明是正当的。我提醒你们——按照马克思主义理论来表述，它把利润率从而利率看作是由剥削决定的——那些拥有资本所有权的人占有的剩余价值。现在，有更多的关于马克思主义理论的说法而不是这些教条主义的评论将要提出来。但是任何资本化比率决定于剥削程度（这是一种基本的情形）的观念，实际上，让我们说，都由于一个简单的例证而遭到拒绝。假定一个集体主义的社区种植一种橡树，需要一定数量的劳动来挖坑等。如果把未来的资本价值同那时花费的土地数量相联系起来，那么在其对未来资本价值的预测上便可能犯严重的错误。实际上，一棵橡树没有 50 年的时间是不能长成的，或者它要经历更多年的生长期。同时，预期的价值在很大程度上是橡树幼苗的价值的增长。你们无须假定任何进一步的劳动被安排到橡树上。所以，一个实际基于按照纯粹劳动价值论进行资源配置的集体主义的社区，将犯某些严重的错误。

第三，还有一种与生产力相联系的错误概念。涉及我的橡树例子或其他类似的例子，某些人说利率依赖于能够增长的东西的自然增长率。那是一个相当含糊的思想，包含了一切种类的平均数相加等。但是回到刚才的橡树上来，整个要点是，什么是资本价值，是关于某从现在开始的 50 年后的价格吗？资本价值将依赖于利率，以致自然增长的生产力理论，可以说是问题的症结所在。

但是，现在让我们来谈一下一般生产力，并让我们把它加以精确化，谈一下边际生产力。服务工具或人们购买或出卖服务的价值比率的概念基本上依赖于——资本价值基本上依赖于——你们所使用的资本率。只有在自由资本市场上，区别于以各种方式投资的资本，在作为股票的资本和股票收益之间具有同质性。但对自由资本的解释确实包含着进一步的复杂性。

最后，关于禁欲理论，即拉萨尔（Lassalle）——我认为是拉萨尔而不是马克思——谈论他的时代的关于罗斯切尔德的禁欲的理论。把苦行强加给进行进一步积累的富人吗？禁欲这个词是非常错误的。它是西尼尔（1836）解释这种行为的朴素说法。马歇尔（1920/1961，pp. 233 - 234）实际认识到了人们认为他的术语是什么，他用“等待”（waiting）来代替禁欲，即等待未来的收益。像我们一会儿看到的，费雪（Irving Fisher，1907）则采用了优美的时间偏好（time preference）概
287 念。我们一会儿看到，时间偏好进入了利率理论，但它显然不是完善的概念。仅仅说利率依赖于时间偏好，还不是一个好的利率理论，或者，至少我这样说。例如，不只弗兰克·A. 菲特（Frank A. Fetter）（不是弗兰克·怀特森·菲特，此人还健在）一人认为他能够阐述一个时间偏好利率理论，而完全不考虑生产力。我认为这是不正确的。

现在，让我们回到边际革命下面的这个课题的历史，并让我首先提醒你们，当我谈论 19 世纪中期被忽略的值得称赞的经济学家们的时候，我说了什么。我谈到了约翰·雷（John Ree），在《政治经济学新原理》（1834，第 2 编，第 4～8

章，pp.100－197）中，他是一个反对亚当·斯密的争论者，赞成保护幼稚产业的论点，他用一些非凡的章节给出了一个或多或少完全的——不是数学的，但是完全的——对广泛影响实际利率的因素的一般考察。但我不再深入考察这个方面的问题了。

现代讨论开始于门格尔的第二个伟大学生（第一个伟大学生是维塞尔），庞巴维克，以前我跟你们谈过他，因此，我将向你们简单地介绍一下他的生卒日期：他生于1851年，卒于1914年。如果你们要简单地阅读有关庞巴维克的著作，有一篇极为赞颂的评论，我将在今天上午把我熟悉的这个评论讲给你们听。它是载于熊彼特《十位伟大的经济学家》（1956）中的一篇长文。他用了大约50页来写庞巴维克。像我钦敬庞巴维克一样，我想熊彼特的赞扬仅是一点儿额外的事迹——而不是全部事迹。无论如何，它是一篇有趣的、能提起读者阅读兴趣的文章。熊彼特所写的每件事，除了关于经济周期的吃力的著作，都是有激励的，并推动思考。

首先，庞巴维克使门格尔变得更易于理解了。他写了一组文章，据我所知，这些文章迄今为止尚未译成英文，但是，这些文章却被伦敦经济学院重印了，你们可以在《经济财产原理基础》（1886）系列中得到德文版的文章。但庞巴维克的名气依赖于他的两卷本的《资本与利息》（*Capital and Interest*，1890），该书已被翻译成英文，所以你们不必担心不能看上它们一眼，要把注意力放在主要方面。

这个两卷本是从庞巴维克之前全部可能想象的广泛利息理论的历史开始的。这是一本篇幅很大的书；我把我能阅读该书的德文版看作是我有用的长处之一。但是，在该书中你们可以看到对全部可能想象的理论的分类，并认定这些理论中的每一种都是错误的—— 禁欲理论、生产力理论、剥削理论、应用理论、五花八门的理论等。

288 我只能说，尽管该书是智慧的，而且其具有偶然的理论深刻性（因为庞巴维克被看成是伟大的经济学家之一，我对于熊彼特对庞巴维克的评论所说的任何话都无损于对他的赞颂），但我也只能告诉你们，我认为庞巴维克著作第1卷对于他的教授们的评论是有欠公允的。他总是以否定的态度怀疑人，毕竟在经济学的现代发展之前，人们已经无拘无束地写下了在我们所开始的漫长的当今时代也承认为真理的东西。如果你们明白了庞巴维克实际了解的某些东西，因而你们给某些学者以信任，那么你们就获得了一种非常不同的历史观。我只能说，虽然这种新的历史观并不如此宽广——它是充分博学的，而又是较短的——我认为卡赛尔（Cassel）的《利息的性质和必要性》（1903）论述历史的各章本身是对这个课题的一个重要贡献，远比庞巴维克的论述公平。

就讲这些，我不想在这个问题上逗留太长的时间。但庞巴维克的主要贡献是他的书的第2卷，书名是《资本实证论》（1891）。在他写作第三版的时候，他已经从财政部长的职务上退了下来，不再是一个伟大的公共人物，也不再过问各种事情了——他成了一个普通人，一个名叫庞巴维克的普通人——他写了12篇回答各种批评的“离题”文章，那些离题文章也值得一读。但是我不想深入考察这些离题文章；我只想给你们指出该书的一个主要轮廓。

《资本实证论》是一本内容非常广泛的书。书的开头大谈资本的概念——作为生产手段的资本和作为赚取利息手段的资本之间的区别，以及你们提出的是否把消费品纳入作为一种存量资本的范畴问题，或者是否对它们存而不论，像他做的那样。他接着论述了门格尔式的价值理论，使价值理论变得比在门格尔手上更为有生气且精确得多，虽然也许在哲学上并不是如此深刻的。该书或多或少以简化和精确的方式复述了门格尔的价值理论和他自己的生产要素定价理论——那是我为什么没有向你们推荐阅读收在伦敦经济学院德文版书系的《经济财产原理基础》一书的原因。

但最后庞巴维克使自己鼓起勇气来写《资本实证论》和利息理论。在这里，他的一般概念，我想，从审美学的观点上看是优美的。之所以如此，是因为它适合于奥地利理论，同时从奥地利理论的特质出发，它是对这个深刻的重要问题的一个永久的分析性的认识。

庞巴维克说，利息理论本质上是对影响决定现在物品和未来物品之间交换的因素的解释（庞巴维克，1891，pp. 237 - 248）。现在，人们仅仅必须明确地阐明对庞巴维克已经确认为深刻而重要的观点的简单表述的认识。你们也看到这种表述已经成了奥地利理论不可分割的部分，涉及全部价值基本实体，以及，无论如何，以交换和价值理论论述的分配问题。

289 现在，庞巴维克按自己的方式提出的问题，这也是对他自己观点的一个轻微的约束——是交换原因的问题，为什么贴水（agio），像他所称的交换比率，是正数值，为什么它趋向于有利于现在。现在，正如你们知道的，在一定的环境下，它应统行其他途径，但是，也许庞巴维克能够回答这个问题——当然，总之这暗含于他的考虑之中，虽然他没有在最显著的位置上来论及它。

随后，他给正数值利率以三个基础。他说，第一，在现在的人类环境中，现在的物品比未来的物品更有价值。这或者因为人们对这些物品有紧迫的需要——处于某种危难之中，或者因为他们愿意考虑在未来拥有更多商品的愿望，结果，使用资本能够向获得这些物品的人支付一个正数值的利率（同上，pp. 249 - 252）。

他的第二个基础是"缺乏远见的机能——未来的系统价值贬值"。我不知道谁发明了这个词。在我还是这里的一个学生的时候，我从胡弗·达尔顿（Hugh Dalton）那里学到了这个词，也可能为了激发和丰富头脑（他是一名伟大的教师，无论如何，你们都可能考虑他——在晚年他是英国财政大臣，曾尝试在一次通货膨胀时期把长期利率从3%降低到2.5%），发明了"缺乏远见机能"这个词，未来的系统价值贬值（同上，pp. 253 - 259）。

有一个俄国经济学家——你们之中那些对马克思主义经济理论虔诚的人可能知道他的名字，他是一个著名的人物，名叫布哈林（Bukharin）。我深感遗憾地说，他被斯大林杀害了。但是，布哈林（1927）基于前两个基础攻击了庞巴维克，他按照环境条件解释了这两个基础。庞巴维克的《资本实证论》写于维也纳，在奥匈帝国灭亡之前那个时代的维也纳，社会上盛行的是高消费的氛围——葡萄酒、女人和戏剧。这解释了与人们缺乏"远见机能"——对未来系统地贬低等等——相联系的原因。我提一下布哈林。他是一个有智慧的人，迄今为止他的著作已经被译成英文，但他显然是一个虔诚的人，他有闪光的思想，即使这些思想是浅显的。我想，这特别解释了庞巴维克有纯粹糊涂的观念，但那又是有趣的糊涂观念。

可以说，即使在这个层次上，它启发了对利率的系统解释，但这种解释显然不是具有普遍意义的解释，即使在维也纳社会团体中缺乏望远镜的功能，它也不能解释在整个历史中有组织的货币市场的利率趋向于正数值的事实。

尔后，回到庞巴维克，他引进了先进生产性质的深刻概念，同时也引进了一个有点儿造成误导的过分简单化。他的第三个基础是著名的基础，这个基础曾使
290 我在中年时期埋头于如此多的文章之中，以至我忍不住考虑阅读我尚未阅读的那些文章——他的著名的命题，即迂回的生产方法比直接的生产方法更有生产力（庞巴维克，1891，pp. 260－272）。我赶忙说，庞巴维克不是说，像某些没有幽默感的人考虑他的意思那样，任何迂回生产方法都更有生产力——甚至你们常常对在我孩提时期一个名叫黑斯·罗宾逊（Heath Robinson）的人所展示的生产方法感兴趣，他为了解释最简单商品的生产而安装一个可怕的齿轮、皮带轮和指示器等装置，所有这些装置是滑稽的。但是，庞巴维克对他的命题是非常清楚的——这个命题并不错——聪明地选择迂回生产方法将比直接生产方法更有生产力。

现在，某些人认为，而且照我的判断并非完全不合理，庞巴维克实际上从后门引进生产力，可以说，赌咒发誓地要在前门逐出任何生产力理论。他在《资本与利息》第1卷的绝妙的段落（1890，第2编）中斥责了生产力理论——连篇累牍地斥责一切生产力理论。他甚至不公平地对待在这个方面多方预见庞巴维克理论的杰文斯。但我认为，那不是庞巴维克坦然对待最后批评的态度。庞巴维克可能认为，既然他描述了应用资本的迂回生产方法，比以前任何人——除了雷（Rea）——所描述的都更有生气，具有更大的力量，他就掌握了一个良好的思想——他所拥有的思想。

而当庞巴维克开始谈论平均生产时期的时候，总的来说，他陷入了理论陷阱。正如你们之中那些了解高级经济理论的人都知道的，一旦你们玩起了平均的游戏，你们立刻就会陷入理论的陷阱。当然，平均生产时期在近年来还不是首当其冲地受到批评。哈耶克教授常常光临伦敦经济学院，写了一本深受庞巴维克影响的书（哈耶克，1931），在该书中，首先——它是一本好书，虽然是一本极其难读的书——他表明，庞巴维克的平均生产时期概念，他开始是相信的，但总的来说是站不住脚的，是需要改进的。

庞巴维克的分析是非常有激励性的，而且就其方法而言是非常深刻的。克纳特·维克赛尔在其著作（1934—1935）第1卷中非常好地阐述了庞巴维克的分析，而且是以更具有激励性的方式阐述的。维克赛尔著作第1卷在这里被译成了
291 英文，而且两卷都问世了。其中第1卷论述真实经济学，第2卷论述货币经济学。维克赛尔的最初著作《价值、资本和地租》（1893），也被译成英文（维克赛尔，1954）。

维克赛尔有一个优美的简化，我不深入论述它了，因为，如果你们是自尊的现代经济学家的话，你们就都应当读一读维克赛尔的著作。他阐发了一个德文称为“没有资本的生产”（*Kapitallose Produktion*）的理论，然后，他引进了迂回生产方法，并表明它们必然包含的时间成分如何为形成利率做出贡献。但是维克赛尔仅仅为流动资本安排做了这种分析。他是地球上最老实的人之一，他承认他

最终没有解决有关固定资本的问题。各种人都为这个固定资本问题所困扰，自那以后，包括哈耶克，许多人都说现代理论没有包含解决固定资本问题的方法。

我个人认为无论如何在一部巨著中——关于实际经济学的最伟大的著作，不同于自由经济学等的著作，在 20 世纪第一个 50 年出现于美国——欧文·费雪，于 1907 年出版的《利息率》(*The Rate of Interest*) 中，解决了第一个近似。该书在 1930 年作为《利息理论》再版，并做了修改以符合各种批评的要求。如果你们严肃地对待你们的工作的话，《利息理论》是你们必读的著作。我想我已经告诉你们了，令人不可思议的是，青年时代的费雪是一个患有重病的人。[1] 费雪是多方面的奇人。他是有关健康题材的绝对怪人：他不赞成任何形式的酒的消费，也不赞成吸烟。他是一个智慧的著作家；他写了一本赞成禁止各种酒精饮料的书，他给该书定名为《因其最有害而禁止》(*Prohibition at Its Worst*, 1926)，于是，把赞成反对禁酒观点的人也吸引进来读他的这本含有各种统计资料的书。

而他自己则是一个患有重病的年轻人，他不赞成任何形式的酒的消费，也不赞成吸烟。有人告诉过我美国经济学会的一些会议［在这些会议上，费雪尝试争取他的职业伙伴赞助促进传播他的观点］的情况。这些会议担负着对走向美国不同州的首府的摩天大楼的美国人的训练，在这些会议上宣读你们所知晓的一些文章；在这些会议上还有一种地位较低的经济学家市场（牛市），在这里资深经济学家出价聘任这些年轻经济学家，以改善他们自己的部门。你们知道，它运行得不坏。我们不要藐视这个体系。看起来它有两种方式，但它没有阻止 20 世纪美国极坏的经济学家产生。［好了，在 20 世纪 20 年代，费雪试图在美国经济学会会议上组织一个小组委员会，而美国经济学会会议的职业领导成员却仍在记录所谓禁令是一种经济幸事之类的说法。[2]］

现在，谈一下费雪关于资本的论述。让我们从谈论他的著作《价值和价格理
292 论的数学研究》(1892) 开始，该书预见了许多理论。他没有读埃奇沃斯的著作，在帕累托之前很长的时间里，费雪已经获得了一切现代惊人的绝技——无差异曲线、可积性和不可积性等。但那是现代经济学而不是历史——无论如何，这些绝技同经济学文献关系密切。

费雪从 1896 年写的一篇关于“评价和利息”的文章开始，论述了货币利息率和实际利息率之间的关系。后来，他又在杂志上发表了一些关于资本的性质和收入的文章[3]，实际上，他发表的这些文章是他的卓越的博士论文——我们学科最好的博士论文——《资本和收入的性质》(1906) 的第一部分，把这些文章概括一下，在这些文章中，他区分了作为基本的财富存量的资本，如果你们愿意的话，在资本中还包括人的潜力，和作为最终经历的流量的收入。在这些文章中，他所论述的东西有些是雷 (Rea) 所预见到的，后来，他对雷表达了充分的赞颂。就其本身而言，这是一本不可缺少的书，特别是对于你们之中那些对会计学感兴趣的人，因为该书实际上在会计学和经济分析之间架起了一座桥梁。

但随后《利息率》(1907) 问世了。在区分问题的性质上，费雪追随了庞巴维克——他是如此定义的，现在收入和未来收入之间的交换。他的理论在某种意义上是一种折中理论，但在这里它基于一种简单而令人信服的方式，那就是，它靠自己的腿站立，例如引进现代实际利息理论（在这个讲演中，无论如何没有把

它同我们尚未做深入考察的全部货币复杂情况区分开来），他也从（费雪，1907，第6、7章，和第7章附录）主观方面——时间偏好——开始并以最简单的几何方法进行分析。他采用了下一年的收入和本年的收入这些符号，你们可以设想表明下一年收入和本年收入的组合的任何一点。因而你们可以设想一条无差异曲线，而所画出的这条无差异曲线便把关于本年和下一年时间偏好的不同选择联系起来了。然后假定利率是给定的，你们可以画出一条同该无差异曲线相切的直线，该直线同45°线所形成的角的差额，等于本年和下一年的时间偏好，其测量实际利率，不管这些利率是正值还是负值（见图30.1）。

293

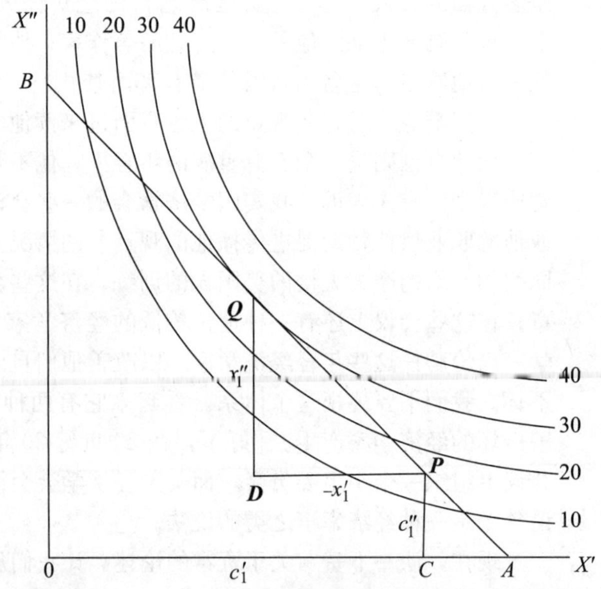

图30.1 费雪的利息率

资料来源：Fisher（1907），p. 387.

费雪继续进行探讨，并设想个人将——给定流行的利率和本年他的收入——按照他在这个方面的无差异体系调整收入在本年和下一年之间的分配。但现在他设想——我们也再次进行测量（无声的语言）——本年收入和下年收入之间的交换，考虑收益超过成本的比率，它可能是正值，也可能是负值，正如可能有的情形那样。如果有投资机会，个人在留意资本市场收益超过成本的情况下，将考虑调整他对收益的时间偏好。

你们可以将这个几何图形加以扩展，像我亲爱的朋友冯·哈耶克在他的那本极难读的书中所进行的冗长且独出心裁的扩展那样（哈耶克，1931）。这也是费雪利率的“第二个近似”[4]，当然，他并不限于以几何图形来表述，他还以简洁的数学应用继续进行探讨。（你们知道，伟大的数理经济学家总是简洁地应用数学，他们不以不能纳入经济条件的结论而告终。）他还把这种分析向前扩展到多年而不是两年之间的交换，并允许以几何图形表述。

然后，在“第三个近似”［第11章］中，费雪论述了风险和包含不同风险程度的不同利率（见图30.2）。这样，如果你们之中任何人碰到过这样的人，像我曾经碰到过的，他们认为在过去的20年以前在处理资本市场问题时，没有考虑到不同性情的人和世界不同地区的人对风险的主观反应，你们可能不仅把他们向后归因于雷，这也许表明你们有点儿卖弄学问，夸耀你们自己是思想史的专家，而且你们还可能把他们归因于如此明显而在很大程度上阅读了一本像费雪《利息率》这样的书。

294

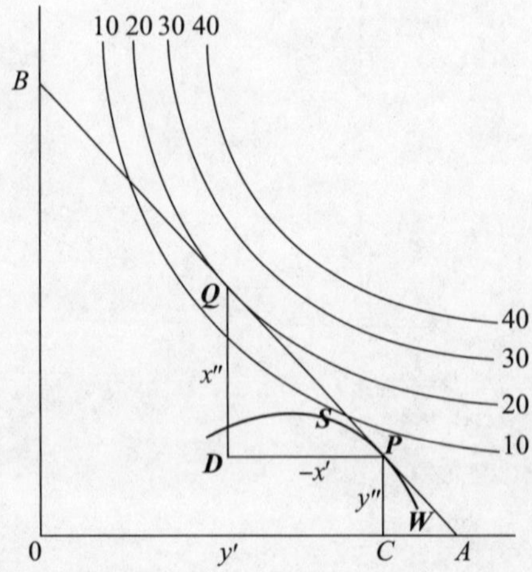

图 30.2　费雪的现在收入和未来收入之间的交换

资料来源：Fisher（1907），p. 409.

我希望我所说的，无论如何，足以激励你们深入探讨费雪的著作。我知道，你们不同意我向你们推荐阅读费雪的全部著作。

好，这就是我必须跟你们讲的关于利息理论的全部内容。在我的下一次讲演中，我将论述瓦尔拉斯和洛桑学派（School of Lausanne），而在下下次讲演中论述马歇尔。

注 释

［1］患有肺结核病。

［2］在讲演中，罗宾斯以中性的语言展开他的美国经济学会会议一般性质的论述，从来没有指明费雪和这些会议的联系。威廉·巴波（William Barber）教授向我们提供了罗宾斯可能打算讲的费雪的故事，我们在这里把它插进来。

［3］参见 Fisher（1896b，1897a，b，1904）。

［4］参见 Fisher（1907，chap. 8 and appendix to chap. 8）。

第31讲　瓦尔拉斯和帕累托

295 现在，在最后一次讨论所谓边际革命时，我该讲瓦尔拉斯的课题了。瓦尔拉斯生于1834年，于1910年去世。直到1892年，他一直是洛桑大学的教授。以后我将就他的一些情况讲几句话。和门格尔不同，他的独创的贡献不知来自何方，可以说——我们所知道的一切是，他阅读标准的德文版本的书，但他没有提到过冯·杜能，他也不知道戈森——瓦尔拉斯有一个独特的家世。关于杰文斯，无疑有其根源，但杰文斯更多的是一个古典经济学家，除了价值理论和资本理论，与人们所知道的他的情形很不同。而瓦尔拉斯则相反。在法国经济学家中总有一种比英国古典学派更为严重的采用效用的倾向。英国古典学派遵循亚当·斯密的引导，强调所谓的价值悖论（paradox of value）。我不知道追溯这个历史的任何方法，我只能提到一些著名的人的名字。

第一个名字是加连尼（Galianni），一个意大利人，该人作为一个代表——我想是驻拿破仑政府的代表——花去了他大量的时间。在19世纪中期的巴黎，他同那里的众多知识分子结合，并写了一篇著名的批评重农学派的文章——一篇论谷物的论文（像他所称谓的粮食，grain）（1770）。[1]在1750年，加连尼出版了一部论货币的著作（加连尼，1751）。他关于粮食理论的论文显然要比其论货币的著作晚，而且，虽然它包含一些有趣的而且写得精彩的论点，但我认为这篇文章与主要经济理论的历史没有联系。而加连尼的《论货币》（*Della Moneta*，1751）则确实接近一种即将面临批评的效用价值理论。据我所知，该书从来没被译为英文，但有一个重要部分的法文本，在我们自己的时代由布斯凯（Bousquet）教授以《论货币》为书名出版。

好，这就是加连尼的情况。我还没给你们讲他的生卒日期吧？他生于 1728 年，卒于 1787 年。当时在 18 世纪晚期，还有亚伯·德·孔迪拉克（Abbé de Condillac），他生于 1714 年，卒于 1780 年。孔迪拉克著有一部关于哲学和心理学的名著，并和亚当·斯密的《国富论》在同一年出版，这是一部辉煌的著作，书名是《商业和政府》（*Le commerce et le gouvernement*，1776）。对于专家学者来说——我没有说尚在就读的大学生们——是值得一读的。孔迪拉克实际上是一个著名的学者。他文字优美，并以一种纯然法国的逻辑风格阐发其论点。通篇读起来令人愉快。他也注意效用和价值，但并没有完全抓住要点。

后来，又有莱昂·瓦尔拉斯（Leon Walras）的父亲，奥古斯特·瓦尔拉斯（Auguste Walras），他以做经济学教师为生。他的生卒日期是 1801—1866 年。他
296 写了一些完全被人忽略的书，其中最著名的一本书在我们的时代重印了，并附有一篇由莱·达克（Le Duc）写的导论。这本最著名的书就是《财富的性质》（*Da la nature de la richesse*，1831）。他最接近于效用价值论，而且他勉励他的儿子继续发扬他的兴趣*。我没有向你们推荐阅读奥古斯特·瓦尔拉斯的这本书，他的这本书是值得尊重的，但我不认为它有惊人的特色。它不像加连尼的著作或孔迪拉克的著作那样有特色。我实际上认为加连尼或孔迪拉克都是 18 世纪的重要著作家。

莱昂·瓦尔拉斯是本次讲演的主题。莱昂·瓦尔拉斯年轻时非常孤僻，但我不想对此做任何评论。有一位名叫雅菲（Jaffé）的教授，把其最重要的做学问的时光都用于研究瓦尔拉斯的著作，翻译了瓦尔拉斯的主要著作《纯粹经济学要义》（*Elements of Pure Economics*，1874a；1954），该译著比法文原著容易理解得多，并附有译者的各种注释和对晦涩段落的解释。在你们有能力阅读法文原著的时候，我不常向你们推荐阅读译著，但是如果你们想要看瓦尔拉斯的书，当然你们应当读雅菲的译著。雅菲教授还花了数年时间搜集瓦尔拉斯同各种名人的通信，并由一个荷兰出版商出版。皇家经济学会曾经倡导为这种高度深奥的复杂问题做贡献。该书是三卷本著作，薄厚相宜、开本适当、印制精美，并附有对每封信的适当注解。雅菲教授正在把其暮年的光阴用于写作瓦尔拉斯传，我希望他继续写下去。瓦尔拉斯传的较早部分，我想象其描述的将是淘气孩子的生活，而不是同经济学相联系的经济学家的生活。[2]

但实际上，依靠一篇向瑞士经济学会宣读的论税收的文章，瓦尔拉斯于 1870 年被任命为洛桑大学的教授，直到 1892 年他坐上主席的位置，他一直担任教授职务，当时他把这个职务让给了一个极为少见的名人——虽然我并不把他同瓦尔拉斯等量齐观——即维尔弗莱多·帕累托（Vilfredo Pareto）。关于帕累托，在本次讲演中我将简短地讲一讲。

瓦尔拉斯曾经是一个可怜的人，同时又是一个可能令人钦佩的人，但也是一个具有惊人的不讨人喜欢的性格的人。之所以说他是一个可怜的人，是因为他有巨大的知识的卓著成就，在法国却完全不被承认，他在法国从来没有得到教授的

---

* 即研究效用价值论。——译者注

职位。于是，他到洛桑大学谋生。洛桑大学是一个美好的谋生之地。在瑞士他被承认了。1874年，他把他的文章（1874b）的一个翻印稿寄给杰文斯，杰文斯立刻给他写了一封措辞漂亮的信探问他——瓦尔拉斯——是否知道杰文斯在1866年给英国经济学会写的文章，他是否知道杰文斯的《政治经济学理论》，在这种情况下，如果他不知道，他——杰文斯——就将高兴地给他寄一本书。瓦尔拉斯在一封非常坦白而钦羡的信中做了答复，承认杰文斯在观点发表上先走一步，并阐发了他自己的思想，特别是在他父亲奥古斯特的影响下，并提出，他——瓦尔拉斯——将写某种提示以使杰文斯注意法国公众的情况。

这是他们两人闹翻之前的情形。他保留了同杰文斯友好时期的记忆。实际
297 上，他阐发了一种针对英国的敌意。这在我论述要素服务定价的时候就已经提到了，我还提到在瓦尔拉斯方面爆发的愤怒。瓦尔拉斯认为，维克斯蒂德应当给他寄一本他私人散播的备忘录，他还应当承认他先前假定的从瓦尔拉斯那里获得的提示。他为他第三版《纯粹经济学要义》写了一篇绝对使他丢脸的附录，在这个附录中他谴责维克斯蒂德的剽窃，凡是知道维克斯蒂德的人——在我青年时代的年长一代中，每个知道维克斯蒂德的人都对他非常尊敬——都知道他完全不会剽窃。实际上，如果你们阅读维克斯蒂德的著作的话，他总是非常感谢给他帮助的人——在某些方面并不必然欠人家的。

但是到这时，瓦尔拉斯已经积累了一肚子的反对埃奇沃斯的抱怨。埃奇沃斯，由于不太清楚的原因，没有印发由一个意大利人巴罗内（Barone）写的对维克斯蒂德《分配法的联合颁布》(*Co-ordination of the Laws of Distribution*)[3]的评论——这是一个非常好的评论。人们怀疑，这是受到马歇尔的影响，因为马歇尔是非常挑剔的，极少谈论许多其他经济学家。没有人会说，马歇尔从他们那里得到了什么。跟庇古（Pigou）不同，瓦尔拉斯读了各种东西，但他从来不读经济思想史著作，而且他实际上或多或少认为经济思想史著作是自吹自擂的。《经济杂志》曾寄给他一本论价值理论史的书，他说他如此难以跟上当代经济学迅速前进的步伐，以至不想了解死人的理论了——这解释了在潮流再度发生变化之前剑桥大学在20世纪头10年和20年代发生的许多情况的原因。

好了，我想对于所谓瓦尔拉斯是怎样一个特殊的人，我已经说得足够了。而且他确实没有申明任何在其他方面认识到的东西，像雅菲教授所搜集的一些书信表明的。英国人读他的书信，美国人读他的书信，意大利人读他的书信，荷兰人也读他的书信。这些书信饶有兴味儿地把人们阅读的兴趣引导到细微之处，引导到瓦尔拉斯所发动的赞成以数学形式处理纯粹经济学的“一般运动”（general campaign）。

现在，瓦尔拉斯与杰文斯、门格尔并列，独立发现了边际效用和价值的关系。瓦尔拉斯不使用边际效用概念，不仅门格尔如此。门格尔谈论最小的独立应用，瓦尔拉斯则谈论稀少（按法语的意思——指它从来没在别的地方采用过）。但是，在我谈论价值——杰文斯和门格尔——的时候，之所以没有论及瓦尔拉斯是因为虽然瓦尔拉斯由于他自己对价值的独立思考而值得赞誉（因为他解决了加连尼、孔迪拉克和他父亲都没有解决的问题），但瓦尔拉斯的重要贡献不在这个方面，而在于他提出了一个或多或少静态经济学的完整体系，这种静态经济学体

系的性质，我将予以说明。虽然这没有被普遍承认——对他的回应只限于少数人，虽然传播很广——但在我们时代它的地位提升了。熊彼特描述了瓦尔拉斯阐
298 发边际效用概念的首要性（熊彼特，1956，p. 77），但我不同意熊彼特的观点，因为瓦尔拉斯是由于其静态体系而在那些提出纯粹经济学体系的人们中是至高无上的。但这是一种我个人的看法，我不再进一步论述它。瓦尔拉斯所阐述的体系比他发现的递减的边际效用的意义重要得多。

该书是从对纯粹经济学和应用经济学的区分（瓦尔拉斯，1954，序言和第1编，pp. 35-80）开始的。我应当说——因为我对此还完全没有说到——认为瓦尔拉斯仅限于纯粹经济学是错误的。有两本论述应用经济学和公共经济学的论文集，但也许人们从来没有给予它们应有的注意。哈奇森（Hutchison）教授，在其论瓦尔拉斯的一章中（1953，第13章）提到了这些，并总结了瓦尔拉斯的政治意见和对待应用经济学的态度。但那不是我今天讲演的课题。他的论纯粹经济学的书把纯粹经济学同应用经济学完全分开。我想在阅读时我们可以注意这种划分。

然后，瓦尔拉斯进一步强调，纯粹经济学必须是数理的——像杰文斯所做的那样，而且是较为有生气的。他读过古诺的书，并对古诺加以赞扬。但古诺的书主要进行局部均衡分析，开始于对垄断的论述，像我告诉你们的，然后向外扩展到纯粹竞争*，而瓦尔拉斯，贯穿其全书，则论述完全竞争的条件。

这样，在序言之后他进行了深入的分析。非常有意义的是，他从阐明并以代数式和几何图形表示供给和需求规律开始（同上，第2编，第5、6节，pp. 83-106）。他把供给和需求表示为价格的函数。他应用几何图形描述了它们，并应用差分方程进一步阐发它们。我必须说的唯一事情——我认为我无须当着这样有知识的听众把它们画在黑板上——是你们应当永远记住，许多欧洲大陆经济学家采用了相反的表示两轴的符号。对于说英语的世界来说，价格的变化由纵轴来测量，数量的变化以横轴来测量。但瓦尔拉斯则以纵轴测量数量的变化，以横轴测量价格的变化。虽然它没有在逻辑上造成微小的差别，但如果你们没有认识到他是这样做的便有点儿麻烦。

我想我必须提到的唯一的事情，同他的供求规律的苦心孤诣之作相联系，这在很大程度上同马歇尔无关，是他指明有可能存在不止一个稳定均衡点。你们都知道这样一个图，不是吗？图中一条向上倾斜的供给曲线同一条向下倾斜的需求曲线相交——那是完全正确的——然后它又同向上倾斜的需求曲线相交——那是一个不稳定的位置——然后需求曲线再次转而向下倾斜并同在它之下的供给曲线相交——那是另一个均衡位置。在许多教科书中把这种情形看作是一种精炼。按
299 照一种精确的方式，它是现代经济学家们关于瓦尔拉斯总量方程体系是否确定的课题。

在论述了供给和需求之后，瓦尔拉斯论述了市场（同上，第2编，第6、7节）。他舍掉了错误行为，设想了一个集会，在这个集会中许多人聚集在一起，而且按照法国人的时尚，他们都大声叫喊他们准备购买或出售的价格。现在，埃

* pure competition，或译为完全竞争。——译者注

奇沃斯（他进行了许多突破性的考察，实际是一个著名的经济学家）对于瓦尔拉斯对完全竞争的不完善表述做了大量的考察。埃奇沃斯（他的分析结构在前一二讲我已经做了暗示）对完全的市场条件做了精确的描述，认为在这些条件中最重要的是重订契约的可能性。我一直想，关于这一点造成了一个社会学的小笑话。埃奇沃斯考虑了一个可以说是迟钝的、也许行为正常的人时常出入的市场，他们到处同他们准备与之做生意的人当面询问价格。但是他们没有签订契约。他们到处游走，问遍了整个市场，然后当签订契约的程序完成的时候，你们便有了确定的价格。好了，实际上，我从这种合乎常情的观点中，除了看到民族习惯之外，没有看到瓦尔拉斯市场和埃奇沃斯市场之间的丝毫有价值的差别。

瓦尔拉斯进一步从边际效用推导他的需求曲线——而且，这是有趣的（瓦尔拉斯，1954，第 2 编，第 8 节，pp. 115 - 131）。在那里，对于外延效用和内涵效用有一个很长的讨论，然后他确定，随着数量的增加，效用下降。

然后，他处理了交换问题（同上，第 2 编，第 9、10 节，pp. 132 - 149），并形成了维塞尔（1895）称之为戈森第二定律的东西——即，在每个市场参与者的边际重要性*和价格成比例之前，交换将继续进行下去。这不是说在市场中有对效用的某种集体的确定。效用是一个完全个人的问题；用奥地利经济理论的术语说，它仅仅是按照主观的尺度借以排列不同商品的秩序。这样，他便达到了杰文斯在其关于交换理论的一章所达到的一点。虽然杰文斯和瓦尔拉斯不同，没有完全认识到这一点，除非他已经完全严格地确定了完全竞争的条件，像埃奇沃斯所做过的那样。而且，正如我考虑的，瓦尔拉斯打算这样做，他的交换方程式把价格留在了某些约束之间的不确定之处。

好了，这一切都在瓦尔拉斯（1874b）寄给杰文斯的论文中表明了，这篇论文是在杰文斯《政治经济学理论》出版不久以后发表的——《政治经济学理论》出版于 1874 年——他把这个理论在以后的一些节中加以扩展了。他的各章都被冠以 1、2、3 节等标题，直到 40 节左右。他把这个分析扩展到许多商品（同上，第 3 编，pp. 151 - 207），但仍然处于商品价值层面。他确定需求不仅是一种商品价格的函数，而是所有进入其价值范围的商品价格的函数。

300 使需求函数具有多重的性质，就这个意义而言，也是瓦尔拉斯的追随者们——所谓洛桑学派——的特点。而且他们一直非难说英语的经济学家——特别是马歇尔——因为马歇尔集中进行局部均衡分析，而不进行一般均衡分析。在这个方面，他们是他们自己最坏的敌人。这确实是向认识这种多重的函数依存性前进了一步，但一直攻击这个特殊问题的人并未都尝试把需求确定为一个 n 种商品的函数。如果他试图走出所谈论的特殊商品市场，当然许多人都会这样做，这样，n 种商品——这是有利于约翰·希克斯的设想的——就被融合成为一种商品，以致你们就只有两种商品需要论述。

在理论上这件事是很有趣的。实际上马歇尔完全知道这些，正如我将在明天解释的，但他把它略过去了。马歇尔想要遵循解释真实世界的某些情形，而且，虽然瓦尔拉斯体系在某种意义上以极其简单的形式提出真实世界的某些问题，但

* marginal significance，指边际效用。——译者注

它强调，我将论述到——这也是我的判断；另一些人可能持不同的观点——一切市场同时处于一般均衡，这把瓦尔拉斯和他的追随者与大部分其余经济学家截然分开了，它对两组经济学家都是不利的。

但是，瓦尔拉斯体系并没有就此止步。他后来把他的分析扩展到生产领域（瓦尔拉斯，1954，第 4 编，pp. 209－263），而且这是一切争吵的原因。在其《纯粹经济学要义》的前两版，他按照我们称之为固定技术系数的假设论述了生产要素服务定价问题。那就是说，任何一种商品的生产都包含所涉及的要素服务按固定比例的组合。这样，为使你们获得一个要素服务定价的确定的体系，必须经过生产最终消费品可能的激励加以评判。除非所有生产要素结合的比率都相同，而在所有生产要素结合比率都相同的情况下，定价问题是不确定的，这样，将有某些理由假定——在某些条件下的某种情形中——改变固定技术系数的办法将使你们得到一个安身立命之所。后来，瓦尔拉斯论及了这一点，并由于在第 3 版《纯粹经济学要义》中谴责维克斯蒂德推断他在第 1 版《纯粹经济学要义》的体系所唯一隐含的意思，他明确地引进了变动的技术系数。因此，边际生产力进入了他的第 3 版《纯粹经济学要义》和最终体系（同上，第 8 编，第 36 节，pp. 382－392）。

瓦尔拉斯不满足于此——你们将注意到，我合乎规则地注释了瓦尔拉斯，并合乎规则地阐发了前几次的讲演——他进一步论述了资本的完全价值，即资本化问题（同上，第 5 编，pp. 263－312）。在那里，他的处理服从于维克赛尔的某些批评。维克赛尔感到瓦尔拉斯仅仅论及固定资本。所做的各种尝试都表明，维克
301 赛尔在批评瓦尔拉斯所做的一些方面并不完全正确，维克赛尔最后承认，在瓦尔拉斯那里有比他批评的更多的正确的东西。但我远不认为瓦尔拉斯的资本化理论是一个真正令人满意的理论。

但此后，瓦尔拉斯最终转向了货币（同上，第 6 编，pp. 313－374）。而且在他的著作的较早版本中，他仅仅提出货币是一个核算单位，应用这个核算单位来表述价格。但后来，在一篇摘要印刷的杂志文章中，以及在后来版本的《纯粹经济学要义》中，他阐发了一种"合意差额"（desire balance，法文为 encaisse désirée）的思想（同上，第 6 编，第 29 节）。而且，他独立于所有在他之先的人，独立于剑桥货币数量论方法——20 世纪的剑桥方法——而阐发了这个思想。

这样，你们便可以理解为什么我直到最后才论述瓦尔拉斯的原因了。他的声望依赖于他的概念的广度，依赖于他的体系的完善，不管在有关静态体系的细节上他是对还是错。杰文斯没有做到这一点，门格尔也没有做到这一点，而瓦尔拉斯做到了。而且，在 20 世纪 30 年代，他的系统的论述开始更大规模地流行了。

瓦尔拉斯建立了一个学派，即洛桑学派，其中最著名的人物是维尔佛雷多·帕累托。帕累托继承了瓦尔拉斯在洛桑大学首席教授的职位。他生于 1848 年，卒于 1923 年。1896 年，帕累托出版了一部两卷本的《洛桑大学经济政治专业教程》*（1896—1897）——（这是一部稀有的书，你们有人存有此书吗？不要把它卖掉）——该书是由帕累托从瓦尔拉斯那里继承的体系合成的，他又加上

* 法文为 *Course d'Économic Politique Professé al' Université de Lausanne*。——译者注

了自己的一点儿术语。此外，在1906年和1909年先后出现了意大利文版和法文版的《政治经济学年鉴》(帕累托，1927)，我在美国搜集了这本已被译成英文的书（帕累托，1971)，但雅菲教授以批评的方式评论了该书（1972)，我自己还没有看过这本译著。他认为这本书翻译得不准确，把各种细微的差别搞乱了。

现在，继瓦尔拉斯放弃了他唯一的首席教授职务之后，帕累托是洛桑学派的领导者，帕累托在他的有生之年带来了比瓦尔拉斯更大的轰动。帕累托基本是一个瓦尔拉斯主义者。但他去除了瓦尔拉斯分析中他认为不必要的成分。结果他引入了无差异曲线（从埃奇沃斯那里学到的）——无差异曲线不属于帕累托。他强调，按照这种方式，他消除了任何关于主观因素的谈论；他能够论述从观察中得到的无差异曲线。天晓得为了发现任何大的无差异曲线集你们必须做多少观察。他也驳斥了可测量效用的思想。无差异曲线的选择表明，按照他的意见，并不是基数效用选择，而是序数效用选择，它们可以按照一种次序予以安排，但你们不能把一个准确的数值归于它们。

帕累托在消除效用的过程中也发明了一个新词。他认为效用带有他所驳斥的心理学的某些东西，结果他提出了"Ophelimity"一词，这是一个完全中性的
302 词，而且自提出以来一直没有使用。如果你们遇到这个词，你们就把它看作是帕累托命名的通常在教科书中称为效用的东西。虽然你们应当遵循"效用"囊括一切种类的方程式的解释。

当然，帕累托在进入应用经济学的旅程中也是很著名的，这种应用经济学尚处在讨论之中——帕累托曲线，有些人实际称之为帕累托定律。这样，如果你们处理人口数量和收入的领受者，你们可以把这些变成对数，然后你们便可以得到一条在不同社区之间显著稳定的曲线，无论如何在中等的区域是如此。但是，没有那么一回事，我还没有摆脱仍然在那里进行的争论。

在洛桑学派也有一些次要的成员，他们的著作要比帕累托或瓦尔拉斯的著作容易读得多。论述瓦尔拉斯的著作，最好的是由一个名叫安托尼里(Antonelli)的人写的《纯粹经济学》(*Économie pure*，1914)——这是一本法文书。后来，又有几本写在帕累托的书出现之后的书，其中最好的一本是由札沃兹基(Zawadzki，1914）写的——不是现今的札沃兹基教授，但我设想他是现今札沃兹基教授的某位亲属——该书在1914年出版，是由一个名叫奥索里奥（Osorio，1913）的葡萄牙数学家出版的。还有许多其他经济学家。在我今天早晨从家出来之前看到在一个书架上有一半是他们的书，他们或多或少都遵循相同的方法。他们在很大程度上证明经济学必须是数学的。这样，他们就赋予历史以一定的量度——总之，后帕累托经济学家尝试做的历史量度——一个较早尝试数理经济学的历史量度。此后，他们继续解释瓦尔拉斯体系，并进行了帕累托传入这个体系的改良。

好，我看我的讲演时间快到了。我完全确信，虔诚的帕累托主义经济学家将认为我没有给出足够的时间来论述帕累托，我提议明天讲完边际革命。他们说，在他们的头上还站着古典经济学家——在某种意义上他们的确如此——并穿上了马歇尔的服装。马歇尔虽然知道这些技巧法，但他更查明了一种连续性。

注 释

［1］ Galiani，*Dialogues sur le commerce des blés*（1770），translated as *Dialogues on the Grain Trade*.

［2］ 这本瓦尔拉斯传没写完。

［3］ 正如罗宾斯（1970，p. 196，第一点）指出的，巴罗内所做的这个评论“立刻纠正了维克斯蒂德的不完善”，并由于瓦尔拉斯提出边际生产力问题的方法而“给他以适当的信任”。

第 32 讲　马歇尔

303　按照我的计算，我正接近这些讲演的尾声。在星期三还有另外一次讲演，届时我将论述货币理论和经济波动理论的半现代（semi-modern）发展，但今天我要论述阿尔弗雷德·马歇尔。

现在，所有其他边际革命的主要参与者都对从休谟、亚当·斯密以来和19世纪的一些人发展起来的古典经济学非常冷酷。他们的申述具有不同程度的合理性。杰文斯反对思维错误的人［即斯密］及其同样思维错误的门徒约翰·斯图亚特·穆勒，但这毕竟仅仅涉及基本的价值理论，在某种程度上也涉及资本理论，虽然他没有在那个方面做出任何暗示。关于工资、生产成本和地租，杰文斯虽然比许多古典经济学家——不仅是斯密或李嘉图——更有生气，但他或多或少也是古典的。门格尔在他的著作中谦逊地一次又一次诉诸亚当·斯密，尽管他有巨大的图书馆，但他显然没有阅读很多古典文献。涉及亚当·斯密生产理论的基本学说——经济的联合安排及其通过市场和不通过市场（在某种意义上通过自觉计划）而发生的分工——门格尔无疑是错误的。他断然地谴责斯密的生产理论。我想我通过观察哈奇森（1973）对每一本论门格尔的有用的书（由约翰·希克斯先生和一位奥地利经济学家编辑出版的）的捐助，我发现他得出了相同的观点。瓦尔拉斯当然并不非常了解正如在英国发展起来的古典政治经济学，而他确实认为他的理论具有古典政治经济学的一切成分。

现在，我们要论述马歇尔。马歇尔强调较大的连续性。也许人们会说，他对他自己的贡献格外谦虚，而这种贡献是非常显著的。有一篇非常好的论马歇尔的论文，该文被重印在格海里惕（Gherity，1965）的论文集中，最初见于《经济杂志》为纪念马歇尔诞辰100周年的专刊中，作者是肖夫（Gerald Shove，1942），是继庇古之后一代剑桥经济学家的最出类拔萃者之一，在这些经济学家中有肖夫、罗伯逊（Robertson），最后还有凯恩斯，但这不是说凯恩斯是最不重要的，可以说，他界于罗伯逊、肖夫以及拉文顿（Lavington）之间，下一次讲演我将提到拉文顿。

好，我不知道你们有多少人读过马歇尔的著作。我不确定把这次讲演全部用
304 来讲述马歇尔的《经济学原理》将在多大程度上使你们感到厌烦。但马歇尔是个重要人物。自18世纪以来的经济思想史，实际上就是亚当·斯密—李嘉图—约翰·斯图亚特·穆勒—马歇尔的理论演变史。在许多年里，他在说英语的世界发挥了极其重要的影响。这种影响是否从整体上看是好的？这是我稍后讨论的一个问题。

我不向你们详细介绍他的生平了。他生于1842年，卒于1924年。他有一个非常平静的学术生涯。他曾是剑桥大学睿智的数学家，并以谦和的方式教学。他曾任波里斯道尔大学的校长，后来短期转到牛津大学，并被剑桥大学聘任为教授，这个职位一直持续到退休，由庇古接任。

马歇尔的主要著作如下：载于《外贸纯理论——国内价值纯理论》（*Pure Theory of Foreign Trade—The Pure Theory of Domestic Values*，1879）的一些章节，该书由伦敦经济学院重印。当时还有一本同他妻子玛丽·马歇尔合写的书，正是由于妻子玛丽·马歇尔，他的生活才能如此平静，并到处受到崇敬。这就是1879年写成的《产业经济学》（阿尔弗雷德·马歇尔和玛丽·马歇尔，1881）。结果——这是马歇尔低劣的一面——他对该书感到羞耻，并或多或少地抵触该书，这是非常不豁达的。事实上，该书是其时代的大多数先进经济思想最好的代表。的确，该书被《经济学原理》取代了——如果我有时间的话，我可以跟你们讲关于这种抵触的情形，但我要限制我自己。

在《产业经济学》出版以后，他就全力以赴写作《经济学原理》，并于1890年将该书出版。在马歇尔生前，该书共出了八版。而且自那时以来——你们之中在读的大学生将被推荐查阅该书（我没有说去购买此书，因为它很贵）——两卷本的注释版《经济学原理》（1961）[由吉尔鲍德（Guillebaud）编辑出版] 最近废止了。但对于吉尔鲍德版来说是好事的则是（这要归功于麦克米兰的技术）页码标记跟第8版相同，而且第2卷由吉尔鲍德修改重印，并从各种角度评论马歇尔观点的稍许变化以及他所遗漏的东西。吉尔鲍德被确认有资格做这件事；他实际上是马歇尔的后裔。

后来，在1892年，马歇尔出版了《产业经济学》（容易造成混淆），该书和他与玛丽·马歇尔合写的那本书同名，但它完全不同于先前的那本同名书。他同玛丽·马歇尔合写的那本书读起来是令人兴奋的，而他写的这本《产业经济学》是一本压缩本，是《经济学原理》的通俗变种，读起来惊人地枯燥。马歇尔没有能力提供一本通俗的压缩本，所以我完全没有向你们推荐阅读该书，除了它包含
305 《经济学原理》没有的一章——即马歇尔关于工会及其对分配的影响的思考的一章。而且那是剑桥学派处理这个非常重要课题的古典痕迹，是该书最重要的

一章。

此后，可怜的辛劳的老马歇尔，在1919年通过广泛地阅读并给各种人回信，参加皇家工党委员会（Royal Commission on Labor）等，他写出了他的第二部关于经济学的巨著《工业与贸易》(1923)。我想，该书仍然值得一读。凯恩斯在其评论马歇尔的文章（1933/1972，pp.161－231）中说得很对：该书论述了20世纪初期的工业状况。在某种程度上，就其实际细节而言，它与其出版时的日期无关。但是我冒险地说一句，它是一部优秀的著作，如果那些讲授应用经济学课程的人不断参考马歇尔的意见的话，该书是一本可以使应用经济学的许多教程受到鼓舞的好书。

最后，在他已经是一个老人而行动颤抖的时候，他于1923年出版了一本名为《货币、信用与商业》(*Money, Credit, and Commerce*）的书。这是一本内容丰富的书，该书包含他对国际贸易的几乎独辟蹊径的论述，初次公布了于1879年希奇维克提出的建议（Sidgwick's suggestion)，由于这个建议的私人副本已经到处传开了，希奇维克认为，马歇尔对于其精巧的曲线设置及就这种曲线设置所说的一切，将得不到信任。在《货币、信用与商业》中，有一部分还包含一些重印的早期著作，基本在附录中；有一部分是由平庸的单调的论述构成——对这种情形，你们可以预期马歇尔时代的人（如果他是有经历的人的话）将表示愤怒——而且，按照我的看法，是完全不值一读的。

在阅读马歇尔著作的时候，他的《公务文章》(*Official Papers*, 1926)（由英国皇家经济学会发表）包含许多他写的关于应用经济学的东西：关于货币，印度的金融，以及——这是一种价值判断——我认为，这是他对国际贸易政策的很好领悟。

在前几年，怀塔科尔（Whitaker)（他常常住在波里斯道尔）在马歇尔图书馆搜集马歇尔的早期经济著作，出版了一本书名为《阿尔弗雷德·马歇尔的早期经济著作》(*The Early Economic Writings of Alfred Marshall*)（马歇尔，1975）的书。该书对于你们之中将成为职业经济学家或者做博士学位论文的人是值得阅读的。该书显示了马歇尔自己在他思考出了边际效用理论和所有其他理论时所搜集的资料，但我不认为该书是一本基本读物。

肖夫在发表于1942年《经济杂志》上的文章中相当直率地说，马歇尔《经济学原理》的根源是把李嘉图和穆勒的理论翻译成代数和几何学。我不认为对肖夫所说一切的正确性有任何怀疑，马歇尔的主要灵感是来自李嘉图和穆勒，当然从背景上说还有亚当·斯密。马歇尔自己在第8版《经济学原理》中继续赞颂古
306 诺和杜能。不知道为什么，他没有提到杜普伊特（Dupuit)，也可能是他不希望由于注脚太多而使一本书太厚，以致使部分非专业的读者望而生畏吧！

另外，在你们思考他的根源的时候，你们必须记住：马歇尔，虽然他并不完全同意这种说法，在某种意义上，受到德国历史学派的威胁。在《经济学原理》中，一切空余的地方都填满了说明，唯恐受到德国历史学派成员的攻击。他曾受到坎宁汉的攻击（1892)，正如我想告诉你们的，并引起他回应这种攻击（马歇尔，1892b)——通常他不回答批评者，很不幸这次他必须回应批评者——他获得了对这个回应的非常好的反应。

马歇尔是一个全才，我将基本谈论他对纯粹经济分析的贡献，而且马歇尔自己就是一个天才的经济史学家，他对经济发展极其感兴趣，他甚至在《经济学原理》的序言中说："经济学的麦加（Mecca）"——我引证——"在于经济生物学，而不在于经济动态学"（马歇尔，1920/1961，p. xiv）。

现在，让我首先简明地论述马歇尔体系的某些容易被误解的地方。人们常常说他的体系是古典经济学和现代经济学的综合。从某种意义上说分析是正确的，但历史地看，我认为马歇尔要求周密考虑他对其他经济学（并非他从李嘉图那里借用的作为根源的古典遗产）贡献的特点是正确的，但怀塔科尔表明马歇尔的这种说法可能是不准确的。

但是，当然从分析上看，他的著作——可以说，这是我开始论述之处——不仅仅是他的时代的经济理论和古典经济理论的一个综合。他以他自己的成熟方式贡献了极为重要的原理：替代原理。他确实独立于门格尔阐发了这个原理，并以一种门格尔不必应用的方式把它应用于他的未出版的一些著作中：需求弹性理论——你们可能会在无限的黑暗中预见弹性，但对弹性进行测量的是马歇尔；时期分析，对这种分析以后我们将予以更多的论述；内部经济和外部经济以及所制定的企业理论。所有这一切都是在《经济学原理》中发现的。《经济学原理》也对货币理论、国际贸易理论做出了重要贡献。此外，尚有没提及的在《工业与贸易》中关于工业组织等的非常重要的研究。

马歇尔体系的第二个容易误解之处，是我感到特别头痛的地方。我在昨天讲演中论述的洛桑学派，总是对马歇尔影响下的不列颠学派局限于局部均衡分析横加指责。这是糊涂的观念！如果你们看一下马歇尔的"数学附录"（同上，
307 pp. 838 - 858），你们就能看到，它完全正确地理解了瓦尔拉斯和他的学派所精确描绘的一般化的东西。但是作为一个训练有素的数学家，马歇尔感到有更重要的事情要他来做，而且他在对应用经济学感兴趣的范围内，对局部均衡显然是得心应手。那么，阅读马歇尔《经济学原理》第 6 篇第 1、2 章（这两章采取了该经济体系的广义的观点，正如在第 5 篇、第 3 篇和第 4 篇所预示的经济体系的广义观点）的人，能够达到这样一个错误认识却是我无法理解的。我认为洛桑学派本身由于坚持认为他们是，而且唯有他们是一般均衡分析的所有者而受到了伤害。这是一件憾事。如果在直到我童年时期的现代著作家之间存在相互理解的话，我们就能宽恕许多误解。

那么，为什么马歇尔比洛桑学派更不正规呢？我不想探讨马歇尔对奥地利学派的态度，奥地利学派也许有变幻无常的学说，在某种程度上，涉及维塞尔和庞巴维克。总之，当马歇尔的著作作为从其前辈衍生的理论加以阐述的时候，他的调和的性格发展了一件恼人的事。但是他比其他学派更不正规的原因，我想是值得花费时间探讨的。我在这次非常圆滑的讲演中设想，你们全体——本科生和研究生——都将读马歇尔《经济学原理》的主要部分，如果你们不读马歇尔的书，你们在很大程度上就不是一个经济学家。

第一，有一个不太明显的原因。他想他的著作被人阅读——被受过一般教育的人阅读，就像人们阅读斯密的著作那样阅读他的著作。我曾经是一个改革俱乐部的成员，这个改革俱乐部拥有一个著名的由弗朗西斯·普雷斯（Francis Place）

创办的图书馆。你们之中有些人可能听说过弗朗西斯·普雷斯这个名字。改革俱乐部图书馆的经济部在小册子文献方面和在19世纪文献方面有比较好的收藏，但粗略地说仅仅收藏到马歇尔的著作为止。经济学，如19世纪阐发的经济学，并非受过良好的一般教育的先生们有义务阅读的科目。马歇尔希望受过良好的教育的先生们和职业经济学家来做他的读者，而在他的时代在这些人中很少有人读他的著作。所以马歇尔趋向于以注释和附录提出其假设并进行说明。他说过，人们在20世纪20年代初期开始研究经济学，或者在此之前对经济学知之甚少，也由于当时的争论而引起巨大的混淆。而且在那个时代，马歇尔也受到剑桥大学的朋友们的非难，说这一切都是马歇尔闹的，我现在得到结论，它基本上是由于马歇尔的缘故。如果马歇尔仅仅有一点儿明确的正规的论述，那将使人们省却多少烦恼和少流多少汗水啊！

好了，这就是不明确的原因。第二个原因是，马歇尔认为静态均衡是太容易理解的，他的同代经济学家是为绝大部分人阐释静态均衡的。马歇尔对这些比较容易的差分方程（这些差分方程给出了一个完全的静态均衡体系）不感兴趣——对于他来说，对于一个剑桥大学数学学位甲等合格者来说，他对变化感兴趣；而
308 且对于一个处于变化过程中的经济体系感兴趣。马歇尔在其附录中说，经济体系将可能——而且在他的头脑中显然有瓦尔拉斯，虽然他不喜欢令人冒火的争论，没有提及他同代的许多人——它将可能在一定程度上扩展这种方程体系的范围——那是在《经济学原理》的“数学附录”里讲的话——“并增加它们的细节，直到它们把自己体现于分配问题的整个需求方面为止。”注意这个仔细的说明：不是分配的供给方面——他完全不相信供给方面。

> 虽然用数学阐明某些既定原因的作用方式，本身也许是完善的，在其定义明确的范围内也许是极为精确的，但是，企图用一系列的方程式来理解现实生活中一个复杂问题的全貌，甚或其中任何很大的一部分，却并非如此。因为许多重要事情，尤其是和时间因素相关的那些事情，是不易用数学来表示的：它们必然被全部删去，或是被削减得像装饰艺术上的鸟兽一般。因此，这就产生了一种错误对待经济力量的倾向；因为最容易接受分析方法的那些因素是被极力强调的因素。（马歇尔，1920/1961，p. 850）

这段话出自《经济学原理》第8版——或吉尔伯德版的第一卷——的第850页。现在，在我的晚年，我同意马歇尔的说法。结果，我敢说，我将由于各种大大超越于我的杰出的当代经济学家而名声扫地。但我看到了他的要点。

第三，他希望现实主义地应用他的理论。这里有一个对这样事实的确定的证明，即他忽略了很久以来形成的复杂性。他说：“埃奇沃斯教授以U和V”——两种商品的效用——“代表x和y的一般函数的方法，对于数学家有很大的吸引力”（同上，p. 845）。瓦尔拉斯仅仅把他的方程式看作是价格的函数——市场上有效的各种人工生产的物品的价格的函数。帕累托认为效用依赖于你对不同人工生产的物品的拥有。但这种观点是埃奇沃斯发明的，马歇尔说：“埃奇沃斯的方法……对数学家有很大的吸引力；但就适应表述经济生活中的日常事实来说，它远不及把苹果的边际效用只看作x的函数，像杰文斯那样的做法。”（同上，

p. 845)。马歇尔希望看到他的需求理论的统计学应用。他在这个特殊方面是正确的还是错误的，还是一个悬而未决的问题。但是马歇尔急于在理论上再加以提炼，避免落入粗糙的数量的近似。

在《经济学原理》第5篇第一部分（马歇尔，1920/1961，pp. 323ff.），偶然地论及局部均衡分析，论述市场价值——给定的商品存量的交换，当然，涉及该存量拥有者的效用和他们预计的对于购买者的效用。马歇尔在一个附录（同上，
309 附录F，pp. 791－793）中论述了物物交换。与埃奇沃斯复杂的重订契约的市场安排或瓦尔拉斯的拍卖市场不同，马歇尔采用一种完全满足他的观点的数学方法。在他讨论特殊商品价格形成的时候，他假定，作为第一个近似，货币收入的边际效用——他称之为货币的边际效用，但那是一种混淆——不变（同上，pp. 334－336)。现在，正如你们之中那些学习了几何经济学的人所知道的，如果你们假定货币的边际效用不变，那么契约曲线——应用埃奇沃斯的术语——便退化为一条同货币轴平行的直线，而且不管市场的最初变动如何，实际价格是确定的。

马歇尔不拘泥于他的方式，他特别指出，收入边际效用不变的假定不适用于分配理论，不适用于他的工资，不论对还是错，他的工资理论是以劳动市场方面货币的边际效用并非不变的假定为基础的。约翰·希克斯先生较早的一些文章——《工资理论》(1932）的最初几章和其他一些杂志文章——有关于这个问题的有趣的论述。马歇尔的消费者剩余依赖于收入的边际效用不变的假定。如果你们假定收入的边际效用是变动的，那么你们就需要有一个更复杂的消费者剩余理论——这是约翰·希克斯先生主要论述的一个问题。

现在，《经济学原理》第5篇在论述价值和生产之前，论述了流量而非存量的比率。马歇尔把大量注意力放在这个同企业理论相联系的方面——同某种和他种要素服务的组合，边际替代、企业规模以及企业同产业关系相联系的方面。他接受了古诺的观点，认为在你们拥有的递减成本持续到尽头的地方，实际上，便存在一种完全垄断的趋势（马歇尔，1920/1961，p. 459)。马歇尔到处考察和他同时代的工业，可能认为所有企业都有递减的成本，但在那里垄断的趋势并不很强。结果导致他引入企业内部经济和工业外部经济之间的区分。只要存在外部经济，你们就可能有递减的成本而没有垄断的趋势（同上，pp. 284－286，314－318)。

马歇尔的企业理论有某种非现实性——并不是因为它是错误的，而是因为它是不完善的。外部经济理论也许适用于某些生产体系的企业，但外部经济的一般概念却依赖于分工。在亚当·斯密那里对它做了非常好的表述，虽然不是用这个术语，在阿里恩·扬（Allyn Young）的论“递增的收益和经济进步”的论文
310 (1928）中使之复活了。外部经济由于企业的分解而富有特征地出现了——例如，汽车产业的历史所证明的。所以马歇尔在这里是不完善的，但他提出的外部经济概念却引起了有趣的发展。

其次，在其对生产的论述中，有非常重要的时期分析（马歇尔，1920/1961第5篇，第5章，pp. 363－380)。这不是全新的东西。当然，在古典经济学家那里你们可以得到时期分析的一点儿暗示。但马歇尔做了他自己的时期分析。给定生产，短期价值和价格理论是一个时期的理论，在这个时期内，如果通常是有利

可图的，要素服务没有时间向其他产业移动；或者，如果通常是无利可图的，它们也没有时间流出它们所在的产业。然而按照马歇尔的看法，以某种方式同古典经济学家的静止状态理论相联系，长期要素服务则有时间自我损耗，并按照新的资本投资方向流动。

现在，让我们把马歇尔同古典经济学的观点做一比较。需求和效用理论，马歇尔同其他边际革命的参与者共享，并引入了各种新的成分。马歇尔的分析非常清晰，在你们考虑不变成本的时候，你们已考虑了需求和效用的节约，甚至在决定数量的一点上处理需求——即使没有价格。

就所涉及的对服务的需求而言，马歇尔总是认真地坚持认为，边际生产力不是一个完善的分配理论。他有时使用边际生产力概念，有时使用“边际纯产品”(marginal net product) 概念。[1]显然，他完全认识到了联合生产的组合，在这种联合生产组合中，技术系数是固定的，而不是变动的。

关于古典地租理论，马歇尔趋向于维持古典地租理论（马歇尔，1920/1961，第6篇，第9、10章）。约翰·斯图亚特·穆勒和杰文斯都指出，在存在一种在空间或时间或产业中不只有一种用途的生产要素的时候，租金进入生产成本。马歇尔非常不愿意说土地成本进入生产成本，虽然他说“最聪明是不说”它不进入生产成本。[2]

但是，关于马歇尔在分配方面的时期分析，虽然像关于供给方面的分析那样——不同于需求方面的分析——在很大程度上是从古典经济学家那里引申出来的，但远不只是像其他现代经济学家所做过的那样，不清楚马歇尔是否想要引入工人人口数量作为价格函数。但是他确实想要把一个有弹性的供给表引入他的分配考虑，而某些现代经济学家则不想在他们的静止状态中引入供给表。

而且，在有关的时期分析中，马歇尔还引入了他的“准租金”(quasi-rent) 概念（同上，p. 74）。那么，“准租金”是什么意思呢？按照马歇尔的看法，它无疑是——他发明了准租金理论：准租金是归于人造生产手段的全部收益——全部
311 收益，而不是实际收益和长期均衡收益之间的差额。追根溯源，古典经济学家——除了约翰·斯图亚特·穆勒——已经倾向于强调在长期按照成本方面决定利息或利润。后来出来一个名叫马克莱奥德 (Macleod) 的人，此人具有闪光的思想，但表述这些思想的方法却非常拙劣。他说，机器之所以获得利润或招致亏损，是由于那里有机器，利润或亏损是决定价格的因素，而非价格是决定利润或亏损的因素。[3]

马歇尔重新认识了马克莱奥德的定义，他通过他的时期分析解决了困难。在短期，人造生产手段的全部收益——准租金——像古典经济学家思考地租那样，不进入生产成本，而且像地租那样，是由需求方面决定的。但在长期在这些东西本身有时间流动的时候，其他条件不变，马歇尔感到，准租金趋向近似于利率(加上容易被抛弃的各种损耗，但在这个阶段不需加上)，而且在长期，准租金更像利息。在短期它们更像地租，而在长期它们更像利息——所以它们是准租金(同上，p. 421)。

你们不能夸大马歇尔的时期分析在这个方面的重要性，而且如果你们往前走，按照一种我在这些讲演中没有走过的路径往前走，你们可能把凯恩斯的《就

业、利息和货币通论》中较为正规的部分看作是马歇尔的时期分析在宏观问题上的应用。当然，在其非正规评论部分，凯恩斯做了许多更适当地属于真实动态学领域的评论，这些评论追溯了制度从一种状态变为另一种状态的变动路径。但是，正规的凯恩斯理论是马歇尔的时间分析在宏观经济问题上的应用。

关于马歇尔论货币的问题，是我下周要讲的内容。关于马歇尔论国际贸易的问题，全部纳入其《纯粹理论》（*Pure Theory*）中，你们之中没有学会几何学的人难以在一个晚上轻易地读完它，你们不读也罢。

注 释

[1] 参见 Marshall（1920/1961，book 6）。

[2] 马歇尔致埃奇沃斯的信，1902 年 8 月 28 日，重印于 Pigou（1925，pp. 435 - 438，at 436）。另见 Marshall（1961，2：439）。

[3] 参见 Marshall（1920/1961，appendix 1，p. 821），和马歇尔致 J. B. 克拉克的信，1902 年 11 月 11 日，重印于 Pigou（1925，pp. 413 - 414）。

第 33 讲　货币：费雪、马歇尔、维克赛尔

312　　我将把本系列讲演的最后一次讲演的较大部分用来澄清各种与货币在边际革命中的地位相联系的模糊问题，也来澄清在我所涉及的现代经济理论的较早部分中存在的模糊问题。如果有时间，我还将就波动理论的文献讲几句话，但我不完全确认我将达到这个目的，无论如何，它是排在末尾的话题。

现在，我要提出的主要论点是，在人们不严密地称之为边际革命的发展过程中，所提出的更为精确的问题涉及引进货币的途径。但与此同时，你们必须认识到当时有、现在有走进货币理论的两种模式，这两种模式，按照我的判断，都可以叫做货币数量论，但方法是不同的。

让我从对欧文·费雪的继续赞扬开始。我以前赞扬过欧文·费雪，认为他是为 1914 年以前的经济思想做出最卓越贡献的经济学家之一，他活到 1914 年以后，并继续做出贡献，但他的主要贡献，按照我的判断，是他在 1914 年以前做出的。

这里指出，费雪的贡献包含在著名的第三篇论文中，这篇论文是他在 1912 年以前忙碌了几年的结果。我没有考虑他的《价值和价格理论的数学研究》(1892)，那是一篇博士论文；我也没有在这里考虑他的专题著作《增值和利息》(1896)，我将在后面说到这篇论文。但他的比较重要的三篇论文是：《资本和收入的性质》(1906)，我曾经提到过这篇论文；《利息率》(1907)，关于这篇论文，我已经用了较长的时间解释过了；和著名的《货币的购买力》(*Purchasing Power of Money*，1925)，当然，必须把这篇论文看作是第一种走近货币数量论

方法的标准例证。在我说有两种逼近货币数量论的方法的时候，我就考虑了这种方法。我认为，它是一种贯穿货币价值理论史的主要方法的切实表述——论述货币数量（但是确定的）及其流通的速度。费雪把这个表述写成基本的公式。著名的公式是 $MV=PT$，或者，考虑信用手段，稍微把它扩大：$MV+M'V'=PT$。无疑，费雪是完全不受所谓这些公式是同义反复的说法影响的。他认识到如果就此丢下不管，它们是同义反复，但他的书是用来说明 M 和 M' 以及 V 和 V' 变化
313 原因的。它不是一个对同一问题重复两次的等式，而是从不同角度阐释。

自他的书出版以来，他的公式和他的研究在他的时代引起了多方面的发展。而且，我要说，在美国，它可能仍然是主要方法。当然，这个方法的最现代的代表是弗里德曼和他的各种追随者。

但是，还有另外一条走向货币数量论的道路——所谓剑桥现金余额方法。我之所以说“所谓”，是因为人们可以发现，远在配第时期就预见了这个方法。你们还可以在纳索·西尼尔的小册子《货币的价值》（1829b）中发现以简单的语言对这个方法所做的良好表述。该书在西尼尔生前没有出版，直到大约在 20 世纪 30 年代初才由伦敦经济学院出版。

同样，我认为“剑桥”这个词在这个方面总的说来也是不适用的。凯恩斯在其关于马歇尔的传记文章（这是一篇最好的传记文章，无论从文学的观点上看，还是从经济的观点上看都是如此，是一篇不朽的杰作）（1933/1972，pp. 161 - 231）中，从马歇尔的早期书稿中引了一段摘要。完整的书稿则重印于一本极其珍贵的书中，在某种程度上是皇家经济学会使之问世的，由精选的阿尔弗雷德·马歇尔的早期未出版作品构成（马歇尔，1975），由曾在波里斯道尔大学、现在弗吉尼亚大学工作的怀塔科尔教授编辑出版。这是一本非常有趣的书。正如我上次讲演时说过的，我认为它在关于马歇尔重新搜集他做出的适合于边际革命的原创发现或阐发的数据上澄清了某些怀疑。但是对于这个摘要的日期尚有怀疑。它赫然出现了马歇尔的亲手题字：“货币理论，约于 1871 年的手稿”（马歇尔，1871）。

这是马歇尔在其最好的状态下写的，我想，而且我提议给你们读一篇很长的摘要：

> 一切商品的价值都是由一个供求等式决定的：这是表述下面的事实的普通方法：——对于每一特殊数量的商品来说，都能按某一价格向市场平均提供，也都能按某一价格平均售出。实际平均销售的数量是这样的数量，对于这个数量来说，平均提供这个数量的要价完全等于他能够售出的价格。这里，我们有按照个人意愿表述的决定价格的原因……我们看到，一个销售者按照某个价格出售商品的意愿依赖于他对……能够把它用于他自己的某种使用的预期；相应地，如果一
> 314 个时期的平均条件与在足够大的规模上生产商品所需要的时间相比非常长，那些按某一价格勉强愿意出售的人，将被引致这样做，以便收回那部分商品的生产成本，按照给定的生产数量的假设，是花费了最大的代价……当我们走近货币理论的时候，

——我没有漏掉一点儿对货币的需求，因为那在后面就出现了——

> 我们被告知，货币的价值依赖于它的数量及其流通速度，虽然由这个考虑我们将

自然地被引导到其他有规则的条件的存在——虽然阅读对该理论的一个不折不扣的说明，例如，像约翰·斯图亚特·穆勒所给出的说明，我们将发现这些特殊阐明的条件——我们没有发现，

——这是我个人所以倾向于剑桥方法的原因——

我们没有发现一个清晰的对优势余额的阐述，而这个优势余额在最终的分析中是必须作为基础而予以确立的，以决定依赖于人的意愿对每个货币数量的态度。如果我们寻求到了这一点，我们就将发现，货币“流通速度”对于我们确定考察的基础并非最方便的事情。我们将表明，从其他考虑来推论可能是更为便利的，它可能最适用于说明，而不适用于阐述。（马歇尔，1871，pp. 165 - 166）

然后，马歇尔继续阐发他的理论，由于这个手稿直到凯恩斯将它发表之前一直没有发表，我提议评论他向19世纪90年代晚期设立的印度通货委员会阐明的理论。在此之前，在其《金银委员会之前的事实》（马歇尔，1887）的论文中，马歇尔就阐明了这个理论。这个金银委员会存在于19世纪80年代。但是我认为，最清楚的阐述是在马歇尔应印度通货委员会之约所做考察（马歇尔，1899）的开头：“[主席:] 您是剑桥大学政治经济学教授吗？——是的。”然后便有一些谦虚的套话，他说，他试图考虑什么是印度通货委员会的最好的通货安排。

但是，据信，贵委员会考察的范围扩展了，超越了特殊的行政管理问题，而且，我也可能从表述这个问题的意见出发要求对印度通货委员会有更多的了解，并可能把我的证明限制在一般通货和贸易的关系上，我已经冒险接受了贵委员会赋予我以荣誉的邀请。

[主席:] 那么，向您提点儿问题，我们将把我们自己限制在你自己所确定的限界。我首先要问，您如何考虑一国的通货数量和一般价格水平之间的关系？

315 [回答:] 我坚持认为，如果其他情况不变，价格直接随通货数量而变动；但其他情况是不断变动的。这个所谓的“货币价值数量论”是真实的，就跟一天的气温随一天的长度的变化而变化是真实的一样；但是，其他情况却是不变的。这个理论引起了许多争论，但从来没有人从整体上否认它，而且并没有停留在缺点上，删去了“其他情况不变”的话。事实是，

——在这里，我们接触到了剑桥学说的背景——

在每种社会状态下，人们发现以通货的形式握有其收入的某一部分是值得的；它可能是一张50面值的，或者可能是一张10面值的，也可能是一张20面值的。以通货形式支配大量的资源，容易而顺利地安排其企业经营活动，而且使企业具有谈判的优势；但另一方面，如果投资，比方说，在额外设备上的投资，它以一种赤裸裸的形式锁定了可以获得一个令人满足的收入的资源；或者，如果投资于额外的机器或者耕牛上，则获得货币收入。在原始社会状态下，甚至在像印度这样一个远为先进的社会，

——那个时代的印度——

只有富人愿意以通货的形式拥有其大量资源。而在英格兰，所有的但非常贫困的

人持有大量的通货；较低的中等阶级相对说来持有较大数量的通货，而极为富有的以支票支付所有支出的人则使用相当少的通货。但是，无论什么样的社会状态，不同阶级的人彼此都愿意以通货的形式持有一定数量的资源；如果其他每种情况都相同，那么，就有这种通货数量和价格水平之间的直接关系……当然，人们以通货形式持有其资源的比例越小，通货的总价值就越低，那就是，在一个给定的通货数量之下，价格水平将提高。(马歇尔，1899，pp. 267 - 268)

好了，你们已经有了剑桥现金余额传统的基础。你们发现在两部著作中对这个剑桥现金余额传统做了权威性的阐述：在庇古的著作中，在其《应用经济学论文集》(*Essays in Applied Economics*，1923)第 174 页上，阐述了“合法货币的交换价值”；你们也将在凯恩斯的《货币改革论》(*Tract on Monetary Reform*，1923) 的富有开拓性的章节中发现更为著名形式的剑桥现金余额传统。你们还将在罗伯逊 (Sir Dennis Holme Robertson) 的初等教科书《货币》(1922) 中发现这种传统，你们也将在被人们严重忽略的书，拉文顿的《英国资本市场》(1921) 中发现这种传统。

马歇尔和他的学生——那些从他派生的人——并不是唯一使用这种以现金余额方法说明原始货币数量论的人。正如我们在上周已经看到的，瓦尔拉斯在他的书的第 3 版和第 4 版，以及在他的一本关于货币理论的专著（瓦尔拉斯，1886）
316 中，应用了一个类似的被他称为人们愿意持有的货币数量——货币价值函数——的方法，从而使其体系完整了。

在奥地利学派第二代经济学家中，冯·米塞斯 (von Mises)，他是你们将其著名的名字与第三代奥地利学派相联系的哈伯勒 (Haberler)、马克鲁普 (Machlup)、哈耶克 (Hayek)、摩根斯坦 (Morgenstern) 的伟大老师，在其第一部书《货币和货币流通》(*The Theory of Money and the Means of Circulation*，1912；1934) 中，可能提供了一个更详细的把现金余额方法同奥地利学派所阐发的而不是在任何别的地方的文献中发现的一般边际效用理论的联系。

现在，米塞斯在关于（让我们说）他的方法论的观点上，以及在关于他的完全集体主义国家经济计算可能性的观点上，是一个非常有争议的人物。对这些激烈争论的问题，人们可能有理由持有不止一种观点，甚至在当时的情况下也是如此。米塞斯可能由于反驳对他的经济观点的较多争论而引起非议。但《货币理论》(*The Theory of Money*)——已由伦敦经济学院翻译过来，并在这里用做标准教科书——并没有那种意义上的争论，虽然一切与货币和宏观经济学相联系的问题当然都有其争论的余地，甚至在今天也一样，但米塞斯关于货币的观点是值得注意的，特别是你们之中那些即将毕业并有志于当教师的人更应注意他的观点。

最后，我必须为这个学校的第一个经济学教授，我的老师爱德温·坎南，说几句话。坎南在你们这一代人中间有一个坏名声，因为他犯了一个理论错误。他否认通过适当管制的银行创造增加的购买力的可能性。这正如在我年轻时人们所说的，是一种“银行寄存处理论”。必须说，在坎南之前 100 年的大银行家曾简单地发现，把银行寄存处理论纳入学术形式是他们自己所从事的职业，但是当然他是错误的。我认为，人们必须说——完全确定地说——存在一种条件，在这种条件下，所有银行一起以各种方式行动可以产生一个增大的有效货币供给，中央银行也是如此。

但是，坎南由于他的学识而更值得赞誉，比我当时认为他应享有的赞誉更值得赞誉。他编辑出版的《国富论》对于我们大家是一个典范，虽然某些人说它被现在出版的格拉斯哥版本的《国富论》取代了，而且他的一般经济思想史（1929）是富于激励和博学的。另外，他的一般经济学导论，被称作《财富论》（1919），虽然该书包含争议部分，但把精确的分析和清楚而简单的格言结合到一起。回到货币理论，在20世纪20年代初召开的英国经济学会的会议上，坎南宣读了一篇题为《联合王国通货的供给和需求的理论工具的应用》（1921）的论文，在这篇论文中，他凭着高超的技能，应用多种理论工具，独立地创造了一种现金余额方法。

317 现在，你们看到，在你们的时代和我的青年时代之间在下面的事情上有区别。在这种事情还有争论的时候，我成了一个资历浅的讲师，面对学生我很头痛，因为另一个货币和银行学教授福克斯维尔（Foxwell）认为银行能够创造信用，我们常常就这种使人发狂的问题进行争论——现在，我认为是错误的——答案是我们应当对这些问题进行考察。好了，我可能说，我们的经验是，如果你给出同考察者相反的有价值的答案，如果你不重复他的意见的话，他就更可能看重你。但你可能不相信那个答案；它是基于阅读的——那是一个人学术生涯最没有成果的时期——成千上万与持反对观点的人相联系的考察文章。在20世纪30年代，我常常同莫里斯·多布（Maurice Dobb）一起进行考察。多布是一个共产党员。我们关于未来社会的观点完全不同。在我们各自独立地评论一些文章，并把我们的评分放在一起的时候，我们的排序很少不一致。而如果我们出现了分歧，便在5分钟内友好地阐明一个人或另一个人认为他们之中某人忽略的某些要点，这足以澄清分歧。我完全不记得在同莫里斯·多布一起考察时，既在伦敦经济学院又在剑桥大学时，由于我们意见不一致而要求有第三个考察者参加进来。但这是另外的问题。

我相当了解坎南，有一次他对我说——我当时在牛津大学考察，他则居住在牛津大学，我常常到他那里同他喝茶——“你知道，有人告诉我说，我的货币数量论完全是马歇尔的，我在他提交给两个委员会的证词中查找这种货币数量论，确实有。”现在，我认为事情已经完全过去了；对于伦敦经济学院的一个教授来说，不可能对什么是剑桥传统茫然无知。大约在坎南时代前后，仅有庇古在20世纪头10年末期和凯恩斯在20世纪20年代初期按照剑桥传统写出了货币数量论。但是，马歇尔于1871年在一本私人笔记本中说过这方面的话。他在19世纪80年代对金银委员会谈过货币数量论，在19世纪90年代又同印度通货委员会谈了货币数量论。而且他的学生也坚持这种口头谈论的传统。好，我希望现在情况更好一点儿。

现在，让我们继续阐发。我想，我已经跟你们提到了与一般边际革命相联系的一个人的名字——维克赛尔的名字——维克赛尔是一个伟大的名字，我认为值得把这个名字置于边际革命中一些最伟大的名字——杰文斯、门格尔、庞巴维克、维塞尔——中间。他是一个卓越的人：他从各方面搜集知识，在晚年才潜心研究经济学，但是他的书《价值、资本和地租》（1893；1954）却是瓦尔拉斯、

奥地利学派和早期出版的英国学派的著作的最好的综合。他的讲演（也由伦敦经
318 济学院翻译成英文），从多方面看，按照我的判断，是 20 世纪第一个 25 年最好的经济学介绍。

好，我不想转向评价他对资本理论、分配理论等的贡献，但我只想就他的一部卓越著作稍微多说一点儿话，该书的基本内容在两卷本的《讲演录》（*Lectures*，1934—1935）中予以重印了：《利息和价格》（*Geldzins und Güterpreise*）（维克赛尔，1936），由理查德·卡恩（Richard Kahn）教授翻译成英文，并由皇家经济学会出版，至于是否重印了我说不准。

他承认货币数量论的两种方法的模式，并进一步改善了它们，表明这两种不同方法模式如何在某种程度上是一个偏好的问题。但是直到他写该书之时，他一直保存所达到的货币数量论。他没有提出如果没有信用的货币数量论问题。他深入研究了货币流通速度和所有各种情形——现金余额方法——完全令人满意。但是，由于把纯粹金属货币同纯粹信用体系——例如，我们此刻就在这种信用体系下生活——对立的思想，导致他怀疑货币数量论的表述——他仍然认为是重要的——是否排除了重要的原因成分。

如果你们陈述货币数量论，不管是用现金余额概念，还是用货币流通速度概念，按照维克赛尔的看法，不包含货币利率，那么一个纯粹的信用体系是不确定的——这也是霍特里（Hawtrey）在其著名的《通货和信用》（*Currency and Credit*，1919）一书中所得出的结论。稍后对这本书做一评论。因此这本论利息和货币的书使维克赛尔重新发现了古典的命题——桑顿的命题，这个命题甚至得到李嘉图的承认——对现金的需求依赖于利率，而利率又依次依赖于真实投资的盈利性。

于是，维克赛尔设想了一个自然投资率；设想了一个正常利率，按照曾由庞巴维克解释过的方式来决定，这种方式也由维克赛尔自己加以简化、通俗化并使之更为精致了；设想了一个由政策决定的货币利率。他感到信用的数量可以通过货币利率加以控制。如果货币利率和实际利率或盈利性之间存在差异，从而当货币利率高于自然利率时，便将存在一种通货紧缩的趋势，且这种趋势是累积的。而如果货币利率低于自然利率，便将存在一种累积的通货膨胀趋势。

这是这个课题的纯理论。由于更严密地接触到实际，论及同可兑换的金属货币相联系的银行制度，他感到这个累积的过程将或迟或速地被抑制，但是他力主——他非常非常强烈地力主——中央银行要长期关注投资的长期盈利性，关注货币的相对稳定。

319 现在，在这一点上维克赛尔犯了一个错误。他认为如果货币利率和自然利率是持续一致的，那么货币的价值就将是稳定的。但是也存在另一种影响货币价值的因素，那种认识是过分简单化了。但对这个问题的广泛共识——或者通过对信用货币数量深思熟虑的控制，或者凭借对利率的影响，可以使货币的价值合理地保持稳定——我认为这在思想史上是重要的一步。继维克赛尔的某种发现之后，于 20 世纪 20 年代在剑桥大学进一步阐发了这个思想：凯恩斯阐发了这个思想，他很少受维克赛尔的影响——他应当不像维克赛尔那样思考——霍特里也阐发了这个思想，虽然他出身于剑桥，但他不是一个剑桥经济学家，他是一个财政经济

学家。他异乎寻常地活到90岁高龄，直到另一个时代才去世。他的著名的书是《通货和信用》（1919），该书同罗伯逊的《银行政策和价格水平》（*Banking Policy and the Price Level*）、凯恩斯的《货币论》（1930）和《就业、利息和货币通论》（1936），必须被看做是说英语的世界的大西洋此岸自我有生以来所发生的对货币的极为重要的讨论和考察的根源。

最后——我没有时间阐述与波动相关的全部文献了；你们必须把经济波动文献看做是超出这些讲座的范围，正如我超出了古典的税收理论的范畴一样——最后——再说一遍，对桑顿的发现——马歇尔在其提交给这些委员会的证词中和在其第1版《经济学原理》中清楚地表明了货币价值的变化对利率的影响，而且他还表明，如果货币价值下降，按照稳定的货币利率贷出货币的人将如何获得一个可能是零甚或可能是负值的利率，正如过去许多年里所发生的那样。现在，由于货币利率正如它们可能的那样，粗略地说为零，利率将涉及现有的通货膨胀率。

但是，这里的主要代表人物，我想不是马歇尔。马歇尔极为赞颂费雪，虽然费雪出现得稍微晚了一点儿。在其三篇专论之前，费雪写了另一本卓越的小册子《增值和利息》（1896）。在这本小册子中，费雪考察了一个与“平行现象”（这种平行现象存在于不同种金属货币并存时代的世界上）相联系的非常令人激动的问题：一方面是纯粹的黄金制度，另一方面是纯粹的白银制度，此外，还有混合制度——复本位制，他应用仅仅两种或三种商品——谷物和羊毛，解释了这个复杂的问题。假定100蒲式耳谷物等于今天的100磅羊毛，把利率看作是现在和未来之间的一个交换，假定在一年时间内104蒲式耳谷物交换下一年104磅羊毛，谷物的收益率和羊毛的收益率相同。但现在假定，按照羊毛来评价谷物，比方说，
320 1蒲式耳谷物的价格是1.01磅羊毛，即104蒲式耳谷物的价格等于1.01×104磅羊毛，等于105.04磅羊毛，所以谷物的收益率为4%，而羊毛的收益率为5.04%。

这样，费雪进一步表明，所有这一切都发生了，你们可以区分黄金和白银的收益率，虽然人们没有觉察到将发生什么。但是当他们认识到在不同的金属货币中有不同的收益率，如果没有障碍的话，就将出现转向获得高收益的金属货币的趋向。对于纸币也是如此。如果在过去30年中没有对交换的控制，我们之中没有多少人愿意接受不生息货币的支付。这就是亚伯拉罕·林肯（Abraham Lincoln）说过的，你可以愚弄人们一时，但你不能永远愚弄人们。

好，必须结束了。我建议你们阅读——在你们之中那些是英国人而由于种种原因不了解过去四分之一世纪英国通货的可悲情况下——我建议你们都来阅读费雪的《增值和利息》一书。

现在结束了。我感谢你们耐心地来听我的不完善的和不正规的epiperiphery[1]（对事物真意领悟）的揭示和阐述。[鼓掌]

我永远认为，现今一代的大学生比作为20世纪20年代的大学生的我们聪明得多。再见。

注 释

[1] 在这个句子的末尾，罗宾斯的声音变弱，难以理解他所说的最后一个词的意思——从录音带上，听起来这个词像“epiphery”。因为我们在《牛津英语辞典》中查不到这个词，我们假定罗宾斯转向“epiperiphery”这个词，虽然他也可能说“epiphany”，这两个词在现在的行文中有类似的含义。

后记 本学科的进一步演变

321 莱昂内尔·罗宾斯关于经济思想史的系列讲演是这个领域的一个大师的讲演，但它们仍然是罗宾斯的讲演，而不是其他人的讲演。经济思想史并不是由它自己写出来的；它是由历史学家和其他学者写出来的，他们中的每个人或多或少都对这个课题有独特的看法。这些看法支配着囊括在经济思想史中和被排除于经济思想史之外的东西，权重则视不同的论题而定，包括广泛的勾勒轮廓和讲述事情的细节。

在这个补充的一章中，我们要从罗宾斯没有谈到的要点来考虑经济思想史。我们没有必要再思考罗宾斯已经予以思考的、今天已经写出来的东西了。对于某件事情来说，我们都不知道他是怎么想的；而对于另一件事情来说，他则改变了他关于许多重要的解释的想法——而且，他可能做了进一步的、出乎我们预料的改变。

我们可以通过考察罗宾斯在包含于讲演的时期实际所论及的问题而获得罗宾斯所论述的关系的某种思想。一个明显的关系是，至少在某一方面，历史不是它自身写出来的。罗宾斯涵盖了古希腊，经院学派，在坎蒂隆、重农学派和斯密以前一个世纪左右的各种著作家，英国古典政治经济学的主要代表人物，圣西门和马克思，历史学派，边际分析的某些先驱，英国和欧洲大陆的边际主义者，马歇尔，以及20世纪初的几个关于货币经济学的著作家。概括地提出了几个要点。第一，这些个人和团体存在过，而且必须予以讨论；几乎总结了他们在其不同时期同经济学史的任何基本关系。第二，罗宾斯强烈地趋于把注意力放在价值理论和分配理论上。第三，虽然罗宾斯主要关注价值理论和分配理论，但经济思想史题材迫使罗宾斯也研究了其他一些问题：不仅有货币、国际贸易以及经济发展和经济增长（例如）的基础问题，而且有道德制度的作用、财产理论、政府的经济作用、组织化和经济体系的控制、制度变革以及对现代经济制度的批评等问题。

我们面临几个紧要的情况。第一，我们有罗宾斯这个主流新古典主义者，罗宾斯又是作为研究具有不同用途的稀缺资源如何在那些不同的用途中间分配的经济学定义的传播者。罗宾斯强烈地关注价值和分配理论进一步发展的趋向，特别地，在这些理论已经变成通过或多或少竞争的市场价格机制配置资源理论的情况
322 下更是如此。他将同作为资源配置、市场、纯粹的选择逻辑、有约束的最大化等理论的新古典经济学产生强烈的共鸣，并可能把注意力集中在新古典经济学上。他的涵盖面可能比一个给定的、纯粹的、缺乏制度概念的经济学的新古典体系更宽广：新古典唯一产品生产的研究方案的要求；对那些假设所做的纠正，例如对给定的、固定的偏好或效用或利润最大化，以及产生这种结果的必要条件的假设的纠正。这些都被包括进去，并且将趋向于把它们作为基本问题。而且还可能包括进行新古典经济学研究的其他方式，马歇尔模式中的某种静态的局部均衡，为解释一些现象而应用某种市场供求分析变种的探讨等。

第二，必须指出，马歇尔所讲的故事是一个英国的和欧洲大陆的故事。唯一进入罗宾斯故事的作为代表人物的美国经济学家是欧文·费雪（弗里德里希·李斯特很难算是一个代表人物）。除了某些重要的例外，特别是在第二次世界大战以后，主流新古典经济学历史基本上是一个美国的故事。

第三，作为整体的经济学的实践和作为构成整体经济学的每个学派的经济学的实践，在 20 世纪已经分道扬镳了。新古典主义登上了支配地位，特别是在第二次世界大战以后，但在所经过的一切时间里，对于主流的正统经济学和非主流的异端经济学来说，却都采取了变化多端的形式。

第四，许多经济学家以及经济学的实践，在 20 世纪迅速而成倍地扩展了。考虑一下如下情形：《经济杂志索引》（*Index of Economic Journals*）第Ⅰ卷涵盖 1886—1924 年这个时期，几乎 40 年。专用于杂志文章分类索引的页数为 1～156 页，用于作者分类索引的页数为 157～270 页，用于经济杂志列表的页数为 xvii～xx 页，三者的总页数分别为 156、114 和 4 页。在第Ⅷ卷，现在定名为《经济论文索引》，仅仅包含 1966 年一年的杂志论文和文集文章。例如，可比较的总页数分别为 232、193 和 5 页。而第 XXXVI 卷（2 卷本）的可比页数则为 1 300、882 和 30 页。相应地，随着 20 世纪的进步，构成经济思想及其历史的范围变得大为宽广了，也变得更加复杂和更加多样化了。

第五，罗宾斯可能遵循这个实践，更广泛地同“当代”经济学达成共识，而不是讨论当代经济学。无论在哪里都没有抓住要领，一个明显的原因是，历史学家过于闭塞以致不了解具有一种可持续的客观观点的当代著作和作者。

这样，便出现了一些问题：罗宾斯将如何把注意力放在新古典经济学之内的多样性上？他将把大量注意力放在希克斯以前/萨缪尔森以前的新古典主义发展
323 上吗？他将关注英国或者英国和欧洲大陆的著作家吗？他单独论述演进中的奥地利学派吗？如果完全地处理，那么，如何对待演进中的社会主义传统、美国制度

主义、新李嘉图主义经济学等等？如何对待希克斯和后希克斯一般均衡经济学，特别是其同马歇尔的关系？如何评价琼·罗宾逊和约翰·梅纳德·凯恩斯以及后凯恩斯经济学（美国的和/或英国—意大利的变种）？如果就这些论题，比方说，在1997—1998年而不是在1979—1981年进行讲演，某些答案将是不同的吗？

我们认为，正如已经提出的，这样说是公平的：罗宾斯可能关注新古典主流的出类拔萃人物，还有余力再或多或少注意一下其他学派的杰出人物。他关注新古典的利息—价格理论、资本理论、货币理论等主要论题。

这些想法就此打住。让我们勾画一下20世纪像我们看到的经济学的发展，并盯住创新的新古典经济学的某些广泛的层面，盯住罗宾斯可能关注什么，盯住在经济学实践中所发现的另外的东西。

1. 新古典经济学发展的一些方面

广泛的新古典微观经济学架构是在马歇尔的《经济学原理》中确定的。它集中分析或多或少竞争的市场中的价格和数量，不同生产要素的各自经济特征，家庭和企业在产生需求和供给上的各自作用，与把生产要素和劳动力实现为成果所占用时期相关的时间的作用以及其他需要关注的因素，尤其是预先决定的生产要素报酬的含义。大的社会问题，例如，资本和劳动的关系，经济进步的性质和根源，以及社会的全面组织化，既没有被删除，也没有被放在中心的突出地位。马歇尔采取了一种工具主义的观点，创造了各种在一起应用的概念，把它们作为分析的引擎对经济的真理性说明，而不是把它们看作是一种自我存在。马歇尔部分地是一个综合者，把边际效用和生产成本价值理论结合起来，并包含了他的时间的阶段分析。但马歇尔没能在（我们后来称为的）微观经济学中涵盖一切有趣的事情，也没能预先排除甚至造成不和谐，对一些论题的进一步分析，他可能试图掩盖这些论题的历史冲突。

324 在市场—价格机制的需求方面，后来的一些经济学家提出了效用是序数还是基数的问题。这个问题的答案是在无差异曲线的应用和显示偏好（revealed preference）中发现的。当经济学家们依照不仅作为特殊商品的社会—精神现象的特征来定义购买和销售的目标时，这个问题至少部分地被再次系统地阐述了。这时，把经济问题作为有约束的最大化加以说明，导致对各种不同程度特性的效用函数的便利应用。这时经济学家们，由于日益得到心理学家的帮助，还重新系统地阐述了“理性”（rationality）的思想，表明其复杂性和社会因素与学习的作用。

在供给方面，经济学家们趋向于做具有纯粹竞争模型的工作。但是他们也采取和发展了垄断条件的模型：垄断理论、双寡头理论、寡头理论、不完全竞争和垄断竞争理论。日益集中于这些理论的是规模经济（economies of scale）的作用。经济学家们还继续论述作为企业目标的利润最大化。但是某些经济学家则探讨了具有不同的特殊目标函数的企业模型，例如，特殊的市场份额、有限理性、经理的终身收益以及股票价值。类似地，大多数经济学家在大多数时间里都假定部分经济活动者走近完全确定性的某些情形，但是某些经济学家却追求不确定性的含义，例如，沿着主观概率的思路追求不确定性的含义。各种具有不同含义的、完全不同的“成本”概念相互杂陈。制定出了一些复杂的生产理论。有时把企业看成是对市场力量的被动反应者，而在另一些时候又把企业看成是变化的积极行动者。产业典型地被看作是基本同质的或近于同质的商品生产者，但有时又被看作是具有高交叉替代弹性的商品生产者集团。

正如马歇尔的价格（价值）理论比大多数较早的经济学家的价格（价值）理论更有技术和更复杂一样，很快出现的较新的理论则变得甚至更有技术和更复杂。经济学家们的著作也变得更为数学的和数量的了，即变为计量经济学和形式主义理论。

这种日益增加的技术性和复杂性，也许甚至较大的诡辩，当然产生了巨大冲突，在其他相关的经济理论领域也看到了。这包括下面一些经济理论领域：（1）福利经济学，在庇古和帕累托的福利最大化概念之间存在基本的紧张关系；（2）不稳定性理论，有各种不同的且相互冲突的不稳定性理论，但它们都反对萨伊定律，而萨伊定律则坚持排除任何重要的商业周期；（3）增长和动态学理论，在这些理论中间有不同的理论，而且进一步说，它们必须立足于支配的新古典静
325 态学，但它们本身又不同于支配的新古典静态学；（4）瓦尔拉斯-帕累托一般均衡理论（罗宾斯在第 21 讲中做了论述）的继续和修正；（5）资本理论和利息理论，它们的性质和基本原理都不同于它们决定的方式；（6）收入分配理论，包括分配理论所解释的和生存理论的差别；（7）另外，与一般边际生产力理论（以某种或他种形式出现）并存的，是个人的工资、利息、租金和利润理论。

货币经济学中的许多问题是有争论的（如某些尚未解决的问题）。这些问题包括：货币作为硬币和纸币之间关系的定义，和作为通货和银行信用（债务同货币的关系）之间关系的定义，二者都是一般的定义，而且都同活期存款余额、储备的性质和作用、乘数扩张和收缩过程、货币供给定义、商业银行和中央银行创造和管理货币的性质和作用、货币代用品和非银行金融中介机构以及其他机构的作用有关系，其他情况不变，尤其重要的是货币政策目标和货币与银行制度同政府机构和社会的关系。

对于各种不同的说明和有冲突的理论来说，从来没有形成正规的新古典的理论主体。人们日益以某种和他种方式系于一种纯粹抽象的非制度经济的概念，热衷于寻求唯一决定的最优化均衡解。

2. 罗宾斯可能关注的某些经济学家

基于罗宾斯的论文《现代经济理论的演进》，该文首次在 1960 年提交，1970 年在一本同名的书中出版，人们推测，罗宾斯可能愿意以某种或他种方式做关于下面论题的讲演：后马歇尔新古典经济学（需求理论、企业理论、市场理论、国

际贸易理论）的扩展和再精练，凯恩斯革命及其后果，正规的动态理论。

罗宾斯讲演的很大一部分论述了一些特殊的个人，某些讲演论述了一般论题——引导对个人的讨论，以便说明较大的论题。相应地，人们可以设想罗宾斯把一次或多次讲演用于论述新古典经济学在 20 世纪的发展的一个宽视角的和深入细微的考察，这个考察可能或多或少循着第一部分（见上面）和第二部分第一节所概略描绘的思路和论题进行的。一次讲演可能阐发了价格论本身的发展；另
326 一次讲演则可能阐发一般市场理论；还有另外一些讲演论述静态学和动态学、资本理论、分配理论、货币理论、宏观经济学、经济增长理论等，也许还包括经济政策（政府的经济作用理论）。但是人们怀疑罗宾斯是否能很好地关注许多具有重要著作的杰出的个人，是否能思考代表某一重要领域的团体的工作。人们还记得罗宾斯所做的关于约翰·贝茨·克拉克、卡尔·门格尔、弗里德里希·冯·维塞尔、菲利普·维克斯蒂德、欧根·冯·庞巴维克、欧文·费雪、莱昂·瓦尔拉斯和阿尔弗雷德·马歇尔的讲演，因而便包含下面的可能性（不是按照重要性进行的特殊的排列）。

弗兰克·H. 奈特（Frank H. Knight）：奈特的关于风险、不确定性和利润的著作，试图解释基于不可预料的和不可计量的因而不可确认的变化或不确定性的不完全竞争下面的利润的存在。他反驳奥地利生产时期理论和归因于等待，并强调计量和因果关系问题的资本收益率理论。他的社会成本理论预见了帕累托-科斯分析，强调市场解决外部性问题的可能性。他大大丰富了微观经济理论的概念基础。他的后半生的很大一部分用于研究经济哲学、社会经济组织的一般理论和经济政策一般理论。所有这一切都趋向于关注知识（或者接受什么知识）和社会活动的关系，特别是社会活动的局限性。奈特的许多兴趣和主观逻辑取向和罗宾斯有共同点。

丹尼斯·H. 罗伯逊（Dennis H. Robertson）和拉尔弗·G. 霍特里（Ralph G. Hawtrey）：两个人都研究了货币经济学，并且都阐发了经济周期和政策理论，他们的经济周期和政策理论要早于而且不同于约翰·梅纳德·凯恩斯的经济周期和政策理论。霍特里强调经济周期的货币性质和货币政策在控制经济周期中的关键作用，集中于对于货币余额的需求和中央银行的贴现率上。他逐渐地看轻他的政府支出挤出私人投资支出的观点，但从来没有转向凯恩斯经济学。罗伯逊是凯恩斯的合作者和批评者。他研究了经济周期的货币原因和非货币原因，并开了现代时期分析和储蓄与投资之间关系分析的先河。他批评了凯恩斯模型的某些成分，特别是储蓄和投资同收入和货币的流动偏好的关系。他更多地是一个传统的货币理论家，同时，他又为现代宏观经济学做出了重要贡献。

约瑟夫·A. 熊彼特（Joseph A. Schumpeter）：一个多色彩的经济学家。熊彼特为价格理论、经济发展理论、经济周期理论以及以马克斯·韦伯的方式出现
327 的某些东西、资本主义经济制度的一般社会理论，做出了重要的贡献。他把均衡理论、社会形成和社会经济演进理论紧紧结合到一起，使人们回想起韦伯和帕累托沿着这些线索所写出的早期著作。他强调企业家、创新、来自创新的前期垄断利润和价格机制的关键作用。他发展了一种不稳定性的多周期模型，并阐发了他自己的资本主义转变为社会主义的分析。他的分析也可能是最宽泛的，且大大不

同于20世纪任何主流的正统经济学家的分析范式。熊彼特和罗宾斯都对经济思想史深感兴趣且有所建树。

约翰·梅纳德·凯恩斯（John Maynard Keynes）：凯恩斯和罗宾斯，前一个较为激进而后一个较为保守（在18世纪和19世纪的自由主义的意义上说），在许多年里都或多或少地成了为获取大不列颠主导经济学家公众学者地位的相互竞争的候选者。凯恩斯，并非单独地，创造了宏观经济学的自己的领域，这个宏观经济学提供了收入的总量水平及其不稳定性的决定，集中于产生新的产出的支出的决定上。对许多人来说，他还帮助转变了货币理论和政策，并提供了关于财政政策的作用、工资率、储蓄同投资的关系、利率等新的推理线索。他的收入及其不稳定的一般模型驳倒了许多长期坚持的概念。由于他开始是一个预见了货币政策的积极作用的货币理论家，凯恩斯把他关注的焦点从价格水平转向收入水平，从货币数量转向支出水平及其乘数原因，包括对财政政策新的关注。

弗里德里希·A. 冯·哈耶克（Friedrich A. von Hayek）：哈耶克在诸如价格和生产、资本理论、目标论、一般市场理论，特别是关于已知和未知等领域，为奥地利学派和一般新古典经济学做出了基本的贡献。哈耶克强调价格机制的作用，因而强调价格在各个领域的作用：资本积累、经济周期、社会主义计算的局限，以及马歇尔的在自发秩序形成中的扩散的知识。像奈特一样，哈耶克日益从技术经济理论转向一般社会理论问题，而这种一般社会理论则关注价格机制和市场的作用，知识同社会活动形式的关系，自发秩序理论，以及非故意的或未预料的结果的原理，以及普通法、法律和自由之间的关系。在这个过程中，他制定出了他所考虑的自由经济和社会的一般理论的实证方面和规范方面。哈耶克，在伦敦经济学院时是罗宾斯的同窗和朋友，有分析地并且有思想地反对凯恩斯。

拉格纳·弗里希（Ragnar Frisch）和简·丁伯根（Jan Tinbergen）：弗里希
328 是一个范围广泛的思想家，但以其出版经济学和宏观经济绩效的开拓性著作而著名，另外，虽然较为次要一些，他也以经济计划方面的开拓性著作而著名。丁伯根同样在生产和计划领域做了范围广泛的理论和计量经济学的研究，而且也进行了宏观经济学和劳动经济学的研究。这两个人的著作都是高度技术性的，但也写了经济政策的非技术方面的著作。这两个人都在各自的国家积极从事经济政策的计划工作，分别在挪威和荷兰从事这方面的工作。

罗依·F. 哈罗德（Roy F. Harrod）：哈罗德主要写了竞争和非竞争的市场理论、国际贸易理论、经济周期和一般宏观经济学，以及可以看作是经济动态学或经济增长理论（或二者）的著作。他是一个献身于理论的实干家，尤其专注于纯粹制度的抽象概念的新古典经济模型。这可以由他的增长模型加以说明，后来同埃弗西·多马（Evsey Domar）的把增长率追溯到储蓄—收入和资本产出率之间关系的模型结合在一起。他还积极地在经济政策领域活动。哈罗德是宏观经济学中的凯恩斯革命的主要支持者；他还写了凯恩斯的第一个传记。

约翰·R. 希克斯（John R. Hicks）：希克斯在范围广泛的论题上写了大量的著作；他对经济学家如何从事经济学研究的影响可以和凯恩斯与萨缪尔森相媲美。他的最有影响的著作是在一般均衡理论、宏观经济学、工资理论、资本理论和经济动态学等方面，但他也在经济史理论、因果关系和方法论课题方面写了一些著作。

保罗·A. 萨缪尔森（Paul A. Samuelson）：萨缪尔森无疑是20世纪一个最著名的经济学家，他在几乎经济学的每个领域都著有著作，包括资本理论、消费行为理论、增长理论、福利经济学、公共支出理论、国际贸易理论、宏观经济学、财政政策等。他的最深刻的影响在于他把经济问题作为约束最大化的关系来对待，经济理论的数学化以及他的新古典综合，即他的新古典微观经济学和凯恩斯主义宏观经济学的结合，这是凯恩斯主义经济学之所以吸引美国和世界其他地区的一个关键因素。

西蒙·库兹涅茨（Simon Kuznets）和理查德·斯通（Richard Stone）：库兹涅茨和斯通都为国民收入核算及其分析做出了基本的贡献。斯通追求对大量重要的基本论题的计量经济学考察，例如，对消费的测量。但他也研究测量本身的理论和问题。库兹涅茨研究经济周期和其他类型的经济变动，并阐发了经济增长的方法，这种经济增长，从技术上看是熟练的，从社会、人口统计学和历史上看是富裕的。

米尔顿·弗里德曼（Milton Friedman）：弗里德曼以其重新构成货币数量论
329 并以计量经济学的方法对待货币数量理论而著名；他的永久收入消费函数论；他自己的宏观经济学方法；以及大量的对包括效用理论的微观经济学的贡献。他的对抗凯恩斯的（和凯恩斯主义）宏观经济学的反革命，同萨缪尔森的新古典综合并列，是在第二次世界大战以后至少30年里的职业和公众讨论的一个主要特征。

在罗宾斯可能讨论的其他经济学家中，首要的是亚瑟·赛希尔·庇古（Arthur Cecil Pigou）和琼·罗宾逊（Joan Robinson）。庇古阐发了同基本上开始于亨利·希奇维克（Henry Sidgwick）和阿尔弗雷德·马歇尔的福利经济学的一种方法的技术联系。庇古对大多数经济学的支配领域（如果不说全部支配领域的话），包括劳动、劳动经济学、公共金融、经济周期等，做出了贡献。罗宾逊很早便以其不完全竞争理论及其几何技术而跻身于名家行列。罗宾逊是英国人，罗宾斯最有可能选择讨论她的著作，而不选择讨论她的紧密的理论匹敌者，美国经济学家爱德华·H. 张伯伦（Edward H. Chamberlin）的著作。但是，罗宾斯可能不愿意做关于罗宾逊的后来著作的讲演，因为这些著作诋毁新古典经济学，并发起和/或强化了各种异端学派，即使不是（对罗宾斯而言）激进的、推理的思路。罗宾逊是欧洲后凯恩斯经济学的创建者，在诸如分配、宏观经济学和生产领域具有完全不同于新古典经济学的思想。

罗宾斯还可能做关于奥地利学派或奥地利—芝加哥学派的讲演，也许集中在哈耶克和弗里德曼身上，也许集中在社会主义—计算争论上。他不太可能就计量经济学的演变做详细的讲演，虽然他多次要求学生们注意计量经济学的演变。他也可能做关于经济发展理论、经济政策理论以及新福利经济学的讲演，并就他出版的几本书所论的课题和各种新古典的实践做一次讲演。

罗宾斯还可能选择做关于一个或多个在20世纪被具体化和/或被扩散的专业化的领域的讲演，虽然他并不同样深刻地熟悉所有这些专业化领域。这些专业化领域包括：国际经济学、劳动经济学、公共金融、人口经济学、工业组织、技术变动、城市和区域经济学、金融经济学以及经济增长和经济发展。他还可能决定就他是第一个做出贡献的人的两个领域的学说和实践进行特别的讲演，这两个领域是：经济思想史和经济学方法论。

不管罗宾斯可能在他的讲演中包含什么，以及他如何对待他所要讲的东西，20世纪下半叶的某些发展是不确定的。我们偏向博弈论、理性预期经济学、交易成本经济学、真实经济周期理论、公共选择理论、新制度经济学、新古典经济学、新凯恩斯主义经济学、实验经济学、经济心理学等。

3. 另外的论题

330 本书第二部分所提出的东西可能有很多构成新古典经济学的主要内核——罗宾斯显然倾向于新古典经济学，因为新古典经济学证明经济学是一个知识的学科。但是经济学不仅仅是新古典经济学，不仅仅是上面所列举的经济学。罗宾斯不可能就其他学派和论题进行讲演，虽然他在过去也对这些学派和论题表现出了某种偏好。

这些学派和论题包括如下各项，不按重要性做特殊的排列：

1. 马克思主义及其他社会主义和激进经济学的变化；

2. 后凯恩斯经济学在英国—意大利的形式和/或在美国的形式，以及新李嘉图主义经济学；

3. 托尔斯坦·凡勃伦（Thorstein Veblen）、约翰·R. 康芒斯（John R. Commons）、沃尔顿·汉密尔顿（Walton Hamilton）、维斯里·C. 迈克尔（Wesley C. Michell）以及其他人的美国旧制度和演化经济学的变化；

4. 经济史的变化；

5. 计划理论；

6. 对技术，尤其是经济组织，集中进行的理论和经验分析；

7. 一般经济体系理论化的变化。

如果罗宾斯选择，例如，关于约翰·康芒斯、托尔斯坦·凡勃伦、约翰·肯尼斯·加尔布雷斯（John Kenneth Galbraith）、冈纳·缪尔达尔（Gunnar Myrdal）、尼古拉斯·卡尔多（Nicholas Kaldor）、迈克尔·卡莱斯基（Michal Kalecki）、保罗·斯威齐（Paul Sweezy）、莫里斯·多布（Maurice Dobb）以及皮罗·斯拉法的讲演，人们将感到奇怪。

重要的是，没有人或很少有人预先确定同罗宾斯经济学的观点和经济思想史的观点完全一致。这就是说，经济思想史不是它自身写出来的。无论罗宾斯可能进行什么讨论，他都将为我们所设想的经济思想史的社会构建做出贡献。

史蒂文·G. 麦德马
沃仑·J. 塞缪尔斯

附录 A　罗宾斯经济思想史讲演的阅读书目表

Ⅰ. 文献

337　下面的列表打算用作学生准备其经济学理学学士论文经济思想史方面的阅读指南。第二部分则用作写作经济学和哲学的文学学士论文，或一年期的经济学硕士的经济思想史论文的阅读指南。显然，它包括比本科生甚或研究生能够阅读的多得多的著作，因为大学生在有效的时间内既要阅读，还要自己准备考试。但我们不打算把它用作规定必读的书目表：它可以说是为了指明有利的阅读范围而准备的——一个可以从中进行选择的图书馆。每个学生都必须在这个图书馆里按照他自己的兴趣和吸收的能力进行他自己的选择。

这个研究分支的完全最大的成功之处是集中在原始文本的研究上。大多数缺少经济思想史的各种教科书，都具有轻易概括和老一套分类的毛病，因而不在推荐阅读的书目之列。这里还有大量的二流著作，这些著作不适用于任何人，至少不适用于初学者。也存在一些，正如下面指出的，可被评价为二流的作者，他们在某些阶段可能无甚大用。对这个领域不甚了解的学生们可能要从阅读布劳格(Blaug)的《经济学的回顾》(*Economics in Retrospect*)开始，这本书就其本身而言是一本具有巨大的知识优点的著作。但是，二流作者的著作并非是对接触原始文本的一个实际的替代。关于某些书的著作主要对那些约略知道那些书的人有用。

相应地，接下来便是把原始文本从所推荐的书目中分离出来。

文 本

(A) 预见

在亚当·斯密《国富论》出版以前的文献中，门罗的《早期经济思想》（哈佛大学出版社）包含了一个最有用的从亚里士多德以来的领军学者著作摘要的搜集。废止了短摘要的汇集：短摘要的汇集对浅薄的和贫乏的学者是一种激励。但是门罗的汇集并没有落入这个层次，其所给出的摘要都是长摘要或者全部著作，而且它们都是在一本书中发现的，而不是在一系列不同的书或小册子中发现的，这个事实简单地表明这大大方便了学生。

在关于这个时期的进一步探讨的著作中，由麦克库洛赫编辑并由伦敦政治经济学俱乐部或奥佛斯通勋爵出版的《稀少的短论集》是弥足珍贵的。它们包括：

关于商业的早期短论；

关于货币的古老而稀少的短论；

338 关于纸币等等的选择短论；

关于国家债务的选择短论；

关于商业的选择短论；

各种经济短论。

这种原始文献是稀少的。但是《关于商业的早期短论集》(*Early Tracts on Commerce*) 由美国经济史学会再版了，而且在美国最近出现了整个系列的重印本。

这些短论集留下的某些空白，在 W. A. 肖等编辑出版的《英国货币史的说明》(*Select Tracts*, *etc.*, *Illustrative of English Monetary History*) 中予以填补了。

另一个也是主要关于这个时期并包括古典著作的小册子和短论系列，是由约翰斯·霍普金斯（Johns Hopkins）大学出版的系列《经济短论的重印》(*A Reprint of Economic Tracts*)。这些短论中的许多仍在印制中，在好的大学图书馆中都可以找到。它们具有有价值的介绍和注释。

一部有用的著作是在 *Écrits notables sur la monnaie de Copernic á Davanzati*，［勒布朗许（Lebranchu）编辑］中发现的。

赫尔的《威廉·配第先生的经济著作》是把真正的科学思想带给经济学科的第一个英国人的著作的一本有价值的翻版，特别重要的是《赋税论》和《货币略论》。

不用说，我不期望在校大学生阅读所搜集的所有这些短论和小册子。最终，学生必须进行他自己的选择。但是，他当然应该阅读门罗的全部短论；W. S. 的

《论共同财富》(*The Discourse of the Commonwealth*)(该书没有重印于上述英文著作系列中，它由勒布朗许在剑桥出版社出版，由莱蒙德女士编辑)；约翰·洛克的《对降低利率和提高货币价值的后果的思考》和《关于提高货币价值的进一步思考》。相比之下，有志获得职业能力的研究生只有与时俱进地阅读一切东西才不会感到遗憾。但是，甚至研究生也必须选择从何着手，在这个方面（我的）一些讲座可能提供某种指南。

(B) 法国和其他非英国的 17 世纪经济思想

在这个大标题下，重要的是要知道两部著作：

坎蒂隆的《商业性质概论》，由亨利·希格斯（Henry Higgs）编辑，原始文本和译文并行的译本，由英国皇家经济学会出版。此外，由索维（Sauvey）编辑出版的现代法文版本也可以买到。

魁奈的《经济表》，由库津斯基和米克（皇家经济学会）编辑。该书也由米克做了极为宝贵的评论，重印于他的《重农主义经济学》。门罗还不加评论地再版了该书。

除了这两部著作之外，莫赛尔·德·拉·里维尔（Mercier De La Rivier）的《自然秩序》和杜彭特·德·尼莫斯（Dupont De Nemours）的《大量科学新事物的根源和进步》也是很有用的书（这两本书被重印于《法国社会改革中的 系列经济学家》)。

杜尔阁的《关于财富的形成和分配的考察》（该书在哈佛大学经济重印版的译本，在米克的《杜尔阁：进步的社会学和经济学》中也有译本）同重农学派有某种联系，但它是作为一种重要的贡献以其自身拥有的权利而独立存在的。孔迪拉克的《商业和政府》粗略地说也是值得阅读的。

339 加连尼的《论货币》是 18 世纪经济学中最著名的著作之一。该书的最有意义的部分在由布斯凯和克里萨法利（Crisafalli）翻译的标题为“*De la monnaie*”(《货币来自何方》)的法文译本中可以看到。

詹姆斯·斯图尔特爵士的《政治经济学原理探讨》，斯金纳博士编辑了这本稀缺的著作的精编版。

米克的《1750—1775 年亚当·斯密的先驱》有出自 18 世纪法国和英国经济思想的非常有用的短论。

(C) 英国古典经济学家和 J. B. 萨伊

这里有义务阅读三本著作：休谟的《经济论文》(这些论文可以在由格林和格罗斯编辑出版的《休谟论文》或在由罗特文编辑出版的《休谟的经济著作》中查阅到)，亚当·斯密的《国富论》和李嘉图的《政治经济学及赋税原理》，除非对它们完全精通了，在这个时期可能还没有发现比它们更好的著作。

现在，《国富论》的最好版本是收在格拉斯哥版的《亚当·斯密著作》中的由坎珀贝尔（Campbell)、斯金纳和陶德（Todd）编辑的版本，但坎南版本的《国富论》仍然非常有用，也可以相当便宜地购得美国现代图书馆出版的版本或由麦萨恩（Methuen）出版的精装版本的《国富论》。

普芬道夫（Pufendorf）的《自然法则和自然禀赋》和弗朗西斯·胡切森（Francis Hutcheson）的《道德哲学体系》将发现作为一种亚当·斯密经济思想的背景是非常有用的。

在每个人的藏书里都可能有一种便宜版本的李嘉图的《政治经济学及赋税原理》，但标准版本则是由斯拉法博士编辑的《李嘉图著作和通信集》多卷版本（由皇家经济学会出版）的第Ⅰ卷。开始学习李嘉图著作的学生们当然将严肃地发现该书是值得一读的，在斯拉法博士编辑的《李嘉图著作和通信集》第Ⅲ卷和第Ⅳ卷中所发现的一些主要论文也是值得一读的，而重印于第Ⅷ～Ⅹ卷中的书信则对该时代各方面的经济思想做了极为珍贵的阐述。

此外，下列著作具有重要意义，也完全值得查阅，虽然没有建议本科生找时间阅读比从书目表中选择的更多的书。

J. E. Cairnes，*Scope and Logical Method of Political Economy*，*Some Leading Principles of Political Economy*.

Malthus，*Essay on Population*. The First Edition re-published by the Royal Economic Society.

James Mill，*Selected Economic Writings*，edited by Winch.

John Stuart Mill，*Principles of Political Economy*.

J. B. Say，*Traite d'économie Politique*.（An English translation exists.）

Senior，*Political Economy*（a reprint was published in 1938 by Allen and Unwin）and the three sets of *Lectures* reprinted in the LSE *Reprints*

340 Thornton，*Paper Credit*（Hayek's edition）.

Tooke，*An Inquiry into the Currency Principle*（LSE Reprints）.

Fullarton，*On the Regulation of Currencies*.

Torrens，*Letters on Commercial Policy*（LSE *Reprints*），and *Sir Robert Peel's Act of 1844*，3rd edition.

The Bullion Report，edited by Cannan under the title *The Paper Pound*.

(D) 社会主义思想

应该在某种程度上注意19世纪的只同经济问题相联系的社会主义思想。对该领域的一个考察可以参考安东·门格尔（Anton Menger）的《整个劳动生产过程的权利》。其他一些著作还包括戈瑞（Gray）的《论人类幸福》、布雷（Bray）的《劳动的失误和救济》等。

就马克思的理论而言，《资本论》第1卷是“常被人引用的”较为著名的马克思学说，但只有通过更广泛地阅读，包括《资本论》第2卷和第3卷以及较早的《政治经济学批判》和《剩余价值理论》［该书的精选部分由邦纳（Bonner）和伯恩斯（Burns）译为英文］，才能获得马克思理论整个体系的知识。

(E) 经济国家主义和历史学派

应该了解这些对英国古典学派批评的来源。关于经济国家主义，汉密尔顿的《关于制造业的报告》，1936年由哥伦布大学出版社重印，李斯特的《国民经济学体系》[由劳埃德（Lloyd）译为英文出版]是标准的文本。

所谓的“历史学派”对古典体系的批评基本是在一些德文著作中发现的，引人注目的著作是罗雪尔、希尔德布兰德（Hilderbrand）、克尼斯和施穆勒等人的著作。持同样观点而且当然较为适合阅读的英文著作是 R. Jones, *An Introductory Lecture* printed in his *Literary Remains*, edited by Wheweli, 1859, Clifee Leslie, *Essays on Political and Moral Philosophy*。也可参看 W. Bagehot's *Postulates of English Political Economy*。关于相应问题的回顾见 J. M. Keynes's *Scope and Method of Political Economy*。

(F) 现代分析的先驱

在 19 世纪中叶的不同时期出现了许多独立的著作，这些著作以某种重要方式预见了后来出现的理论著作，其中较为重要的是：

古诺的《财富理论的数学原理的研究》(1938)。(该书由欧文·费雪译为英文并出版，纽约，1927。该书是现代需求函数和垄断理论的奠基之作。)

341 朗菲尔德的《政治经济学讲演录》(1834)（伦敦经济学院重印），该书预见了分配的边际生产力理论，像他所做的分析那样。

冯·杜能的《孤立国》(*Die isolierte Staat*, 1826)（耶拿大学重印，1921年）。该书也是早期区位理论常被引用的著作。该书一些部分的译文由霍尔教授编辑（波加曼出版社）。

雷的《政治经济学新原理》(1834) 该书主要以其阐述时间偏好理论而闻名。但该书几乎与发明同样重要，并作为对亚当·斯密的一个一般批判。该书于 1905 年在不适当的标题《资本的社会学理论》(*The Sociological Theory of Capital*) 下面由米克斯特尔（C. W. Mixter）出版并做了重新编排。但现在由于凯里（Kelley）和多伦多大学出版社热衷于重印而容易买到，而多伦多大学出版的该书则带有由瓦伦·詹姆斯（Warren James）编辑的详细参考书目和未发表的书信。

赫尔曼的《国家起源研究》(*Staatswirtschaftliche Untersuchungen*)。

戈森的《人类行为规则的发展》(*Entwicklung der Gesetze der monschlichen verkehr*, 1854)。(附有哈耶克写的导论的再版）该书首次系统阐述了边际效用价值理论。

曼戈尔特（Mangoldt）的 *Der Untermehmergewinn* (1855)。该书预见了现代利润理论。

(G) 1870 年以来的经济分析

对于现代经济分析，应当指出，所谓 19 世纪 70 年代革命的基础是杰文斯的《政治经济学理论》、瓦尔拉斯的《纯粹经济学要义》和门格尔的《国民经济学原理》。瓦尔拉斯的著作已由嘉弗教授（Professor Jaffe）译为英文并由英国皇家经济学会和麦斯尔斯出版。艾伦、安文、门格尔的著作已由丁沃尔和霍塞里兹（Dingwall and Hoselitz）译为英文，并由自由出版社出版，哥伦克，伊利诺斯。《W. 斯坦利·杰文斯的书信和日记》(*The Letters and Journals of W. Stanley Jev-*

ons)，由杰文斯夫人，或者较为宽泛地说，由考利森·布拉克（Collison Black）教授出版。由嘉弗编辑出版的莱昂·瓦尔拉斯的书信集也值得阅读，这些书信进一步表明了作者所关心的问题。

就所关注的英文文献而言，在埃奇沃斯的《数学心理学》（*Mathematical Psychics*）和维克斯蒂德的《分配法则的互补排列》中有重大发展。前人的有关政治经济学的论文以及之后的一些著作也应参考。

所谓奥地利学派理论的发展见维塞尔的《经济价值的起源和主要规律》《自然价值》，以及庞巴维克的《资本与利息》。

就美国经济的发展而言，克拉克的《财富的分配》，欧文·费雪的《资本和收入的性质》《利息率》《价值和价格理论的数学研究》以及 F. A. 菲特的《经济原理》第 1 卷是基本的读物。

但是，毕竟应该通读马歇尔的《经济学原理》，应当学习第 8 版《经济学原理》，或者学习由吉尔鲍德编辑，由皇家经济学会出版的各种版本的《经济学原理》。该书是经济思想史和现代经济分析之间的桥梁，全神贯注于《经济学原理》，学生们至少将收到一石二鸟之效。我还要劝学生们读一读由庇古编辑的公布于《阿尔弗雷德·马歇尔纪念文集》（*Memorials of Alfred Marshall*）中的《马歇尔的生平和书信集》。马歇尔在金银委员会和印度通货委员会之前的证明，由皇家经济学会重印于《公务文章》中，值得那些对货币理论史感兴趣的人阅读，他的关于国际的内部价值的纯理论的文章（伦敦经济学院重印）包含现代几何经济学的开端。由 J. M. 怀塔科尔编辑的《阿尔弗雷德·马歇尔的早期经济著作》，作为对马歇尔老年回忆的东西的某种纠正是很有趣的。

342

由鲍莫尔和戈德菲尔德（Goldfeld）所写的收入伦敦经济学院重印系列《数理经济学先驱》（*Precursors in Mathematical Economics*）是对从波诺里（Bernoulli）到今天的这个领域贡献的一本文集，该书按照一种就贡献本身同学生的评价相关而引入课堂的方式做了选择和阐述。

评　论

迄今为止，对这个领域的最全面的一般考察是熊彼特的《经济分析史》（*History of Economic Analysis*）。但这是一本非常长的书，我没有在早期阶段尝试向学生推荐该书。希望迅速浏览该领域的初学者应当阅读熊彼特的简史，该书是一本英译本，标题是《经济学说和方法》（*Economic Doctrine and Method*）。马克·布劳格所写的《经济学回顾》（*Economics in Retrospect*）则是一本对自中世纪以来到 18 世纪这一时期的经济思想的卓越的介绍，该书包含一个广泛的参考书目，可能对于学生自学是同类书中最有用的著作。詹姆斯·勃纳（James Bonar）的《哲学和政治经济学》则是对其标题所指明的领域的最有用的考察。O. H. 泰勒的《经济思想史》也是一本可读的书，该书对发展的主流做了深刻研究，明确地论及了意识形态和分析方法。H. M. 罗伯森的《经济个人主义的出现》是对意识形态历史的错误观点的一个考察。在爱德温·坎南的《经济理论评论》中则发现了对一般领域的一个综合评述，它是按照所论课题而不是按照作者进行评述的。施奈德（Schneder）的《经济理论史》特别是关于19世纪欧洲大陆经济学家的经济理论的历史是很有价值的。

在鲍利的《1870年以前的经济理论史的研究》中发现了涵盖该领域不同部分的论文集；由斯潘格勒和艾伦（Allen）编辑的《经济思想论文》；由斯派戈尔（Spiegel）编辑的《经济理论的发展》和格海里惕（Gherity）编辑的《经济思想：历史文选》。斯蒂格勒的《论经济思想史》予以强烈的推荐。罗宾斯的《现代经济理论的演变》以及他的《经济思想史中的经济发展理论》，也可以查阅。

这个领域的特殊部分包括如下：

巴特·戈登的《亚当·斯密以前的经济分析》。（这个标题在某种程度上是误导性的；历史终结于1623年！）

熊彼特《经济分析史》第2编第2章中关于柏拉图和亚里士多德的经济思想。

熊彼特《经济分析史》中的中世纪的经济思想部分，第2编第3章；阿斯莱的《经济史》，第1编第3章，第2编第6章；麦克斯·比尔（Max Beer）的
343 《早期经济学》（该书也涵盖后来某个时期的经济学）；T. 迪威恩（T. Divien）的《利息：历史和分析研究》。德·卢佛的《西耶那的圣·伯纳迪诺和佛罗伦萨的圣·安东尼奥》是对这个时期的某些较早概念的一个基本纠正。格莱斯-胡钦森（Grice-Hutchinson）的《萨拉曼卡学派和西班牙的早期经济思想》是在一个重要领域的开拓性的论文集。

所谓的重商主义时期因埃里·赫克歇尔（Eli Heckscher）的《重商主义》而得名。李普森（Lipson）的《经济史》，佛尼斯（Furniss）的《劳动在国家主义体系中的地位》，E. A. J. 约翰逊（J. A. J. Johnson）的《亚当·斯密的先驱》，罗雪尔的《英国国民经济史，对重商主义的修正》，由D. C. 科尔曼（D. C. Coleman）编辑出版的P. J. 托马斯（P. J. Thomas）的《重商主义和东印度贸易公司》。克诺尔（Knorr）的《1570—1850年英国的殖民主义理论》涵盖了重商主义和古典时期。

德·卢佛在其《格雷萨姆和外汇》应该说是同16世纪的对外国货币政策的讨论一致的。汤尼和鲍佛（Tawney and Power）编辑的《都铎王朝的经济档案》，第3卷重印了1564年皇家交易委员会的报告，汤尼对托马斯·威尔逊（Thomas Wilson）的《关于高利贷的谈话》值得阅读。

对17世纪晚期和18世纪早期文献的有用研究是在列特文的《科学经济学的起源》中发现的。

卡伦·艾佛森·沃恩（Karen Iverson Vaughn）的《约翰·洛克：经济学家和社会科学家》是我所知的唯一介绍这个重要哲学家这方面工作的著作。

森（Sen）的《詹姆斯·斯图亚特先生的经济学》对在18世纪这个在某种程度上被忽略的著作家的著作给予了同情的考虑。

重农主义文献，参阅亨利·希格斯（Henry Higgs）的《重农学派》，奥肯恩（Oncken）的《国民经济史》第1卷，韦尤勒尔斯（Weulersse）的《法国重农学派》，米克的《重农主义经济学》。

古典经济理论。最好的一般纲要是奥伯林（O'Brien）的《古典经济学家》，坎南的《生产和分配理论》，陶西格的《工资与资本》是优秀的补充读物。

下面的一些著作可能和一些特殊作者相联系：由斯金纳和维尔森编辑的《论亚当·斯密》；萨缪尔·霍兰德的《亚当·斯密的经济学》《大卫·李嘉图的经济学》《李嘉图论税收》；鲍利的《纳索·西尼尔和古典经济学》；罗宾斯的《罗伯特·托伦斯和古典经济学的演进》；米克的《劳动价值论研究》；罗恩德（Raunder）的《萨缪尔·贝利与古典价值理论》；奥伯林的《麦克库洛赫：古典经济学研究》——另见他对重印的麦克库洛赫关于税收论述（苏格兰古典经济学）的导论；培德罗·苏瓦兹（Pedro Schwartz）的《约翰·斯图亚特·穆勒的新政治经济学》；索维尔（Sowell）的《萨伊定律》。

古典政治经济学，莱斯列·斯蒂芬（Leslie Stephen）的《英国的功利主义》；E. 霍列维（E. Halevy）的《哲学激进主义》；罗宾斯的《英国古典政治经济学中的政策理论》，以及他的《政治经济学：过去和现在》；D. 文奇（D. Winch）的《古典政治经济学和殖民主义》；布拉克的《经济思想和爱尔兰问题 1817—1870》。

人口理论史，斯特兰格兰德的《前马尔萨斯人口理论》；斯潘格勒的《马尔萨斯的法国先驱》；麦克黎里（McCleary）的《马尔萨斯的人口理论》（该书包含马尔萨斯同西尼尔的一次重要通信的重印）。

庞巴维克论马克思的社会主义，《卡尔·马克思及其体系的终结》；琼·罗宾逊的《论马克思的经济学》。森岛通夫（Morishima）的《马克思的经济学》；
344 W. J. 鲍莫尔的《马克思主义的民俗学》（《美国哲学学会学报》，第 123 卷，1979 年第 2 期）。

A. 格雷的一般社会主义理论，《社会主义传统》；斯威齐的《资本主义发展理论》。

威廉·斯马特的奥地利学派，《价值论导论》；希克斯和韦伯编辑的《卡尔·门格尔和奥地利经济学派》。

雅克布·维纳的国际贸易理论史，《国际贸易研究》，该书对于一般现代理论史也是很有价值的。

A.马格特（A. Marget）的货币和银行理论史，《价格理论》第 1 卷和第 2 卷；劳埃德·闵特（Lloyd Mint）的《银行理论史》；霍斯菲尔德的《英国的货币试验，1650—1700》；D. 维克斯的《货币理论研究》；查尔斯·李斯特的《关于货币信用学说的历史》，列普曼（Liepmann）的《1819—1844 年英国国民经济比赛》，以及菲特尔（Fetter）的《英国货币主义传统的发展，1791—1895》。

利息理论史，卡赛尔的《利息的性质和必要性》，庞巴维克的《资本与利息》第 1 卷，庞巴维克的书比卡赛尔的著作广泛得多，但他的判断是片面的，并且可能常常是不公平的，虽然是有趣的；以及 G. S. L. 图克（G. S. L. Tuker）的《英国经济思想的进步和利益》。

经济波动理论史，罗伯特·林科（Robert Link）的《英国经济波动理论》，伯格曼（Bergman）的《国民经济危机理论的发展》。

数理经济学早期历史，西奥查尔斯（Theocharls）的《数理经济学的早期发展》。

乔治·斯蒂格勒（George Stigler）所著的《生产和分配理论》对在杰文斯和维克斯蒂德之间的现代经济理论的发展做了出色的考察。T. W. 胡钦森（T. W. Hutchinson）所著的《经济学说评论，1870—1929》也是一本杰出的著作；另外参见他的关于《经济知识的演变和进步》的思考。卡尔·尤尔（Carl Uhr）所著的《克纳特·维克赛尔的经济学说》也是一本很有用的考察。

熊彼特的《十位伟大的经济学家》，凯恩斯的《传记研究》，也对最近的理论的演变——较晚发生的也是现代散文的一个成熟部分——提供了启示。莱克坦沃尔德（Recktenwald）的《政治经济学：历史的观点》提供了有趣的传记的和批评的研究。

詹姆斯·A. 盖里惕（James A. Gherity）的《经济思想，一部同一主题的历史文集》，约瑟夫·斯潘格勒（Joseph Spengler）的（从亚里士多德到马歇尔的经济思想论文集），H. W. 斯珀莱戈尔（H. W. Splegel）的《经济思想的发展》是关于杰出人物或学派的有用的论文集。

由杜克大学出版的《政治经济学史》杂志是非常值得查阅的。

Ⅱ. 讲演进程概述

下面的名字和课题表给出一个将进行的讲演进程的粗略的指南，但并不保证完全按照这个表进行。

(A) 预见

(ⅰ) 导言——柏拉图

(ⅱ) 亚里士多德和早期苏格拉底学派

345 (ⅲ) 苏格拉底学派（继续）

(ⅳ) 小册子——货币（奥雷斯姆·波丁、“W. S”）

(ⅴ) 小册子——重商主义（塞拉、马林斯、孟）

(ⅵ) 配第

(ⅶ) 契尔德和洛克（利息）

(ⅷ) 洛克和劳恩德斯论标准，诺思[1]

(B) 体系的形成

(ⅸ) 坎蒂隆

(ⅹ) 重农学派

(xi) 重农学派（继续）

(xii) 杜尔阁和加连尼

(xiii) 洛克和休谟论财产

(xiv）休谟论货币、利息和贸易
(xv）亚当·斯密的先驱及对其意图的一般考察
(xvi)《国富论》：分析
(xvii)《国富论》：分析
(xviii)《国富论》：政策[2]

(C) 19 世纪的古典学派
(xix）一般评论——马尔萨斯论人口
(xx）价值和分配——历史根源
(xxi）价值和分配：分析
(xxii）价值和分配：分析
(xxiii）货币和银行：历史背景[3]
(xxiv）货币和银行：分析[3]
(xxv）总体均衡
(xxvi）国际贸易
(xxvii）约翰·斯图亚特·穆勒
(xxviii）萨伊和赫尔曼[4]

(D) 19 世纪中期的其他思想
(xxix）马克思
(xxx）李斯特和历史学派

(E) 现代分析的开端
(xxxi）变化的先驱（古诺，冯·杜能）
(xxxii）变化的先驱（续）雷；古典影响的衰落；边际主义的预期。
(xxxiii）边际革命：杰文斯和埃奇沃斯
(xxxiv）边际革命：门格尔和维塞尔（成本）
(xxxv）边际革命：服务的价格（奥地利学派、克拉克、维克斯蒂德）
(xxxvi）资本理论：杰文斯、庞巴维克和费雪
(xxxvii）瓦尔拉斯—帕累托—希克斯—艾伦
(xxxviii）马歇尔
(xxxix）货币：费雪、马歇尔、庇古、凯恩斯、米赛斯、霍特里、罗伯逊
(xl）波动理论：杰文斯、尤格拉斯、斯比耶绍夫、霍特里、罗伯逊[4]

346 尚未获得伦敦经济学院传统的学生们应该认识到，同当代的神话相反，大多数的大学教师都欢迎提问和批评。我对于在讲演后的交谈总会感到高兴，并乐意在另一些时间安排会面。

1981 年 8 月

注　释

[1] 没有给出讲演，某些资料出现于第7、8讲。

[2] 在第2部分予以讲演。

[3] 讲演没有记录。

[4] 没有给出讲演。

附录B　罗宾斯的经济思想史著作

专著

347　1935. *An Essay on the Nature and Significance of Economic Science*. London: Macmillan, 1932. 2d edition. London: Macmillan, 1935. 3d edition. London: Macmillan, 1984.

1932. "Introduction." In Philip H. Wicksteed, *The Co-ordination of the Laws of Distribution*. Edited by Lionel Robbins. London: London School of Economics Reprints of Scarce Tracts on Economics and Political Science No. 12. Revised edition, with an introduction by Ian Steedman. Aldershot: Edward Elgar, 1992.

1933. "Introduction." In Philip H. Wicksteed, *The Commonsense of Political Economy and Selected Papers and Reviews on Economic Theory*, edited by Lionel Rob- bins, 1-9. London: George Routledge & Sons. Reprinted as "Bobbins on Wicksteed." In *The Development of Economic Thought: Great Economists in Perspective*, edited by Henry William Spiegel, 700-717. New York: Science Editions, 1952. Also reprinted as "Philip Wicksteed as an Economist." In *The Evolution of Modern Economic Theory and Other Papers on the History of Eco-*

nomic Thought, 189 - 209. London: Macmillan and Chicago: Aldine, 1970.

1935. "Introduction." In Knut Wicksell, *Lectures on Political Economy*, translated by E. Classen, vii - xix. London: George Routledge & Sons. Reprinted as "Wicksell's Lectures on Political Economy." In *The Evolution of Modern Economic Theory and Other Papers on the History of Economic Thought*, 210 - 222. London: Macmillan and Chicago: Aldine, 1970.

1952. *The Theory of Economic Policy in English Classical Political Economy*. London: Macmillan. 2d edition. London: Macmillan, 1978.

1958. *Robert Torrens and the Evolution of Classical Economics*. London: Macmillan.

1958. "Introduction." In R. Torrens, *Letters on Commercial Policy* (1833). Reprinted as the London School of Economics Reprints of Scarce Works on Political Economy No. 14, v-x. London: LSE. Reprinted as "Torrens's *Letters on Commercial Policy*." *In The Evolution of Modern Economic Theory and Other Papers on the History of Economic Thought*, 92 - 96. London: Macmillan and Chicago: Aldine, 1970.

1968. *The Theory of Economic Development in the History of Economic Thought being the Chichele Lectures for 1966, revised and extended*. London: Macmillan.

1970. *The Evolution of Modern Economic Theory and Other Papers on the History of Economic Thought*. London: Macmillan and Chicago: Aldine.

1976. *Political Economy: Past and Present, A Review of Leading Theories of Economic Policy*. London: Macmillan.

期刊文章

1930. "The Economic Works of Phillip Wicksteed." *Economica* 10 (1930): 245 - 258. Provides the basis of the Introduction in Kobbins (1933). Also published as
348 "The Economic Works." In C. H. Herford, *Philip Henry Wicksteed, His Life and Work*, 228 - 247. London and Toronto: J. M. Dent & Sons, 1931.

1935. "A Student's Recollections of Edwin Carman." *Economic Journal* 45: 393 - 398.

1936. "The Place of Jevons in the History of Economic Thought." *Manchester School* 7: 1 - 17. Reprinted in *Economic Thought: A Historical Anthology*, edited by J. A. Gherity, 328 - 345. New York: Random House, 1965. Also reprinted as "The Place of Jevons in the History of Economic Thought." In *The Evolution of Modern Economic Theory and Other Papers on the History of Economic Thought*, 169 - 188. London: Macmillan and Chicago: Aldine, 1970.

1938. "Live and Dead Issues in the Methodology of Economics." *Economica* n. s. 5: 342 - 352.

1955. "Schumpeter's History of Economic Analysis." *Quarterly Journal of Economics* 69: 1 - 22. Reprinted as "Schumpeter on the History of Economic Analysis." In *The Evolution of Modern Economic Theory and Other Papers on the History of Economic Thought*, 47 - 72. London: Macmillan and Chicago: Aldine, 1970.

1956. "A Letter from David Ricardo." *Economica* n. s. 23: 172 - 174.

1957. "Packe on Mill." *Economica*, n. s. 24: 250 - 259. Reprinted as "The Life of John Stuart Mill." In *The Evolution of Modern Economic Theory and Other Papers on the History of Economic Thought*, 97 - 110. London: Macmillan and Chicago: Aldine, 1970.

1967. "Malthus as an Economist." *Economic Journal* 77: 256 - 261. Reprinted as "Malthus in Perspective." In *The Evolution of Modern Economic Theory and Other Papers on the History of Economic Thought*, 85 - 91. London: Macmillan and Chicago: Aldine, 1970.

1981. "Economics and Political Economy." Richard T. Ely Lecture. *American Economic Review* 71, Supplement: 1 - 10. Reprinted as "Economics and Political Economy." In *An Essay on the Nature and Significance of Economic Science*, 11 - 33. 3d edition. London: Macmillan, 1984.

1982. "The place of Jevons in the History of Economic Thought." *Manchester School* 50: 310 - 325.

小册子和报告

1965. *Bentham in the Twentieth Century: An Address to the Assembly of Faculties, University College, London on* 16 *June 1964*. London: Athlone Press. Reprinted as "Bentham in the Twentieth Century." In *The Evolution of Modern Economic Theory and Other Papers on the History of Economic Thought*, 73 - 84. London: Macmillan and Chicago: Aldine, 1970.

1970. *Jacob Viner (1892 - 1970): A Tribute*. Princeton: Princeton University Press.

著作中的章节

1930. "Introduction." In Harold E. Batson, *A Select Bibliography of Modern Economic Theory 1870 - 1929*, vii - ix. London: Routledge & Kegan Paul.

1949. "Cannan, Edwin." In *Dictionary of National Biography*, Supplement 1931—1940, edited by L. G. W. Legg, 141 - 143. London: Oxford University
349 Press. Reprinted as "A Biographical Note on Edwin Cannan." In *The Evolution of Modern Economic Theory and Other Papers on the History of Economic Thought*, 229 - 233. London: Macmillan and Chicago: Aldine, 1970.

1961. "Foreword." In Reghinos D. Theocharis, *Early Developments in Mathematical Economics*, v - vi. London: Macmillan.

1962. "The Economic Functions of the State in English Classical Political Economy." In *Private Wants and Public Needs: Issues Surrounding the Size and Scope of Government Expenditure*, edited by Edmund S. Phelps, 94 - 101. New York: Norton. An abridged version of sections 1 - 3 of Lecture 2, "The Economic Functions of the State." In *The Theory of Economic Policy in English Classical Political Economy*, 34 - 46. London: Macmillan, 1962.

1966. "Foreword." In *The Travel Diaries of Thomas Robert Malthus* edited by Patricia James, vii - ix. Cambridge: Cambridge University Press.

1967. "Introduction." In *The Collected Works of John Stuart Mill, Vols. IV and V: Essays on Economics and Society*, edited by J. M. Robson, vii - xii. Toronto: University of Toronto Press. Reprinted as "Mill's Essays on Economics and Society." In *The Evolution of Modern Economic Theory and Other Papers on the History of Economic Thought*, 118 - 163. London: Macmillan and Chicago: Aldine, 1970.

1975. "Foreword." In David Seckler, *Thorstein Veblen and the Institutionalists: A Study in the Social Philosophy of Economics*, ix - xi. London: Macmillan.

1978. "Economists and Trade Unions, 1776 - 1977." In *Trade Unions: Public Goods or Public "Bads"?* IEA Readings No. 17. London: Institute of Economic Affairs: 5 - 16 and 19 - 20.

期刊评论

1927. "Review of *The Tables Turned: A Lecture and Dialogue on Adam Smith and the Classical Economists*, by James Bonar." *Economica* 7 (December): 391 - 392.

1929. "Review of *A Review of Economic Theory*, by Edwin Cannan." *Economic Journal* 39 (September): 409 - 414.

1930. "Review of *Industrial Efficiency and Social Economy*, by Nassau W. Senior (edited by S. Leon Levi)." *Economic Journal* 40 (June): 272 - 275.

1932. "Review of *A Catalogue of the Library of Adam Smith*, by James Bonar." *Economica* 12 (August): 365.

1940. "Review of *Karl Marx: His Life and Environment*, by I. Berlin." *Economica* n. s. 7 (February): 93 - 94.

1957. "Review of *On the History and Method of Economics—Selected Essays*, by Frank H. Knight." *American Economic Review* 47 (June): 397 - 399.

1960. "Review of *Lectures on Economic Principles*, by Sir Dennis H. Robertson." *Economica*, n. s. 27 (February): 71 - 74. Reprinted as "Robertson's *Lectures on Economic Principles*." In *The Evolution of Modern Economic Theory and Other Papers on the History of Economic Thought*, 248 - 252. London: Macmillan and Chicago: Aldine, 1970.

1960. "Review of '*Papers on Economic Theory* by Knut Wicksell, edited with an Introduction by Erik Lindahl' and '*The Life of Knut Wicksell* by Torsten Gardlund, translated by Nancy Adler.'" *Economica* n. s. 27 (May): 173 - 177. Reprinted as "New Light on Knut Wicksell." In *The Evolution of Modern Economic Theory and Other Papers on the History of Economic Thought*, 223 - 228. London: Macmillan and Chicago: Aldine, 1970.

350 1960. "Review of *The Saint Simonians, Mill and Carlyle: A Preface to Modern Thought*, by K. D. Pankhurst." *Economica* n. s. 27 (August): 278 - 279.

1961. "Review of *Ricardo on Taxation*, by C. S. Shoup." *Economica* n. s. 28 (August): 326 - 328.

1962. "Review of *John Millar of Glasgow, 1735—1801: His Life and Thought and His Contributions to Sociological Analysis*, by William C. Lehmann." *Economica* n. s. 29 (February): 96 - 97.

1962. "Review of *The Early Draft of John Stuart Mill's Autobiography*, edited by Jack Stillinger." *Economica* n. s. 29 (May): 202 - 204. Reprinted as Annex (i) to "The Life of John Stuart Mill." In *The Evolution of Modern Economic Theory and Other Papers on the History of Economic Thought*, 110 - 113. London: Macmillan and Chicago: Aldine, 1970.

1962. "Review of *Progress and Profits in British Economic Thought, 1650 - 1850*, by G. S. L. Tucker." *Economic Journal* 72: 374 - 376.

1963. "Review of *Jeremy Bentham: An Odyssey of Ideas, 1748 - 1792*, by Mary P. Mack." *Economica* n. s. 30 (May): 196 - 197.

1965. "Review of *The Collected Works of John Stuart Mill*, Vols. XII-XIII: *The Earlier Letters of John Stuart Mill, 1812 - 1845*, edited by Francis E. Mineka." *Economica* n. s. 32 (November): 458 - 460. Reprinted as Annex (ii) to "The Life of

John Stuart Mill." In *The Evolution of Modern Economic Theory and Other Papers on the History of Economic Thought*, 113 - 117. London: Macmillan and Chicago: Aldine, 1970.

1966. "Review of *The Collected Works of John Stuart Mill, Vols. Ⅱ-Ⅲ: Principles of Political Economy with Some of Their Applications to Social Philosophy*, edited by J. M. Robson." *Economica* n. s. 33 (February): 92 - 94. Reprinted as "Mill's *Principles of Political Economy*." In *The Evolution of Modern Economic Theory and Other Papers on the History of Economic Thought*, 164 - 168. London: Macmillan and Chicago: Aldine, 1970.

1966. "Review of *Economics of Physiocracy: Essays and Translations*, by Ronald L. Meek." *Economica* n. s. 33 (February): 94 - 96.

1966. "Review of *A History of Marginal Utility Theory*, by Emil Kauder." *Economica* n. s. 33 (August): 347 - 348.

1966. "Review of *Life of Adam Smith*, by John Rae, with introduction by Jacob Viner." *Economica* n. s. 33 (August): 348 - 349.

1967. "Review of *On the Logic of the Moral Sciences*, by John Stuart Mill, and edited by Henry M. Magid." *Economica* n. s. 34 (February): 90.

1967. "Review of *John Rae, Political Economist; An Account of His Life and a Compilation of His Main Writings*, edited by R. Warren James." *Economica* n. s. 34 (August): 335 - 337.

1969. "Review of *Economic Theory in Retrospect*, by Mark Blaug." 2d edition. *Economica* n. s. 36 (November), 442 - 443.

1970. "Review of *The Improvement of Mankind: The Social and Political Thought of John Stuart Mill*, by John M. Robson." *Economica* n. s. 37 (May): 194 - 195.

1970. "Review of *The Collected Works of John Stuart Mill, Vol. X: Essays on Ethics, Religion and Society*, edited by J. M. Robson." *Economica* n. s. 37 (November): 422 - 424.

1971. "Review of *J. R. McCulloch: A Study in Classic Economics*, by D. P. O'Brien." *Economica* n. s. 38 (August): 321 - 322.

351 1973. "Review of *Essays in Biography: Volume X of the Collected Writings of John Maynard Keynes*." *Economic Journal* 83 (June): 530 - 531.

1974. "Review of *The Collected Works of John Stuart Mill, Vols. XIV-XVII: The Later Letters of John Stuart Mill, 1849—1873*, edited by Francis E. Mineka and Dwight N. Lindley." *Economica* n. s. 41 (August): 336 - 338.

1976. "Review of *The Collected Works of John Stuart Mill, Vols. Ⅶ-Ⅷ: A System of Logic Ratiocinative and Inductive*, edited by J. M. Robson." *Economica* n. s. 43 (November): 446 - 447.

1977. "Review of *The Early Economic Writings of Alfred Marshall (1867 - 1890)*, edited by J. K. Whitaker." *Economica* n. s. 44 (February): 91 - 92.

1978. "Review of *The Economic Advisory Council, 1930 - 1939: A Study in Economic Advice during Depression and Recovery*, by Susan Howson and Donald Winch." *Journal of Economic Literature* 16 (March): 114 - 115.

1979. "Review of *The Collected Works of John Stuart Mill, Vols. XVIII and XIX: Essays on Politics and Society*, edited by J. M. Robson." *Economica* n. s. 46 (February): 89 - 90.

1980. "Review of *Population Malthus: His Life and Times*, by Patricia James." *Economica* n. s. 47 (November): 471.

1980. "Review of *Religious Thought and Economic Society, Four Chapters of an Unfinished Work by Jacob Viner*, edited by Jacques Melitz and Donald Winch." *Economica* n. s. 47(November): 489 -490.

1980. "Review of *The Collected Works of John Stuart Mill, Vol. XI: Essays on Philosophy and the Classics*, edited by J. M. Robson." *Economica* n. s. 47 (November): 490 - 491.

报纸评论

1951. "Review of *The Life of John Maynard Keynes*, by Roy F. Harrod." *The Times*, 26 January, 7f - g. Reprinted as "Harrod on Keynes." In *The Evolution of Modern Economic Theory and Other Papers on the History of Economic Thought*, 243 - 247. London: Macmillan and Chicago: Aldine, 1970.

1972. "Review of *The Correspondence of Lord Overstone*, edited by D. P. O'Brien." *Financial Times*, 6 January, 20.

1975. "Review of *The Classical Economists* by D. P. O'Brien and *Classical Economics Reconsidered* by T. Sowell." *Times Literary Supplement*, 1 August.

经济科学译丛						
序号	书名	作者	Author	单价	出版年份	ISBN
1	经济思想史:伦敦经济学院讲演录	莱昂内尔·罗宾斯	Lionel Robbins	59.80	2018	978-7-300-25258-2
2	空间计量经济学入门——在R中的应用	朱塞佩·阿尔比亚	Giuseppe Arbia	45.00	2018	978-7-300-25458-6
3	克鲁格曼经济学原理(第四版)	保罗·克鲁格曼等	Paul Krugman	88.00	2018	978-7-300-25639-9
4	发展经济学(第七版)	德怀特·H.波金斯等	Dwight H. Perkins	98.00	2018	978-7-300-25506-4
5	线性与非线性规划(第四版)	戴维·G.卢恩伯格等	David G. Luenberger	79.80	2018	978-7-300-25391-6
6	产业组织理论	让·梯若尔	Jean Tirole	110.00	2018	978-7-300-25170-7
7	经济学精要(第六版)	巴德、帕金	Bade, Parkin	89.00	2018	978-7-300-24749-6
8	空间计量经济学——空间数据的分位数回归	丹尼尔·P. 麦克米伦	Daniel P. McMillen	30.00	2018	978-7-300-23949-1
9	高级宏观经济学基础(第二版)	本·J. 海德拉	Ben J. Heijdra	88.00	2018	978-7-300-25147-9
10	税收经济学(第二版)	伯纳德·萨拉尼耶	Bernard Salanié	42.00	2018	978-7-300-23866-1
11	国际宏观经济学(第三版)	罗伯特·C. 芬斯特拉	Robert C. Feenstra	79.00	2017	978-7-300-25326-8
12	公司治理(第五版)	罗伯特·A.G. 蒙克斯	Robert A. G. Monks	69.80	2017	978-7-300-24972-8
13	国际经济学(第15版)	罗伯特·J. 凯伯	Robert J. Carbaugh	78.00	2017	978-7-300-24844-8
14	经济理论和方法史(第五版)	小罗伯特·B. 埃克伦德等	Robert B. Ekelund. Jr.	88.00	2017	978-7-300-22497-8
15	经济地理学	威廉·P. 安德森	William P. Anderson	59.80	2017	978-7-300-24544-7
16	博弈与信息:博弈论概论(第四版)	艾里克·拉斯穆森	Eric Rasmusen	79.80	2017	978-7-300-24546-1
17	MBA宏观经济学	莫里斯·A. 戴维斯	Morris A. Davis	38.00	2017	978-7-300-24268-2
18	经济学基础(第十六版)	弗兰克·V. 马斯切纳	Frank V. Mastrianna	42.00	2017	978-7-300-22607-1
19	高级微观经济学:选择与竞争性市场	戴维·M. 克雷普斯	David M. Kreps	79.80	2017	978-7-300-23674-2
20	博弈论与机制设计	Y. 内拉哈里	Y. Narahari	69.80	2017	978-7-300-24209-5
21	宏观经济学精要:理解新闻中的经济学(第三版)	彼得·肯尼迪	Peter Kennedy	45.00	2017	978-7-300-21617-1
22	宏观经济学(第十二版)	鲁迪格·多恩布什等	Rudiger Dornbusch	69.00	2017	978-7-300-23772-5
23	国际金融与开放宏观经济学:理论、历史与政策	亨德里克·范登伯格	Hendrik Van den Berg	68.00	2016	978-7-300-23380-2
24	经济学(微观部分)	达龙·阿西莫格鲁等	Daron Acemoglu	59.00	2016	978-7-300-21780-4
25	经济学(宏观部分)	达龙·阿西莫格鲁等	Daron Acemoglu	45.00	2016	978-7-300-21886-1
26	发展经济学	热若尔·罗兰	Gérard Roland	79.00	2016	978-7-300-23379-6
27	中级微观经济学——直觉思维与数理方法(上下册)	托马斯·J·内契巴	Thomas J. Nechyba	128.00	2016	978-7-300-22363-6
28	环境与自然资源经济学(第十版)	汤姆·蒂坦伯格等	Tom Tietenberg	72.00	2016	978-7-300-22900-3
29	劳动经济学基础(第二版)	托马斯·海克拉克等	Thomas Hyclak	65.00	2016	978-7-300-23146-4
30	货币金融学(第十一版)	弗雷德里克·S·米什金	Frederic S. Mishkin	85.00	2016	978-7-300-23001-6
31	动态优化——经济学和管理学中的变分法和最优控制(第二版)	莫顿·I·凯曼等	Morton I. Kamien	48.00	2016	978-7-300-23167-9
32	用Excel学习中级微观经济学	温贝托·巴雷托	Humberto Barreto	65.00	2016	978-7-300-21628-7
33	宏观经济学(第九版)	N·格里高利·曼昆	N. Gregory Mankiw	79.00	2016	978-7-300-23038-2
34	国际经济学:理论与政策(第十版)	保罗·R·克鲁格曼等	Paul R. Krugman	89.00	2016	978-7-300-22710-8
35	国际金融(第十版)	保罗·R·克鲁格曼等	Paul R. Krugman	55.00	2016	978-7-300-22089-5
36	国际贸易(第十版)	保罗·R·克鲁格曼等	Paul R. Krugman	42.00	2016	978-7-300-22088-8
37	经济学精要(第3版)	斯坦利·L·布鲁伊等	Stanley L. Brue	58.00	2016	978-7-300-22301-8
38	经济分析史(第七版)	英格里德·H·里马	Ingrid H. Rima	72.00	2016	978-7-300-22294-3
39	投资学精要(第九版)	兹维·博迪等	Zvi Bodie	108.00	2016	978-7-300-22236-3
40	环境经济学(第二版)	查尔斯·D·科尔斯塔德	Charles D. Kolstad	68.00	2016	978-7-300-22255-4
41	MWG《微观经济理论》习题解答	原千晶等	Chiaki Hara	75.00	2016	978-7-300-22306-3
42	现代战略分析(第七版)	罗伯特·M·格兰特	Robert M. Grant	68.00	2016	978-7-300-17123-4
43	横截面与面板数据的计量经济分析(第二版)	杰弗里·M·伍德里奇	Jeffrey M. Wooldridge	128.00	2016	978-7-300-21938-7
44	宏观经济学(第十二版)	罗伯特·J·戈登	Robert J. Gordon	75.00	2016	978-7-300-21978-3
45	动态最优化基础	蒋中一	Alpha C. Chiang	42.00	2015	978-7-300-22068-0
46	城市经济学	布伦丹·奥弗莱厄蒂	Brendan O'Flaherty	69.80	2015	978-7-300-22067-3
47	管理经济学:理论、应用与案例(第八版)	布鲁斯·艾伦等	Bruce Allen	79.80	2015	978-7-300-21991-2
48	经济政策:理论与实践	阿格尼丝·贝纳西-奎里等	Agnès Bénassy-Quéré	79.80	2015	978-7-300-21921-9
49	微观经济分析(第三版)	哈尔·R·范里安	Hal R. Varian	68.00	2015	978-7-300-21536-5
50	财政学(第十版)	哈维·S·罗森等	Harvey S. Rosen	68.00	2015	978-7-300-21754-3
51	经济数学(第三版)	迈克尔·霍伊等	Michael Hoy	88.00	2015	978-7-300-21674-4
52	发展经济学(第九版)	A.P. 瑟尔沃	A. P. Thirlwall	69.80	2015	978-7-300-21193-0
53	宏观经济学(第五版)	斯蒂芬·D·威廉森	Stephen D. Williamson	69.00	2015	978-7-300-21169-5
54	资源经济学(第三版)	约翰·C·伯格斯特罗姆等	John C. Bergstrom	58.00	2015	978-7-300-20742-1
55	应用中级宏观经济学	凯文·D·胡佛	Kevin D. Hoover	78.00	2015	978-7-300-21000-1
56	计量经济学导论:现代观点(第五版)	杰弗里·M·伍德里奇	Jeffrey M. Wooldridge	99.00	2015	978-7-300-20815-2

经济科学译丛						
序号	书名	作者	Author	单价	出版年份	ISBN
57	现代时间序列分析导论(第二版)	约根・沃特斯等	Jürgen Wolters	39.80	2015	978-7-300-20625-7
58	空间计量经济学——从横截面数据到空间面板	J・保罗・埃尔霍斯特	J. Paul Elhorst	32.00	2015	978-7-300-21024-7
59	国际经济学原理	肯尼思・A・赖纳特	Kenneth A. Reinert	58.00	2015	978-7-300-20830-5
60	经济写作(第二版)	迪尔德丽・N・麦克洛斯基	Deirdre N. McCloskey	39.80	2015	978-7-300-20914-2
61	计量经济学方法与应用(第五版)	巴蒂・H・巴尔塔基	Badi H. Baltagi	58.00	2015	978-7-300-20584-7
62	战略经济学(第五版)	戴维・贝赞可等	David Besanko	78.00	2015	978-7-300-20679-0
63	博弈论导论	史蒂文・泰迪里斯	Steven Tadelis	58.00	2015	978-7-300-19993-1
64	社会问题经济学(第二十版)	安塞尔・M・夏普等	Ansel M. Sharp	49.00	2015	978-7-300-20279-2
65	博弈论:矛盾冲突分析	罗杰・B・迈尔森	Roger B. Myerson	58.00	2015	978-7-300-20212-9
66	时间序列分析	詹姆斯・D・汉密尔顿	James D. Hamilton	118.00	2015	978-7-300-20213-6
67	经济问题与政策(第五版)	杰奎琳・默里・布鲁克斯	Jacqueline Murray Brux	58.00	2014	978-7-300-17799-1
68	微观经济理论	安德鲁・马斯-克莱尔等	Andreu Mas-Collel	148.00	2014	978-7-300-19986-3
69	产业组织:理论与实践(第四版)	唐・E・瓦尔德曼等	Don E. Waldman	75.00	2014	978-7-300-19722-7
70	公司金融理论	让・梯若尔	Jean Tirole	128.00	2014	978-7-300-20178-8
71	经济学精要(第三版)	R・格伦・哈伯德等	R. Glenn Hubbard	85.00	2014	978-7-300-19362-5
72	公共部门经济学	理查德・W・特里西	Richard W. Tresch	49.00	2014	978-7-300-18442-5
73	计量经济学原理(第六版)	彼得・肯尼迪	Peter Kennedy	69.80	2014	978-7-300-19342-7
74	统计学:在经济中的应用	玛格丽特・刘易斯	Margaret Lewis	45.00	2014	978-7-300-19082-2
75	产业组织:现代理论与实践(第四版)	林恩・佩波尔等	Lynne Pepall	88.00	2014	978-7-300-19166-9
76	计量经济学导论(第三版)	詹姆斯・H・斯托克等	James H. Stock	69.00	2014	978-7-300-18467-8
77	发展经济学导论(第四版)	秋山裕	秋山裕	39.80	2014	978-7-300-19127-0
78	中级微观经济学(第六版)	杰弗里・M・佩罗夫	Jeffrey M. Perloff	89.00	2014	978-7-300-18441-8
79	平狄克《微观经济学》(第八版)学习指导	乔纳森・汉密尔顿等	Jonathan Hamilton	32.00	2014	978-7-300-18970-3
80	微观经济学(第八版)	罗伯特・S・平狄克等	Robert S. Pindyck	79.00	2013	978-7-300-17133-3
81	微观银行经济学(第二版)	哈维尔・弗雷克斯等	Xavier Freixas	48.00	2014	978-7-300-18940-6
82	施米托夫论出口贸易——国际贸易法律与实务(第11版)	克利夫・M・施米托夫等	Clive M. Schmitthoff	168.00	2014	978-7-300-18425-8
83	微观经济学思维	玛莎・L・奥尔尼	Martha L. Olney	29.80	2013	978-7-300-17280-4
84	宏观经济学思维	玛莎・L・奥尔尼	Martha L. Olney	39.80	2013	978-7-300-17279-8
85	计量经济学原理与实践	达摩达尔・N・古扎拉蒂	Damodar N. Gujarati	49.80	2013	978-7-300-18169-1
86	现代战略分析案例集	罗伯特・M・格兰特	Robert M. Grant	48.00	2013	978-7-300-16038-2
87	高级国际贸易:理论与实证	罗伯特・C・芬斯特拉	Robert C. Feenstra	59.00	2013	978-7-300-17157-9
88	经济学简史——处理沉闷科学的巧妙方法(第二版)	E・雷・坎特伯里	E. Ray Canterbery	58.00	2013	978-7-300-17571-3
89	管理经济学(第四版)	方博亮等	Ivan Png	80.00	2013	978-7-300-17000-8
90	微观经济学原理(第五版)	巴德,帕金	Bade, Parkin	65.00	2013	978-7-300-16930-9
91	宏观经济学原理(第五版)	巴德,帕金	Bade, Parkin	63.00	2013	978-7-300-16929-3
92	环境经济学	彼得・伯克等	Peter Berck	55.00	2013	978-7-300-16538-7
93	高级微观经济理论	杰弗里・杰里	Geoffrey A. Jehle	69.00	2012	978-7-300-16613-1
94	高级宏观经济学导论:增长与经济周期(第二版)	彼得・伯奇・索伦森等	Peter Birch Sørensen	95.00	2012	978-7-300-15871-6
95	宏观经济学:政策与实践	弗雷德里克・S・米什金	Frederic S. Mishkin	69.00	2012	978-7-300-16443-4
96	宏观经济学(第二版)	保罗・克鲁格曼	Paul Krugman	45.00	2012	978-7-300-15029-1
97	微观经济学(第二版)	保罗・克鲁格曼	Paul Krugman	69.80	2012	978-7-300-14835-9
98	克鲁格曼《微观经济学(第二版)》学习手册	伊丽莎白・索耶・凯利	Elizabeth Sawyer Kelly	58.00	2013	978-7-300-17002-2
99	克鲁格曼《宏观经济学(第二版)》学习手册	伊丽莎白・索耶・凯利	Elizabeth Sawyer Kelly	36.00	2013	978-7-300-17024-4
100	微观经济学(第十一版)	埃德温・曼斯费尔德	Edwin Mansfield	88.00	2012	978-7-300-15050-5
101	卫生经济学(第六版)	舍曼・富兰德等	Sherman Folland	79.00	2011	978-7-300-14645-4
102	宏观经济学(第七版)	安德鲁・B・亚伯等	Andrew B. Abel	78.00	2011	978-7-300-14223-4
103	现代劳动经济学:理论与公共政策(第十版)	罗纳德・G・伊兰伯格等	Ronald G. Ehrenberg	69.00	2011	978-7-300-14482-5
104	宏观经济学:理论与政策(第九版)	理查德・T・弗罗恩	Richard T. Froyen	55.00	2011	978-7-300-14108-4
105	经济学原理(第四版)	威廉・博伊斯等	William Boyes	59.00	2011	978-7-300-13518-2
106	计量经济学基础(第五版)(上下册)	达摩达尔・N・古扎拉蒂	Damodar N. Gujarati	99.00	2011	978-7-300-13693-6

经济科学译丛						
序号	书名	作者	Author	单价	出版年份	ISBN
107	《计量经济学基础》(第五版)学生习题解答手册	达摩达尔·N·古扎拉蒂等	Damodar N. Gujarati	23.00	2012	978-7-300-15080-8
108	计量经济分析(第六版)(上下册)	威廉·H·格林	William H.Greene	128.00	2011	978-7-300-12779-8
109	国际贸易	罗伯特·C· 芬斯特拉等	Robert C.Feenstra	49.00	2011	978-7-300-13704-9
110	经济增长(第二版)	戴维·N·韦尔	David N.Weil	63.00	2011	978-7-300-12778-1
111	投资科学	戴维·G·卢恩伯格	David G. Luenberger	58.00	2011	978-7-300-14747-5
112	金融学(第二版)	兹维·博迪等	Zvi Bodie	59.00	2010	978-7-300-11134-6
113	博弈论	朱·弗登博格等	Drew Fudenberg	68.00	2010	978-7-300-11785-0

金融学译丛						
序号	书名	作者	Author	单价	出版年份	ISBN
1	金融学原理(第八版)	阿瑟·J. 基翁等	Arthur J. Keown	79.00	2018	978-7-300-25638-2
2	财务管理基础(第七版)	劳伦斯·J. 吉特曼等	Lawrence J. Gitman	89.00	2018	978-7-300-25339-8
3	利率互换及其他衍生品	霍华德·科伯	Howard Corb	69.00	2018	978-7-300-25294-0
4	固定收益证券手册(第八版)	弗兰克·J. 法博齐	Frank J. Fabozzi	228.00	2017	978-7-300-24227-9
5	金融市场与金融机构(第8版)	弗雷德里克·S. 米什金等	Frederic S. Mishkin	86.00	2017	978-7-300-24731-1
6	兼并、收购和公司重组(第六版)	帕特里克·A. 高根	Patrick A. Gaughan	89.00	2017	978-7-300-24231-6
7	债券市场:分析与策略(第九版)	弗兰克·J·法博齐	Frank J. Fabozzi	98.00	2016	978-7-300-23495-3
8	财务报表分析(第四版)	马丁·弗里德森	Martin Fridson	46.00	2016	978-7-300-23037-5
9	国际金融学	约瑟夫·P·丹尼尔斯等	Joseph P. Daniels	65.00	2016	978-7-300-23037-1
10	国际金融	阿德里安·巴克利	Adrian Buckley	88.00	2016	978-7-300-22060-2
11	个人理财(第六版)	阿瑟·J·基翁	Arthur J. Keown	85.00	2016	978-7-300-22711-5
12	投资学基础(第三版)	戈登·J·亚历山大等	Gordon J. Alexander	79.00	2015	978-7-300-20274-7
13	金融风险管理(第二版)	彼德·F·克里斯托弗森	Peter F. Christoffersen	46.00	2015	978-7-300-21210-4
14	风险管理与保险管理(第十二版)	乔治·E·瑞达等	George E. Rejda	95.00	2015	978-7-300-21486-3
15	个人理财(第五版)	杰夫·马杜拉	Jeff Madura	69.00	2015	978-7-300-20583-0
16	企业价值评估	罗伯特·A·G·蒙克斯等	Robert A. G. Monks	58.00	2015	978-7-300-20582-3
17	基于Excel的金融学原理(第二版)	西蒙·本尼卡	Simon Benninga	79.00	2014	978-7-300-18899-7
18	金融工程学原理(第二版)	萨利赫·N·内夫特奇	Salih N. Neftci	88.00	2014	978-7-300-19348-9
19	投资学导论(第十版)	赫伯特·B·梅奥	Herbert B. Mayo	69.00	2014	978-7-300-18971-0
20	国际金融市场导论(第六版)	斯蒂芬·瓦尔德斯等	Stephen Valdez	59.80	2014	978-7-300-18896-6
21	金融数学:金融工程引论(第二版)	马雷克·凯宾斯基等	Marek Capinski	42.00	2014	978-7-300-17650-5
22	财务管理(第二版)	雷蒙德·布鲁克斯	Raymond Brooks	69.00	2014	978-7-300-19085-3
23	期货与期权市场导论(第七版)	约翰·C·赫尔	John C. Hull	69.00	2014	978-7-300-18994-2
24	国际金融:理论与实务	皮特·塞尔居	Piet Sercu	88.00	2014	978-7-300-18413-5
25	货币、银行和金融体系	R·格伦·哈伯德等	R.Glenn Hubbard	75.00	2013	978-7-300-17856-1
26	并购创造价值(第二版)	萨德·苏达斯纳	Sudi Sudarsanam	89.00	2013	978-7-300-17473-0
27	个人理财——理财技能培养方法(第三版)	杰克·R·卡普尔等	Jack R. Kapoor	66.00	2013	978-7-300-16687-2
28	国际财务管理	吉尔特·贝克特	Geert Bekaert	95.00	2012	978-7-300-16031-3
29	应用公司财务(第三版)	阿斯沃思·达摩达兰	Aswath Damodaran	88.00	2012	978-7-300-16034-4
30	资本市场:机构与工具(第四版)	弗兰克·J·法博齐	Frank J.Fabozzi	85.00	2011	978-7-300-13828-2
31	衍生品市场(第二版)	罗伯特·L·麦克唐纳	Robert L. McDonald	98.00	2011	978-7-300-13130-6
32	跨国金融原理(第三版)	迈克尔·H·莫菲特等	Michael H. Moffett	78.00	2011	978-7-300-12781-1
33	统计与金融	戴维·鲁珀特	David Ruppert	48.00	2010	978-7-300-11547-4
34	国际投资(第六版)	布鲁诺·索尔尼克等	Bruno Solnik	62.00	2010	978-7-300-11289-3

图书在版编目（CIP）数据

经济思想史：伦敦经济学院讲演录/（英）莱昂内尔·罗宾斯著；杨玉生译．—北京：中国人民大学出版社，2018.8

（经济科学译丛）

ISBN 978-7-300-25258-2

Ⅰ．经… Ⅱ．①莱… ②杨… Ⅲ．经济思想史-研究-世界 Ⅳ．①F091

中国版本图书馆 CIP 数据核字（2017）第 305199 号

"十三五"国家重点出版物出版规划项目

经济科学译丛

经济思想史：伦敦经济学院讲演录

莱昂内尔·罗宾斯　著

杨玉生　译

Jingji Sixiangshi：LunDun Jingji Xueyuan Jiangyanlu

出版发行	中国人民大学出版社		
社　　址	北京中关村大街 31 号	**邮政编码**	100080
电　　话	010－62511242（总编室）		010－62511770（质管部）
	010－82501766（邮购部）		010－62514148（门市部）
	010－62515195（发行公司）		010－62515275（盗版举报）
网　　址	http://www.crup.com.cn		
	http://www.ttrnet.com（人大教研网）		
经　　销	新华书店		
印　　刷	涿州市星河印刷有限公司		
规　　格	185 mm×260 mm　16 开本	**版　　次**	2018 年 8 月第 1 版
印　　张	20.5　插页 2	**印　　次**	2018 年 8 月第 1 次印刷
字　　数	449 000	**定　　价**	59.80 元